LOURDES

PENDANT LA GUERRE

Mgr SCHOEPFER

ÉVÊQUE DE TARBES ET DE LOURDES

LOURDES

pendant la Guerre

LETTRES PASTORALES

F.-X. LE ROUX & Cie

IMPRIMEURS
LIBRAIRES-ÉDITEURS
STRASBOURG

BERGER-LEVRAULT

LIBRAIRES-ÉDITEURS
NANCY - PARIS

LOURDES
BUREAUX ET MAGASINS DE LA GROTTE

1921

MGR SCHOEPFER

ÉVÊQUE DE TARBES ET DE LOURDES

LOURDES

pendant la Guerre

LETTRES PASTORALES

F.-X. LE ROUX & Cie
IMPRIMEURS
LIBRAIRES-ÉDITEURS
STRASBOURG

BERGER-LEVRAULT
LIBRAIRES-ÉDITEURS
NANCY - PARIS

LOURDES
BUREAUX ET MAGASINS DE LA GROTTE

—

1921

LETTRE DE S. G. Mgr CHARLES RUCH

ÉVÊQUE DE STRASBOURG

A S. G. Mgr FRANÇOIS-XAVIER SCHŒPFER

ÉVÊQUE DE TARBES ET DE LOURDES

Strasbourg, le 8 décembre 1920,
en la fête de l'Immaculée Conception.

Cher et vénéré Seigneur,

Vous avez voulu que le premier exemplaire de votre œuvre de guerre me fût destiné, je veux donc être le premier à vous féliciter. J'ai été extrêmement édifié, j'ai été émerveillé de votre très intense activité ; j'ai admiré, en même temps que votre haute sagesse épiscopale, votre ardent patriotisme d'Alsacien et de Français, votre piété tout embaumée des parfums de Lourdes et éclairée du sourire de Notre-Dame.

Votre œuvre est un document historique d'un puissant intérêt. C'est Lourdes pendant la guerre, et c'est la France, l'Église, vues de Lourdes au cours de ces années uniques. Tout m'a vivement ému ; mais vous ne serez pas étonné, si je vous avoue que les pages consacrées à l'Alsace ont encore plus profondément remué mon cœur que toutes les autres. Certaines — par exemple la glorieuse fin de l'abbé Cetty — devraient être vulgarisées ici, aussitôt après la publication de l'ouvrage. Les félicitations de votre humble frère dans l'épiscopat n'ajoutent rien au mérite de votre livre ; mais je puis et dois vous dire que je me réjouirai de voir votre œuvre se répandre comme elle le mérite, et il m'est doux d'observer que vous la publiez à Strasbourg. A elle seule, la couverture est un document et il fait époque...

Veuillez agréer, cher et vénéré Seigneur, l'hommage de mes sentiments de religieuse et profonde déférence, de fraternel dévouement en N.-S.

† CHARLES,

ÉVÊQUE DE STRASBOURG.

AVANT-PROPOS

Les Lettres contenues dans ce volume ont été adressées à nos diocésains au cours des longues années de guerre que vient de terminer une victoire éclatante entre toutes, « ouvrant la porte, avec la grâce de Dieu, — ainsi que le disait naguère Sa Sainteté Benoît XV, — à une paix juste, honnête et durable » (1).

Des hommes considérables, dont le sentiment revêt à nos yeux la plus haute autorité, ont daigné penser qu'il ne serait pas sans intérêt de conserver et de réunir en volume ces pages écrites sous le coup d'événements d'une portée infinie et dont les conséquences pèseront longtemps, lourdement, sur les générations à venir.

On nous a fait remarquer que les enseignements mis en relief par ces Lettres sont aussi bien de tous les temps et ne peuvent manquer de faire une salutaire impression sur les lecteurs attentifs, en particulier sur l'esprit de nos chers concitoyens.

Et, en effet, le patriotisme, fortifié et transfiguré par son union avec la foi religieuse; l'indomptable volonté de lutter jusqu'à la mort pour son pays; l'incoercible confiance dans ses destinées immortelles; le recours filial à la Providence; l'appel à la toute-puissante protection de la Vierge Marie auprès de Dieu : ce sont des leçons puisées directement aux sources de l'Évangile, et, si elles semblent, avec raison, plus opportunes maintenant que jamais, c'est qu'elles ont reçu de l'histoire de ces dernières années le plus éloquent, le plus émouvant commentaire. Elles paraîtront donc assez actuelles pour qu'il y ait lieu de les rappeler encore aujourd'hui, et il est naturel de

---

(1) Lettre encyclique *Pacem, Dei munus*, du 23 mai 1920.

souhaiter que, partout où est honorée Notre-Dame de Lourdes, elles puissent trouver de l'écho.

Au reste, quand les Lettres publiées ici ne devraient être utiles qu'à une seule âme, l'humble évêque de Tarbes et de Lourdes se croirait suffisamment récompensé de son travail.

Notre-Dame de Lourdes, le 16 juillet 1920,
62e anniversaire de la 18e et dernière apparition
de la Vierge Immaculée à Bernadette Soubirous.

† FR.-XAVIER,

ÉVÊQUE DE TARBES ET DE LOURDES.

LOURDES
PENDANT LA GUERRE

———

LETTRES PASTORALES DE MGR SCHŒPFER
ÉVÊQUE DE TARBES ET DE LOURDES

I

*Lettre prescrivant des prières à l'occasion de la guerre,
pour appeler
les bénédictions de Dieu sur les armées de la France.*

Notre-Dame de Lourdes, le 5 août 1914,
en la Fête de Notre-Dame des Neiges.

Nos Très Chers Frères,

Les menaces de conflit qui, depuis longtemps, s'amoncelaient au-dessus des Vosges, se sont illuminées d'un sinistre éclair, et l'orage vient d'éclater sur nos têtes. La guerre nous est déclarée par l'empereur d'Allemagne.

La France n'a rien fait pour déchaîner ce fléau ; tout au contraire, elle n'a rien négligé pour l'éloigner, jusqu'au point de sembler quelquefois, à certains esprits téméraires, mettre à trop haut prix le bien de la paix.

Ce qui est vrai, et, disons-le très haut à la gloire de notre bien-aimée patrie, c'est qu'elle puisait, dans la conscience de sa force et dans le respect d'elle-même, le courage, très difficile parfois et d'autant plus méritoire pour un peuple vaillant et fier, de mépriser la haineuse mesquinerie de certaines provocations.

Mais la France ne serait pas elle-même, si elle ne se tenait toujours prête à tirer l'épée, quand il s'agit de défendre un bien plus précieux que la vie, c'est-à-dire l'indépendance et l'honneur, qui sont pour une nation les seules raisons de vivre : *Il nous est meilleur de mourir en combattant, que d'assister à la ruine de notre nation et à la destruction de ce que nous vénérons. Mais nous nous en remettons aux desseins du Ciel, et que sa volonté s'accomplisse* (1) !

Ce langage, que la Sainte Écriture met dans la bouche de l'héroïque Judas Macchabée, traduit à la fois, et avec une vérité saisissante, la situation qui nous est faite et les sentiments qui animent, à l'heure actuelle, le cœur de tous les Français.

La Prusse, qui se glorifiait en toute occasion d'être notre éternelle ennemie, quand nous-mêmes la laissions parfaitement en paix, vous avez entendu avec quelle audace elle nous faisait l'intolérable injure de vouloir que nous abandonnions notre fidèle alliée, la Russie, que nous la livrions à ses coups, espérant que nous nous préparerions, par une trahison, à être écrasés à notre tour et déshonorés.

La haine de nos ennemis s'est trompée dans ses calculs, et leur insolence a produit l'effet que tout le monde, et eux-mêmes les premiers, devaient attendre (2). Puisqu'on l'y contraint, la France accepte la lutte, confiante en son bon droit, en sa force et dans le secours de Dieu.

Ah ! sans doute, nul ne peut songer, sans avoir l'âme déchirée de douleur, aux effroyables calamités qui font cortège à la guerre, et l'humanité ne lancera jamais assez d'anathèmes contre ceux qui, pouvant l'arrêter sans déshonneur, que dis-je ? avec une véritable gloire, vont sacrifier des milliers et des milliers de vies humaines à

---

(1) *Melius est nos mori in bello, quam videre mala gentis nostræ et sanctorum. Sicut autem fuerit voluntas in cælo, sic fiat!* (I Macchab., III, 59-60.)

(2) *Et ait Judas : « Absit istam rem facere ut fugiamus ab eis : et si appropiavit tempus nostrum, moriamur in virtute propter fratres nostros, et non inferamus crimen gloriæ nostræ! »* (I Macchab., IX, 10-11.)

leur fol et odieux orgueil. Mais, autant est douloureuse la perspective de ces malheurs, et autant est horrible le crime de ceux qui en demeurent responsables, autant est émouvant et digne d'admiration le spectacle d'un peuple qui, parfaitement conscient des risques redoutables où il s'engage, les regarde de sang-froid et se décide à affronter la mort, pour arriver à la victoire, seule garantie de sa liberté.

Ce spectacle, nous l'avons sous les yeux. Il élève les cœurs, il les enflamme et les attendrit. Si quelque chose pouvait augmenter notre piété filiale pour la France, ce serait de contempler le mâle et simple courage de nos jeunes soldats, de nos réservistes et de nos territoriaux, de voir avec quelle noble abnégation ils partent au premier appel, sans faiblesse comme sans forfanterie, froidement résolus à faire leur devoir, tout leur devoir, comprenant et acceptant, dans toute son étendue, l'obligation d'être prêts à mourir pour la patrie.

Qu'il Nous soit permis de le dire, si Notre âge le permettait, Nous voudrions partager leur peine et leur gloire. Nous voudrions les bénir au milieu des combats, et les soutenir, par les pensées de l'éternité et le sourire de Notre-Dame de Lourdes, dans l'effort de la lutte suprême. Dans l'exercice de ce ministère charitable, qui Nous rappellerait les débuts de Notre vie sacerdotale à Paris pendant la guerre de 1870-1871, Nous serions heureux d'exposer Notre vie pour l'honneur de Dieu et le service de la France, notre patrie.

Puisque, à Notre vif regret, Nous et vous, Nos Très Chers Frères, qui restez seuls dans vos foyers désolés, nous ne pouvons aider nos chers combattants du secours de nos faibles bras, saisissons du moins la grande ressource qui est à notre portée, la prière, arme invincible, arme toute-puissante sur le cœur de Dieu. Prions, prions tous ! Pendant que nos chers soldats « *batailleront* », — ainsi que disait la sainte Lorraine, notre Jeanne d'Arc, — nous élèverons nos bras suppliants vers le Ciel, avec la confiance que « *Dieu* nous *donnera la victoire* »! — « *O Dieu*, — lui dirons-nous tous les jours, avec le prêtre, au Saint Sacrifice de la Messe, — *ô Dieu, qui arrêtez les guerres, et abattez par votre puissance les agresseurs de ceux qui espèrent en vous et que vous défendez, secourez vos serviteurs qui implorent votre miséricorde, et faites que, la férocité de leurs ennemis réduite à l'impuissance, ils vous offrent la louange d'une action de grâces sans fin* (I)! »

Oui, prions, et prions avec d'autant plus de foi et de piété que, dans ce pays, si foncièrement religieux, le stupide et odieux athéisme de plusieurs a besoin d'être racheté aux yeux de Dieu et compensé par les effusions de la piété française et catholique. Prions au sein de la famille, dans nos églises, devant le Très Saint Sacrement, aux pieds de la Très Sainte Vierge! Que Dieu entende nos supplications, et que le cri de notre détresse et de notre confiance fasse descendre sur notre patrie des grâces de salut et des gages de victoire!

Pour ce qui Nous concerne, Nous Nous proposons d'aller réciter le Chapelet à la Grotte, *tous les jours, à 6 heures du soir*, et Nous invitons à ce rendez-vous sacré Nos chers Lourdais et tous les pèlerins présents à Lourdes.

Dans nos paroisses, les prêtres réciteront tous les jours à la Messe, *servatis rubricis*, les oraisons *Pro tempore belli*. Ils voudront bien en outre convoquer leurs fidèles, tous les jours, à l'église, pour y réciter le Chapelet, qui sera suivi du Salut du Très Saint Sacrement, pendant lequel aussi sera chantée l'Oraison *Pro tempore belli*.

Hélas! toutes les paroisses ne seront pas à même d'exécuter Nos prescriptions, et c'est une des plus douloureuses conséquences de la guerre. Un grand nombre de prêtres, en effet, ont été appelés sous les armes et ont dû quitter des églises où tout réclame leur ministère, où tout gémira de leur absence. Il est vrai que la Providence, disposant toutes choses pour le salut des âmes, ménage à ces ecclésiastiques, transformés en soldats, l'occasion de procurer à leurs frères d'armes, au milieu des dangers de mort, les secours de la Religion.

En déplorant, plus que Nous ne pouvons le dire, la douloureuse situation créée, dans beaucoup de paroisses, par le départ de tant de ministres des autels, Nous Nous efforcerons d'y remédier autant qu'il dépendra de Nous.

(I) Oraison de la Messe PRO TEMPORE BELLI : *Deus, qui conteris bella, et impugnatores in te sperantium potentia tuæ defensionis expugnas : auxiliare famulis tuis implorantibus misericordiam tuam, ut, inimicorum suorum feritate depressa, incessabili te gratiarum actione laudemus!*

Nous comptons sur le zèle et le dévouement de MM. les doyens pour suppléer, le plus possible, au service religieux des églises privées de prêtre. Ils voudront bien prendre à cet égard toutes les mesures qui sont indiquées par nos *Statuts diocésains* (1).

Nous les remercions à l'avance du concours qu'ils prêteront à leur évêque et des services qu'ils rendront au diocèse.

Pour leur part, après entente avec leur doyen respectif, MM. les curés voisins des églises veuves de leur pasteur les visiteront fréquemment, et se mettront à la disposition des fidèles pour la célébration des offices, la visite des malades, l'instruction des enfants et l'administration des sacrements.

Les fidèles, de leur côté, sauront, quand il le faudra, s'imposer des sacrifices de temps et de fatigue, pour aller, même au loin, si cela est nécessaire, chercher les secours de la religion et remplir leurs devoirs de chrétiens. Ils travailleront et souffriront pour Dieu, pendant que nos chers absents souffriront et lutteront pour la patrie. Sous la direction de M. le doyen et d'après les avis du prêtre qu'il aura délégué à cet effet, les paroissiens privés de leur pasteur pourront se réunir dans l'église pour y réciter le Chapelet tous les jours.

La prière est le plus puissant secours que nous puissions procurer aux défenseurs de la France, mais ce n'est pas le seul, et beaucoup d'entre vous seront en état de joindre à la foi les œuvres de la charité. Nul ne s'y refusera, Nous en sommes persuadé, se souvenant de ces divines paroles de Notre-Seigneur Jésus-Christ : « *Un verre d'eau froide donné en mon nom ne demeurera pas sans récompense ; ce que vous aurez fait pour le moindre des miens, c'est à moi que vous l'avez fait.* » Qui de nous, Nos Très Chers Frères, ne voudrait se donner la joie et l'honneur d'être utile, dans la personne de leurs familles, à ceux qui ont tout quitté pour défendre notre mère, la France, au péril de leur vie ?

Ce patriotique et religieux devoir, Nous avons voulu le remplir à Lourdes, et Nous pensons que vous serez heureux d'apprendre que, dès le premier jour de la mobilisation, Nous avons offert nos services à M. le Directeur du Service de Santé du 18e corps d'armée,

---

(1) *Statuts diocésains*, IVe partie, chap. II.

à Bordeaux. Nous mettons sous vos yeux la lettre que Nous lui avons écrite :

ÉVÊCHÉ DE TARBES
ET DE LOURDES　　　　　　　Notre-Dame de Lourdes, le 2 août 1914.

Monsieur le Directeur,

J'ai l'honneur de vous informer que, tout récemment, j'ai créé, dans le domaine de la Grotte de Lourdes, un hôpital déclaré modèle par les hommes compétents qui l'ont vu. Il s'y trouve trois cents lits complets; il est desservi par des religieuses, dont plusieurs sont munies du brevet d'infirmière de la Faculté de Médecine de Bordeaux; des infirmières volontaires, depuis quelque temps attachées à cette Maison, ont promis de nous apporter leur concours, et des brancardiers de l'Œuvre de Lourdes se sont proposés pour nous aider.

Je m'empresse de mettre à votre disposition toutes ces ressources charitables, et nous serons heureux, mes auxiliaires et moi, de pouvoir, dans la mesure de nos moyens, contribuer au soulagement des victimes de la guerre.

Tout est prêt, hommes et choses, et, pleins de confiance en Dieu et dans les destinées de la France, nous attendrons les événements.

Veuillez agréer, Monsieur le Directeur, l'expression de mes dévoués sentiments.

† Fr.-XAV. SCHŒPFER,
Évêque de Tarbes et de Lourdes.

*A M. le Directeur du Service de Santé,
　du 18e corps d'armée, à Bordeaux.*

Haut les cœurs, Nos Très Chers Frères, et ayons confiance en Dieu! Élevons jusqu'au Ciel les invocations qui ont tant de fois retenti à Lourdes devant le Très Saint Sacrement et devant la Grotte miraculeuse :

Seigneur, nous vous adorons!
Seigneur, nous croyons en vous!
Seigneur, nous espérons en vous!
Seigneur, nous vous aimons!
Seigneur, vous êtes la Résurrection et la Vie!
Notre-Dame de Lourdes, priez pour nous!
Bienheureuse Jeanne d'Arc, priez pour nous!

Invoquons aussi les saints patrons de la France, et redisons de tout cœur :

> Saint Remi, priez pour nous !
> Sainte Geneviève, priez pour nous !
> Saint Martin, priez pour nous !
> Sainte Clotilde, priez pour nous !
> Sainte Radegonde, priez pour nous !
> Saint Louis, priez pour nous !
> Bienheureuse Jeanne d'Arc, priez pour nous !

Le Christ, disaient nos aïeux, *aime les Francs ;* la Vierge Immaculée, la Mère de Notre-Seigneur Jésus-Christ, partage ses sentiments, et Elle est venue nous sourire à Lourdes. Demeurons persuadés que le Christ n'a pas cessé d'aimer les Francs, et que la **Très Sainte Vierge Marie** n'a pas détaché de Lourdes et de la France son cœur plein d'amour maternel.

Que la bénédiction de Dieu et la toute-puissante intercession de Notre-Dame de Lourdes soient notre force, notre consolation et notre salut !

Et sera Notre présente Lettre circulaire lue et publiée, au prône de la Messe principale, dans toutes les églises et chapelles de Notre diocèse, le dimanche qui en suivra la réception.

† Fr.-Xavier,

Évêque de Tarbes et de Lourdes.

Nota. — Aux invocations ci-dessus reproduites d'autres ne tardèrent pas à être ajoutées par l'Évêque de Tarbes et de Lourdes, et il résulta de ces additions que l'ensemble des invocations à faire, chaque jour et dans toutes les paroisses, au Salut du Très Saint Sacrement, fut le suivant durant toute la guerre et jusqu'à la conclusion de la paix :

> Seigneur, nous vous adorons !
> Seigneur, nous croyons en vous !
> Seigneur, nous espérons en vous !
> Seigneur, nous vous aimons !
> Seigneur, vous êtes la Résurrection et la Vie !
> Notre-Dame de Lourdes, priez pour nous !
> Notre-Dame de Lourdes, bénissez notre Patrie !

Saint Remi, priez pous nous!
Sainte Geneviève, priez pour nous!
Saint Martin, priez pour nous!
Sainte Clotilde, priez pour nous!
Sainte Radegonde, priez pour nous!
Sainte Odile, priez pour nous!
Saint Louis, priez pour nous!
Saint Michel, priez pour nous!
Bienheureuse Jeanne-d'Arc, priez pour nous!
Notre-Dame des Victoires, priez pour nous!
Cœur sacré de Jésus, ayez pitié de nous!
Cœur sacré de Jésus, nous avons confiance en vous!

II

Lettre adressée à M. le Général commandant la place de Tarbes, pour lui offrir le concours de l'Évêque de Tarbes et de Lourdes et celui de ses prêtres.

ÉVÊCHÉ DE TARBES
ET DE LOURDES

Notre-Dame de Lourdes, le 6 août 1914.

Monsieur le Général,

Au moment où tous les Français, ne formant qu'un cœur et qu'une âme, aspirent, par tous les moyens, à servir la patrie en danger, veuillez trouver naturel que l'Évêque de Tarbes et de Lourdes et ses prêtres aient l'ambition de se mettre au premier rang parmi les meilleurs Français.

Tout ce qu'il sera en notre pouvoir de faire, je vous prie de nous le demander. Nous serons heureux de nous mettre à votre disposition.

Dès le premier jour de la mobilisation, j'ai écrit à M. le Directeur du Service de Santé du 18e corps, à Bordeaux, pour lui dire qu'il trouvera à Lourdes, dans le domaine de la Grotte, un hôpital de trois cents lits, installé aussi parfaitement que possible à tous les points de vue.

Que Dieu protège la France et donne le succès à nos armes!

Veuillez agréer, Monsieur le Général, l'hommage de mes dévoués respects.

† Fr.-Xav. SCHŒPFER,
Évêque de Tarbes et de Lourdes.

A M. le Général commandant la place de Tarbes, à Tarbes.

III

Lettre recommandant la persévérance dans la prière pour le succès de nos armes, la confiance en Dieu et la générosité envers nos soldats à l'approche de l'hiver.

Notre-Dame de Lourdes, le 4 octobre 1914,
en la Fête du Très Saint Rosaire.

Nos Très Chers Frères,

En ce début du mois d'octobre, consacré au Très Saint Rosaire, Nous Nous sentons pressé de vous adresser, une fois de plus, des paroles de foi patriotique et de confiance en Dieu.

La guerre, à laquelle, ne cessons pas de le redire, nous a contraints une nation barbare, décidée à nous attaquer, se prolonge, et, avec elle, les horreurs qui en sont l'ordinaire cortège.

Sans doute, il est très légitime d'espérer qu'elle ne sera pas aussi longue que le voudraient les ennemis du nom français, mais il convient pourtant de ne pas assigner, dans un désir bien naturel de paix, des limites trop rapprochées ou trop précises à la durée du fléau. A s'attacher avec un fiévreux empressement, très compréhensible d'ailleurs, à des perspectives prématurément dorées d'une lumière pacifique, on risquerait de se heurter à de cruels mécomptes : les rêves les plus beaux sont suivis des plus douloureux réveils. Mieux vaut envisager les choses telles qu'elles sont, mesurer virilement, chrétiennement, l'étendue de l'épreuve, et, forts de notre droit et de notre confiance en Dieu, faire crédit au génie de nos généraux, comme au courage de nos soldats, et attendre avec patience que mûrissent au feu des combats, si longs soient-ils, les fruits de la définitive victoire.

***

Cette victoire, tout nous permet, tout nous ordonne d'être persuadés qu'elle ne sera pas refusée à nos drapeaux.

Nos « soldats, comme nous l'écrivait naguère un évêque italien, dignes par leur héroïsme et leur esprit de foi de leurs ancêtres dans la gloire des combats », ont manifesté, avec un incomparable éclat, une nouvelle forme de courage, rendue nécessaire par les méthodes de la guerre moderne. Se résigner, parfois pendant des heures entières, sous l'avalanche des projectiles, à demeurer immobiles jusqu'à ce que vienne le moment de répondre aux coups de l'ennemi; être frôlé par la mort, et, dans un esprit de discipline, s'abstenir de répondre sur-le-champ à ses menaces, demande une possession de soi-même, un calme mépris du danger, qui, joint à une inlassable ténacité, consacre et perfectionne la vaillance, toujours impétueuse, l'élan irrésistible de nos armées. C'est cette forme de vertu guerrière que, depuis le début des hostilités, il nous est donné d'admirer dans nos soldats et de saluer comme un gage certain du triomphe.

Notre confiance et aussi notre admiration vont naturellement à nos généraux, en qui s'incarnent, avec les destinées de notre armée, celles de la France elle-même. Rarement on a vu un peuple aussi unanime que le nôtre en ce moment, dans la résolution de suivre avec une absolue confiance des chefs militaires chargés d'une plus glorieuse et plus redoutable responsabilité. C'est que tous nous sentons que le drapeau national en leurs mains est sous la garde de l'honneur, de la vaillance et du génie. Aussi obtiennent-ils tous les sacrifices qu'ils nous demandent au nom de la patrie.

Grâce à Dieu, nous ne sommes pas seuls, en face d'un ennemi qui pousse contre nous des foules innombrables, démesurées comme son aveugle fureur.

Tout près de nous, sur les mêmes champs de bataille, l'Angleterre, calme dans son inflexible résolution de défendre avec nous la justice et la civilisation, nous apporte le concours d'une armée et d'une flotte qui vaincront, parce qu'elles sont animées de l'implacable volonté de vaincre.

Français et Anglais couvrent de leur épée le vaillant peuple belge, qui, un moment, lutta seul contre toute la vague de la barbarie, et osa dire héroïquement, comme le grain de sable à la mer déchaînée : « Tu n'iras pas plus loin; ici tu viendras briser la fureur de tes flots ! » Le grain de sable est devenu un bloc inébranlable, en s'alliant, en même temps qu'à la France, à l'Angleterre, si puissante sur terre, plus puissante encore sur mer, et qui met cette double force au service du droit et de la liberté contre la barbarie et l'iniquité.

Cependant, à l'autre extrémité de l'horizon, les armées de la grande Russie, lentement mais irrésistiblement, comme la justice vengeresse, envahissent les provinces de nos ennemis, renversent tous les obstacles et, de succès en succès, se hâtent vers le rendez-vous, où l'Angleterre, la France, la Belgique et la Russie célèbreront la conquête d'une paix définitive, après avoir jalonné de leurs victoires la nouvelle carte de l'Europe.

Ce qui permet à la bravoure de nos soldats, au génie de nos généraux et à cette union des peuples alliés de valoir tout son prix et offre par suite à notre confiance un inébranlable point d'appui, c'est que, au sein de notre patrie, l'union la plus intime, la plus entière, a fondu toutes les âmes, toutes les volontés, en une seule âme, une seule volonte, et les tend vers un but unique : le salut de la France par la victoire, et la victoire par la lutte sans défaillance et par l'acceptation de tous les sacrifices. Plus de partis, en face de l'ennemi, parce que toute division serait un crime et une honte. Aussi est-ce par un cri de réprobation universelle qu'ont été accueillis les efforts de quelques sectaires, véritables ennemis de la patrie, avides de saisir toutes les occasions de troubler la concorde des esprits.

Nous sommes heureux de rendre cet hommage à l'ensemble de Notre peuple : qu'à cette heure si critique de la vie nationale, tous les Français sans exception obéissent aux inspirations du plus pur patriotisme. Toutefois, personne, nous l'espérons, ne pourra trouver mauvais qu'un évêque prenne à cœur et considère comme un honneur de mettre en relief le rôle glorieux que remplit, dans les circonstances actuelles, le clergé de notre pays.

L'Église catholique, par l'esprit qui l'anime, est essentiellement pacifique; elle tient cet esprit de son divin Fondateur, de Celui qui s'est proclamé le *Prince de la paix* (1), et dont le berceau, la Crèche de Bethléem, fut salué par l'hymne des Anges : *Paix sur la terre aux hommes de bonne volonté; — In terra pax hominibus bonæ voluntatis* (2). Jamais, au cours des siècles, elle n'a cessé de déployer son zèle et toutes les ressources de sa puissance pour faire régner cette paix bénie, qui est la possession de la sécurité dans l'ordre. Toutes les pages de l'histoire attestent sa fidélité à ce glorieux et bienfaisant ministère.

S'il faut donner de cette affirmation une preuve tirée de la plus palpitante réalité, il suffira de rappeler les derniers actes du Pape Pie X, de sainte et glorieuse mémoire, et l'exhortation que, peu de jours avant sa mort, Il adressait aux Catholiques du monde entier. Relisons ensemble ces paroles suprêmes de notre Père en Dieu, écoutons les accents de sa voix prête à défaillir :

EXHORTATION AUX CATHOLIQUES DU MONDE ENTIER

Au moment où l'Europe presque tout entière est emportée par le tourbillon d'une guerre très funeste, dont personne ne peut mesurer un seul instant les périls, les désastres et les conséquences finales, sans être accablé de tristesse et frémir d'effroi, Nous ne pouvons Nous-même ne pas être pénétré d'une profonde émotion, et ne pas ressentir l'angoisse d'une cruelle douleur, en tremblant pour le salut et la vie de tant d'hommes et de tant de peuples.

Dans cet immense bouleversement, où toutes choses sont en péril, Nous voyons clairement et Nous comprenons le devoir que Nous impose Notre paternelle charité et Notre Ministère apostolique, de diriger avec plus d'instances les regards de tous les fidèles vers Celui *d'où vient le secours*, c'est-à-dire vers le Christ, *Prince de la paix* et très puissant *Médiateur entre Dieu et les hommes*. Nous conjurons donc tous les Catholiques qui sont dans le monde de recourir à son trône de grâce et de miséricorde. Nous y exhortons surtout le clergé, qui aura en outre pour mission, sous la direction des évêques, de provoquer dans toutes les

---

(1) IsaI., IX, 6.
(2) Luc., II, 14.

paroisses des prières publiques, afin que Dieu, dans sa miséricorde, forcé pour ainsi dire par les supplications des âmes pieuses, éteigne au plus tôt le feu meurtrier de la guerre et daigne inspirer à ceux qui gouvernent *des pensées de paix et non d'affliction.*

Du palais du Vatican, le 2 août 1914.

PIE X,

Pape.

Vous l'avez entendu, Pie X voulait la paix; Il la souhaitait si ardemment, Il mettait tellement à la recherche de ce bien tout son cœur, qu'Il mourut du cruel mécompte de ses espérances et de ses désirs. Nous l'avons dit, nous le répétons avec une filiale émotion : Pie X a été frappé à mort par la main qui a détruit la paix du monde.

De même que Pie X, à la veille de descendre dans la tombe, fit tous ses efforts pour éloigner le fléau de la guerre, voici que la première parole de son glorieux Successeur, notre bien-aimé Pape Benoît XV, est encore un appel à la paix !

Son langage est celui d'un père, cruellement angoissé à la vue de ses enfants engagés dans la lutte la plus effroyable qui ait jamais ensanglanté la terre. Soyez attentifs, Nos Très Chers Frères, à recueillir les premières paroles officielles du nouveau Pape : elles sont le fidèle écho, la traduction parfaite des enseignements de Jésus-Christ, le Divin *Prince de la paix :*

BENOIT XV, PAPE

AUX CATHOLIQUES DU MONDE ENTIER

Aussitôt appelé à la Chaire du Bienheureux Pierre, tout en sachant combien Nous sommes inférieur à une si haute charge, Nous Nous sommes soumis avec le plus grand respect aux secrets conseils de la Providence divine, qui a élevé Notre humble personne à une dignité si sublime. Bien que Nous n'ignorions certes pas que Nous manquions des mérites réclamés par une pareille charge, Nous l'avons néanmoins acceptée, plein de confiance en la Bonté divine et ne doutant pas que Celui-là même qui Nous a imposé le poids très lourd de cet honneur Nous donnera la force et l'aide opportunes.

Mais à peine eûmes-Nous, du haut de ce Siège Apostolique, jeté Nos regards sur le troupeau confié à Nos soins, que Nous avons été frappé d'une horreur et d'une angoisse inexprimables, à la vue du spectacle monstrueux de cette guerre, où une si grande partie de l'Europe, ravagée par le fer et le feu, est rougie du sang chrétien.

Or Jésus-Christ, le Bon Pasteur, dont Nous sommes le Lieutenant dans le gouvernement de l'Église, Nous a ordonné d'embrasser avec les entrailles d'un amour paternel tous ceux qui, comme agneaux ou comme brebis, font partie de son troupeau.

Puisque donc, à l'exemple du Seigneur Lui-même, Nous devons être prêt, ainsi que Nous le sommes, à donner jusqu'à Notre vie pour leur salut à tous, Nous avons fermement établi et résolu de ne rien négliger de ce qui sera en Notre pouvoir pour hâter la fin d'une si grande calamité.

En attendant, et même avant que, selon la coutume des Pontifes romains au début de leur apostolat, Nous adressions des Lettres encycliques à tous les évêques, Nous ne saurions ne pas reprendre les paroles que le premier grondement de cette guerre suggéra à Notre Prédécesseur Pie X, de très sainte et immortelle mémoire, dans son amour et sa sollicitude pour le genre humain.

C'est pourquoi, tandis que, suppliants, Nous lèverons Nous-même vers Dieu les yeux et les mains dans la prière, Nous invitons et conjurons, ainsi que le fit avec instance Notre Prédécesseur, tous les fils de l'Église, et spécialement les membres du clergé, de continuer à s'employer sans relâche, soit à titre privé, par d'humbles prières, soit en public, par des supplications solennelles, à demander à Dieu, Maître et Arbitre de toutes choses, que, se souvenant de sa miséricorde, il dépose le *fléau de sa colère*, par lequel il châtie les nations de leurs fautes.

Qu'Elle nous assiste et qu'Elle soutienne de sa prière le vœu universel, la Vierge Mère de Dieu, dont la bienheureuse naissance, célébrée en ce jour, a brillé aux yeux du genre humain plongé dans le malheur comme une aurore de paix, parce qu'elle devait engendrer Celui en qui le Père Éternel a voulu réconcilier toutes choses *en pacifiant, par le sang de sa Croix, tout ce qui est au ciel et sur la terre* (1).

Nous prions et conjurons ardemment ceux qui dirigent les destinées des peuples d'incliner désormais leurs cœurs vers l'oubli de leurs différends, en vue du salut de la société humaine. Qu'ils considèrent que déjà trop de misères et de deuils font cortège à cette vie mortelle, et qu'il n'y a vraiment pas lieu de la rendre encore plus misérable et plus triste; qu'ils se persuadent qu'il a déjà été fait assez de ruines et qu'il a été répandu assez de sang humain; qu'ils s'empressent donc d'entrer dans des voies de paix et de se tendre la main. Ils obtiendront par là de précieuses bénédictions de Dieu pour leurs personnes et pour leurs peuples,

---

(1) *Ad Coloss.*, I, 20.

et ils auront hautement mérité de la société humaine. Qu'ils sachent enfin qu'ils feront par là une œuvre qui Nous sera très agréable et que Notre cœur désire ardemment, à cette aube de Notre ministère Apostolique, dont une telle perturbation des choses aggrave considérablement les difficultés.

Du palais du Vatican, ce 8 septembre, fête de la Nativité
de la Très Sainte Vierge Marie.

BENOIT XV,
Pape.

Avec le Pape et comme le Pape, leur père, leur chef et leur pasteur, évêques et prêtres, douloureusement émus par la perspective des malheurs inséparables de la guerre même la plus juste, n'ont jamais cessé, dans leur ministère sacré, de prêcher, de respirer l'amour de la paix. La sainte liturgie en est toute pénétrée, et vous n'aurez pas manqué de le remarquer, Nos Très Chers Frères, toutes les fois que le Saint Siège Apostolique accorde aux fidèles la grâce d'une indulgence plénière, il leur impose, comme condition indispensable, l'obligation de prier pour la conservation de la paix du monde.

De ce que Nous affirmons, ceux d'entre vous qui ont eu le bonheur d'assister aux fêtes grandioses de notre Congrès eucharistique, ont trouvé à Lourdes une manifestation nouvelle et éclatante, dans une inoubliable *leçon de choses*. Quelle fut, en effet, la dernière oraison que, du haut de l'église du Rosaire, devant plus de cent mille personnes, chanta l'Éminentissime Cardinal Granito Pignatelli, Prince di Belmonte, Légat *a latere*, c'est-à-dire représentant immédiat du Pape? Ce fut la prière pour la paix! Quelles furent les dernières acclamations, les invocations suprêmes, adressées par une voix épiscopale à Notre-Seigneur Jésus-Christ, présent dans le Très Saint Sacrement? Quels furent les derniers accents de la piété française et catholique, devant l'horizon chargé de menaces de guerre? Vous les avez entendus, et, par le souvenir, ils éclatent encore à vos oreilles : « *Notre-Dame de Lourdes, bénissez notre patrie !... Jésus, Prince de la paix, gardez la paix aux peuples !...* »

*
* *

Si, avec une insistance que d'aucuns pourraient être tentés de trouver exagérée, Nous avons à cœur de mettre en pleine lumière l'amour de la paix qui anime l'Église catholique, c'est que Nous voulons vous mettre en garde, Nos Très Chers Frères, contre le danger de perfides manœuvres, dirigées, dans certaines régions, contre le clergé, contre les évêques et même contre le Pape.

Ceux qui viendront après nous auront peine à le croire : pendant que les hordes barbares de nos ennemis sèment les ruines et les deuils sur leur passage, pendant que des millions de Français affrontent la mort pour la défense de la patrie et ajoutent un chapitre splendide au livre de nos gloires nationales, il semble que la méchanceté et la bêtise humaines soient jalouses de ne pas laisser prescrire leurs droits de s'étaler, elles aussi, au soleil du XXe siècle. Oui, on aura peine à le croire, et Nous éprouvons de la répugnance à l'écrire : il s'est rencontré des hommes assez oublieux de toute pudeur pour accuser les prêtres, les évêques, et, encore une fois, le Pape lui-même, d'avoir désiré la guerre! Dernier terme de l'ignominie, on a été jusqu'à dire que les deniers de l'Église de France et les aumônes des pèlerins de Lourdes avaient payé l'entrée en campagne de nos ennemis! Un des plus infâmes journaux, que certains voulaient croire guéri (au moins pour le moment et en face de l'ennemi) de son besoin maladif de salir l'Église, n'a-t-il point poussé le cynisme jusqu'à dire récemment que les cloches de nos églises salueraient avec joie la victoire des Prussiens? Le malheureux! Oublie-t-il ou cherche-t-il à oublier, d'ailleurs en vain, que, partout et toujours, les Prussiens se sont fait un sauvage plaisir de détruire nos églises, et que l'incendie de la merveilleuse et vénérable cathédrale de Reims illumine d'une lueur sinistre leur haine du catholicisme? Oublie-t-il ou feint-il d'oublier que ces Prussiens se sont acharnés et s'acharnent avec une spéciale barbarie contre les prêtres, à qui ils reprochent le crime d'être *l'âme de la résistance nationale* (1), c'est-à-dire, d'être les meilleurs Français? Oublie-t-il ou veut-il faire oublier que c'est en fusillant un prêtre que ces monstres ont inauguré la guerre, et que ce prêtre, doublement Français, puisqu'il était Lorrain, avait bien, lui, vrai prêtre et vrai patriote, sonné les cloches de son église, à l'approche des Prussiens,... oui, mais pour signaler leur arrivée à l'armée

------

(1) Reproche adressé par les Prussiens, notamment au curé de Pillon (Meuse).

française et mettre nos soldats en garde contre l'ennemi? Oublie-t-il ou serait-il donc seul à ignorer que, depuis lors, on ne compte plus les prêtres assassinés par la férocité teutonne, en raison de leur ardent patriotisme?

Nous vous connaissons, Nos Très Chers Frères, et Nous le disons avec joie et fierté : parmi Nos diocésains nul n'est assez canaille pour inventer ou propager les infâmes calomnies semées par les ennemis de vos prêtres, nul n'est assez idiot pour y ajouter foi, et Nous remercions Dieu de Nous avoir établi le père et le pasteur d'un peuple où l'honnêteté et le bon sens ont toujours fait cortège à l'esprit de foi et de piété.

Il ne suffit pas, hélas! d'être pacifique, pour être sûr de garder le bienfait de la paix, et il arrive un moment où l'épée doit sortir du fourreau, si l'on veut défendre et garder un trésor plus précieux que celui-là, c'est-à-dire l'honneur et la liberté de la patrie. Et c'est ce que nous voyons de nos yeux à cette heure. La France entière est sous les armes, décidée à lutter jusqu'à la mort contre un ennemi qui avait juré sa perte. Dans cette lutte sacrée, où sont entrés, avec une calme résolution, tous les enfants de la France, les moins vaillants, les moins résolus, ce ne furent point les prêtres. Bien que la nature de leur ministère dût les tenir éloignés du maniement des armes, on les a vus, et, parmi eux, même des évêques, empressés, que disons-Nous? joyeux de prendre leur place dans les rangs de l'armée, et prêts au sacrifice de leur vie pour servir la France, montrant ainsi la générosité du double amour qui remplit leur cœur : Dieu et Patrie. Des religieux, naguère chassés de leurs couvents par une loi inique, et contraints à demander à une terre étrangère la liberté de leur vocation, on les a vus, franchissant les océans, accourir de toutes les extrémités du monde et réclamer le droit de défendre leur patrie, toujours et malgré tout passionnément aimée! Dans tous les diocèses de France, on a eu ce beau spectacle de curés et de vicaires partant pour l'armée avec nombre de leurs paroissiens. En ce qui concerne Notre diocèse de Tarbes et de Lourdes, plus de cent trente prêtres ont déjà échangé la soutane contre l'uniforme militaire, et déjà plusieurs sont glorieusement tombés sur le champ de bataille, scellant de leur sang leur dévouement à la France. Évêque et fidèles, soyons fiers de nos prêtres!

Vous le voyez donc, Nos Très Chers Frères, Nous avions raison de dire que, sur tous les points de notre pays, malgré les récentes et vaines tentatives de quelques sectaires, règne, complète et sans nuage, l'union des cœurs dans la foi patriotique, gage de notre confiance, gage de la victoire, gage aussi de la protection de Dieu, entre les mains de qui sont les destinées du monde.

Oui, ne nous lassons pas de le répéter, Nos Très Chers Frères, Dieu, créateur du ciel et de la terre, est le maître des peuples comme des individus, et c'est de sa toute-puissance paternelle que nous pouvons et devons attendre les grâces dont nous avons besoin : « *L'homme s'agite, mais Dieu le mène.* » Nos vaillants généraux, nos admirables soldats *combattront*, et c'est *Dieu qui donnera la victoire :* c'était, Nous le disons une fois de plus, le cri de Jeanne d'Arc, quand elle entraînait ses vaillants compagnons au plus fort de la mêlée.

Voilà pourquoi, dès le début de la guerre, Nous vous avons exhortés à prier, à prier sans cesse, à prier avec confiance, avec une confiance inébranlable. Sans doute, nous sommes tous pécheurs, et notre chère patrie a bien des motifs de demander pardon à Dieu. Mais Dieu est notre Père ; Notre-Seigneur Jésus-Christ aime les Francs ; la Très Sainte Vierge Marie a toujours été honorée comme la souveraine et la mère de la France. La Vierge Immaculée a multiplié les marques de sa prédilection pour ce pays, qui n'a pas cessé d'être appelé son royaume : *Regnum Galliæ, Regnum Mariæ.* Elle a renouvelé son pacte maternel avec notre patrie, à Lourdes, dans la Grotte bénie, qu'illumine encore son doux sourire. Depuis plus de deux mois, sur tous les points de la France, nos chers compatriotes, même ceux qui pouvaient sembler oublieux de leur foi, se pressent au pied des autels et font monter vers les Cieux les accents d'une humble et confiante prière ; pour tout dire, la France entière, avec tous ses soldats, implore Dieu, en même temps que, sur d'immenses champs de bataille, elle lutte avec une admirable vaillance pour la cause de la justice et de la civilisation chrétienne. Qui donc alors pourrait ne pas se sentir assuré du secours de Dieu ? Qui pourrait douter de la victoire ?

Tels sont les sentiments qui animent tous les Français, mais plus particulièrement, peut-être, nous, les enfants de Notre-Dame de Lourdes. Du matin au soir, à toutes les heures de la journée, — et Nous en sommes le témoin deux fois au moins par jour, — à quelques pas de la place où notre Bernadette attirait sur elle, par ses *Ave Maria*, le regard et le sourire de la Vierge bénie, les serviteurs, les enfants de la Vierge Immaculée, éprouvent la douce persuasion qu'ils attirent, eux aussi, le sourire et le regard de leur Mère qui est au Ciel. Et ils se promettent de sa bonté qu'Elle sera pour eux Notre-Dame des Victoires.

En vous rappelant avec instance le devoir sacré de la prière, Nous Nous sentons pressé aussi de revenir sur Notre recommandation d'unir l'action à la prière, la charité à la foi. Vous avez entendu Nos précédents appels à cet égard, avec une générosité qui Nous a touché, et que Nous aimons à proclamer à votre honneur et pour Notre consolation. Il va falloir sans doute que notre charité fasse de nouveaux efforts et se produise sous une forme spéciale, à l'approche de l'hiver. Qui de nous, en effet, ne serait ému de compassion, à la pensée de ce que les prochaines intempéries de la saison d'hiver ajouteront de souffrances à ce que nos vaillants soldats ont enduré jusqu'à ce jour? Qui ne voudrait, par tous les moyens en son pouvoir, diminuer les épreuves de nos défenseurs?

Aussi sommes-Nous assuré, Nos Très Chers Frères, que, dans toutes les paroisses du diocèse, votre zèle, rendu ingénieux par toutes les délicatesses du dévouement, s'appliquera à protéger nos soldats contre ce terrible ennemi qui s'appelle le froid. Le moyen est simple et, dans une certaine mesure, il est à la portée de tous : c'est de leur procurer, le plus tôt possible, des vêtements chauds (1).

Nous vous supplions donc, Nos Très Chers Frères, fussiez-vous habitants de la plus petite, de la plus pauvre paroisse, d'apporter à cette œuvre le concours de toute votre bonne volonté. Votre digne pasteur sera le guide indiqué de vos efforts. Il recueillera

---

(1) Gilets de laine, chandails, ceintures de flanelle, chaussettes de laine, passe-montagnes (coiffures en laine). Qui ne pourrait au moins donner une paire de chaussettes?

les fruits de votre travail, pour les concentrer au chef-lieu du canton, d'où M. le doyen les fera parvenir soit au secrétariat de l'Évêché, soit à Lourdes, pour être, par Nos soins, acheminés vers le front des troupes.

Nous prions Messieurs les Curés de vous donner lecture de cette lettre, au prône de la Messe principale, le dimanche qui en suivra la réception.

Que Notre-Dame de Lourdes, la *Mère de miséricorde* et *de la divine Espérance*, l'*Auxiliatrice des Chrétiens*, protège la France et lui donne la victoire !

† Fr.-Xavier,

Évêque de Tarbes et de Lourdes.

*Lettre Pastorale pour le Carême de l'an de grâce 1915,
sur nos devoirs envers la patrie et envers ses défenseurs.*

François-Xavier SCHŒPFER, par la Grâce de Dieu et l'Autorité
du Saint Siège Apostolique, Évêque de Tarbes et de Lourdes,

Au Clergé et aux Fidèles de Notre Diocèse
Salut et Bénédiction en Notre-Seigneur Jésus-Christ.

Nos Très Chers Frères,

Chaque année, le Saint Temps du Carême nous invite à rentrer
en nous-mêmes, à nous recueillir en présence de Dieu, à nous renouveler dans la pratique de nos devoirs, en réparant le passé, en préparant l'avenir.

Mais, trop souvent, ces avertissements de l'Église, ce rappel à
la pénitence, à la vie morale et intérieure, ont peine à se faire
entendre dans un certain monde, au milieu du tourbillon des affaires
et des plaisirs, des distractions vaines et dangereuses, sinon coupables.

Cette année, un tel obstacle n'est pas à redouter : toutes les
pensées sont graves, toutes les consciences sont en éveil, tous les
cœurs sont en haut, toutes les volontés, toutes les énergies sont
tendues vers le devoir. C'est qu'un terrible missionnaire Nous a
précédé, hélas ! rendant Notre tâche à la fois plus aisée et plus
douloureuse : le fléau de la guerre a été déchaîné contre nous.

Le devoir réside, en grande partie, pour nous, à l'heure actuelle,
dans le *devoir patriotique*. Non pas, certes, que nos autres obligations soient supprimées ou diminuées, mais elles sont comme enve-
loppées, pénétrées, absorbées, en quelque sorte, par cette préoccupation de tous les instants, par cette tâche, pour ainsi dire
obsédante, qui, sous des formes diverses, nous incombe à tous :

contribuer à la défense du pays, prendre notre part des épreuves communes, travailler de toutes nos forces à hâter la victoire.

Il sera donc opportun, il sera réconfortant, pour nos âmes, d'examiner, à la lumière de la Foi, quels sont nos devoirs envers la France, envers ceux qui luttent pour sa défense, envers ceux qui sont blessés et envers ceux qui sont morts à son service. La vue de tant de souffrances, de tant d'héroïsme, en remplissant nos cœurs de compassion, d'amour et de saint enthousiasme, nous attachera davantage à Dieu et, en même temps que meilleurs Français, nous rendra meilleurs Chrétiens.

I

A tous les cœurs bien nés que la Patrie est chère !

Ce n'est là ni un vain mot ni un sentimentalisme sans fondement.

La société humaine, — écrit magnifiquement Bossuet, — demande qu'on aime la terre où l'on habite ensemble; on la regarde comme une mère et une nourrice commune, on s'y attache et cela unit. C'est ce que les Latins appellent : *Charitas patrii soli*, l'amour de la Patrie; et ils le regardent comme un lien entre les hommes. Les hommes, en effet, se sentent liés par quelque chose de fort, lorsqu'ils songent que la même terre, qui les a portés et nourris étant vivants, les recevra en son sein lorsqu'ils seront morts (1).

Ce qui unit ensemble les enfants d'une même patrie, ce n'est pas seulement la communauté du sol, ni même celle des intérêts. C'est un lien plus haut et plus fort, d'ordre moral, et qui atteint et attache les âmes. La société nationale, la société *patriale*, est nécessaire, et, par suite, naturelle à l'humanité. Avec la famille, après la famille, dont elle est le développement normal, la patrie est même la seule société d'ordre temporel qui, au sens strict et propre du mot, soit naturelle à l'homme, parce qu'elle est, après la famille, la seule indispensable, et que toutes les autres associations naissent d'elle, et dans son sein. Elle est indispensable, l'Histoire le prouve, au progrès et à la civilisation de l'humanité.

______

(1) *Politique tirée de l'Écriture sainte.*

Une nation, ce n'est donc ni une harde de bêtes fauves, ni une horde de barbares, comme les Huns, qui fondirent sur la Gaule, au temps de sainte Geneviève; c'est un groupement, normal et complet en soi, de familles humaines, unies entre elles par l'âme plus encore que par des liens matériels. La patrie, c'est, comme la famille, un être moral, une personne morale, qui a des droits à faire valoir, des devoirs à remplir, un idéal à réaliser, une mission à accomplir dans le monde. Une nation, c'est « une idée et un sentiment incarnés » (1).

Voilà pourquoi, entre toutes les patries, la France a toujours été passionnément aimée de ses enfants; c'est qu'elle nous semble réaliser, mieux que d'autres, cette définition de la patrie. Est-ce de notre part pure illusion filiale? Sans doute, chaque homme trouve des raisons particulières pour aimer sa patrie, comme chacun de nous se persuade avoir la meilleure des mères. Mais, enfin, il faut bien admettre que la France exerce un attrait spécial sur le cœur de ceux qui la connaissent, puisque, pour un si grand nombre d'hommes, et de tout temps, elle est devenue une seconde patrie de leur libre choix :

Tout homme a deux pays, le sien et puis la France (2).

Nous avons donc, au regard de la raison, de la conscience, du droit naturel, et aussi en vertu de la doctrine catholique, le devoir de défendre notre patrie attaquée, comme nous avons le devoir de défendre notre famille, nos vies et nos personnes. Le devoir, et non pas seulement le droit, parce que ce droit est de ceux qu'on ne saurait sacrifier sans faute et sans crime. De là, parfois, la cruelle nécessité de la guerre.

Horribles guerres, détestées des mères ! *Bella matribus detestata !* Qui en doute, hélas? Aussi, anathème à qui les déchaîne! Avoir déchaîné la guerre actuelle est un forfait d'une telle monstruosité que, jamais peut-être dans l'Histoire, n'a été commis un crime com-

---

(1) Fouillée, *Psychologie du peuple français.*
(2) Henri de Bornier, *La Fille de Roland.*

parable et aussi exécrable devant Dieu et devant les hommes. Mais que servent les déclamations éperdues de certains pacifistes contre la guerre en général? Empêchent-elles les scélérats ambitieux de susciter le fléau? Elle est singulière, l'aberration de ceux qui s'imaginent, dirait-on, pouvoir supprimer la guerre, à force de la maudire, et qui, pour un peu, maudiraient aussi ceux qui la prévoient et qui la prédisent, comme si prévoir était désirer, et comme si prédire la tempête signifiait la déchaîner. La vérité, c'est que, dans certains cas, il faut se résoudre à faire la guerre, fût-ce à contre-cœur et la mort dans l'âme.

Chacune à son tour et selon les circonstances voulues ou permises par la Providence divine, la paix et la guerre ont la valeur d'un devoir. Et chacun de ces deux devoirs a son rôle spécial dans l'éducation et le progrès des peuples. C'est là l'unique point de vue d'après lequel on peut juger sainement des choses. Telle est la profonde portée philosophique de cette parole inspirée : *Il y a temps pour la paix et temps pour la guerre ; — Tempus belli et tempus pacis* (1).

Le devoir de la paix est le devoir habituel et normal : devoir qui, bien compris, implique des renoncements et des efforts, mais qui, pour les peuples, est facile et agréable à la nature, et va de lui-même à détendre plutôt qu'à bander les ressorts du courage.

Le devoir de la guerre est un devoir accidentel, cruel, et toujours regrettable par ses causes et dans les malheurs qu'il entraîne, mais, enfin, quand l'heure sonne, c'est le devoir, et, pour les peuples modernes, chez qui disparaissent de plus en plus l'idée et l'acceptation du renoncement et du sacrifice, la nécessité d'être prêts sans cesse à ce redoutable devoir est un indispensable aiguillon d'énergie (2).

Or, l'heure de ce devoir a sonné pour la France et pour ses alliés, Nos Très Chers Frères : *c'est l'heure de la guerre ; — Tempus belli*.

Cette heure a sonné pour l'héroïque Belgique, lorsque, foulant aux pieds le droit naturel, le droit des gens et sa propre parole jurée, traitant les contrats signés par lui-même comme des *chiffons de papier*, l'ennemi a brutalement violé le territoire de cette vaillante et fière nation.

---

(1) *Eccl.*, III, 8.

(2) Chanoine B. GAUDEAU, *Les Pacifiques de l'Évangile et les Pacifistes de la Révolution*, dans la revue *La Foi catholique*, numéro du 25 février 1913, p. 86.

Cette heure a sonné pour l'Angleterre, lorsque, selon l'admirable langage de Lord Grey, elle a dû préférer les maux de la guerre au déshonneur.

Cette heure a sonné pour la France, qui n'avait ni provoqué, ni cherché, ni voulu, ni même, peut-être, hélas! assez prévu ni préparé la guerre, mais qui, injustement et férocement attaquée, a dû tirer l'épée pour se défendre. Toute nation digne de vivre eût agi de même, en pareil cas. Penser ainsi, agir ainsi, n'est contraire ni à la vérité ni à la charité. Le patriotisme armé et militant, quand il le faut, est précisément l'exercice même de cette charité.

*
* *

Il ne faut pas s'imaginer, en effet, comme le font certains faux esprits, que notre amour envers la patrie soit, en quelque sorte, à base de haine pour l'étranger. Il se peut que, çà et là, dans l'antiquité païenne, cette conception erronée du patriotisme ait prévalu. Il semble bien aussi que nos ennemis actuels se montrent incapables d'*aimer* leur patrie autrement que *contre* quelqu'un, et qu'ils ne conçoivent la grandeur et l'existence même de leur empire qu'au moyen de la destruction et de l'écrasement des autres peuples. Aussi bien cette conception sauvage montre ce qu'il y a de faux, de haïssable et de factice, dans leur prétendu idéal patriotique.

Car, enfin, on peut aimer sa famille, sans haïr ses voisins; on peut se respecter soi-même, sans mépriser les autres. L'ordre dans la charité, la hiérarchie dans les échelons de proximité qui font de tous les hommes, mais à des degrés divers, notre prochain, ce n'est nullement la haine à l'égard de ceux qui nous sont moins proches que la famille et la patrie.

Notre pays ne fournit-il pas, avec un luxe d'évidence, presque excessif, la preuve de cette vérité, par son admirable esprit d'hospitalité et de courtoisie envers les étrangers? Même au fort de la guerre, nous n'avons pas de haine personnelle contre l'ennemi; nous ne haïssons chez lui que sa barbarie, sa cruauté, sa perfidie, c'est-à-dire ses crimes et ses vices, ce qui déshonore et déprave en lui le caractère même de l'humanité.

L'amour pour la patrie n'enlève donc rien à l'amour que nous devons à l'humanité tout entière. Au contraire, c'est l'humanitarisme, ennemi des patries, qui détruit le vrai amour pour l'homme, en le diluant jusqu'à l'anéantir, et qui enfante une charité illusoire, très lointaine, en la rendant, en quelque sorte, *télescopique*, tandis que l'ordre chrétien de la charité, en nous faisant aimer d'abord notre famille, d'abord notre patrie, met à portée de nos yeux et de notre cœur les objets de notre amour, et rend celui-ci vivant, efficace et pratique.

L'amour pour la Patrie, tel que Nous venons de le décrire, Nos Très Chers Frères, est donc béni et voulu de Dieu, Nous en avons la preuve à chaque page de nos Saints Livres, et notamment dans cette merveilleuse histoire des Macchabées, qu'on dirait écrite pour nous et pour l'heure présente.

Notre-Seigneur Jésus-Christ lui-même, Dieu et homme parfait, a voulu nous donner l'exemple de cette vertu, comme de toutes les autres. Il a aimé sa patrie, et on le savait. Les Juifs rendent hommage à son patriotisme, ils y font appel en faveur de cet officier de Capharnaüm, dont ils lui demandent de guérir le serviteur. « *Il mérite* — disent-ils — *que vous lui fassiez cette grâce, car il aime notre nation ; — Dignus est ut hoc illi præstes, diligit enim gentem nostram* (1). »

Rien n'est plus connu, rien n'est plus touchant dans l'Évangile, que les larmes versées par notre divin Sauveur sur son ingrate patrie, sur ses égarements, sur les malheurs qui en seront la conséquence. Rien n'est plus émouvant que les tendres appels par lesquels il voudrait la sauver. Entendons-les, Nos Très Chers Frères, car ils s'adressent à nous aussi : « O France, — s'écrie Jésus, — que de fois j'ai voulu te rendre heureuse, grande et unie, et tu n'as pas voulu ! — *Quoties volui congregare filios tuos... et noluisti !* — *Aujourd'hui*, du moins, *in hac die tua*, si tu voulais comprendre, enfin, ce qui peut te donner la véritable paix ! — *Si cognovisses et tu... quæ ad pacem tibi* (2) !» Oh que, cette fois, du moins, les larmes de Jésus ne coulent pas en vain sur nous, Nos Très Chers Frères ! Recueillons-les dans nos cœurs, et que notre foi, notre repentir, notre véritable amour pour la France, les rendent fécondes pour son salut !

---

(1) Luc., VII, 4.
(2) Matth., XXIII, 37 et sq.

*
* *

Rapprochement saisissant! Il y a cinq ans, à l'époque du Carême de 1910, S. Ém. le cardinal Mercier, archevêque de Malines, et NN. SS. les évêques de Belgique publiaient une lettre pastorale collective sur la *piété patriotique*. C'était à l'occasion de la mort récente du roi Léopold II, de l'intronisation du roi Albert Ier et aussi de la loi militaire belge, qui venait d'être promulguée.

En écrivant ces belles pages, ils ne pouvaient prévoir, ces évêques si héroïquement patriotes, que les événements allaient bientôt illustrer d'une manière effrayante leurs admirables enseignements; ils ne se doutaient pas que, si peu d'années après, ils allaient être eux-mêmes victimes de la plus odieuse invasion, et, pour la plupart, otages de l'ennemi; ils ne savaient pas qu'elle était prophétique, à l'égard de leur chère Belgique, cette émouvante définition qu'ils traçaient de la patrie :

La patrie, dans son acception complète, est le *sol indépendant* où se développe notre vie civile et politique; c'est-à-dire où des individus et des familles, stimulés par les mêmes devoirs, en quête des mêmes ressources économiques, intellectuelles, morales et religieuses, aspirent et consentent mutuellement à s'entr'aider et à se défendre ensemble contre l'envahisseur.

Quel beau rôle est assumé par ces évêques, et quel sens chrétien et patriotique dans ces sages conseils, au sujet de l'armée belge, qui vient de réaliser si magnifiquement les espérances ici exprimées!

Nous Nous sommes délibérément abstenus, tant qu'a duré la discussion du projet de loi militaire, — écrivaient-ils encore, — d'émettre, publiquement, ne fût-ce qu'un avis, tel que tout citoyen a pourtant le droit d'en exprimer. Mais, aujourd'hui qu'une loi nouvelle a pris vigueur, Nous Nous tournons avec confiance vers Nos ouailles, et Nous demandons à pouvoir leur tenir ce langage chrétien et apostolique : Nous avons une armée, le pays la juge nécessaire. Vous la redoutez pour la moralité et pour la foi de vos fils, et Nous comprenons vos inquiétudes, et Nous les partageons. Dans toute agglomération d'hommes, le contact est, pour les tempéraments faibles, un véhicule contagieux. Immunisez donc vos fils, fortifiez-les, avant de les envoyer à la caserne, suivez-les quand ils y seront, fournissez-leur des aides protectrices, et assurez-vous, par un contrôle personnel, qu'ils restent fidèles à leur pratique morale et religieuse.

Sachons gré au Gouvernement, — ajoutaient les évêques belges, — d'avoir, par des déclarations autorisées, rassuré les parents des miliciens. L'armée, a-t-il bien voulu dire, est, et elle sera plus encore demain, ce qu'elle doit être : l'école de la nation. C'est sans appréhension que les familles peuvent nous confier leurs fils; nous leur rendrons des hommes robustes, parfaitement instruits au point de vue moral... Nous, officiers, nous avons intérêt à entretenir les meilleurs sentiments dans le cœur des hommes, car la démoralisation, chez les soldats, conduit à la perte irrémédiable de l'armée.

Enfin, comment lire, aujourd'hui, sans une émotion poignante, ces paroles, prononcées par le roi Albert, en prenant possession de son trône, et qui sont citées dans ce même mandement : « La parole finale du souverain fut cette affirmation solennelle de son patriotisme :

« En prêtant le serment constitutionnel, je prends, devant moi-même et devant mon pays, l'engagement de remplir scrupuleusement mes devoirs, et de consacrer toutes mes forces, toute ma vie, au service de la patrie. »

Le jeune roi qui souscrivait cet engagement vient de montrer par son héroïsme, au cours de six mois de guerre, qu'il n'est pas de ceux qui traitent leur propre signature comme un *chiffon de papier.*

A nous aussi, Nos Très Chers Frères, non moins qu'à la Belgique, s'appliquent ces enseignements, et aussi ceux que S. Ém. le cardinal Mercier vient d'adresser à ses fidèles, dans la nouvelle et incomparable lettre pastorale *Patriotisme et Endurance,* qui fait écho, d'une manière si tragiquement inattendue, au mandement collectif d'il y a cinq ans.

Aux habitants de nos provinces envahies, peut s'appliquer à la lettre ce sage et courageux mot d'ordre, qui trace dans les consciences un sillon de lumière et de feu, et qui n'a blessé les envahisseurs que parce qu'il dit avec évidence la vérité :

Je considère comme une obligation de ma charge pastorale de vous définir vos devoirs de conscience, en face du pouvoir qui a envahi notre sol, et qui, momentanément, en occupe la majeure partie.

Ce pouvoir n'est pas une autorité légitime, et, dès lors, dans l'intime de votre âme, vous ne lui devez ni estime, ni attachement, ni obéissance. L'unique pouvoir légitime, en Belgique, est celui qui appartient à notre Roi, à son Gouvernement, aux représentants de la nation. Lui seul est pour nous l'Autorité, lui seul a droit à l'affection de nos cœurs, à notre soumission... Néanmoins, la partie occupée du pays est dans une situation de fait qu'elle doit loyalement subir... Notre armée a, seule, en partage, avec les vaillants bataillons de nos alliés, l'honneur et la charge de la défense nationale. Sachons attendre d'elle la délivrance définitive.

C'est cependant pour ces conseils, si pleins de véritable modération, et qui ne contiennent ni provocation ni bravade, mais la pure expression du droit naturel et chrétien, que l'Éminentissime archevêque de Malines a été molesté, que sa Lettre a été interdite, et que, sans égard pour la dignité de la Pourpre romaine, on a osé porter atteinte à la liberté de son ministère spirituel et de ses actes, et même — le fait semble bien avéré — à celle de sa personne. Aux protestations autorisées qui se sont déjà élevées contre ces attentats, Nous joignons ici, une fois de plus, l'expression émue de Notre indignation, de Notre douleur et de Notre ferme conviction que ces nouvelles fautes d'ennemis affolés ne feront que hâter l'heure de la justice et de la délivrance.

*
* *

Nous devons remercier Dieu, Nos Très Chers Frères, de ce que les malheurs qui nous frappent font éclater si magnifiquement, dans notre pays aussi, cette alliance du patriotisme et de la foi religieuse.

Il y a une vingtaine d'années, Brunetière, que la droiture de son sens patriotique ramenait déjà vers les *chemins de la croyance,* dans un discours sur l'idée de patrie, s'adressait éloquemment aux imprudents qui croyaient pouvoir impunément saper les fondements des croyances morales et religieuses sans mettre en péril le patriotisme lui-même.

J'admire, — disait-il, — l'imprudence ou la légèreté de ceux — (et de nos jours ils sont légion) — qui, d'une part, célèbrent à pleine voix les progrès brillants du naturalisme, et, de l'autre, n'ont, en toute occasion, que le patriotisme à la bouche. Certes, je les loue d'être patriotes.

Mais je les plains de si mal raisonner. Et je les admire, s'ils se flattent qu'une certaine critique, après qu'elle aura tourné les variations de la morale ou de la diversité des religions en moquerie, s'arrêtera, pour la respecter, devant la religion de la patrie. Aussi bien ne le croient-ils pas, et Ernest Renan, avec cette tortuosité qui le caractérise, l'a-t-il dit assez clairement : « Je me dis souvent, — a-t-il osé écrire, — qu'un individu qui aurait les défauts tenus chez les nations pour des qualités, qui se nourrirait de vaine gloire, qui serait à ce point jaloux, égoïste et querelleur, qu'il ne pourrait rien supporter sans dégainer, serait le plus insupportable des hommes. » — Vous l'entendez, Messieurs, « il serait le plus insupportable des hommes ». Et que sert après cela d'affecter l'amour de la patrie? Renan, qui, pendant trente ans, avait enseigné que l'observation de la loi morale ne va pas sans une singulière étroitesse d'esprit, et que le plus grand saint n'est, après tout, qu'un assez pauvre homme; Renan, dont toute la religiosité tant vantée n'a consisté qu'à faire des oraisons jaculatoires au néant; Renan a bien vu qu'il entraînait l'idée de patrie dans la ruine commune de la religion et de la morale, et, s'il ne l'a pas osé dire plus nettement, d'autres viendront après lui, n'en doutez pas, qui le diront sans tant de précautions ni de détours, ou, plutôt, vous le savez, ils sont déjà venus (1).

Hélas! oui, nous le savons, il sont venus, les humanitaristes, les antimilitaristes, les antipatriotes, et nous ne savons aussi que trop quelle œuvre néfaste est la leur. Mais, par un vrai miracle de Dieu, le mal qu'ils ont fait n'a été ni aussi profond, ni aussi durable qu'on aurait pu le craindre, et que nos ennemis l'espéraient. Dès le premier instant de la guerre, toutes ces inepties, toutes ces folies criminelles, ont été balayées par le souffle magnifique et brûlant de l'âme française, qui s'est retrouvée intacte dans son patriotisme, plus que jamais vivante et immortelle. Et, du même coup, on a vu s'élever partout le niveau de l'esprit religieux. Nous avons vu les églises envahies, les soldats en foule, avant de partir au feu, mettant leur conscience en règle et manifestant de mille manières leur foi et leur piété.

Où sont les sots, où sont les lâches calomniateurs qui oseraient attribuer ce mouvement à la peur de la mort? Qu'ils regardent donc comment savent se comporter au front, sous les balles et les obus, ceux qui viennent d'accomplir leur devoir de Chrétien! La vérité, c'est que l'âme de la nation, l'âme du soldat, mise en face de la

---

(1) BRUNETIÈRE, *L'Idée de Patrie*, conférence prononcée à Marseille, le 28 octobre 1896.

patrie en danger et considérant l'idéal du devoir à remplir, se **sent** soulevée au-dessus d'elle-même, et, comme le dit le poème anglais : *plus près de Dieu.* Ceux mêmes qui ont longtemps oublié Dieu, ou voudraient se persuader qu'ils l'ignorent, en de tels instants le sentent, l'honorent et l'invoquent. Dieu est dans leur cœur, à leur insu : *Quem ignorantes colitis* (1), et, en cherchant l'idéal, ils trouvent sans effort Celui qui les a créés, qui a créé la famille, qui a créé les patries.

Affirmer la nécessité absolue de tout subordonner au droit, à la justice, à l'ordre, à la vérité, c'est implicitement affirmer Dieu. Et, quand nos humbles soldats, à qui Nous faisions compliment de leur héroïsme, Nous répondaient avec simplicité : « Nous n'avons fait que *notre devoir* », « l'honneur l'exige », ils exprimaient, à leur façon, le caractère religieux de leur patriotisme.

Ainsi parle le cardinal Mercier, dans sa dernière lettre pastorale, et rien n'est plus vrai. De bonne foi et en bonne logique, comment l'homme trouverait-il en lui seul, ou dans l'humanité, le point d'appui et la force nécessaires pour s'élever au-dessus de lui-même et de tout le créé, pour s'établir dans l'état d'héroïsme, de sacrifice complet et continu, que demande la vie du soldat au feu, sans cesse prêt à mourir ? La foi religieuse met dans son âme la pleine lumière, la cohésion, l'unité, la logique du dévouement et, par conséquent, la paix et la force complètes.

De là vient l'admirable esprit de religion qui éclate dans les rangs de nos vaillants alliés : Russes, Anglais, Belges, et aussi parmi nos armées ; seul un sectarisme, désormais démodé en France, pourrait s'en étonner ou s'en plaindre.

*
* *

Vous aussi, Nos Très Chers Frères, puisez donc dans votre Foi le courage qu'il vous faut pour accepter vaillamment votre part des épreuves de la guerre. Tous, en effet, nous sommes atteints par le

---

(1) *Act. Apost.,* XVII, 23.

fléau, soit dans nos affections, soit dans nos intérêts. Supportons ces coups en véritables Chrétiens.

Mais surtout, il faut prier. Dieu seul, nous le savons, tient dans ses mains le secret de la victoire; il n'a point égard au nombre des soldats ni à la force des armes, mais il donne le triomphe, selon qu'il lui plaît, à ceux qui en sont dignes : *Non secundum armorum potentiam, sed prout ipsi placet dat dignis victoriam* (1).

N'oublions pas les conditions nécessaires pour que notre prière soit efficace, car notre ennemi aussi prie Dieu, parfois même avec une ostentation pharisaïque, dont un cœur honnête et sincèrement religieux est aussi indigné que dégoûté. Il faut prier, en effet, d'abord pour une cause juste, et, par la miséricorde de Dieu, c'est là notre cas. Il faut ensuite prier avec une conscience pure, puisque Dieu *fera la volonté de ceux qui le craignent, exaucera leurs prières et leur donnera la victoire ; — voluntatem timentium se faciet et deprecationem eorum exaudiet et salvos faciet eos* (2). Il faut, enfin, prier avec persévérance et confiance, il faut prier avec repentir, et en demandant pardon à Dieu de nos fautes.

Nous Nous heurtons ici à une étrange susceptibilité de quelques-uns de nos contemporains. Les seuls mots de pénitence, de repentir, de justice divine, révoltent leur orgueil. Mais quoi? Peut-on prétendre que nous n'ayons rien à nous reprocher? Le matérialisme pratique de l'existence, chez un si grand nombre; l'oubli de Dieu; la vie de famille, trop souvent sans religion; sont-ce là des faits contestables, et sont-ils innocents? Et, s'ils sont réels et blâmables, ne faut-il pas les déplorer? Qui refuserait d'en convenir? Aussi, dans notre *Confiteor* national, le *mea culpa* doit-il suivre la constatation de nos fautes, pour justifier la confiance en Dieu et l'appel à sa miséricorde. Remarquez-le : *ideo*, c'est-à-dire, c'est sur l'aveu de sa faute que le pécheur fonde l'espérance du pardon : *ideo precor*. Ce qui serait condamnable, ce serait de méconnaître nos erreurs ou d'en prendre prétexte, soit pour désespérer, soit pour vanter étourdiment d'autres peuples, comme nous l'avons trop fait à l'égard de nos ennemis, dont la valeur morale a été mise au grand jour par leurs cruautés et leurs mensonges; *sépulcres*

----

(1) II *Macchab.*, XV, 21.
(2) *Psalm.*, CXLIV, 19.

blanchis (1), hypocrites, étalant de prétendues vertus, dont le spectacle pourrait, semble-t-il, réconcilier le monde avec nos défauts.

De même donc que l'Église met sur les lèvres du prêtre, à l'autel, cette admirable prière, qui ne porte aucune atteinte au respect des parents ni à la piété filiale : *O Dieu, qui nous ordonnez d'honorer notre père et notre mère, ayez pitié de l'âme de mon père et de ma mère, pardonnez leurs péchés, et faites que je sois avec eux admis à la gloire éternelle*, de même, disons à notre Créateur et à notre Père : « O Dieu, qui m'ordonnez d'honorer et d'aimer ma patrie, ayez pitié d'elle, pardonnez-lui ses péchés, et daignez lui accorder la victoire ! »

Sans doute, Nos Très Chers Frères, cette prière de la France devrait être officielle et nationale, comme l'est celle de nos alliés. Hélas ! nous sommes bien obligés de constater actuellement chez nous, à cet égard, une abstention, une lacune, que nous ne pourrons assez déplorer. Car ce silence, ce mutisme athée, constitue, en soi, la plus grave injure qui puisse être faite à Dieu. C'est, au point de vue du droit naturel lui-même, la violation du premier et du plus essentiel des devoirs des sociétés humaines. Méconnaissance d'ailleurs inconcevable d'un fait historique et positif, universel et perpétuel comme l'humanité elle-même : le fait religieux, dont il est, au suprême degré, puéril et anti-scientifique de vouloir ignorer l'importance. Cet abstentionisme obstiné est le résultat d'une erreur et d'un sophisme mille fois réfutés, mais qui renaissent sans cesse, sous le couvert des mots, mal compris, de cléricalisme et de liberté de conscience. Comme si des actes publics et nationaux de croyance, de prière, de pénitence, tels qu'ils se voient même aux États-Unis, en Angleterre, en Suisse, pouvaient offusquer qui que ce soit, dans notre pays de liberté et d'égalité ! Où seraient en cela la tyrannie et l'injustice? Ne consistent-elles pas, au contraire, à vouloir, à paraître envelopper la masse infinie des croyants dans la solidarité de la pratique d'incroyance de quelques-uns, qui prétendent représenter la nation, parce qu'ils sont l'État, et qui, en cela du moins, très évidemment, c'est-à-dire en un point essentiel entre tous, ne la représentent pas?

Quant à nous, en ce moment, Nos Très Chers Frères, suppléons,

----

(1) MATTH., XXIII, 27.

autant qu'il est en nous, à cet effacement officiel, en multipliant
les . manifestations de notre piété. Quoi que l'on puisse dire
et faire, montrons que notre pays demeure toujours au premier
rang des enfants de l'Église catholique, par son attachement filial
et généreux au Pape, par le concours de sa charité sans égale à
toutes les œuvres : Œuvre des Missions, Œuvre de la Propagation
de la Foi, Œuvre de la Sainte-Enfance, Œuvre du *Denier de Saint
Pierre*, etc., etc. Montrons que c'est en France qu'il faut venir —
nos ennemis eux-mêmes l'ont dit et écrit — pour apprendre à prier.
Oui, prouvons de plus en plus au monde entier, en dépit des mensonges de nos ennemis, qui dénaturent et exploitent impudemment
certains faits, prouvons que la France est un peuple foncièrement
religieux, et que, sur toute l'étendue du pays, l'élan actuel de la
Foi révèle avec éclat le fond de son âme.

II

Sous l'outrage et les menaces de nos ennemis, la France entière a
bondi et a couru aux armes. L'union de tous, en face du danger
national, a été admirable : plus de divisions, plus de partis, rien que
des frères, unis pour défendre la patrie.

Si jamais une armée fut l'émanation, la représentation vivante
de tout un peuple, c'est, en ce moment, la nôtre. C'est en ses soldats
que la France se reconnaît, c'est en eux qu'elle vit. Remplissons donc
avec joie nos devoirs envers eux.

Le premier, qui contient tous les autres, est celui de la reconnaissance; on voudrait trouver un mot plus fort et plus expressif, pour
traduire le besoin de nos cœurs. Disons-nous qu'à toute heure, à
tout instant du jour et de la nuit, sur l'immense front de bataille,
ils luttent, ils souffrent, ils sont frappés, ils tombent, ils meurent !...
Voilà la pensée qui sans cesse nous poursuit, qui nous obsède de son
charme douloureux, et qui, en déchirant nos cœurs, les remplit
d'un sentiment inexprimable d'admiration et d'amour. Nous le
sentons trop, et c'est à la fois notre torture, notre fierté et notre
joie : la dette de justice et de tendresse que nous contractons envers
eux, et que chaque minute augmente, nous ne pourrons jamais,
jamais, l'acquitter complètement.

Toutes les qualités militaires traditionnelles de la race éclatent en eux avec une splendeur vraiment admirable : la crânerie dans le courage le plus héroïque, la bonne humeur au milieu des sacrifices les plus durs, le mordant de l'attaque, la souplesse, l'esprit de discipline, la générosité chevaleresque, si opposée au caractère de l'ennemi, l'humanité et la pitié dans la fureur même de la bataille. En même temps, se révèlent d'autres qualités nouvelles, et qu'on dirait incompatibles avec les premières, mais qui sont exigées par le caractère nouveau de cette guerre : la patience, la ténacité, le calme sous le feu effroyable de l'ennemi, l'endurance dans l'eau et la boue glaciales des tranchées, l'indomptable espoir du succès, malgré des conditions de vie affreuses.

L'héroïsme, chez les défenseurs de notre patrie, s'unit de façon intime à la religion, si bien que jamais on n'aura vu nulle part une armée plus chrétienne. La simplicité, la spontanéité de l'esprit religieux, éclatent, chez nos soldats, avec un charme attendrissant, qui semble refaire à la plupart une âme de premiers communiants. C'est donc une calomnie, tout à la fois stupide et odieuse, de dire que, s'ils portent sur eux des objets de piété, c'est qu'on les leur a imposés de force. Tout au contraire, et qui veut voir le voit, ils les demandent, ils s'en parent, comme de signes d'honneur. Ils sont Chrétiens comme ils sont Français, et leur Foi fait tout un avec leur patriotisme.

En payant à tous nos chers et vaillants défenseurs ce légitime tribut d'admiration et de reconnaissance, il Nous sera bien permis de mettre en relief le rôle et la valeur de notre grand clergé français, et, en particulier, des prêtres et des séminaristes qui représentent, sous le drapeau national, notre cher diocèse de Tarbes et de Lourdes.

L'Église est fière d'eux non moins que la France.

Pendant, en effet, que, par leurs actes et leurs écrits, les évêques suscitent et répandent dans tout le pays la flamme sacrée du patriotisme; pendant que, à la suite de saint Paul, ils consacrent tout ce qu'ils ont et se dépensent eux-mêmes, par surcroît, au service de la patrie, en provoquant par leur exemple l'élan de la charité en faveur des combattants et des blessés; tandis que, aux applaudissements du monde entier, les admirables archevêques et évêques de Reims, de Cambrai, de Nancy, de Saint-Dié, de Soissons, de Meaux, de Lille, d'Arras, de Châlons-sur-Marne, d'Amiens et de

Verdun, partagent et soulagent les épreuves affreuses de leurs familles diocésaines; pendant que, nouveaux *défenseurs de leurs cités*, ainsi que parlaient nos pères, ces illustres prélats protègent leur peuple contre les cruautés d'un ennemi sans cœur et sans honneur, et s'obstinent, au milieu des ruines fumantes de leurs églises, à préparer les résurrections de l'avenir; nous voyons nos prêtres, curés, vicaires, aumôniers, nos lévites et même des évêques missionnaires, joyeusement mêlés aux braves enfants de notre peuple, défendre, au prix de leur vie, la cause de leur Dieu et de la France.

Sans doute, — et Nous saisissons l'occasion de le redire, — la loi ne devrait pas les obliger à porter les armes, et, surtout, à verser le sang. Il serait possible, il serait même facile d'utiliser tout leur dévouement comme brancardiers, sous le feu de l'ennemi. De la sorte, ils se trouveraient, au moins autant que les combattants, au milieu du danger, auquel ils ne songent nullement à se soustraire. Par là, en même temps, seraient conciliées les exigences de leur patriotisme et les convenances de leur caractère sacerdotal. Puisse un avenir prochain nous ménager cette solution, si juste et si désirable! Mais, en attendant, puisqu'on veut qu'ils soient soldats portant les armes, ils le sont partout, répétons-le, dans la perfection : leur bonne camaraderie est attestée par tous leurs compagnons d'armes, et leur bravoure l'est par les citations à l'ordre du jour, par les morts glorieuses, trop nombreuses déjà, hélas! dans leurs rangs. Quel symbole émouvant que le geste de ce prêtre-lieutenant, tenant de la main gauche le drapeau, et, de la droite, bénissant et absolvant ses frères d'armes! Quelle parole admirable, dans sa simplicité, que celle de ce séminariste de notre diocèse, qui écrivait : « Priez Dieu, non point pour que je vive, mais pour que je fasse avec joie sa volonté! »

Parmi ces prêtres, nombreux sont les religieux accourus de loin, souvent de l'exil auquel les avait réduits le souci très légitime de rester fidèles à leur vocation. Peut-on rêver un patriotisme plus pur que celui-là ?

Notre reconnaissance, notre admiration, ne séparent point de nos armées métropolitaines les braves auxiliaires venus de nos colonies, ni les vaillantes troupes de nos alliés.

A tous, nous voudrions, n'est-ce pas, Nos Très Chers Frères, fût-ce au prix des plus pénibles efforts, pouvoir témoigner efficacement notre gratitude. Comment le faire? Tout d'abord, en les encourageant. Oui, on peut, on doit encourager même des héros. Et ce sera en leur montrant que nous partageons pleinement leur confiance; nous l'entretiendrons, nous l'augmenterons par là-même. Avec de tels soldats, non seulement paraître douter un instant de la victoire serait pour eux une insulte, et, de notre part, une trahison et une lâcheté; mais, trouver que la victoire tarde trop, serait déjà une faute. Honte aux semeurs de panique, aux propagateurs de nouvelles déprimantes et d'insinuations perfides! Ce sont des agents de l'ennemi; traitons-les comme des criminels. Entourons nos soldats d'une atmosphère de calme et d'assurance; qu'ils comptent sur nous, comme nous comptons sur eux. « Nous ferons la campagne ensemble », dit une mère à son fils. C'est là le vrai mot d'ordre. Accompagné du sourire venant du cœur des mères, des épouses, des amis, il fait fleurir et rend joyeux l'héroïsme.

Partageons aussi leurs souffrances. Sympathie veut dire souffrance en commun. Pour eux, sachons travailler, nous priver, nous imposer des sacrifices, même pénibles. Pour envoyer à nos soldats des secours, des vêtements chauds, des douceurs, pour aider leurs familles, leurs enfants, pour les soutenir matériellement et moralement de toutes manières, sachons souffrir. Soyons persuadés que, si notre charité ne va pas jusque-là, elle n'est pas suffisante ni digne d'eux.

Que notre concours soit surtout religieux. Nos soldats ont besoin du prêtre. Il est juste de reconnaître que l'autorité a fait quelque chose pour donner satisfaction aux exigences les plus essentielles des âmes catholiques. Au surplus, d'ailleurs, les hommes les moins chrétiens le demandaient eux-mêmes, au nom de la liberté des consciences.

Prions pour nos combattants. Obtenons-leur la grâce de se maintenir avec persévérance au niveau d'héroïsme qu'ils ont atteint du premier coup, et dont ils ne pourraient déchoir sans honte pour eux et sans désastre pour nous. Demandons, implorons la grâce d'une sainte mort pour ceux qui tomberont glorieusement sur le champ de bataille, ensevelis, comme parle le Livre des Macchabées, dans le triomphe de leur patrie. Pour obtenir et hâter ce triomphe, remplissons le rôle de Moïse, qui priait sur la montagne, pendant que le peuple combattait dans la plaine. « Les mains levées vers le Ciel,

— dit notre grand Bossuet, — enfoncent plus de bataillons que les mains armées de piques et de lances » ; et, si nos bras tendus en croix se fatiguent à implorer, tant mieux, c'est ainsi qu'on achète la victoire.

III

Parmi nos chers soldats, la guerre fait des victimes, trop nombreuses hélas ! Dans ces batailles modernes, meurtrières au delà de ce que nous pouvons imaginer, les blessés sont légion. Quand, dans les rues de Florence, on voyait passer le Dante, le poète inspiré des mystères de l'au-delà de la tombe, on s'écriait : « Voilà celui qui revient de l'enfer. » On peut en dire autant de nos blessés.

Ils sont parfois restés longtemps dans cet enfer. Ce n'est pas un fait bien rare, hélas ! qu'ils demeurent des jours entiers forcément abandonnés sous le feu, dans la boue sanglante et glacée. Quelle cruelle veillée des armes, quelle nouvelle forme de courage à pratiquer ! Ne craignez rien : leur âme est à la hauteur de cet héroïsme presque surhumain ! Vous connaissez, Nos Très Chers Frères, la réponse de l'un des blessés de notre hôpital de Lourdes à un personnage politique (1) qui l'interrogeait sur ces heures interminables que l'infortuné avait passées, étendu dans son sang, sur le champ de bataille, attendant le secours qui tardait à venir : « Que faisiez-vous de 6 heures du matin jusqu'à la nuit ? » — « Je priais » ; et l'ancien ministre ne put s'empêcher de s'incliner, et de répondre, très grave : « Vous avez très bien fait, mon ami. »

Cet héroïsme dans la souffrance, nos chers blessés en donnent partout le spectacle continuel, aux médecins, aux infirmiers, à toutes les personnes qui les approchent. Ici, à Lourdes, en particulier, la charité, dont est imprégnée, saturée, en quelque sorte, l'atmosphère du pèlerinage, les pénètre et les transfigure. Ils montrent, à l'égard de leurs compagnons de souffrance, la même charité exquise que nous admirons chez nos malades-pèlerins de chaque année. Il s'y joint cet esprit supérieur de la vaillance française, la bonne humeur, le sourire. Ils souhaitent et demandent la gué-

---

(1) M. Barthou, ancien président du Conseil. Voir le *Journal de la Grotte*, numéro du 8 novembre 1914 et la *Croix* de Paris, numéro du samedi 19 septembre 1914.

rison, mais c'est pour aller rejoindre leurs camarades sur la ligne de feu; c'est pour recevoir encore une fois ce baptême, le seul qui puisse être réitéré. Et, s'ils sont frappés de nouveau, ils voudront, après nouvelle guérison, repartir pour le front. De fait, nous avons vu ici, et avec quelle émotion! de ces admirables et obstinés récidivistes de l'héroïsme et de la gloire.

Comment ne serait-on pas touché jusqu'aux larmes devant tant de nobles souffrances, devant ces blessures, parfois multiples, dont le sang a coulé pour nous? Nous avons vu ici un officier qui était criblé de vingt et une blessures; on a vu, ailleurs, des blessures plus nombreuses encore, concentrées en quelque sorte sur un seul homme. On ne peut s'étonner dès lors de l'émulation de charité qui suscite autour de nos blessés et de nos malades de véritables bataillons d'infirmiers volontaires, de brancardiers, d'infirmières, de jeunes gens et presque d'enfants, fiers de se consacrer à leur service.

Le pays tout entier a donné ce spectacle de vaillante et joyeuse fraternité, et notre cœur de Français en est comme réchauffé et attendri. Mais on voudra bien trouver naturel que Nous tenions à rendre un hommage spécial aux merveilles de charité que la foi enfanta autour de Nous, dans le diocèse de Tarbes, à Lourdes surtout, la ville de la Vierge Immaculée, *Salut des Infirmes,* la cité si doucement hospitalière en tout temps et à toutes les souffrances. C'est pour votre évêque, Nos Très Chers Frères, une joie de cœur, une fierté paternelle, de louer, à la face du monde, le tendre et infatigable dévouement des religieuses de Nevers, sœurs de notre Bernadette, des religieuses de Notre-Dame-des-Douleurs, des religieuses Auxiliatrices, des Filles de la Charité de Saint-Vincent-de-Paul, des Dames hospitalières et des Dames infirmières, de MM. les membres de l'*Hospitalité de Notre-Dame de Lourdes* et de leurs auxiliaires, des infirmiers, parmi lesquels Nous sommes heureux de retrouver quelques-uns de nos meilleurs prêtres.

Au reste, toute la population de Lourdes, à l'esprit si prompt et aux sentiments si généreux, fait aux blessés et aux malades l'accueil le plus empressé et le plus affectueux, sous la direction et l'exemple de sa municipalité, qui se met comme naturellement à la hauteur de sa mission patriotique et religieuse.

Nous voudrions avoir plus de compétence pour honorer par des éloges autorisés la science de MM. les médecins militaires, attachés par leur service à nos hôpitaux, plus attachés encore, Nous osons l'affirmer, par le cœur, à nos chers blessés. Du moins, avons-Nous assez de compétence pour admirer leur délicatesse, leur *maternelle* bonté envers leurs bien-aimés clients. Tous, déclarons-le bien haut, ont contribué à donner une auréole particulière de science et de charité à un corps médical que Nous serions heureux de pouvoir remercier dignement. Plaise à Dieu de leur accorder la récompense la plus appropriée à leur noble ambition ! Puisse se réaliser pour eux la belle parole de leur glorieux ancêtre, Ambroise Paré, disant des blessés qu'il soignait : « Je les pansay, Dieu les guarist » ! Daigne Notre-Dame de Lourdes, si tendrement accueillante aux malades des *trains blancs* de nos pèlerinages, prendre sous sa protection les *trains rouges* de nos blessés, et les « guarir » par le charitable ministère de nos médecins !

Vous vous souvenez de ce blasphème idiot, jeté, au début de la guerre, par un journaliste allemand, à la face de Notre-Dame de Lourdes : « La bonne Sainte Mère de Dieu aura bien à faire, si elle veut remettre tous les os que nous casserons aux Français. » Eh bien, Nous avons vu, déjà, parmi nos blessés, des cas admirables de guérison, dont désespérait la science des médecins et des chirurgiens (1). Mais, si tous les os cassés ne sont pas miraculeusement guéris, la Très Sainte Vierge console du moins toutes les âmes, réconforte tous les cœurs brisés, inspire les charités les plus touchantes à l'égard de nos blessés et de nos malades. Les blessés allemands eux-mêmes sont les heureux bénéficiaires de ce dévouement : ce qui doit sembler bien miraculeux à nos ennemis, incapables de comprendre ce prodige. C'est là la réponse de la bonne Sainte Mère de Dieu, et Nous avons la certitude qu'elle saura, à sa manière, et par surcroît, relever le défi du blasphème teuton et hérétique, en nous faisant triompher de ceux qui l'ont proféré. Car, si Elle est la *Consolatrice des affligés* et le *Salut des infirmes*, Elle est aussi, selon nos Saints Livres, *terrible comme une armée rangée en bataille* (2). Comparaison rendue saisissante par un fait bien propre à remplir d'une noble fierté les pays placés plus immédiatement sous le patronage de Notre-Dame de Lourdes. C'est, en effet, à des enfants

____

(1) Voir, à l'appendice, page 324, un cas de guérison de gangrène gazeuse.
(2) *Cant.*, VI, 3, 9.

de ses Pyrénées, l'un même originaire du diocèse de Tarbes et de Lourdes (1), qu'est confiée la conduite de la guerre actuelle, et par suite la première place parmi les défenseurs, disons mieux, les sauveurs de la France. Les Joffre, les Foch, les de Castelnau, les Gallieni, les Boué de Lapeyrère, — dont le nom signifie vaillance, générosité, génie militaire, et symbolisera, pour la postérité la plus reculée, le triomphe de la civilisation sur la barbarie moderne, — combattent, et Notre-Dame de Lourdes leur donnera la victoire.

Ils en avaient sans doute le pressentiment, ces deux régiments de hussards qui, naguère, sont venus demander à Lourdes la bénédiction de leurs armes. Sur cette même esplanade où nos pèlerins voient, chaque année, des milliers de malades étendus sur leurs grabats, dans l'attente de la guérison et dans la certitude de la consolation, Nous avons vu, avec des tressaillements de fierté patriotique et religieuse, ces vaillants cavaliers brandir leurs sabres, avec l'absolue confiance que Notre-Dame de Lourdes sera pour eux Notre-Dame des Victoires (2).

*
* *

La charité qui s'empresse autour de nos blessés est visiblement surnaturelle. En les soignant, hospitaliers et hospitalières remplissent un ministère d'honneur; ils comprennent quelle est, aux yeux de Dieu et de l'Église, l' « éminente dignité » des malades et des blessés, qui leur apparaissent comme les membres souffrants de Notre-Seigneur. Autres Simons de Cyrène, ils s'inclinent, pour aider en eux Jésus-Christ à porter sa Croix.

Et eux-mêmes, nos blessés et nos malades, sont tout pénétrés de foi, de résignation chrétienne, de piété vaillante et joyeuse. Comme ils hausseraient les épaules, si on leur répétait les inepties débitées dans certains journaux, à savoir qu'il est fait violence à leur liberté de conscience, qu'ils sont contraints, pour ainsi dire, à boire de l'eau bénite ! Qu'on vienne donc contempler leur élan, leur bonheur, devant tout ce qui répond à leur Foi : messes, confessions, communions, prières !

---

(1) Le général Foch.

(2) Voir plus loin, pages 319 à 324, en tête de l'appendice, le récit de ces deux pèlerinages militaires.

Faisons justice, en passant, de la stupide et tyrannique conception de certains impies. Pour eux, on entrave leur liberté, et la liberté en général, dès qu'on laisse aux Catholiques la faculté de manifester leurs croyances. Ils ne se doutent même pas de ce que demande vraiment le respect des consciences, et ils ne veulent pas voir que l'âme française, laissée à elle-même, va naturellement à Dieu, comme l'eau de nos Gaves court rejoindre les flots de l'Océan. Que si cette âme peut sembler parfois fermée aux inspirations d'en-haut, l'obstacle cède à la moindre poussée de sa Foi, qui n'était pas morte, mais dormait seulement. Elle se réveille au premier appel de Dieu. De même, l'eau de la Grotte miraculeuse jaillit, à l'ordre de la Vierge Immaculée, sous le doigt de Bernadette; l'enfant n'eut qu'à écarter le sable, se bornant à donner pleine liberté à la source, qui ne cesse depuis lors de couler à pleins bords. Ainsi, dans l'âme, s'ouvre sans effort la source vive de la Foi, *qui jaillit jusqu'à la vie éternelle* (1).

Ah! chers blessés, chers malades de Lourdes, gardez à vos blessures, déjà si glorieuses, cette auréole du Ciel! Que la France, en vous aimant, retrouve en vous son âme, à la fois chrétienne et héroïque! Elle a le droit d'être fière de vos blessures! Plus justement que la mère des Gracques, elle peut montrer, comme son vrai trésor, ses fils qui l'ont aimée jusqu'à verser leur sang pour elle, et qu'elle-même sera jalouse d'honorer autant qu'elle les aime.

Car c'est là un devoir à remplir envers les glorieux blessés de nos guerres. Si Louis XIV bâtit pour eux le magnifique Palais des Invalides, émule de ce grand roi, chaque Français abritera dans son cœur, comme dans un palais vivant, la gloire de nos héros. La France, unanime à les admirer, les bénira, les protégera dans leur infirmité.

Au Concile de Nicée, les Chrétiens se montraient avec vénération les confesseurs de la Foi qui portaient dans leurs membres les traces d'une persécution toute récente. Au Ciel, Notre-Seigneur Jésus-Christ a voulu garder, dans son Corps glorifié, les blessures visibles de sa Passion. C'est afin que le souvenir de son amour pour nous fût sans cesse présent à sa propre pensée, aux yeux de son Père et à nos cœurs.

____

(1) Joan., IV, 14.

Tout de même, proportions gardées, les blessures de nos héros leur rappelleront à eux-mêmes l'honneur qu'ils ont eu de souffrir pour la patrie; elles nous presseront de remplir notre devoir de reconnaissance et de patriotisme, elles rediront sans cesse à notre France bien-aimée le dévouement héroïque de ses enfants.

*
* *

Parmi ces blessés, notre sympathie toute particulière est acquise à ceux qui, après avoir été frappés sur le champ de bataille, sont tombés entre les mains des Allemands. Aidons-les de nos prières, employons-nous, si nous le pouvons, à adoucir leur sort, vraiment déplorable, et souvenons-nous que tout aussi digne de pitié, sinon davantage, est le destin des soldats qui, sans avoir eu l'honneur de répandre leur sang au cours de la lutte, ont été réduits, par la force ou la fatalité des choses, à rendre les armes, dans l'impossibilité de prolonger le combat. L'honneur est sauf, il n'y a pas à en douter, mais plaignons-les, oui, plaignons-les de tout notre cœur! Non pas, — espérons-le du moins, — que les atrocités commises à leur égard par le vainqueur d'un jour soient de pratique habituelle; nous voulons bien le croire, en effet, tous nos ennemis ne sont pas absolument étrangers au sentiment chevaleresque exprimé par Napoléon devant les vaincus d'Austerlitz : « Honneur au courage malheureux »! Mais il n'est que trop vrai que la différence est énorme entre la condition de nos prisonniers français en Allemagne et celle des prisonniers allemands en France. Ceux-ci, nul n'en doute, sont traités sans dureté, ils sont même l'objet d'une véritable courtoisie. Plût à Dieu que nos chers soldats trouvassent partout semblable respect de leur infortune!

Mais, quand leur captivité perdrait quelque chose de son horreur par l'humanité de leurs geôliers, il reste que, pour un pauvre soldat, captif pendant que ses frères d'armes luttent pour la patrie, la porte d'une prison doit être triste comme la porte du tombeau. « Ce n'est pas de cela que je souffre, — disait un héros polonais, blessé et prisonnier, en montrant ses blessures, par où la vie s'écoulait avec son sang, — ce n'est pas de cela que je souffre! » De quoi souffrait-il donc? Des épreuves de sa patrie et de son impuissance à lui porter secours. Vaillance, patriotisme admirables, que traduisait naguère, à sa façon, devant Nous, une de nos Dames hospitalières, dont les deux fils, à peine sortis de l'École militaire de Saint-Cyr, avaient été envoyés au feu : « Qu'ils ne soient pas prisonniers ! J'aimerais mieux les voir morts ! » Vœu sublime ! Il fut accompli, L'un des deux jeunes héros est tombé en Alsace, l'autre en Lorraine. Ils dorment leur dernier sommeil sous cette terre deux fois sacrée, en attendant que leur mère puisse aller réciter sur leur tombe le *Te Deum* et le *De Profundis*. Pauvre mère héroïque ! Comme nous vous comprenons, en pleurant avec vous !

IV

Pour saisir toute l'horreur de la guerre, il faudrait voir un champ de bataille après la lutte. Les hommes de guerre les plus endurcis ont été bouleversés à ce spectacle. Plus que par leurs victoires, ils se sont honorés par les larmes que leur arrachaient les trophées sanglants de leurs victoires.

Mais que dire des effroyables combats dont se composent les guerres actuelles, des moyens nouveaux de destruction inventés par le génie humain? Le déluge biblique a duré quarante jours et quarante nuits. Hélas ! le déluge sanglant dont nous sommes les témoins est plus long; il s'élève et s'étend plus loin, plus haut que les plus terribles cataclysmes dont l'Histoire ait gardé le souvenir. Quand la guerre cessera, quel monceau de cadavres, fait pour épouvanter l'imagination ! Quel Jérémie pourra égaler ses lamentations à l'immensité de ces douleurs ?

« *Montagnes de Gelboé,* — s'écriait David, dans sa touchante élégie, — *que la rosée du Ciel ne descende plus sur vous* (1), qui avez vu, le même jour, tomber Saül et Jonathas, *unis dans la mort,* comme ils le furent dans l'amour ! » Ah ! si la rosée du ciel ne devait plus descendre sur les collines et sur les plaines qu'arrosa le sang de nos frères, nous verrions la France changée en un désert ! Plaise plutôt à Dieu que sa bénédiction se répande sur les champs, sur les vallées, sur les montagnes qui ont bu le sang de nos héros ! Que féconde soit la moisson matérielle et morale, fruit de leur victoire !

---

(1) II *Reg.*, I, 26.

Nous voudrions, n'est-il pas vrai? pouvoir parcourir ces champs de carnage, recueillir les restes sacrés de nos frères, de nos enfants. Parfois, hélas, c'est à peine si on peut les relever à la hâte entre deux batailles, planter sur leur tombe anonyme une humble croix de bois, et réciter un hâtif *Pater* au bruit du canon. D'autres fois, sans perdre l'austère simplicité de cet appareil, ces funérailles revêtent une grandeur tragique. Quel tableau que celui de ce prêtre-soldat, debout devant une immense tranchée, où sont couchées des compagnies entières, et qui, une étole jetée sur sa capote souillée de boue et de sang, bénit les morts et fait prier pour leurs âmes ceux qui, s'il le faut, sont prêts à mourir à leur tour! Ou, encore, de ce colonel qui, présidant des funérailles, avant de conduire ses soldats à de nouveaux combats, jette des branches vertes sur les tombes françaises, mais en réserve quelques-unes pour les tombes allemandes, en disant : « Dans la mort il n'y a plus d'ennemis. » O merveille de noblesse, fleur de générosité française et de charité chrétienne, s'épanouissant, sur un champ de bataille, dans des cœurs saignant de douleur !

Plus tard, Nous irons faire un pieux pèlerinage, tout le long de l'immense front qui s'étend de l'Alsace à l'Océan, et Nous Nous agenouillerons à toutes les stations de ce Calvaire. Comme il Nous consolera, ce pèlerinage, de celui que Nous faisions naguère sur les champs de Reichshoffen, et que Notre cœur, inconsolable d'un deuil de quarante ans, avait toujours souhaité d'accomplir, sans jamais en avoir le courage. Hélas! quelle inexprimable, quelle mortelle tristesse Nous étreignit alors l'âme, tandis que, littéralement, Nous sentions le souffle de la mort et d'une sorte de désespoir passer sur Notre tête, comme sur les tombeaux qui gardent la dépouille de nos soldats tombés le 6 août 1870! Tant de sang répandu, — Nous disions-Nous, — tant de courage dépensé, et, semblait-il, en pure perte, tant de héros condamnés à attendre sans espérance l'aurore d'une victoire vengeresse !

O vous, chères et glorieuses victimes de la guerre de 1914-1915, soyez bénies, soyez aimées à jamais ! Quand Nous irons répandre Nos prières et Nos larmes sur vos « *tombes glorieuses* » (1), Nos prières

---

(1) Isaï, XI, 10.

se termineront par l'action de grâces, et Notre cœur tressaillira et sentira qu'il peut être doux de pleurer.

De ces héros, la France gardera la mémoire; c'est une première et très douce dette à payer. Les Israélites rappelaient sans cesse à leurs enfants les hauts faits de leurs aïeux, pour les protéger contre l'oubli. La terre de France ne sera point « *une terre d'oubli ; — terra oblivionis* ». Emblèmes expressifs de nos cœurs fidèles, des monuments surgiront partout, glorifiant le passé, préparant l'avenir.

Mais, au fond, cette glorification sera moins pour nos héros que pour nous, et combien elle serait vaine, si, à cette fragile immortalité que peut donner notre souvenir, nos morts bien-aimés n'avaient su joindre l'immortalité réelle et la seule gloire qui dure, celle du Ciel, la couronne promise et assurée à la vertu ! Grâce à Dieu, nous pouvons, nous devons avoir pour eux cette ferme assurance. Les faits abondent, qui nous montrent qu'ils sont morts en héros complets, c'est-à-dire en Chrétiens. Contentons-Nous de citer quelques-unes de ces morts glorieuses et bienheureuses, qui méritent, avec l'hommage de nos pleurs, celui de notre admiration : ce colonel, qui tombe à la tête de son régiment, et qui, au moment de mourir, montre à ses hommes l'ennemi à combattre, puis, d'un geste suprême, le Ciel, où il va monter; ce prêtre, blessé mortellement, et qui ramasse ses dernières forces pour donner l'Absolution à ceux qui l'ont suivi dans l'héroïsme et dans la mort, et pour les entraîner au Ciel avec lui; enfin, ce brave soldat breton, mourant, — dans notre hôpital de la Grotte, — des suites de ses blessures. Près de rendre le dernier soupir, il éprouve dans son cœur les douleurs d'une double agonie, à la pensée des quatre petits enfants qu'il laisse derrière lui. Mais, ayant compris, à la lumière de la Foi, que Dieu les aime autant et infiniment plus qu'il ne peut le faire lui-même, et qu'il les protégera, il déclare mourir tranquille, et, souriant, s'endort de son dernier sommeil entre les bras de Notre-Dame de Lourdes.

Un très grand nombre de nos chers soldats, dont le cœur unit par un même amour Dieu et la patrie, meurent, à la lettre, dans un acte de charité parfaite.

Si vous me demandez ce que je pense, — écrit le cardinal Mercier, dans cette admirable Lettre pastorale que Nous ne Nous lassons pas de citer, — du salut éternel d'un brave qui donne consciencieusement sa vie pour défendre l'honneur de sa patrie et venger la justice violée, je n'hésite pas à répondre que, sans aucun doute, le Christ couronne la vaillance militaire, et que la mort, chrétiennement acceptée, assure au soldat le salut de son âme.

C'est donc, grâce à Dieu, avec une confiance absolue que nous pouvons nous acquitter, à l'égard de nos soldats morts pour le pays, du devoir de la prière. Ce devoir, Nous l'avons déjà rempli, pour notre part et de notre mieux, à la cathédrale de Tarbes et dans la basilique de Lourdes, au milieu d'une affluence pieuse et vibrante de patriotisme. Mais cathédrale et basilique nous reverront, Nos Très Chers Frères, au pied des autels, réunis dans de nouvelles manifestations de notre deuil et de notre *piété patriotique*.

Quelle grandeur dans ces augustes cérémonies ! Quelles surhumaines consolations nous trouverons dans le Sacrifice de la Messe, qui unit au Sang de Jésus-Christ le sang de nos soldats, pour le transfigurer et l'associer à l'œuvre d'adoration, d'expiation, de salut, dont le Sang de notre divin Sauveur est le principe immortel ! Quel reflet divin sur ces lauriers sanglants de nos braves, et qui, entés, pour ainsi dire, sur la Croix du Christ, participent à sa sainteté et à sa gloire ! La libération de notre patrie, obtenue par leur sang, ne pouvons-nous pas, en quelque manière, la comparer à la victoire de Jésus-Christ triomphant par sa Croix ? Quelle douceur dans ce *Requiem*, dans cet *in pace*, dans ces souhaits de paix et de repos éternels après l'horreur des batailles et des agonies, dans cette lumière sans fin, *lux æterna*, après les lueurs sanglantes des obus et des incendies !

Ces prières ne tariront pas, hélas ! Nos Très Chers Frères, la source de vos larmes. Au surplus, Dieu, qui *a pétri nos cœurs* (1) et qui les connaît, ne nous défend pas de pleurer, même nos héros. La Très Sainte Vierge a pleuré sur son Fils, ainsi que nous le chantons dans le *Stabat*. Jésus lui-même a pleuré sur Lazare, son ami. Mais, en attendant que le *Dieu de consolation* daigne *essuyer*, comme il l'a promis, *toutes les larmes de* nos *yeux* (2), il en adoucit l'amertume. N'a-t-il pas osé dire à la veuve de Naïm, à la mère qui menait son fils unique au tombeau : « *Ne pleurez pas ! — Noli flere !* » Eh ! qui

----

(1) *Psalm.*, XXXII, 15 : *Qui finxit singillatim corda eorum.*
(2) *Apoc.*, VII, 17.

êtes-vous, pour tenir à une telle douleur un pareil langage? — « *Je suis la Résurrection et la Vie, celui qui croit en moi, quand il sera mort, vivra, et celui qui par la foi vit ainsi en moi ne mourra plus jamais. Croyez-vous cela* (1)? Croyez-vous que vous n'avez pas perdu pour toujours ceux que vous pleurez? Croyez-vous que vous les reverrez? » — « *Oui, Seigneur, je crois, je sais que vous êtes le Christ, le Fils du Dieu vivant, qui êtes venu en ce monde* (2), pour nous sauver et nous ressusciter ! »

A ces consolations, venues du Ciel et faites d'immortelles espérances, il nous est permis d'ajouter une consolation, terrestre sans doute, mais très douce aussi, par la pensée que nos morts, en se sacrifiant, ont sauvé la patrie. En un certain sens, ils ont réalisé la parole de Jésus-Christ : *Qui perd son âme, sauve son âme* (3). Ils ont perdu, non point leur âme, mais leur vie d'ici-bas. Mais quoi? N'est-ce pas leur âme qui continue à vivre dans l'âme de la France, sauvée par eux? — *Les morts qui parlent*, les voilà! Et quel langage ! Ils parlent de justice vengée, de droit restauré, d'honneur sauvé, de sacrifice pour Dieu et pour la patrie; ils parlent, et avec une éloquence irrésistible, d'une France désormais libre, glorieuse et chrétienne! Leur âme, c'est un flambeau, composé des plus belles lumières, et qu'ils nous transmettent, en nous recommandant de le porter haut et ferme, pour en répandre, sur notre patrie et sur le monde, le bienfaisant et impérissable éclat.

Notre devoir, c'est de les imiter dans leur patriotisme : au salut et à la grandeur de la patrie, sacrifions tout, nos biens, notre vie, nos intérêts égoïstes, tout esprit de parti. Aimons-nous fraternellement, sincèrement, au souvenir de ceux qui nous ont aimés jusqu'à mourir pour nous. Cette *union sacrée* des âmes, qui s'est faite au bruit du canon, qu'elle demeure scellée pour toujours, par l'effusion du sang de nos héros !

Notre devoir, c'est encore de les imiter dans leur esprit de foi. Leur pensée suprême est exprimée par la voix de leur sang, qui crie vers le Ciel : « Pardon et miséricorde » ! — et vers la terre : « Retour à Dieu » ! Oui, tel est le testament qu'ils nous laissent. La promesse

------

(1) JOAN., XI, 25-26.
(2) ID., *ibid.*, 27.
(3) MATTH., X, 39. — MARC., VIII, 35.

qu'ils firent à Dieu, c'est-à-dire de rester parfaits Chrétiens, s'ils revenaient de l'enfer des batailles, c'est vous, leurs héritiers, leurs continuateurs, leurs exécuteurs testamentaires, qui devez la réaliser. Ils vous adjurent de tenir l'engagement sacré qu'ils ont pris de demeurer fidèles à Dieu. Soyez donc Chrétiens dans votre vie, comme ils le furent dans leur mort; soyez Chrétiens dans votre vie personnelle, dans votre vie domestique et professionnelle, dans votre vie sociale et publique. Que, par vous, la France soit chrétienne et sache le rester! Ainsi vous montrerez-vous les héritiers de l'âme toujours vivante de nos morts bien-aimés.

Nous leur témoignerons aussi notre reconnaissance, en nous occupant de leurs enfants. Après la guerre de 1870, un orphelinat fut fondé au Vésinet pour les orphelines alsaciennes. L'Alsace, aujourd'hui, n'est déjà plus orpheline; elle va être rendue à sa mère, la France, mais, grand Dieu! que d'orphelins nous léguera la guerre de 1914-1915!

Enfin, que la prière surtout soit continuée et ne s'arrête jamais! Contribuons-y, si nous le pouvons, par des fondations pour les âmes de nos morts.

Pour Nous, Nous prenons ici l'engagement de fonder un Service anniversaire, — et à perpétuité, autant qu'il sera en Notre pouvoir, — dans la cathédrale de Tarbes, pour les âmes des soldats morts au service de la patrie au cours de la guerre actuelle. Ce sera l'hommage suprême de Notre gratitude personnelle pour les héros qui Nous auront consolé, dans notre vieillesse, du deuil qu'avait infligé à notre jeunesse et à notre âge mûr la mise en esclavage, pendant quarante-quatre ans, de l'Alsace et de la Lorraine!

O France, notre mère bien-aimée! Nos ennemis t'avaient crue, sinon morte, du moins assez malade pour leur être une proie facile. Dieu soit béni! leur haine a été déçue. Que par nos prières, par notre courage, par nos efforts de vertu, Dieu te donne bientôt la victoire définitive sur les ennemis de ton nom et de ton honneur! Qu'Il te donne la paix, la paix véritable, au dehors et au dedans, la paix dans la foi et dans l'amour de Dieu, la paix dans la liberté, réglée, garantie, ennoblie par le respect de tout ce qui doit être respecté dans une nation désireuse et digne de vivre! Que, bientôt, se réalise pour toi, ô Patrie si chère, le vœu suprême du pape Pie X, de sainte et glorieuse mémoire, de ce doux et grand pontife, qui fut, comme on l'a dit, « la première et la plus illustre victime de la guerre »! Que, bientôt, s'accomplisse sa promesse si touchante, dans laquelle il nous est permis de voir, autant qu'une prophétie, le testament de son cœur, toujours si affectueusement paternel pour la France (1) :

Le peuple qui a fait alliance avec Dieu, aux Fonts baptismaux de Reims, retournera à sa première vocation... Les fautes ne resteront pas impunies, mais la fille de tant de mérites, de tant de soupirs et de tant de larmes ne périra jamais. Un jour viendra, et Nous espérons qu'il ne tardera guère, où la France, comme Saül sur le chemin de Damas, sera enveloppée d'une lumière céleste, où elle entendra une voix qui lui répétera : « Ma fille, *pourquoi me persécutes-tu ?* » Et, sur sa réponse : « *Qui êtes-vous, Seigneur ?* » la voix répliquera : « *Je suis Jésus, que tu persécutes ; il t'est dur de regimber contre l'aiguillon*, parce que, dans ton obstination, tu te ruines toi-même. » Et elle, *frémissante et étonnée*, dira : « *Seigneur, que voulez-vous que je fasse (2) ?* » Et lui : « *Lève-toi* et lave-toi des souillures qui t'ont défigurée, réveille dans ton sein les sentiments assoupis et le pacte de notre alliance, et va, fille première-née de l'Église, nation prédestinée, *vase d'élection, va porter*, comme par le passé, *mon Nom devant les peuples et devant les rois de la terre (3)* ! »

* * *

Donné à Notre-Dame de Lourdes, en Notre Chalet épiscopal, sous Notre seing, le sceau de Nos armes et le contre-seing du secrétaire général de l'Évêché, le jeudi 11 février 1915, en la fête de l'Apparition de la Vierge Immaculée à Bernadette Soubirous.

† FR.-XAVIER,

Évêque de Tarbes et de Lourdes.

Par Mandement de Monseigneur :

R. QUIDARRÉ,

Chanoine, Secrétaire général.

---

(1) Allocution de S. S. le Pape Pie X au Consistoire du 29 novembre 1911.
(2) *Act. Apost.*, IX, 4-6.
(3) *Ibid.*, 15.

V

Lettre aux prêtres et séminaristes soldats du diocèse de Tarbes et de Lourdes.

Notre-Dame de Lourdes, le 11 février 1916,
58e Anniversaire de la première Apparition
de la Vierge Immaculée à Bernadette.

Messieurs et chers Amis,

La piété filiale vous a inspiré de m'adresser d'affectueux souhaits, à l'occasion du renouvellement de l'année. J'ai été sensible plus que je ne puis dire à cette preuve d'attachement, qui répond d'ailleurs, vous le savez, à ma paternelle et très vive sollicitude pour vous.

Si j'ai toujours considéré comme un devoir, aussi doux que sacré, d'aimer les prêtres associés à mon ministère auprès des âmes, comment pourrais-je ne pas éprouver un redoublement de tendresse pour ceux d'entre eux que la loi militaire appelle à servir la France, sous le drapeau national, contre les ennemis de la patrie ?

C'est aux pieds de la Vierge Immaculée, devant la Grotte miraculeuse, que, deux fois, tous les jours, en union avec les fidèles de vos paroisses, je porte votre cher souvenir, pour appeler, sur vous tous et sur chacun de vous, l'abondance des bénédictions célestes.

Je demande à Dieu de vous garder sous sa puissante protection, vous qui, dans la famille diocésaine dont je suis le père, êtes tout spécialement mes fils spirituels, en même temps que mes très aimés collaborateurs.

Dans les circonstances où vous placent les obligations du service militaire, la santé, on peut dire la vie, de la plupart d'entre vous est mise en péril, tous les jours, à toutes les heures, même pour ceux qui ne seraient pas directement aux prises avec l'ennemi. Que Notre-Dame de Lourdes, invoquée ici avec tant de confiance, comme le *Secours des Chrétiens*, veille sur vous, qu'elle étende sur votre tête le bouclier de sa tendresse maternelle, et vous ramène, s'il plaît à Dieu, sains et saufs, dans vos familles, dans vos paroisses, dans les bras de votre évêque !

Je n'ajoute pas que je vous souhaite de vous comporter en toute chose comme d'intrépides et fidèles serviteurs de la patrie. Grâce à Dieu, et je dois dire que je n'en suis nullement surpris, je n'ai qu'à vous féliciter et à me féliciter avec vous de l'admirable attitude que, vous et vos confrères, vous avez prise, dès le début des hostilités, et gardée fidèlement jusqu'à ce jour. Dans les tranchées, sur la ligne de feu comme dans le service de brancardiers ou d'infirmiers, vous avez montré jusqu'où peut aller le patriotisme le plus pur, soutenu et développé par la foi. Il semble, en effet, que l'héroïsme se soit épanoui comme naturellement, dans l'âme de nos prêtres, qui comprennent à merveille la grandeur de leur rôle et la sublimité du sacrifice accompli par le soldat tombant face à l'ennemi pour défendre la patrie. Oui, vous avez été et vous vous êtes partout conduits en vaillants Français.

Laissez-moi, aux félicitations qui vous sont dues, ajouter le souhait que, partout aussi, sur les divers champs de bataille où vous appelle le devoir militaire, dans les ambulances, dans les hôpitaux, dans tous les services auxiliaires, vous soyez et vous montriez toujours de saints prêtres.

Sous l'habit militaire, comme sous la soutane, gardez intact l'esprit du Sacerdoce, comme vous en avez reçu l'indélébile caractère par la grâce de l'ordination : *Tu es Sacerdos in æternum.* Prêtres, nous le sommes pour l'éternité. Partout, toujours, dans nos actes et dans nos paroles, comme au fond de notre âme; aux yeux des hommes, qui jugent par le dehors, comme aux yeux de Dieu, qui lit dans les cœurs, notre devoir, notre honneur, notre bonheur sera que nous soyons vraiment prêtres.

Vous le devez à vous-mêmes. Mais vous le devez aussi à la sainte Église, notre mère, dont vous tenez le drapeau, comme vous tenez celui de la France. Le sort de la France serait mis en péril par la faiblesse de nos soldats; l'honneur de l'Église risquerait d'être compromis par les défaillances de ses prêtres.

Vous le devez à vos frères d'armes, à ceux qui furent hier et

redeviendront demain vos fils spirituels. En vous voyant à côté
d'eux, dans les diverses occupations qui vous sont communes, ils
n'oublient pas que vous êtes et devez être l'homme de Dieu, le
ministre de l'Église, l'apôtre de l'Évangile, l'imitateur de Jésus-
Christ et le modèle proposé à l'imitation de ses disciples. Ils ne
l'oublient pas, en dépit de la familiarité qu'établit entre vous la
vie commune, et ils seraient étonnés, scandalisés, si vous parais-
siez vous-même le mettre en oubli.

Vous le devez à la France, notre bien-aimée patrie. Vous la
défendez bravement, les armes à la main, contre les attaques
d'un injuste agresseur; mais vous ne serez pas moins ses défenseurs
contre un ennemi, redoutable lui aussi, qui s'appelle l'oubli de
Dieu, l'impiété, si, par l'exemple de votre vie sacerdotale, par le
rayonnement de votre piété et de votre charité sous toutes les
formes, vous faites connaître et aimer la religion.

Pour rester, à la caserne, sur le champ de bataille ou dans les
ambulances, le bon prêtre que vous avez été dans votre paroisse,
vous savez quelle méthode il est nécessaire d'appliquer. C'est celle-
là même que vous avez suivie au séminaire, et, plus tard, dans la
pratique du ministère sacerdotal. On reste bon prêtre par l'emploi des moyens qui nous ont préparés à le devenir. C'est *la piété,
utile à tout,* — saint Paul nous l'a dit, — qui, avec le cortège des
vertus dont elle est la mère et la nourricière, vous mettra à la
hauteur de tous les devoirs à remplir, de toutes les difficultés à
vaincre. L'habitude de l'oraison; la sainte Messe, célébrée toutes
les fois que cela sera possible; le bréviaire, quand vous pourrez
le réciter; le chapelet; la confession régulièrement pratiquée; la
lecture de piété, sous une forme ou sous une autre; la fidélité aux
réunions de piété hebdomadaires auxquelles vous êtes convoqué
et qu'a tant recommandées Notre Saint Père le Pape; voilà de
quelles *armes spirituelles* il est indispensable de *vous revêtir,* pour
être, — ainsi que le dit encore l'Apôtre — *bonus miles Christi — un
bon soldat du Christ,* comme un bon soldat de la France.

Je sais que vous demeurez en correspondance avec le guide de
votre âme. Vous ne sauriez mettre à trop haut prix l'avantage du
ravitaillement spirituel que vous assure la fréquence de ces rapports avec lui. Comme lui, et avec lui, je prie pour vous, et, je
puis le dire, de tout cœur, tous les jours.

Je résume les bons souhaits que je puis former pour vous dans ces deux mots : honorez l'Église et la France, en vous montrant toujours prêtres parfaits et parfaits soldats.

Ce que je viens de vous conseiller, mes bons et chers Amis, une bouche infiniment plus autorisée que la mienne, celle de Notre Saint-Père le Pape, le recommandait naguère aux prêtres et séminaristes soldats du diocèse de Besançon. Ses avis sont particulièrement propres à éclairer votre esprit et à fortifier votre énergique volonté au service de Dieu. Je veux donc les mettre sous vos yeux, en terminant cette lettre, et je voudrais les graver dans votre cœur, comme le mémorial sacré de vos devoirs :

Dites-leur, — ce sont les propres paroles de Benoît XV à Mᵍʳ Gauthey, en lui parlant de ses prêtres et séminaristes mobilisés, — dites-leur d'employer tous les moyens efficaces et nécessaires pour conserver l'esprit sacerdotal et ecclésiastique. Ceux qui combattent reçoivent directement les leçons du danger imminent et du voisinage de la mort; mais, quand ils sont au repos, loin du péril, ils sont exposés à une détente dangereuse, et ceux qui sont employés dans les services de l'arrière, loin du front, s'ils ne sont pas très fidèles à célébrer la sainte Messe, quand ils le peuvent; à réciter le bréviaire, quand ils en ont la facilité; à égrener leur chapelet; à faire un peu d'oraison; et, dans l'occasion, la visite au Saint-Sacrement, risquent beaucoup de se laisser aller à la négligence, à la paresse spirituelle. Il ne le faut pas, car ils doivent être le *sel de la terre*, donner partout le bon exemple, édifier les soldats et les blessés qu'ils soignent. Ils en gagneront beaucoup ainsi, tandis que, s'ils ne se montraient pas toujours prêtres fervents, ils leur donneraient une impression fâcheuse, dont l'influence pourrait être fatale à la foi religieuse. Il faut que tous les prêtres et les séminaristes soient irréprochables au milieu des troupes. Les saints prêtres font un bien immense dans les armées.

Ces paternels conseils, le Vicaire de Jésus-Christ lui-même vous aidera à les mettre en pratique, par la bénédiction qu'Il vous envoie par mon intermédiaire. Voici, en effet, en quels termes Sa Sainteté Benoît XV daignait, il y a quelques jours à peine, me rappeler qu'il se souvient de vous, qu'il prie pour vous et qu'il vous bénit :

Le Souverain Pontife, — m'écrivait en Son Nom l'Éminentissime Cardinal Gasparri, son Secrétaire d'État, — vous envoie de tout cœur, ainsi qu'au clergé et aux fidèles confiés à votre sollicitude pastorale, notamment à vos prêtres et séminaristes soldats, la Bénédiction apostolique.

Que Notre-Dame de Lourdes rende efficaces les bénédictions du Pape et les vœux que forme pour vous votre évêque, votre ami et votre père.

† Fr.-Xavier,

Évêque de Tarbes et de Lourdes.

VI

*Lettre Pastorale pour le Carême de l'an de grâce 1916,
sur la récitation du Très Saint Rosaire
pour le triomphe de la France.*

François-Xavier Schœpfer, par la Grâce de Dieu et l'Autorité
du Saint Siège Apostolique, Évêque de Tarbes et de Lourdes,

Au Clergé et aux Fidèles de Notre Diocèse
Salut et Bénédiction en Notre-Seigneur Jésus-Christ.

Nos Très Chers Frères,

En vous adressant Notre lettre pastorale, à l'approche du Carême de l'année dernière, Nous vous disions que toutes nos pensées
étaient absorbées par les préoccupations patriotiques, et que nos
âmes faisaient en permanence une veillée des armes sous le regard
de Dieu. Nous vous demandions de solliciter de sa puissance et
d'espérer de sa bonté le triomphe de notre patrie, dans la terrible
guerre à laquelle, en dépit de son amour pour la paix, elle a été
forcée de se déterminer. Dociles à la voix de votre évêque, en
même temps que nos soldats, vos cœurs, à tous, s'étaient, par la
prière, mobilisés, concentrés et armés, en vue de la lutte à soutenir.
Tels étaient vos sentiments, comme les Nôtres, Nos Très Chers
Frères, au début des hostilités, tels ils sont à l'heure présente,
parce qu'ils sont immuablement fondés sur nos devoirs comme
sur nos droits. Tels ils demeureront, tant que l'ennemi ne sera
pas réduit à l'impuissance de troubler désormais ou de menacer la
paix du monde.
Car cette horrible guerre se prolonge, et nul ne saurait prévoir
quand elle finira. Elle continue donc — pour combien de temps,
Dieu seul le sait — à nous faire entendre — ainsi que Nous l'écrivions
en 1915 — cette prédication dont la redoutable éloquence remplit
le monde de ses éclats, et que le Psalmiste semble avoir voulu nous

dépeindre, quand il parle du tonnerre et de la foudre, qu'il appelle la *voix du Seigneur*. « C'est — dit-il — *la voix du Seigneur qui se répand sur l'étendue des vastes mers*, et s'élève jusqu'à la voûte des cieux ; — *Vox Domini super aquas multas ;* — *la voix du Seigneur est pleine de force et de magnificence ; la voix du Seigneur brise les cèdres et fait trembler le Liban, la voix du Seigneur retentit dans les flammes et secoue les déserts* (1) » ; faible symbole des maux affreux causés par la guerre.

Mais la voix du Seigneur, la voix de notre Dieu est surtout la voix d'un Père, et, si elle fait pénétrer la crainte dans nos âmes, c'est pour les attirer plus fortement à Lui, par le sentiment de leur faiblesse et par le besoin du secours d'En-Haut, par l'espoir aussi que leur filiale confiance ne sera pas confondue.

Oui, confiance en Dieu, ce doit être le premier mot comme le dernier mot de notre Foi. Voilà d'ailleurs ce que nous enseigne le même écrivain sacré, dont les paroles, tout à l'heure, nous dépeignaient les effets grandioses et terribles du tonnerre, *la voix du Seigneur : « Enfants de Dieu, apportez au Seigneur honneur et gloire ; venez l'adorer dans son temple ; le Seigneur donnera à son peuple d'être puissant, le Seigneur accordera, enfin, à son peuple les bénédictions de la paix, et tous ses enfants, réunis dans ses parvis, lui chanteront des hymnes de louange et de gloire* (2) » !

Confiance donc en Dieu, qui ne refusera pas à son peuple la victoire, et, par la victoire, la paix dans la liberté et dans l'honneur. Voilà le sentiment dont Nous voyons la manifestation, tous les jours et partout, au sein du peuple chrétien. Il se traduit parmi vous, Nos Très Chers Frères, comme Nous n'avons cessé de vous y exhorter, par un redoublement de piété envers la Très Sainte Vierge. Le diocèse tout entier, animé, en quelque sorte, de l'esprit de Lourdes, semble, à cet égard, ne former *qu'un cœur et qu'une âme* (3). Groupé par la pensée devant la Grotte miraculeuse, il s'en remet, pour les destinées de la patrie, à la toute-puissante intercession de la Mère de Dieu, et se plaît à saluer par avance, dans Notre-Dame de Lourdes, Notre-Dame des Victoires.

---

(1) *Psalm.*, XXVIII, 3-8.
(2) *Ibid.*, 1-2, 11.
(3) *Act. Apost.*, VI, 32.

Oui, pendant que — dans la boue glacée des tranchées ou dans les assauts furieux qui, à travers la mitraille, les jettent contre l'ennemi — nos héroïques soldats font l'admiration et l'orgueil de la France par leur indomptable courage, nous, dont les bras ne peuvent concourir directement à la défense de la patrie, nous ne nous lassons pas d'apporter aux efforts des combattants le concours de nos prières. Le chapelet reste dans nos mains, comme le fusil ou l'épée aux mains de nos vaillants défenseurs. Nous savons, en effet, que c'est la Très Sainte Vierge elle-même qui nous a, pour ainsi dire, munis de cette arme sacrée; car, toutes les fois qu'elle s'est montrée à l'heureuse voyante Bernadette Soubirous, la Vierge Immaculée portait et égrenait le rosaire, exhortant ainsi son enfant privilégiée — et nous tous qui la suivons auprès de la Grotte miraculeuse — à comprendre le prix inestimable de cette dévotion. N'était-ce pas nous autoriser, en même temps, à croire que cette prière trouverait toujours le chemin de son cœur et nous obtiendrait toutes les bénédictions du Ciel ? Aussi, depuis le début de la guerre, jusqu'au moment où Nous vous écrivons ces lignes, Notre peuple si chrétien se montre-t-il fidèle à la recommandation du Divin Maître : *Il faut prier toujours et sans aucune défaillance* (1). Devant la Grotte bénie, aux pieds de Notre-Dame de Lourdes, d'innombrables cierges se consument en une flamme radieuse, emblème des âmes qui, embrasées par la foi et l'amour, font monter vers le Ciel l'encens de leurs *Ave Maria.* Sacrifice du matin et du soir, sacrifice de tous les instants, le Rosaire tout entier est récité, tous les jours, par des centaines, des milliers de fidèles, et avec une piété émouvante, saintement contagieuse, dont garde un souvenir ineffaçable quiconque a été, ne fût-ce qu'une fois, le témoin de ce spectacle.

« *Seigneur, il est bon pour nous d'être ici* (2) ! » s'écriait saint Pierre, quand il fut admis à contempler la gloire de son divin Maître dans les splendeurs du Thabor. Pour nous, soyons-en sûrs, il sera bon de demeurer aux pieds de la Très Sainte Vierge, en contemplation devant la Grotte de Massabieille, et, là où elle a élevé le trône de sa miséricorde, de dresser, en quelque manière, une tente,

---

(1) Luc., XVIII, 1.
(2) Matth., XVII, 4; Marc., IX, 4; Luc., IX, 33.

refuge assuré pour nos âmes. Prenons, égrenons-y le chapelet, en méditant les enseignements qu'il nous présente, et ne cessons de le réciter pour notre patrie, en unissant, par une application respectueuse et légitime, la pensée de la France chrétienne à la méditation des Mystères qui constituent la trame du Rosaire. A la lumière de Dieu, au doux reflet que répandra sur lui le Nom de Marie, notre pays bien-aimé nous paraîtra plus beau encore et plus digne de tendresse; nos prières le rendront plus fort et contribueront à assurer ses glorieuses destinées.

Le Rosaire, vous le savez, Nos Très Chers Frères, déroule sous nos yeux la série des événements sacrés, des *Mystères* qui remplissent la vie de Notre-Seigneur Jésus-Christ, et il met en évidence la façon admirable dont la Très Sainte Vierge y fut mêlée et associée pour notre salut : Mystères de joies, de douleurs, de triomphes, qui se réfléchissent pour nous dans le cœur de Marie, et auxquels nous nous unissons, en lui adressant, dans nos *Ave Maria*, les effusions de notre piété filiale. Ces joies, ces douleurs, ces triomphes de Jésus et de Marie, l'Église nous permet et nous recommande de les appliquer à nous-mêmes, d'y voir l'image divine et le modèle de nos joies, de nos douleurs, des triomphes que nous espérons. Ne nous fait-elle pas demander à Dieu, par la méditation des Mystères du Rosaire, la grâce d'imiter les vertus qu'ils nous manifestent : *imitari quod colimus*, et le bonheur d'obtenir les récompenses dont ils contiennent la promesse : *et quod promittunt assequamur*. Cette adaptation, faite par l'Église elle-même, des Mystères du Rosaire à notre propre vie, à nos devoirs individuels, il est logique, il est salutaire, de l'étendre à notre vie familiale et nationale, à nos devoirs patriotiques, à cette « piété patriotique » de laquelle ont si bien parlé les évêques belges, après saint Thomas d'Aquin, et qui, à l'heure actuelle, enveloppe et pénètre, peut-on dire, tous nos autres devoirs.

De même donc que la méditation des Mystères du Rosaire nous apprend à sanctifier nos joies, nos douleurs, nos succès personnels, qu'elle nous apprenne à mieux connaître, à mieux comprendre, à mieux honorer, à partager, à sanctifier, chacun pour notre part, les joies et les douleurs de la France chrétienne, à obtenir, à mériter ses triomphes. Nous unirons ainsi, dans notre cœur, la patrie, notre mère en ce monde, et Marie, notre Mère qui est au Ciel.

I

La série des Mystères joyeux nous présente successivement l'Annonciation, la Visitation, la Naissance de Notre-Seigneur, la Présentation de l'Enfant Jésus et, enfin, le Recouvrement de ce divin Enfant au Temple de Jérusalem.

Le simple énoncé de ces événements nous fait comprendre qu'ils durent ouvrir dans le cœur de la Très Sainte Vierge une source de joies profondes et intarissables. Comment n'aurait-elle pas tressailli d'allégresse, quand l'Archange vint lui annoncer qu'elle était choisie pour être la Mère du Dieu fait homme, quand elle entendit ces paroles vraiment célestes : « *Je vous salue, vous qui êtes pleine de grâce ; le Seigneur est avec vous ; soyez sans crainte, Marie, vous avez trouvé grâce auprès du Seigneur ; vous concevrez et enfanterez un Fils, que vous nommerez Jésus ; il sera grand ; il sera appelé le Fils du Très-Haut. Dieu, le Seigneur, lui donnera le Trône de David, son Père, et il régnera dans la maison de Jacob pour l'éternité, et son règne n'aura pas de fin. L'Esprit-Saint descendra sur vous et la puissance du Très-Haut vous couvrira de son ombre. Et c'est pourquoi le Saint qui naîtra de vous sera appelé le Fils de Dieu* (1). »

C'est dans ces termes que l'ange Gabriel, envoyé par Dieu auprès de Marie, la Vierge Immaculée, lui fit connaître l'admirable mission qu'elle devait remplir pour le salut du monde. Mystère d'amour, de sagesse et de puissance, du côté de Dieu; mais Mystère d'incommensurable joie pour la femme, bénie entre toutes les femmes, qui allait devenir Mère de son Dieu et sa coopératrice dans la rédemption de l'humanité. S'il est difficile, d'après la Sainte Écriture, de *comprendre la malice du péché et les miséricordes du Seigneur* (2), on peut bien dire que la difficulté est égale de comprendre l'étendue, la profondeur, la sainte ivresse de la joie que ressentit la Très Sainte Vierge, en devenant, par sa vocation à la Maternité divine, le Temple vivant de son Dieu incarné. Joie à laquelle nous nous associons par la récitation des *Ave Maria* de

---

(1) Luc., I, 28-35.

(2) *Psalm.*, XVIII, 13 : *Delicta quis intelligit.* — *Psalm.*, CVI, 43 : *Quis sapiens et... intelliget misericordias Domini.*

notre chapelet; joie à laquelle nous participons, à notre tour, en recevant Jésus-Christ dans nos âmes, par la foi, la grâce des sacrements et surtout par la sainte Communion.

Le Mystère, la joie de l'Annonciation, le don de Dieu à sa créature, illumina aussi le berceau de notre bien-aimée patrie. Le privilège par lequel la France, dans la personne de Clovis et de son armée, fut appelée à la grâce du baptême, avant tous les autres peuples de l'Europe moderne, le titre que le Pape, interprète de Dieu, lui décerna, d'être la fille aînée de l'Église, le premier né des peuples chrétiens, qu'est-ce, en effet, sinon la préface, l'*annonciation* des destinées les plus glorieuses, réservées à cette nation, dont le chef portait le titre de *Roi très chrétien*, et qu'on a pu appeler avec raison le *Soldat de Dieu?* Destinées grandioses, destinées pleines de sainte joie, qui mettent à l'histoire et à l'âme de ce peuple une auréole que ne fera pâlir aucune gloire, aucune allégresse en ce monde.

*
* *

Le Saint Évangile nous apprend que Marie, dès qu'elle fut mise en possession du Trésor divin, annoncé par le céleste messager, *se leva, en toute hâte* (1) — l'expression est dans le texte sacré — pour porter dans la famille de sainte Élisabeth, sa parente, les prémices des grâces de l'Incarnation. Le voyage était long et fatigant, de Nazareth à Hébron, où demeurait la mère de saint Jean-Baptiste; mais la grâce du Saint-Esprit, observe le Pape saint Grégoire, ne connaît ni hésitation ni retard, et Marie voulait, sans différer, répandre autour d'elle les bénédictions dont l'Auteur résidait dans son âme. Douce et sainte mission, qui renouvelait et doublait les félicités de la maternité, puisque le Divin Fils de Marie a déclaré lui-même qu'*il est plus doux de donner que de recevoir* (2).

« *Vous êtes bénie entre toutes les femmes,* — s'écria, pleine de joie, Élisabeth, quand elle eut vu, sur le seuil de sa maison, la sainte visiteuse qui la saluait; — *et d'où me vient ce bonheur que la Mère de mon Seigneur vienne jusqu'à moi? Vous êtes heureuse, ô Marie,*

---

(1) Luc., I, 39.
(2) *Act. Apost.*, XX, 35.

d'avoir cru au message du Ciel, car vous verrez s'accomplir tout ce qui a été dit au nom du Seigneur (1). » Oui, au jour de la Visitation, le bonheur de la Très Sainte Vierge fut grand jusqu'à déborder de son cœur, jusqu'à se répandre sur le monde entier. Car, à ce moment, Elle, que nous voyons toujours si jalouse de garder le silence, laissa jaillir de son âme le sublime cantique du *Magnificat*, dont Nous voulons rappeler cette seule parole, si merveilleusement réalisée sur la terre bénie de Lourdes : « *Désormais, toutes les générations me proclameront bienheureuse* (2) ! » Bonheur auquel la terre entière est appelée à participer, ainsi que le chante, sur le berceau de l'Enfant-Dieu, l'ange venu du Ciel : « *O bergers* de Bethléem, *je, vous annonce une grande joie, qui sera accordée à tout le peuple, car, aujourd'hui, est né pour vous le Sauveur, le Seigneur, le Christ* (3), le Fils de Dieu fait homme. »

Il est de l'essence de tous les Mystères, c'est-à-dire des merveilles opérées par Dieu pour notre salut, que leur action se perpétue et, d'une certaine façon, se renouvelle à travers les siècles, au sein de l'humanité et au fond de toutes les âmes. Ainsi en est-il de ces sources de grâces qui s'appellent la Visitation de la Très Sainte Vierge et la Naissance de Notre-Seigneur dans l'étable de Bethléem. Mais, puisque nous voulons spécialement étudier, à la clarté de ces Mystères, les desseins de Dieu sur notre patrie, il nous sera facile de saisir, dans le récit évangélique, quelques traits qui conviennent d'une façon saisissante aux destinées de la France.

A peine, — disions-Nous, — l'ange de l'Annonciation se fut-il acquitté de son céleste message, Marie se hâta de porter à Hébron les grâces de sa divine Maternité. Cette hâte charitable de notre Mère du Ciel, nous avons encore la consolation et la fierté de la retrouver dans l'âme de notre mère terrestre, notre patrie bien-aimée, fille aînée de l'Église, et, par conséquent, de Marie. Car, s'il y a un trait bien visiblement marqué dans la physionomie de

---

(1) Luc., I, 43-45.
(2) Id., *ibid.*, 48.
(3) Id., II, 10-11.

la France, si l'on y peut observer une empreinte, profondément gravée jusqu'à être ineffaçable, c'est son empressement à répandre autour d'elle, à semer au loin les trésors de son esprit et de son cœur, c'est l'activité de son prosélytisme, son généreux apostolat. Autant que le soldat, la France est visiblement l'apôtre de Dieu. Cet esprit de zèle est entré dans son âme en même temps que la Foi; il s'y imprima avec le caractère du baptême. Au nom de sa Foi, on voit ses souverains et son peuple se faire les défenseurs du Christ, du Pape et de l'Église. Les Croisades sont un monument de leur héroïsme religieux. Toutes les fois qu'au cours des âges le Pape est en butte aux persécutions, c'est la France qui le rassure, sous la protection de son épée. Mission glorieuse, que la nation française eut à cœur de remplir avec éclat, même en notre siècle et jusqu'à l'heure actuelle, où l'on peut affirmer que la France catholique monte la garde autour du Siège Apostolique, par des millions de cœurs embrasés de la plus tendre piété filiale !

Que dire de son attachement à la Foi de ses pères, de sa jalouse vigilance à en maintenir la pureté contre toutes les atteintes de l'hérésie? Admirable fidélité, que Bossuet exaltait avec un noble orgueil, comme une gloire particulière de notre patrie. La France, nous la voyons, en effet, se tenir au premier rang des peuples qui, à l'époque de la grande révolte religieuse, appelée, on ne sait pourquoi, Réforme, demeurèrent fermement unis à la Chaire de Pierre. L'attachement à cette Chaire sacrée ne s'est pas démenti, au sein des tempêtes qui, de nos jours, ont assailli l'Église dans sa doctrine et dans sa discipline. Quand le modernisme, l'hérésie contemporaine, essaya de galvaniser et de fusionner toutes les erreurs opposées à notre sainte Foi, Rome n'eut qu'à parler, pour unir tous les Catholiques français dans une profession spontanée d'orthodoxie. Ce qui fit dire au Pape Pie X, de sainte et glorieuse mémoire, que la France catholique était *la première à obéir* aux enseignements de la Foi, et la plus généreuse à en maintenir la pureté, même au prix des plus lourds sacrifices, comme elle avait été la première parmi les nations modernes à l'accueillir avec la grâce du baptême.

« *J'ai cru*, — chantait le Psalmiste, — *c'est pourquoi j'ai parlé* (1) ». Ayant cru, estimant à son prix infini le don de Dieu,

______

(1) *Psalm.*, CXV, 10.

la France a parlé. Confesseur de la Foi, elle s'en est faite l'apôtre.
A l'exemple de la Vierge bénie allant en toute hâte de Nazareth
à Hébron pour y porter l'Évangile vivant que renfermait son chaste
sein, la France croyante, vaillante, s'est montrée au monde comme
le héraut de sa Foi. Nous Nous exposerions, Nos Très Chers Frères,
à vous fatiguer, pour ainsi dire, du récit de nos gloires, si Nous
voulions, dans toute leur ampleur, dérouler devant vos yeux les
annales de l'apostolat exercé par les Français dans tous les siècles
de l'histoire, dans tous les pays du monde. A mesure que des terres
nouvelles se découvraient devant l'ardente curiosité des voya-
geurs, les apôtres y pénétraient, quand ils n'étaient pas, eux-mêmes,
les premiers explorateurs; et, parmi eux, — non certes toujours,
mais il s'en faut de bien peu, — au premier rang, vous trouverez,
vous verrez des Français. Qu'on ne s'écrie pas : pieuse exagération;
illusion née d'un esprit qu'emporte un élan inconsidéré de la piété
patriotique! Non, Nos Très Chers Frères, c'est le simple fait, dont
on peut vérifier l'exacte vérité sans remonter bien haut dans les
siècles, sans aller bien loin dans l'espace. Elle s'étale sous nos yeux,
elle est à la portée de nos mains. Ouvrez les *Annales de la Propagation de la Foi*, examinez la carte des contrées en voie d'être évan-
gélisées; même à l'heure actuelle, où de lamentables difficultés
entravent chez nous l'expansion de l'apostolat, regardez, faites le
tour du monde, vous n'aurez pas de peine à compter les pays où
les missionnaires ne sont pas français, où la charité, souvent poussée jusqu'au plus sublime héroïsme, ne se déploie pas sous le nom
et sous l'égide de notre patrie, faisant aimer et glorifiant partout
le drapeau tricolore, emblème, semeur, défenseur de la liberté et de
la civilisation chrétiennes.

Nous n'avions donc pas tort, grâce a Dieu, d'affirmer que la
France, fille aînée de l'Église, fille aînée, osons-nous répéter, de
la Vierge Marie, s'est attachée à suivre les exemples de sa céleste
Mère pour faire connaître et pour donner Jésus-Christ au monde.
Ce sera par conséquent pour nous-mêmes une obligation d'être les
apôtres de notre Foi, si nous tenons à nous montrer les dignes fils de
cette France qui a si constamment, à cet égard, marché sur les traces
de la Très Sainte Vierge. Elle ne l'a pas moins fidèlement suivie
dans le Temple, où Marie consacrait à Dieu ce qu'elle tenait de
Dieu, ce qu'elle avait de plus précieux, son divin Fils. Pour se

rendre compte de ce que Nous appelons ici la *Présentation* de la France et sa consécration à Dieu, nous n'avons qu'à suivre pas à pas le développement de ses destinées à travers les phases de son histoire; histoire qui a marqué de ses glorieuses empreintes tous les points de la terre française. Comptez, si vous le pouvez, les merveilles accomplies par notre pays dans le domaine religieux, et qui sont bien l'authentique témoignage de son dévouement à la cause de Dieu. Les milliers et les milliers d'églises qu'enfanta le sol national : de la prodigieuse et, maintenant hélas ! lamentable cathédrale de Reims, jusqu'à la plus humble chapelle du dernier de nos villages; de la première église qui s'est élevée dans ce pays, il y a dix-neuf siècles, jusqu'à la construction de la basilique du Sacré-Cœur à Montmartre et des sanctuaires de Lourdes, qu'est-ce, sinon la sainte charte de notre consécration au Dieu de notre baptême, de notre appartenance à Dieu, notre Dieu, *Deus, Deus noster* (1)? Car nous nous sommes donnés à Lui, comme il s'est donné à nous.

Jusqu'à quel point, Nos Très Chers Frères, notre patrie est animée de l'esprit chrétien, à quelle profondeur et dans quelle étendue, toute sa vie, toute son histoire, toutes ses générations en sont pénétrées; on peut s'en faire une idée par une supposition très simple autant que saisissante. Que votre pensée, pour un moment, efface de la France tous les monuments présentant un caractère religieux; retranchez de son histoire tous les chefs-d'œuvre de l'art sous toutes ses formes, les chefs-d'œuvre aussi d'héroïsme, de dévouement, de générosité où est visible l'inspiration chrétienne; dépouillez l'intelligence française de toutes les idées qu'y sema l'Évangile; arrachez du cœur français toutes les fibres qu'a trempées et que continue à vivifier, bien souvent à notre insu, l'esprit du Christianisme; oui, imaginez un instant ce changement absolu, cette destruction; et dites-le, Nos Très Chers Frères, si vous le pouvez sans frémir, que resterait-il de la France ? de nous tous, que resterait-il ?

Vous le voyez, par son action au dehors, par son rayonnement à travers le monde comme à l'intérieur de ses frontières, la France a toujours su rester consacrée à Dieu comme fille aînée de l'Église,

----

(1) *Psalm.*, XLVII, 15 : *Quoniam hic est Deus, Deus noster in æternum et in sæculum sæculi ipse reget nos in sæcula.*

et c'est une réponse, semble-t-il, assez péremptoire, pour le moment, à ceux qui, en caricaturant son image, proclament notre pays parjure à sa mission, et l'ennemi de Dieu.

*
* *

En déroulant à nos yeux la série des événements joyeux qui illuminent la vie de la Très Sainte Vierge, le Rosaire nous amène à contempler le Mystère du Recouvrement de l'Enfant Jésus au Temple de Jérusalem. Mystère vraiment joyeux, mais qui commence dans les larmes et fut ainsi comme le prélude angoissant des douleurs futures. Vous vous rappelez cet événement, qui nous est raconté dans tous ses détails au second chapitre de l'Évangile de saint Luc.

Ce Mystère joyeux, — disions-Nous, — a débuté par la souffrance. Cela est si vrai, Nos Très Chers Frères, que son premier épisode est rangé parmi les Sept Douleurs de la Mère de Dieu. On peut même affirmer, — à la suite de certains pieux auteurs, — que de tous les glaives qui transpercèrent son âme, celui-là la blessa d'une déchirure plus cruelle, puisqu'il lui arracha un cri de détresse et une plainte. Phénomène étonnant, unique, dans la vie de Marie. Voyez-la dans le dénuement de l'étable de Bethléem; dans l'horrible surprise où la jette la prophétie du saint vieillard Siméon, en lui mettant devant les yeux les perspectives du Calvaire et de la Croix; sur le chemin de la fuite en Égypte et sur la terre de l'exil; mais quoi! considérez-la au sommet du Calvaire, à côté de la Croix, sur laquelle son divin Fils expire au milieu d'indicibles tortures! Quelle épreuve pour son cœur de mère! Pourtant son courage demeure inébranlable; elle reste debout, auprès de son Fils mourant, et, si elle souffre au delà de ce que nous pouvons concevoir, aucune plainte ne monte de son cœur, aucun cri de désolation ne s'échappe de ses lèvres! Et alors, pourquoi donc, ô Vierge bénie, ô Mère du Dieu fait homme, n'avez-vous pu contenir l'expression de votre douleur dans le Temple de Jérusalem? Pourquoi avez-vous voulu faire entendre à Jésus-Christ et à nous tous cette plainte déchirante : « *O mon Fils, pourquoi nous avez-vous traités de la sorte? Voici trois jours que votre père et moi nous vous cherchions avec douleur* (1) ». Elle se plaint, Elle qui ne se plaindra pas au Calvaire. Pourquoi? C'est parce qu'au pied de la Croix elle se trouvait unie à Jésus-Christ. C'est que, pour Marie, le seul malheur sans compensation, la seule douleur inconsolable, c'est — même pour trois jours et, d'ailleurs, par un effet de la volonté de Dieu — d'être séparée de Notre-Seigneur Jésus-Christ.

Combien plus effrayant, plus affreux, sans comparaison aucune, Nos Très Chers Frères, serait pour nous le malheur de perdre Jésus, d'être séparés de Jésus par notre faute! Vivre au sein de l'Église comme si on avait cessé de lui appartenir! Être l'enfant du Christ par le baptême, et lui devenir étranger par les habitudes de la vie! En arriver parfois à ce degré de misère spirituelle, décrite par saint Paul, de *vivre sans Dieu, sans espérance en ce monde* (2), et nous exposer à être séparés de lui pour l'éternité! Fermer les yeux à la lumière de la Foi; demeurer sourd à ses appels et attendre, pour penser à la Justice divine, que la mort nous jette devant son Tribunal et que l'heure de la miséricorde soit passée; se peut-il concevoir une plus effroyable catastrophe?

Hélas! C'est le malheur de beaucoup d'âmes, d'âmes doublement chères puisque ce sont les âmes de nos compatriotes. Car il faut bien en convenir, — et sans que Nous ayons à effacer une ligne de ce que Nous affirmions plus haut de nos gloires religieuses, — il ne manque point, parmi nous, de ces hommes, Chrétiens de nom seulement, et qui, de ce nom sacré, à peine se souviennent!

Nous ne voulons pas, en ce moment, rechercher par quelles influences tant d'âmes ont été entraînées loin de Dieu. Relâchement de la vie de Foi au sein de la famille; mauvaise direction donnée à l'esprit public par une presse bien souvent irréligieuse; éducation trop souvent étrangère, sinon hostile à l'Évangile; invasion des doctrines de scepticisme et d'irréligion, fruit empoisonné de la philosophie allemande; amollissement des volontés par l'excessive recherche des plaisirs et des biens matériels; la religion éloignée, expulsée de toutes les sphères de la vie officielle nationale; toutes ces causes ont sans doute concouru à produire ce douloureux effet, que nous ne saurions assez déplorer. Mais, plutôt que

---

(1) Luc., II, 48.
(2) *Ad Eph.*, II, 12.

de Nous attacher à décrire l'origine et l'étendue de ce mal, tournons les regards vers les signes avant-coureurs qui en font espérer et pressentir la guérison.

Nous ne vous apprenons rien, Nos Très Chers Frères, en vous disant que nos soldats, dont la bravoure chevaleresque force l'admiration même de nos ennemis, édifient et réjouissent la France catholique par le spectacle de leur esprit religieux. Si, avant la guerre, chez un grand nombre peut-être, la Foi paraissait éteinte, elle n'était qu'endormie sous la garde de l'honneur militaire; et, au premier coup de clairon, elle s'est réveillée, comme à l'appel de Dieu. Avec autant de libre spontanéité que de fière décision, nos chers soldats se montrent Chrétiens comme ils sont Français. Qu'on pût ouvrir leur cœur, à coup sûr, on y trouverait gravée cette devise : Dieu et Patrie ! Mais, de même qu'à l'arrière de l'armée tous les Français prennent une âme de soldat, on constate que du front se répand aussi la sainte contagion de la Foi. Car c'est un fait, incontesté et incontestable, que, parmi les hommes jusqu'ici peu accessibles à l'influence religieuse, réfractaires même à l'idée de Dieu, beaucoup reviennent à de meilleures dispositions. Souffrant du désarroi des âmes sevrées de la Foi et après avoir constaté l'incurable inanité des consolations terrestres offertes à leur misère, ils sont pris de la nostalgie de la Religion; ils sentent un impérieux besoin de s'appuyer sur une colonne inébranlable, au milieu d'un monde qui chancelle sur ses bases. Dieu s'est frayé l'accès de leur cœur par la mystérieuse puissance de sa grâce, et y fait naître le désir de chercher Celui qu'ils avaient perdu, oublié !

« Ah ! vous ne le chercheriez pas, — répéterons-Nous à ces chères âmes, après Pascal traduisant saint Augustin, — vous n'auriez ni la volonté ni la force de le chercher si vous ne l'aviez déjà trouvé ! » C'est son esprit qui excite dans votre âme le désir de cette sainte poursuite. « *Cherchez le Seigneur*, — dit le Psalmiste, — *et votre âme vivra* (1). — *Ne vous lassez pas de chercher la face du Seigneur* (2). — *Cherchez-le, pendant qu'il est près de vous* (3). — *Aujourd'hui, s'il vous appelle, n'endurcissez pas votre cœur* (4) »*, car ce Jésus, qui,

----

(1) *Psalm.*, LXVIII, 33.
(2) *Ibid.*, CIV, 4.
(3) Isaï., LV, 6.
(4) *Psalm.*, XCIV, 8.

pour sa gloire et pour votre mérite, veut être cherché, il vous appelle, il vous attend, pour vous éclairer, vous relever, vous consoler des souffrances qu'entraîna pour vous une trop longue séparation.

*
* *

La Très Sainte Vierge, après trois jours d'inexprimables alarmes, retrouva l'Enfant Jésus. L'Évangile, — qui nous dépeint sa douleur pendant ces longues heures d'agonie, — renonce à dé-peindre sa joie quand elle revit, quand elle *recouvra* Jésus, son Fils, son Dieu, son tout. C'est qu'un tel bonheur dépasse tous les bonheurs et défie la plume même d'un auteur inspiré.

Une félicité toute semblable, analogue, est réservée aux âmes qui ont retrouvé, *recouvré* Jésus, dont elles avaient été séparées. Elles aussi renoncent à décrire l'allégresse profonde qui, avec la paix de Dieu, entre au fond d'elles-mêmes ou, plutôt, dans laquelle elles entrent tout entières, pour s'en pénétrer. Ce qu'elles pour-raient dire tiendrait dans la parole de ce cœur saintement pas-sionné dont parlent nos Saints Livres : « *J'ai cherché celui que chérit mon âme* (1); *je l'ai trouvé, et rien ne pourra plus jamais m'en sé-parer* (2)! » Cri de joie d'être remis en possession de l'amitié de Dieu! Cri de réprobation contre les péchés qui font perdre ce tré-sor! Cri de Foi et d'amour, par lequel s'exprime la promesse d'une inébranlable fidélité!

C'est au Temple, comme nous l'apprend l'Évangile, que Marie et Joseph eurent le bonheur de retrouver Notre-Seigneur; bonheur que dut rendre plus vif encore le spectacle de l'admiration inspirée aux prêtres et aux docteurs par la sagesse du divin Enfant. Il interrogeait les interprètes de la Loi. Toutefois, s'il faisait des ques-tions, ce n'est pas qu'il eût besoin d'être éclairé, Lui, la lumière incréée et la science infinie; mais il leur ouvrait les yeux sur les mystères qu'ils ignoraient et dont ses réponses apportaient la solution. Il préludait ainsi à la prédication de l'Évangile, que ses apôtres devaient annoncer au monde, et que leurs successeurs,

____

(1) *Cant.*, III, 1.
(2) *Ibid.*, 4.

animés du même esprit, ne cesseront de prêcher jusqu'à la consom·
mation des siècles.

Allons, nous aussi, au Temple, Nos Très Chers Frères, allons
à l'église, où Jésus-Christ continue à résider, si nous voulons le
trouver et nous mettre à l'école de sa divine Sagesse. Peuples et
individus, à l'encontre de ceux qui veulent nous éloigner de Jésus,
disons avec l'apôtre saint Pierre : « *Seigneur, à qui irions-nous ;
c'est vous, vous seul, qui avez les paroles de la vie éternelle* (1) ! » Soyons
persuadés qu'il a aussi des paroles de salut pour la vie temporelle.
Quelles que soient les obscurités dans lesquelles nous nous débat-
tons, quelles que soient les perplexités de notre esprit et les angoisses
de notre cœur, il a des réponses à toutes nos questions, des solu-·
tions à toutes nos difficultés, des remèdes à tous nos maux. Heureuses les âmes, heureux les peuples qui, dociles aux attraits de
son amour, aux appels de sa voix et aux enseignements de l'Évangile, sauront, après l'avoir retrouvé, lui demeurer soumis et unis
en ce monde et pour l'éternité !

II

L'exposé des événements que le Rosaire nous retrace dans les
Mystères joyeux s'est achevé sur cette peinture délicieuse de l'Enfant Jésus retrouvé au Temple de Jérusalem. Laissons la sainte
Famille, sous l'humble toit de Nazareth, jouir du Ciel que met en
son cœur la vue incessante, la possession du Dieu fait homme. Ce
bonheur durera une vingtaine d'années, jusqu'à ce que s'ouvre la
série des mystères douloureux, où nous entrerons à la suite de Jésus
et de Marie. Ce sera l'Évangile de la Passion, présenté en cinq ta-
bleaux, qui résument et concentrent les scènes les plus émouvantes
de ce drame auguste. Ici encore, l'image de la Vierge Immaculée apparaît unie par la tendresse de son cœur aux destinées de son Fils et
de son Dieu. Et nous, de même que nous participions à ses joies,
nous nous unirons à ses douleurs et à ses larmes. Que de lumière,

------

(1) JOAN., VI, 69.

que de force, que de consolation aussi nous puiserons dans cette
communion !

**
* *

L'agonie au Jardin des Oliviers, la première de ces scènes de
douleur, peut bien être appelée un mystère, car il n'est pas en notre
pouvoir de sonder l'océan d'amertume dans lequel l'âme de Jésus-
Christ fut alors plongée. Devant son regard, à qui rien n'est caché
de l'avenir, se déroulent déjà toutes les péripéties de la Passion,
et son cœur en éprouve par avance toutes les angoisses et toutes
les tortures. Douce, innocente victime, il contemplait avec une inexprimable épouvante l'énormité des péchés et des crimes commis, à
travers tous les siècles, dans le monde entier et desquels il acceptait
le fardeau et la responsabilité devant la Justice éternelle. Spectacle
plus effroyable encore, il voyait que, réfractaires à son amour,
acharnées à leur ruine, des âmes trop nombreuses mépriseraient sa
tendresse ; que, pour elles, son sang pourrait demeurer stérile et
être comme absorbé par une terre ingrate. Dans ce moment-là même,
sinistre présage et figure de tant d'oublis et d'ingratitudes, ses apôtres, à qui il daignait demander l'aumône de leur prière et de leur
amour, s'abandonnaient à un lâche sommeil, en attendant qu'ils
prissent la fuite et que leur chef le reniât trois fois à la voix d'une
servante. Ah ! mon divin Sauveur, j'entends, et j'en ai le cœur déchiré, votre cri de détresse : « *Mon âme est triste jusqu'à la mort* (1) ! »
Agonie, lutte avec la mort, lutte plus cruelle que la mort ; c'est bien
le nom qui convient à cette première scène de la Passion, à cette
sueur de sang, qui, des membres de Jésus-Christ, coule sur la terre
du Jardin des Oliviers.

Levez-vous, Agneau de Dieu, chargé des péchés du monde, tout
prêt au sacrifice, voici vos bourreaux, guidés par celui qui fut un de
vos apôtres, Judas, qui va vous trahir par un baiser. C'en est fait :
ils se saisissent de Jésus ; ils le garottent ainsi qu'un malfaiteur ; et il
est traîné successivement devant Anne, Caïphe, Hérode, Pilate,
comme pour recueillir toutes les insultes, tous les crachats, tous les
soufflets de toutes les canailles, jusqu'à ce qu'enfin, préparation

---

(1) MATTH., XXVI, 38.

suprême au supplice de la Croix, le Fils de Dieu nous apparaisse flagellé et couronné d'épines.

*
* *

Vous vous rappelez ce trait de notre histoire nationale, et qui, après quatorze siècles, peint sous des couleurs toutes fraîches, toutes vivantes, notre cœur à tous. Clovis, en vue de son baptême, recevait l'instruction religieuse de la bouche de saint Remi, son catéchiste. Au cours de ces leçons, le généreux et bouillant catéchumène ne put entendre, sans frémir, raconter la Passion du Sauveur. Jésus, le Fils de Dieu, couvert de crachats, souffleté, flagellé, couronné d'épines, c'était plus que ne pouvait supporter, même en récit, le premier-né des Catholiques français. — « Ah ! s'écriat-il, que n'étais-je là avec mes Francs ! » Et, nous aussi, que n'étionsnous là ? N'est-il pas vrai, Nos Très Chers Frères, que vous auriez voulu, comme Clovis, défendre notre Sauveur contre de cruels et lâches ennemis ? Oui, tous, nous aurions voulu arracher des mains des bourreaux les fouets hérissés de crochets de fer ; nous aurions voulu recueillir le sang qui coulait de ses membres déchirés ; c'eût été une douceur pour nous d'émousser, dût-ce être sur notre propre front, les épines qui couronnaient et ensanglantaient la tête adorable du Rédempteur. Ah ! n'eussions-nous pu faire autre chose, nous aurions voulu, à tout le moins, pleurer et souffrir avec lui.

Que n'étions-nous là — avons-nous dit — avec le premier des rois très chrétiens ! Mais calmons nos regrets et persuadons-nous qu'ils sont, en un sens, tout à fait superflus, parce que notre désir était par avance réalisé. Oui, nous étions là, nous étions présents à la pensée du Christ agonisant, flagellé, couronné d'épines ; il nous voyait, il nous aimait, car c'est pour nous qu'il souffrait, qu'il versait son sang et qu'il allait mourir. C'est là, en effet, le premier mot de notre Foi catholique : « *Je crois en Jésus-Christ, Fils unique de Dieu, qui, pour nous et pour notre salut, est descendu des Cieux ; il a été crucifié aussi pour nous, sous Ponce Pilate ; il a souffert la mort et a été enseveli.* » Celui qui est mort pour nous, — nous n'en saurions douter, — nous voyait près de lui, dans son cœur ; oui, en vérité, *nous étions là.*

Mais c'est maintenant surtout qu'il faut avoir le désir d'être près de lui. *Venez donc*, Nos Très Chers Frères, *pleurons devant le Seigneur ; prosternons-nous en sa présence ; pleurons devant ce Dieu qui nous a créés, car il est le Seigneur, notre Dieu, et nous sommes son peuple et les brebis de son bercail* (1). Oui, répandons aux pieds de notre Sauveur les larmes que l'amour doit arracher de nos cœurs compatissants. Mais, plus encore que sur Jésus-Christ, — Lui-même nous y invite dans son saint Évangile, — pleurons sur nous, pleurons nos péchés, qui furent la vraie cause et les instruments de son supplice. Nous le croyons, en effet, — puisque nous sommes Catholiques : — pécheurs, c'est nous qui sommes cause de sa mort. Vérité absolument certaine, de laquelle notre esprit est bien convaincu, mais qui ne pénètre pas toujours assez avant dans notre cœur pour le toucher et le convertir. Voilà pourquoi, en méditant, dans le cadre des *Ave Maria,* ces Mystères du Rosaire, l'Église nous invite à solliciter les grâces et les fruits qui y sont attachés : la contrition de nos péchés, la mortification, la pénitence, qui transforment et sanctifient les âmes.

Le péché, qui donc s'applique à en comprendre, à en sentir *la gravité* (2)? C'est la question que se pose le Psalmiste. Et il la laisse sans réponse, comme effrayé devant l'étendue de ce mal et devant l'insouciance de ceux qui l'ont commis. Puissions-nous, Nos Très Chers Frères, ouvrir enfin les yeux et nous pénétrer de cet enseignement du prophète : « *Regarde et vois combien est grande la faute, combien est grand le malheur d'avoir abandonné ton Seigneur, ton Dieu* (3) ! »

Bien que nous ne puissions assez nous repentir de nos propres fautes, l'esprit de Dieu, dans la Sainte Écriture, nous presse encore de verser des larmes et des prières sur le malheur de nos frères qui vivent dans l'oubli de leurs âmes et de leurs immortelles destinées, complètement indifférents à leurs devoirs de Chrétiens. Hélas ! combien il y en a autour de nous ! Peut-être dans notre famille immédiate, et, à coup sûr, dans cette immense famille qui s'appelle la France ! Faisons donc pour nous, mais faisons aussi pour ceux qui n'y pensent pas encore, l'aveu de nos péchés, aux pieds de Notre-

---

(1) *Psalm.,* XCIV, 6-7.

(2) *Ibid.,* XVIII, 13.

(3) Isaï., II, 19.

Seigneur crucifié! Implorons pour nous tous le pardon du Dieu de miséricorde, du Dieu d'amour infini, et, à l'exemple du publicain de l'Évangile, frappons-nous la poitrine, en disant : « *Seigneur, ayez pitié de nous, qui sommes de pauvres pécheurs* (1) ! » Le pardon suivra l'aveu des fautes. « *Je vous le déclare,* — nous dit Jésus-Christ, — à la différence du pharisien, devenu plus coupable par l'orgueilleux étalage de ses fausses vertus, *le publicain est justifié devant Dieu, car celui qui s'humilie sera élevé et celui qui s'élève sera humilié* (2). » Puissent de même les miséricordes d'En-Haut descendre dans toute leur plénitude sur nous et sur notre France bien-aimée !

*
* *

La Très Sainte Vierge n'avait pas assisté aux trois premiers mystères douloureux du Rosaire; l'agonie de son bien-aimé Fils, la flagellation, le couronnement d'épines ne l'avaient pas eue pour témoin, témoin oculaire, témoin, en quelque sorte, matériel, car nous ne pouvons douter qu'elle n'ait été présente de cœur aux scènes douloureuses qui eurent successivement pour théâtre le Jardin des Oliviers, les tribunaux d'Anne, de Caïphe, d'Hérode, de Pilate. Il est, en effet, bien naturel de croire que Notre-Seigneur lui-même, pour ne pas enlever à sa Mère le privilège de participer à toutes ses douleurs, les lui avait décrites à l'avance, avec plus de détail que les prophètes David, Isaïe, Jérémie, ces évangélistes anticipés de la Passion. Mais, ce qui doit nous paraître certain, c'est qu'après l'arrestation du Sauveur, les apôtres, et en particulier saint Jean, messagers fidèles de leur divin Maître, établissaient la communication entre la Passion de Jésus et la compassion de Marie. Quelle dut être l'horrible douleur de Marie en apprenant que Jésus était devenu la proie de ses cruels ennemis ! Elle se rappelait alors ce qu'avaient prédit les prophètes : « *Comme un agneau plein de douceur, il sera livré aux bêtes de proie ; il n'ouvrira pas la bouche pour se plaindre ; nous l'avons vu, et c'était l'homme des douleurs ; il est blessé pour nos iniquités ; il est broyé à cause de nos crimes, et ses meurtris-*

---

(1) Luc., XVIII, 13.
(2) Id., *ibid.*, 14.

sures seront la rançon de notre guérison ; ils ont transpercé mes mains et mes pieds et ils ont compté tous mes os (1). » Ah ! ce fut une consolation, mais quelle consolation, pour son cœur affreusement angoissé, quand, dans les rues de Jérusalem, sur le chemin du Calvaire, elle put enfin retrouver Jésus, portant sa Croix, la tête couronnée d'épines et marquant de son sang la trace de ses pas !

*
* *

La rencontre de la Très Sainte Vierge et de Notre-Seigneur Jésus-Christ sur le chemin du Calvaire ! Se peut-il concevoir rien de plus émouvant ! Quel regard durent échanger un tel fils et une telle mère, en de telles circonstances ! Quel flux et reflux d'affreuses angoisses et d'infinie tendresse entre le cœur de Jésus et le cœur de Marie ! Mère, ô Marie, — dirons-nous avec saint Bernard, — quels furent alors vos sentiments ou, plutôt, comment n'êtes-vous pas morte de douleur? C'est que l'amour est plus fort que la mort. L'amour seul, en effet, empêchait Marie de défaillir. Réunie maintenant à son divin Fils, rien ne pourra plus la séparer de lui jusqu'à ce qu'elle ait recueilli son dernier soupir, jusqu'à ce qu'elle ait reçu entre ses bras le corps sacré déposé du gibet où il aura été cloué. Sur les pas du Christ, elle fait son chemin de Croix, unissant ses tourments aux tortures du Sauveur. Un éclair de joie illumine son cœur de mère, quand Véronique essuie le visage ensanglanté de Jésus et quand les femmes de Jérusalem viennent lui offrir l'hommage de leurs pieuses larmes. Mais elle éprouve un redoublement d'intolérables souffrances en voyant Jésus tomber trois fois sous le faix de la Croix et, plus encore, sous le fardeau accablant de nos péchés, dont il s'est chargé. Au terme de la carrière sanglante où elle a suivi son enfant, et arrivée enfin au sommet du Calvaire, elle pourra s'écrier, avec plus de raison encore que saint Paul : « *Christo confixus sum Cruci* » ; — « *avec le Christ*, mon Dieu et mon Fils, *je suis clouée à la Croix* (2) ! »

---

(1) JÉREM., XI, 19; ISAÏ., LIII, 7; ID., 3; ID., 5; *Psalm.* XXI, 17-18.
(2) *Ad Galat.*, II, 19.

*
* *

Chrétiens, Nos Très Chers Frères, entrons, à la suite de Marie, dans la voie qui mène au Calvaire. « *Si quelqu'un,* — dit le Sauveur, — *veut venir après moi, qu'il prenne sa croix tous les jours et qu'il me suive* (1). » Sentir la croix sur nos épaules, et la sentir tous les jours, bon gré, mal gré, c'est notre inévitable destinée. Nous n'en déposerons le poids qu'avec le fardeau de la vie elle-même. Mais, au lieu de la subir, au lieu de la traîner, nous sommes appelés à l'accepter, en union avec Notre-Seigneur, et à la porter en marchant sur ses pas. Ainsi paraîtrons-nous ses vrais disciples. C'est, en effet, la résignation à la sainte volonté de Dieu, c'est l'amour qui donne à notre croix son mérite et sa grandeur morale. Et puisque, sous une forme ou sous une autre, — que l'épreuve s'appelle deuil, affection brisée, malheur de famille, revers de fortune, préoccupation angoissante du présent et de l'avenir, — tous les instants de notre vie peuvent porter l'empreinte du sacrifice, ah! Nos Très Chers Frères, soyons fidèles, jalousement fidèles à sanctifier chaque parcelle de notre croix, en la tenant en contact avec la Croix, avec Notre-Seigneur Jésus-Christ, par l'union avec son divin Esprit.

Mais, si nous sommes invités à prendre notre croix tous les jours de notre vie, nous vivons en un temps où cet appel s'impose avec plus de force et s'ouvre plus facilement le chemin de nos cœurs. De nos jours, en effet, plus que jamais, la croix pèse de tout son fardeau sur nos épaules, et elle est si lourde, à certains moments, que le poids en paraît trop écrasant pour les forces humaines, et que nous répétons bien souvent avec Jésus agonisant : « *Mon Père, qui êtes aux Cieux, s'il est possible, que ce calice passe loin de mes lèvres* (2)! » Cette croix, à qui est-elle épargnée aujourd'hui? Que voyons-nous, en effet, sinon deuil partout, partout l'épouvante, partout, avec ses plus horribles aspects, la mort! Vous avez contemplé, Nos Très Chers Frères, ces longues théories de malheureux, fuyant, comme dit Jérémie, devant la face du persécuteur; enfants, dont le même prophète dépeignait par avance l'infinie détresse, en ces

______

(1) Matth., XVI, 24.
(2) Id., XXVI, 39.

termes : « *Les tout petits demandent du pain, et,* bien souvent, *personne ne se trouve pour leur en donner* (1); *et ils exhalent leur âme dans le sein de leur mère* (2). » Les vierges et les veuves, — c'est toujours le prophète qui parle, — se lamentent dans les terreurs et dans des angoisses pires que celles de la mort; les chemins sont semés de cadavres et la désolation règne dans les villes naguère pleines de vie et de multitudes infinies. Les cathédrales, — devons-nous ajouter, — où habitaient la gloire de Dieu et l'âme des nations, sont brûlées et dévastées; les pierres des sanctuaires sont dispersées et, parfois, les « ruines elles-mêmes ont péri ». Ah! Seigneur, voyez et considérez les plaies de votre peuple! *Le baume assez puissant* pour les guérir ne se trouve point dans *Galaad* (3), mais seulement dans le trésor de vos miséricordes. Et, pendant qu'à tous les horizons de la Belgique, du nord et de l'est de la France, de la Pologne, de la Serbie, de la Syrie et de l'Arménie, une multitude désarmée est foulée aux pieds d'un ennemi sans foi ni loi, et jette vers le Ciel son cri d'angoisse avec un appel à la Justice divine, notre regard parcourt avec épouvante d'innombrables champs de bataille, où des milliers de vies humaines sont fauchées dans leur fleur et répandent sur le sol sacré de la patrie le déluge de leur sang. *Ah! qui pourra donner à mes yeux une fontaine de larmes* (4) pour pleurer la désolation de mon peuple? C'est pour vous surtout, pères et mères de famille, épouses devenues veuves, enfants, maintenant orphelins, vous tous dont le cœur a été enseveli avec les héros qui étaient la raison d'être de votre vie; ah! c'est pour vous que Jérémie a noté, sous l'impulsion de l'Esprit-Saint, ces sanglots presque désespérés.

Eh bien, vous tous qui souffrez, venez sur les pas de la Vierge Immaculée et suivez avec elle le chemin du Calvaire; laissez couler vos larmes, « ce sang de vos âmes », en union avec Jésus et Marie. Avec Jésus et Marie, acceptez votre cruelle épreuve. A la suite de nos vaillants soldats, pleins de foi et d'amour, offrez ce sacrifice à

---

(1) *Thren.*, IV, 4.
(2) *Ibid.*, II, 12.
(3) Jerem., VIII, 22.
(4) Id., IX, 1.

Dieu pour votre salut comme, pour le salut de la patrie. Si parfois votre courage menace de défaillir, demandez à Jésus crucifié, demandez-lui, par l'intercession de la Mère des Douleurs, qu'il vous aide à porter votre croix. Si même vous tombez sous le fardeau, ainsi qu'il a voulu tomber Lui-même trois fois, ah ! qu'il vous relève et vous fortifie, en vous pressant avec votre croix sur son cœur ! Qu'il serre surtout entre ses bras notre France bien-aimée, la France endolorie, et lui donne des gages de force et de gloire, dans un baiser de paix et d'amour !

Oui, venez, Nos Très Chers Frères; le Rosaire à la main, *gravissons la montagne sainte, pour que le Seigneur nous enseigne ses voies, et nous marcherons dans les sentiers* (1) où il nous a précédés et où il nous soutiendra par son exemple et par le secours de sa grâce. Arrivés au sommet du Calvaire, ouvrons nos yeux, nos cœurs, et recueillons les enseignements que nous donnent, au point culminant du drame sacré, la Passion de Jésus et la compassion de Marie. Ici, en effet, apparaît, dans la lumière la plus émouvante, jusqu'où Notre-Seigneur pouvait porter sa puissance de souffrir et d'aimer, et la Très Sainte Vierge sa puissance d'union avec son divin Fils mourant. Jésus, notre Dieu, notre Rédempteur, la douce Victime de notre salut, est suspendu à la Croix par les clous ou, plutôt, par ses blessures vives et saignantes. Ses mains et ses pieds sont transpercés; son front, ensanglanté par la couronne d'épines; son corps n'est plus qu'une seule plaie; ses amis l'ont abandonné, et le Ciel lui-même semble fermé sur sa tête et voilé par les péchés du monde, dont il s'est chargé au regard de la Justice céleste. Cependant, ses entrailles sont torturées par une soif affreuse et son cœur dévoré par une autre soif, plus ardente encore, le désir d'être aimé de ceux qu'il est venu sauver. On presse sur ses lèvres une éponge pleine de fiel, tandis que les blasphèmes et les moqueries les plus cruelles insultent à son agonie : « *Dieu, mon Dieu, pourquoi m'avez-vous abandonné* (2)? » Tel est le cri qui jaillit de son âme, broyée par la douleur et, ici plus encore qu'au Jardin des Oliviers, *triste jusqu'à la mort* (3).

---

(1) Isaï., II, 3.
(2) Matth., XXVII, 46.
(3) Id., XXVI, 38.

Ah ! sans doute, Marie est près de lui, et, par l'immensité de son amour, fait contrepoids, dans le cœur de Jésus, aux blasphèmes de la terre et à l'apparente insensibilité du Ciel. De toute l'immensité de son amour, elle comprend et partage les souffrances infinies du divin Crucifié ; les plaies du Christ lui transpercent le cœur ; ses larmes s'unissent au sang dont la Croix est inondée, et coulent avec une amertume inconsolable : Mère infortunée, réduite à ne pouvoir soulager, même par une goutte d'eau, la soif affreuse de son Fils mourant ! O Mère, aimante plus que toutes les mères, ô Mère dont les douleurs ne peuvent être égalées par aucune autre douleur ! *« Quel est l'homme qui ne pleurera, s'il regarde la Mère du Christ en proie à un tel supplice ? Qui pourrait ne pas être saisi de tristesse en contemplant la douce Mère du Christ unie aux angoisses de son Fils ? Elle voit son enfant tendrement aimé, mourant, privé de toute consolation à son dernier soupir ; et c'est pour les péchés de son peuple qu'elle contemple Jésus dans les angoisses et livré à tous les tourments* (1) ! »

Nous osons pourtant le dire, Nos Très Chers Frères, un mystère plus émouvant nous sera révélé, si nous voulons réfléchir et si nous savons bien regarder. O Sauveur de nos âmes, plus encore que par le spectacle de vos inexprimables douleurs, nous sommes émus à la vue de votre miséricorde envers nous et de votre absolu abandon à la volonté de votre Père céleste. Écoutons-le ! Il prie pour ses bourreaux et implore au Ciel la rémission de leurs crimes : *« Père, pardonnez-leur ; ils ne savent ce qu'ils font* (2) ! » Au larron crucifié à ses côtés, et qui se repent de ses forfaits en lui offrant une larme de compassion, il promet et il donne le Paradis. A nous tous, après qu'il eut versé pour notre salut les dernières gouttes de son sang, il nous donne sa Mère, pour être notre Mère. Et vous, ô Vierge Marie, Mère de Dieu, de ce Dieu qui est devenu plus spécialement notre Dieu en mourant pour nous et en nous sauvant, qu'il nous soit permis de l'ajouter, s'il était quelque chose qui pût faire diversion à notre peine, en vous voyant plongée dans une *douleur vaste et profonde comme l'océan* (3), c'est la contemplation de votre magnanimité au milieu de l'épreuve et l'héroïsme surhumain de votre bonté !

---

(1) Prose *Stabat Mater* de la fête de Notre-Dame des Douleurs.
(2) Luc., XXIII, 34.
(3) *Thren.*, II, 13.

Vous avez remarqué, en effet, Nos Très Chers Frères, ce mot de l'Évangile, ce mot qui, à lui tout seul, résume le rôle de la Très Sainte Vierge au Calvaire : *Stabat, juxta Crucem!* — Elle était *debout* (1)! Oui, tout près de la Croix de Jésus, sa Mère se tenait debout, sous le poids écrasant de ses douleurs, doublées des douleurs de son Fils. Les évangélistes saint Mathieu, saint Marc, saint Luc, nous retracent, dans une peinture saisissante, les prodiges qui accompagnèrent les derniers moments du Sauveur crucifié, et par lesquels, tout entière, la nature prenait le deuil d'un Dieu mourant : la terre tremble; le soleil s'obscurcit; le voile du Temple se déchire et des morts sortent de leurs tombeaux et apparaissent à plusieurs, comme des visions d'épouvante. Mais l'évangéliste saint Jean nous décrit un spectacle plus prodigieux, plus émouvant. Marie, forte, non moins que tendre et aimante; forte, non moins que livrée en proie à la souffrance; Marie restait debout au pied de la Croix, le cœur transpercé d'un glaive de douleur! Gloire et adoration à Jésus mourant! Gloire et louange infinie à Marie, qui demeure inébranlable au pied de la Croix de Jésus, qui nous adopte pour ses enfants, dans l'agonie de son divin Fils, afin de se préparer à demeurer toujours, au Ciel, auprès de son trône, pour nous protéger et nous aimer!

Au pied de la Croix! C'est notre place, à tous. Les saints regardaient comme un châtiment de Dieu, et comme une sorte d'excommunication, le triste privilège de n'avoir aucune épreuve à supporter. Sentiment facile à expliquer, si l'on considère que nous sommes les membres d'un Chef crucifié, et que le chemin de la Croix est l'unique chemin du Paradis. Mais, aujourd'hui surtout, il faudrait plaindre et mépriser, ainsi qu'un excommunié de Dieu et des hommes, un Français qui saurait et voudrait, en ce moment, ne pas souffrir. Ah! loin, bien loin de nous, une telle insensibilité! Ayons à cœur et soyons fiers de souffrir avec la patrie en deuil! Ne cherchons force et consolation qu'en Dieu : « *Vous tous donc qui souffrez,* — dit notre divin Sauveur, — *et qui êtes accablés par le poids de l'épreuve, venez à moi et je vous soulagerai* (2)! » Individus, familles, unissez vos douleurs, unissez vos âmes dans un sentiment de foi et de

---

(1) Joan., XIX, 25.
(2) Matth., XI, 28.

confiance en Dieu ! Venez, nations de la terre, — *venite gentes,* — France, Angleterre, Italie, Russie, Serbie, Pologne, Belgique surtout, venez, martyrs et champions de la Justice et de la Liberté ; de même que vous avez sanctifié la guerre par votre esprit de sacrifice, sanctifiez vos deuils par l'esprit de foi et d'amour ! Venez, le Prophète vous appelle ! Adorez *le Dieu qui a fait les nations guérissables* (1), et qui veut guérir vos plaies par la vertu de son propre sacrifice. Venez au Calvaire, appuyez-vous sur la Croix qui a porté le Salut du monde ; pleurez aux pieds de Jésus, avec Marie, sa Mère, et le *Dieu de toute consolation* (2), qui, un jour, au Ciel, essuiera les larmes de tous les yeux, voudra, pour vous, dès ici-bas, en adoucir l'amertume.

O Nos Très Chers Frères, réunis avec Nous aux pieds de Jésus crucifié, tenant à la main le Rosaire, si fécond en grandes leçons, vous surtout qui avez été, spécialement par vos deuils personnels, victimes de la guerre, permettez à votre Évêque, votre ami, votre père, dont le cœur est brisé et meurtri comme le vôtre, de vous offrir ses plus affectueuses condoléances. Condoléances, compassion, ces admirables expressions de la langue chrétienne signifient communauté de douleur, et traduisent avec fidélité les sentiments de Notre âme. Nous souffrons avec vous qui souffrez ; Nous pleurons avec tous ceux qui pleurent ; Nous prions avec tous ceux qui prient pour les soldats morts au service de la patrie ; Nous espérons, avec tous ceux qui espèrent, le salut éternel de ces héros, et, par la divine vertu de leur sacrifice, le triomphe de la France.

III

Notre Seigneur Jésus-Christ, Fils de Dieu, Dieu de gloire et de toute-puissance, possède de plein droit le bonheur dans sa plénitude infinie ; mais, Dieu fait homme pour nous racheter et nous mettre en possession de l'héritage céleste, Il a voulu le mériter par son immolation sur la Croix : « *Vous ne saviez donc pas,* — reproche-t-il aux

---

(1) *Sap.,* I, 14 : *Deus... sanabiles fecit nationes orbis terrarum.*
(2) II *Ad Corinth.,* I, 3.

disciples d'Emmaüs, découragés après le Vendredi Saint, — *que le Christ devait souffrir* la Passion annoncée dans les prophéties, *et, par le chemin de la souffrance, entrer dans sa gloire* (1) ? » Vous l'entendez, *dans sa gloire,* doublement sienne par droit de nature et par droit de conquête. S'il est mort pour nous, c'est aussi pour nous qu'il est ressuscité, et c'est pour nous également, afin de nous y préparer notre place, qu'il a voulu glorieusement monter au Ciel. Tous, de même qu'à partager sa Croix, nous sommes appelés à entrer en participation de son éternel bonheur.

Mais, entre toutes les créatures humaines à qui la Croix de Jésus-Christ a ouvert la porte du Paradis, il en est une qu'il a plu à Dieu de couronner d'une gloire tout particulièrement éclatante, c'est la Très sainte Vierge, c'est Marie. Par sa divine maternité, et autant par la perfection de ses vertus, mais surtout par son incomparable union avec Jésus crucifié, elle était digne, plus que les anges, plus que tous les Saints, d'être associée au triomphe de Jésus Rédempteur ressuscité, remonté aux Cieux. Notre raison et notre cœur nous persuadent d'ailleurs sans peine, comme Nous le rappelions plus haut, que, s'étant tenue au pied de la Croix, Marie doit demeurer, devant le Trône de Dieu, à une place qui l'élève aussi haut qu'une créature peut être élevée. Et de fait, il nous paraît tout naturel que son Fils, son Dieu, ait voulu, pour ainsi dire, aller au bout de sa puissance, pour honorer, à la mesure de ses mérites, cette créature bénie qui fut sa Mère.

*
* *

Ce que nos cœurs pressentaient et entrevoyaient des triomphes réservés à la Vierge Marie, le Saint Rosaire nous en montre la réalisation dans la série de ses Mystères glorieux. De toute sa gloire, il semble, en effet, que Jésus ait voulu d'abord faire hommage à sa Mère. C'est à elle que, d'après la tradition, Notre Seigneur apparut en premier lieu, après sa Résurrection, lui présentant, dans ses plaies transfigurées, le symbole et les prémices de la Rédemption du genre humain. Si aucune parole humaine, pas même celle de Jérémie, ne

____

(1) Luc., XXIV, 26,

nous a paru capable de décrire ce qu'a souffert, au pied de la Croix, la Mère des Douleurs, aucune parole humaine non plus ne pourra nous faire comprendre l'*éternel poids* de joie et de *gloire* (1), — comme dit saint Paul, — qui entra dans le cœur de Marie, quand elle vit devant elle Jésus ressuscité, vainqueur de la mort et du péché. « *Reine du Ciel*, — nous écrierons-nous donc, avec les anges et avec toute l'humanité régénérée par le Christ, — *Reine du Ciel, réjouissez-vous! — Regina Cœli, lœtare, alleluia! — Car celui dont vous avez mérité d'être la Mère, il est ressuscité, ainsi qu'il l'avait prédit*, et, dans la splendeur de sa résurrection, il est devant vous, il est à vous! »

Cette gloire de Jésus ressuscité se manifesta avec plus d'éclat encore, au moment de l'Ascension; et si, en ce jour, jour de la séparation, l'âme de Marie fut déchirée d'une blessure de regret et d'amour, que la mort seule pourra guérir, il n'en est pas moins certain que la vue de son Fils montant au Ciel pour « *s'asseoir à la droite de Dieu le Père tout-puissant* » dut inonder de joie son cœur de Mère.

Dix jours après que Notre-Seigneur fut remonté aux Cieux, la Pentecôte réalisa l'application des mérites de Jésus-Christ par l'établissement de la Sainte Église. C'est alors que commença la glorification visible du Nom de Jésus, sur cette terre, glorification que ne cessera d'opérer le Saint-Esprit, jusqu'à ce que l'Église, de militante ici-bas, devienne triomphante dans la bienheureuse éternité. Mais à cette glorification, nous savons dans quelle mesure la Vierge Immaculée fut associée, et nous savons aussi de quelle manière, dans la suite, se révéla et fut appliqué le plan de Dieu dans le gouvernement des âmes et dans la distribution de ses grâces. Ayant donné Jésus-Christ au monde par le ministère de Marie, sa Mère, Dieu, immuable dans ses desseins, continue à répandre par le même canal les grâces dont Jésus-Christ, mourant pour nous, est la source et le principe. Marie était donc, au jour de la Pentecôte, dans le Cénacle, avec les disciples de son divin Fils, comme, au Calvaire, elle avait été au pied de la Croix, et, au Mont des Oliviers, au moment de l'Ascension; et la tradition nous montre les flammes de l'Esprit-Saint se fixant sur la tête de Marie, avant de se répandre en

---

(1) II *Ad Corinth.*, IV, 17.

langues de feu sur les apôtres qui allaient prêcher l'Évangile et convertir le monde. Ainsi s'expliquent les paroles enthousiastes dans lesquelles les Saints Pères à l'envi célèbrent la part qui revient à Marie dans l'œuvre de l'Église, c'est-à-dire dans la conquête du genre humain accomplie au nom de Jésus-Christ.

***

Inaugurée par la descente du Saint-Esprit, la coopération de la Très Sainte Vierge au ministère apostolique s'exerça, efficacement, bien qu'humblement, du fond de la retraite dans laquelle la Mère de Jésus voulut enfermer sa vie jusqu'au jour où la mort, mort bénie et souhaitée, rendit à son âme la liberté de retrouver et de *recouvrer*, cette fois, pour l'éternité, son Fils et son Dieu. Alors, du haut du Ciel, une voix se fit entendre, qui lui disait : « *L'hiver de cette vie est passé ; la pluie et les orages de la terre se sont enfuis ; levez-vous, ô ma Mère, vous qui êtes toute pure et toute parfaite, venez* (1) ! » Sans doute la Très Sainte Vierge a dû passer par la mort, afin de ressembler à Notre-Seigneur, mais elle n'a fait que la traverser, et le tombeau n'a pu garder sa dépouille mortelle. C'est, en effet, une vérité certaine, affirmée par l'unanime tradition de l'Église, que Marie a été ressuscitée, et que son corps, ayant été réuni à son âme, elle a été élevée au Ciel, par la toute-puissance et l'amour du Verbe incarné. Son Assomption est, en quelque sorte, le fruit et le complément de l'Ascension de Jésus. La Vierge bénie entrait ainsi dans la gloire de son Fils, qui devenait la sienne, et, puisque, selon la parole de notre *Credo*, Jésus-Christ *est assis à la droite de Dieu le Père tout-puissant,* nous pouvons bien croire que Marie est placée à la droite de Jésus, qui, au Ciel, la vénère et l'aime comme sa Mère, ainsi qu'il l'avait fait sur la terre. La même voix, qui avait dit : « *Levez-vous, ô ma Mère, et venez* », ajoutait : « *Venez, venez, des sommets du Liban* (qui symbolisent les sommets de votre perfection), *venez, vous serez couronnée* (2) ! » De l'éclat de cette gloire, de la splendeur de cette auréole, saint Jean fut témoin, dans une vision de l'Apocalypse, et la description qu'il en fait ravit le

---

(1) *Cant.*, II, 11-13.
(2) *Ibid.*, IV, 8.

cœur de ceux qui aiment Jésus et sa Mère : « *Un prodige admirable apparut dans le Ciel : une femme revêtue du soleil,* c'est-à-dire rayonnante de la gloire du Christ ; *la lune était sous ses pieds,* symbolisant l'humanité en admiration et en prière au pied de ses autels ; *et, sur sa tête, une couronne de douze étoiles* » figurait toutes les vertus des Anges et des Saints, qui forment le diadème de ses mérites. Mais la gloire et la toute-puissance en Marie ne servent qu'au ministère de sa bonté ; ce sont donc les titres de notre espérance, l'appui de notre misère, la consolation de nos épreuves. De même que Jésus-Christ, — comme s'exprime saint Paul, — *est toujours vivant au Ciel, pour intercéder en notre faveur* (1), Marie, dirons-Nous, emploie son infinie dignité et son éternité à nous aimer et à prier pour ses enfants. Plus elle est élevée, plus elle s'incline miséricordieusement vers nous, et nous pouvons lui appliquer ces belles paroles de la sainte liturgie : « *Nous vous rendons grâce pour votre grande gloire* », car cette gloire se tourne en amour maternel et en bienfaits pour nous.

*
* *

Puisque nous sommes les frères de Jésus-Christ et les enfants d'adoption de la Vierge Immaculée, nous avons le droit de conclure qu'en nous aussi doit s'opérer la bienheureuse transformation de la douleur en gloire. Cette espérance est inséparable de notre Foi. Mais, si Notre-Seigneur a voulu et a dû mourir pour nous racheter et pour nous donner le Ciel, la conséquence, c'est que nous devons le suivre dans le chemin qu'il nous a frayé, pour y parvenir. « *Dieu,* — nous déclare saint Paul, — *veut que tous les hommes soient sauvés et arrivent à la pleine vision de la vérité* (2). » — « *Si nous souffrons avec lui,* — ajoute l'Apôtre, — c'est alors que *nous serons, avec lui, glorifiés et transfigurés* (3). » Admirable et consolante doctrine, et bien faite pour soutenir les courages, au milieu des épreuves et dans les souffrances de la vie ! « *Mon enfant,* — disait la mère des Macchabées à son fils, — *regarde le Ciel* (4), et, par l'espérance certaine

---

(1) *Ad Hebr.*, VII, 25.
(2) I *Ad Tim.*, II, 4.
(3) *Ad Rom.*, VIII, 17.
(4) II *Macchab.*, VII, 28.

de l'éternelle récompense, tu triompheras des tourments que t'inflige le persécuteur de ta foi. » — « *Ne craignez point,* — dit Notre-Seigneur, — *ceux qui tuent les corps, et dont le pouvoir ne saurait aller au delà* (1); *heureux ceux qui pleurent, car ils seront consolés! Heureux ceux qui souffrent pour la justice, car le royaume de Dieu est à eux* (2) ! »

La gloire, fruit de la douleur, appartient donc, par un droit spécial, à nos vaillants soldats, qui, depuis de longs mois, travaillent, souffrent, combattent, pour l'honneur et pour la liberté de la patrie. A toute heure du jour et de la nuit, ils peuvent s'écrier, comme ce vaillant guerrier qui s'appelait David : « *La mort et nous, un seul degré nous sépare* (3); — ma vie est sans cesse entre mes mains, et j'en tiens l'offrande toute prête, à quelque moment que doive sonner l'heure du sacrifice. » La gloire ! Elle rejaillit sur eux, avec chacune des gouttes de sang qui coule de leurs blessures. Mais c'est vous surtout, nobles enfants de notre France bien-aimée, qui avez suivi la Très Sainte Vierge jusqu'au sommet du Calvaire, qui vous êtes couchés, avec la divine Victime, entre les bras de la Croix ; vous qui êtes morts au champ d'honneur, ah ! c'est vous que la gloire baise au front avec amour, et qu'elle recouvre et revêt de sa splendeur ! Et si, comme nous l'espérons, vous avez, dans votre dernier soupir, aimé du même amour Dieu et la patrie, rien, non rien n'est plus beau, rien n'est plus digne d'envie que votre sort.

Ces héros chrétiens, la gloire les couronnera, au Ciel et sur la terre. La terre, si souvent oublieuse, gardera fidèlement leur mémoire. Ces morts glorieux resteront debout au milieu de nous, dans les monuments que notre pieuse reconnaissance ne manquera pas de leur élever. Debout, ces morts le resteront, dans le sanctuaire de notre cœur; debout, ils le resteront, surtout auprès des Autels, d'où monte pour eux l'encens de nos ferventes prières. Le véritable, l'impérissable piédestal de leur gloire, c'est la pierre sacrée sur laquelle aura été offert pour eux le Sacrifice de la Messe, le Sacrifice du Calvaire.

Nous avons, il y a un instant, contemplé avec adoration Notre

---

(1) Luc., XII, 4.
(2) Matth., V, 5, 10.
(3) I *Reg.*, XX, 3

Seigneur prenant possession du Ciel, au jour de son Ascension;
nous nous sommes réjouis avec sa divine Mère, associée à sa gloire
par son admirable Assomption; regardons, aujourd'hui, ne nous
lassons pas de regarder avec joie, avec reconnaissance, avec ravissement, nos soldats, nos enfants et nos frères, morts pour leur pays
dans l'amour de leur Dieu. Ils sont, par la grâce de Jésus-Christ
et par l'intercession de sa divine Mère, entrés au Ciel et participent
aux splendeurs de la bienheureuse éternité.

*
* *

La France, pour laquelle nous récitons avec tant de foi et de
piété les *Ave Maria* du Rosaire, est-il aussi dans sa destinée qu'elle
voie succéder à ses épreuves les triomphes, aux mystères douloureux, les mystères glorieux? Sur ce point, nous ne pouvons ni ne
voulons avoir l'ombre d'un doute. Il est vrai, nous ne pouvons
fonder notre patriotique espérance sur aucune promesse positive
de Dieu, et Jeanne d'Arc n'est pas revenue nous dire « *de par le
Roi du Ciel* », qu'elle « *boutera hors de France* » les hordes barbares
dont la présence déshonore le sol de la patrie. Mais, à défaut de
cette révélation, que d'appuis à nos espérances, à nos certitudes
de victoire ! Ce ne sera pas d'ailleurs la première fois que la France,
cruellement meurtrie par les épreuves, rejetant les voiles de deuil,
apparaîtra dans le rayonnement d'une gloire rajeunie. On l'a dit,
et Nous n'avons pas la pensée d'en refaire le tableau, l'histoire de
notre pays est coutumière de ces transformations, qui font de nos
annales un des plus émouvants spectacles offerts « *au monde, aux
Anges et aux hommes* » (1). Rappelez-vous seulement, Nos Très Chers
Frères, ce qu'était la France au xve siècle, et ce que Dieu en a fait
par la main de la glorieuse petite Lorraine, notre Jeanne d'Arc, la
sainte héroïne de la patrie. Si jamais une nation a été au penchant
de sa ruine et parut vouée à un désastre irrémédiable, c'était bien
la France de cette époque. Tout était perdu, on oserait presque
dire même l'honneur, puisque la lâcheté et la trahison assiégeaient
les débris du trône royal. Signe avant-coureur de la mort, il semblait que la nation eût perdu la volonté de vivre. La France, notre

———————

(1) I *Ad Corinth.*, IV, 9.

bien-aimée France, se mourait, après une guerre de près de cent ans; ses ennemis criaient même à tous les échos de la terre qu'elle était morte; et, d'une main joyeuse, ils se préparaient à sceller son cercueil! Mais Dieu veillait sur cette *malade qu'Il aimait*, et, nouveau Lazare, notre patrie entendit Jeanne d'Arc lui jeter ce cri de la résurrection et de la vie : « France, douce France, *sors* du tombeau ! » Et la France ressuscita, et la France, par une prodigieuse *ascension*, remonta au ciel de la gloire, pour reprendre le cours étoilé de ses destinées. Jeanne d'Arc, disions-Nous, n'est pas apparue de nouveau, pour réconcilier avec la victoire le drapeau tricolore. Il est vrai, mais ce qui est vrai aussi c'est qu'au Ciel Jeanne d'Arc, restée française et béatifiée par l'Église, prie pour nous; et si Bossuet a pu affirmer du grand Condé que son ombre pouvait encore gagner des batailles, il nous sera permis de penser que le nom de Jeanne d'Arc saura enflammer d'une ardeur victorieuse l'âme de nos soldats. Mais, plus puissante que les ombres les plus illustres, plus puissante que l'éclat des plus grands noms, la prière est l'appui inébranlable de notre confiance, et, parce que nous savons, parce que nous ne voulons pas oublier un instant combien serait vain tout effort non béni de Dieu, nous ne cessons, nous ne cesserons de prier, avec l'espérance, la persuasion, la certitude, que les prières de tous les saints de la patrie, appuyant les nôtres, les rendront efficaces et feront surgir du sein de la France une moisson de lauriers.

*
* *

Ces lauriers se sont déjà mis à germer dans le cœur français. Chose merveilleuse, et qu'on ne peut se lasser d'admirer : sauf quelques méprisables semeurs de panique, dans lesquels s'ébauche une âme de traître, tous les enfants de la patrie sont animés du désir, de l'espérance, ou, plutôt, de la certitude de la victoire finale, du triomphe complet de la France. Qu'on n'objecte pas que cette disposition d'âme, simple poussée de l'instinct, est aveugle comme lui; non, c'est une volonté délibérée, éclairée par la réflexion, et qui ne se fait aucune illusion sur les accidents fâcheux dont furent marqués les débuts de la campagne, à cause de la très imparfaite préparation où nous trouva, lors de son premier choc, l'injuste attaque de l'ennemi. Il n'est que trop vrai, en effet, nous n'avions, aux premiers jours de la guerre, ni assez d'hommes ni assez d'armes à opposer aux Barbares, pour qui, depuis plus de quarante ans, l'agression contre la France était le but où convergeaient leurs désirs, leurs ambitions, leurs mensonges, tous les préparatifs de mort. C'est même — on ne saurait trop le répéter — la meilleure preuve que les Français, loin de désirer la guerre, loin de la préparer, étaient bien près de croire qu'elle était désormais impossible. Mais, du moment qu'elle nous fut imposée, nulle hésitation, nul trouble, nulle défaillance. Nous sommes contraints de faire la guerre? Nous la ferons, jusqu'au jour où seront assurés l'honneur et la liberté de la patrie! Nous nous battrons et nous vaincrons! Voilà le cri qui, depuis près de vingt mois, s'échappe de tout cœur vraiment français. Cette unanimité dans l'espérance invincible de vaincre, c'est le premier gage de la victoire. Car il est vrai, pour un peuple beaucoup plus encore que pour un individu, que l'on vit surtout par la volonté de vivre.

L'homme — a-t-on dit — ne va presque jamais jusqu'au bout de lui-même, dans le déploiement de ses énergies. Vrai ou non, quand il s'agit d'hommes isolés, ce principe reçoit, à cette heure, en ce qui concerne notre pays, un éclatant démenti. Nos soldats — la France et eux c'est tout un — semblent, en toute vérité, aller jusqu'au bout d'eux-mêmes, en faisant rayonner à nos yeux, avec une incomparable splendeur, tout ce que le cœur humain peut renfermer de bravoure, d'endurance, de ténacité dans l'effort, de joyeuse virilité dans les sacrifices offerts pour la patrie. Volontiers, pour rendre en deux mots un digne hommage à leurs mérites, Nous leur appliquerions l'éloge que l'Esprit-Saint lui-même décerne à la femme forte et à la Très Sainte Vierge : « *La grâce et la vaillance ont été sa parure, et elle sourira au dernier jour* (1) ». Forts et joyeux au milieu de la lutte, allant avec un sourire au-devant de la mort, n'est-ce pas sous cette image radieuse que nous apparaissent l'admirable soldat de France et la France tout entière?

Car, de fait, notre pays tout entier, soulevé par l'élan du plus pur patriotisme, lutte contre ses ennemis, non point, sans doute, par le maniement des armes, mais par le généreux et ingénieux

---

(1) *Prov.*, XXXI, 25.

empressement à déployer, au service de la patrie, toutes les industries du courage et du dévouement. Le plus beau, le plus méritoire des efforts des « soldats de l'arrière », c'est d'assister, le cœur résolu, bien que douloureusement angoissé, à la grande et longue bataille livrée sur un front de plusieurs centaines de kilomètres; c'est de repousser, comme indigne de la France, comme déshonorant, le désir d'une paix qui ne serait pas fondée sur la justice et sur notre victoire. Que dure et continue la guerre, jusqu'au triomphe de la France ! Ainsi parlerait, en comprimant les serrements de son cœur, la plus aimante des mères françaises. Ainsi parlait, — laissez-Nous, Nos Très Chers Frères, citer ce trait bien simple, mais bien significatif aussi, — oui, ainsi parlait naguère une enfant de six à sept ans, dont le père, tendrement aimé, presque adoré de ce petit cœur, est au front depuis plus d'un an. Au milieu de trois cents jeunes filles de tout âge, que Nous avions exhortées à prier pour nos soldats, Nous l'interrogions, pour Nous assurer si elle avait compris nos recommandations : « Que faut-il faire, à l'heure présente, après de longs mois de guerre, pour montrer qu'on aime la France? »— Savez-vous ce qu'elle répondit? Deux mots : « Se battre ! » Tout ce peuple d'enfants, en qui palpitait le cœur de leur famille et de toutes les familles de notre pays, fut, comme Nous-même, saisi d'une patriotique émotion, sous le coup de cette réponse, que n'auraient pas désavouée les héroïnes de notre grand Corneille ! L'âme de cette petite enfant, chez laquelle aussi la valeur n'a pas attendu « le nombre des années », rendait le même son qu'une autre âme, une âme de mère française : « Je ne porterai pas le deuil de mon fils, — disait-elle, d'un accent d'autant plus déchirant qu'elle s'efforçait de sourire, — parce qu'il est mort au service de la France. »

Quel réconfort pour nos soldats, et quel nouveau gage de victoire, quand, de l'arrière vers le front de bataille, circulent de tels courants de magnanimité, quand l'armée civile assure à l'armée combattante un tel ravitaillement d'énergie et de grandeur morales !

D'autres merveilles encore se sont produites, grâce à cette force divine, qu'on a si bien appelée l'*union sacrée* des âmes. Avec une spontanéité admirable et sous toutes les formes, la charité a répondu aux appels qui lui ont été adressés. Que de secours, symbole de notre affection fraternelle, ont été envoyés à nos chers combattants! Et Nous saisissons avec bonheur, Nos Très Chers Frères, cette occasion de vous féliciter et de vous remercier de Nous avoir chargé bien souvent d'être le dispensateur de vos dons. Pourquoi ne pas l'avouer tout simplement? Quand, à l'approche de l'hiver, Nous recevions de vous, pour les expédier au front de l'armée, toutes sortes d'effets d'habillement, Nous considérions avec émotion ces objets en laine, produits de vos troupeaux et de votre travail. En les touchant, Nous bénissions, en même temps, — au Nom de Notre-Dame de Lourdes, — et vos âmes dévouées et les très aimés bénéficiaires de votre générosité.

Une charité non moins digne d'éloge a multiplié ses merveilles dans les hôpitaux, où, blessés et malades, nos chers soldats trouvent unis, en quelque sorte, coalisés, pour les soigner, la science de nos médecins militaires ou civils, et le dévouement de nos religieuses et·de vaillantes femmes du monde, que semble animer toutes l'esprit de saint Vincent de Paul. Que n'a-t-on pas fait et tenté pour soulager les familles éprouvées par la guerre, pour venir en aide aux réfugiés français et belges, et leur rendre, non pas encore, hélas! un foyer, mais l'image, la douce illusion d'un foyer, dans le fraternel accueil qu'il ont trouvé parmi nous?

Ces dons du cœur ont été suivis naguère de l'apport de l'or et de l'argent, quand la France, afin de soutenir la puissance matérielle de ses armées, d'affirmer et d'affermir la solidité de son crédit, nerf de la guerre, nous a demandé le concours de toutes les bourses, des plus modestes comme des plus riches. Alors, on a vu sortir de leurs retraites, parfois bien profondes, les pièces d'or, qui venaient, confiantes et empressées, s'échanger contre les billets de banque ou les titres de l'Emprunt, sous les auspices du patriotisme, pourquoi ne pas dire, sur l'autel de la Patrie? Car, proportion gardée, et en tenant compte des différences, Nous osons comparer ce qui s'est passé dans ce pays, il y a quelques semaines, à ce que racontent nos Saints Livres. Ayant, sur l'ordre de Dieu, entrepris d'édifier le Tabernacle et l'Arche d'Alliance et de doter le Temple des vases sacrés destinés au culte religieux, — Moïse s'adressa au patriotisme et à la piété de son peuple (1). A son appel, tous les enfants d'Israël rivalisèrent d'empressement et de

------

(1) *Exod.*, XXXV, 5-29.

générosité. Riches et pauvres offrirent ce qu'ils possédaient, et, détail que l'Auteur sacré a soin de noter, les femmes d'Israël se dépouillèrent avec joie de leurs bijoux, pour les consacrer à l'honneur de leur sanctuaire national. N'avons-nous pas eu sous les yeux un spectacle pareil, et ne peut-on pas dire que votre or, Nos Très Chers Frères, s'est glorifié, s'est sanctifié, oui, sanctifié, quand, sur l'autel de la patrie, — Nous reprenons ce mot, — vous l'avez apporté à la France, afin qu'elle pût forger le bouclier de son honneur et de sa liberté, construire l'édifice de sa gloire et assurer, contre de nouveaux barbares, un abri aux générations futures ?

*
* *

Ce grand ouvrage, ce *Mystère glorieux*, est commencé. Par la vertu de l'*union sacrée*, toutes les énergies, tous les ressorts de l'activité nationale sont tendus et convergent au même but, qui est le salut de la France par le succès de ses armes, et nous avons vu que, déjà, l'aube du triomphe définitif s'est levée, quand, dans les plaines de la Marne, les premiers feux de la gloire ont doré, après les revers du début, le drapeau de la patrie.

Ce premier succès, suivi d'autres exploits fameux, précurseurs des victoires futures, a été si éclatant qu'on s'est plu à y saluer la preuve manifeste de la protection divine. *Les hommes d'armes* — redirons-Nous avec Jeanne d'Arc — *ont bataillé, et Dieu nous a donné la victoire.* Victoire tellement splendide, marquant d'un sceau si radieux la fin d'une longue retraite et le début d'une offensive, depuis ininterrompue, que le pieux enthousiasme de notre peuple, vaillant à la fois et croyant, l'a acclamée comme un miracle de la valeur française et de la Bonté divine.

Enviable destinée de notre patrie, que son action apparaisse toujours comme encadrée de la bénédiction et du concours de Dieu ! Cette solidarité, si l'on ose parler ainsi, est consacrée dans les admirables annales de notre passé, par l'appellation qui résume les péripéties de l'histoire nationale : *Gesta Dei per Francos.* Qu'est-ce, en effet, que notre histoire, sinon l'ensemble de ce que Dieu a fait par le bras des Français? A cette histoire — écrite au Ciel par le doigt de Dieu, et, sur la terre, par l'épée de la France — la guerre actuelle ajoutera un chapitre, qui ne sera pas le moins merveilleux.

Car, Nous ne craignons pas de le dire, et c'est ce qui rend d'autant plus inébranlable notre confiance dans l'issue de la lutte, le triomphe de la France tournera à la gloire de Dieu. Non point, sans doute, que Dieu ait besoin de nous : il n'a besoin de personne, puisqu'il est l'unique source de tout bien, de toute vérité, de toute puissance. Mais il est des hommes, il est des peuples qu'il daigne, par un libre choix de son amour, associer à l'exécution de ses desseins sur l'humanité. Or, si, dans le passé, comme il serait bien facile de le démontrer, la France a été le soldat de Dieu, l'épée au service du droit, le défenseur de l'Église, de nos jours encore, en dépit de certaines apparences, en dépit même de certaines mauvaises volontés, ce rôle si auguste, Dieu charge la France de le jouer, à l'heure actuelle, sur la scène du monde. Comme la Très Sainte Vierge, mêlée aux Mystères glorieux de Notre-Seigneur, la France, dans la mesure où une telle comparaison peut être permise, est, en quelque façon, associée au rayonnement de la gloire de Dieu.

Nous n'avançons rien d'ailleurs qui n'ait été proclamé, dans ces derniers temps surtout, par les bouches les plus autorisées. La place Nous manque, pour donner à ces affirmations tous les développements souhaitables, mais Nous vous engageons vivement à les chercher où vous les trouverez très sûrement. Nous voulons parler des deux livres publiés par l'éminent recteur de l'Institut catholique de Paris, Mgr Baudrillart, en collaboration avec quelques-uns des plus distingués parmi nos écrivains catholiques. Ces deux livres ont pour titre, l'un : *La Guerre Allemande et le Catholicisme ;* l'autre : *L'Allemagne et les Alliés devant la Conscience chrétienne* (1). Ce sont de véritables arsenaux, où vous trouverez des armes excellentes pour combattre les mensonges allemands; des mines inépuisables d'arguments, pour démontrer que les destinées de la véritable civilisation, les intérêts sacrés de la religion, sont liés au sort des armes françaises et alliées. Si, en effet, par une supposition absolument chimérique, les ennemis de la France pouvaient triompher de nos troupes, de plus en plus nombreuses et de mieux

____

(1) *La Guerre allemande et le Catholicisme,* 1 vol. in-8 broché : 2^f 40 net; *L'Allemagne et les Alliés devant la Conscience chrétienne,* 1 vol. in-8 broché : 3^f 60 net. — Paris, Bloud et Gay, éditeurs, 7, place Saint-Sulpice, Paris (VIe).

en mieux armées; de la bravoure sans pareille de nos soldats et
du génie de leur chefs; de nos lignes de bataille hérissées d'innombrables canons et de tous les moyens d'attaque et de défense; si
les *Boches*, alliés des Turcs, c'est-à-dire les Barbares anciens et modernes, pouvaient être vainqueurs, le monde n'aurait qu'à dire
adieu à la liberté, au respect du droit, au respect de la faiblesse
désarmée, à la vraie civilisation, en un mot, à tout ce qui constitue,
pour les peuples et pour les individus, le prix de la vie.

Tout au contraire, — et, dans le monde entier, les esprits im-
partiaux, désabusés des mensonges allemands, ne tarderont pas
à en convenir, — le succès de nos armes marquera le triomphe de
tous les droits, la résurrection des peuples opprimés ou menacés
par l'oppression. Partout l'humanité respirera un esprit nouveau,
un air purifié, au passage lumineux du drapeau tricolore.

Soyons-en persuadés, en effet, Nos Très Chers Frères, la justice de notre cause, la puissance des armes mises au service du
droit, l'intérêt suprême de la civilisation chrétienne, la sauvegarde
du véritable esprit de l'Église, l'honneur des âmes, — résumons
tout d'un mot, — la gloire de Dieu, est solidaire des destinées
de la France.

*
* *

En attendant que le *Te Deum* retentisse sous les voûtes de nos
églises, implorons, bénissons le Dieu tout-puissant, qui aidera
notre patrie à suivre Jésus-Christ et sa bienheureuse Mère dans la
voie des Mystères glorieux.

Car notre victoire, une victoire complète, telle sera, quand il
plaira à Dieu, — et nous l'attendons avec confiance, — la conclusion de la terrible guerre qui, depuis si longtemps, ensanglante le
monde.

*
* *

Nous saluons le gage assuré de ce triomphe dans la Bénédiction
que daignait nous envoyer naguère le grand ami de la France,
N. S. Père le Pape Benoît XV. Les termes dans lesquels nous fut
accordée cette grâce précieuse, vous les connaissez, Nos Très Chers

Frères, mais c'est une consolation pour Nous de les remettre sous vos yeux, une fois de plus. Au nom du Souverain Pontife, l'Éminentissime Cardinal Gasparri, son Secrétaire d'État, Nous télégraphiait donc, au lendemain du dernier pèlerinage national français (1) :

Le **Saint-Père**, *agréant hommage renouvelé au nom du Pèlerinage national français*, **joint ses prières à celles de ses chers fils de France, pour obtenir de la Sainte Vierge ce qui leur tient plus à cœur**, *et il demande à Dieu de bénir Votre Grandeur, Rév. Père Bailly et tous ceux qui, en ce moment, ont le bonheur de s'agenouiller devant la Grotte miraculeuse.*

Cardinal GASPARRI.

De la victoire de la France, — qui est « **ce qui nous tient le plus à cœur** », — Nous Nous plaisons encore à voir l'aurore bénie dans les incomparables solennités dont la célébration s'achevait à Lourdes, au moment où le rideau était près de se lever sur l'effroyable tragédie de la guerre.

Nul, en effet, de ceux qui les contemplèrent ne pourra jamais oublier la surhumaine magnificence des manifestations de foi dont Lourdes fut le théâtre, lors du dernier Congrès Eucharistique. Jamais, et nulle part, Nous osons le dire, on n'a vu et, peut-être, on ne reverra, au même degré, un peuple immense, composé de mille peuples divers, ne formant qu'un cœur et qu'une âme, pour adorer et glorifier, sous les auspices de Marie Immaculée, Jésus, *le Roi des siècles, régnant sur les nations* par le sacrement de son amour.

C'est au moment où ces solennités étaient sur le point de se terminer, dans une procession effaçant par son éclat toutes les splendeurs des jours précédents, que commencèrent à courir des bruits sinistres, présages de l'annonce de la guerre. Les cœurs se serrèrent dans une cruelle angoisse, et, le regard éperdument fixé sur le T. S. Sacrement, évêques et pèlerins implorèrent le secours d'En-

---

(1) Voir Notre Lettre et Ordonnance n° 186, en date du 7 octobre 1915, et le *Journal de la Grotte*, numéros des 29 août et 24 octobre 1915.

Haut, et le dernier cri jeté vers l'autel, par une foule de cent vingt mille hommes, demanda à Dieu de bénir notre patrie. Qui eût dit que la catastrophe était si proche, et que le Soleil Eucharistique se coucherait dans un crépuscule sanglant?

Coïncidence douloureuse! Elle fut exploitée par des misérables, qui furent heureux de saisir cette occasion pour répandre les rumeurs flétries, par l'opinion unanime des honnêtes gens, sous le titre, qui leur restera, de « rumeurs infâmes ». N'osèrent-ils pas colporter (sûrement, ils ne le croyaient pas eux-mêmes) que le Congrès Eucharistique était cause de la guerre, que les évêques et les prêtres l'avaient souhaitée, que le malheur de la France comblait leurs vœux! Lamentable et criminelle ineptie, bien faite pour dégoûter l'honnête et intelligente population de ce pays, et que Nous rougirions de citer, même en la repoussant du pied, si elle ne s'obstinait à souiller les bas-fonds de certains journaux et de certaines âmes. Hélas! elle met en lumière un fait très affligeant, c'est que la bêtise et la canaillerie humaines confinent parfois à l'infini. C'est ce qui fit dire à quelques-uns de nos préfets — et cette déclaration fait honneur à leur équité et au bon sens de nos compatriotes — que les semeurs de semblables calomnies étaient les *Boches de l'intérieur*.

*
* *

Pour nous, vrais Chrétiens et vrais Français, saintement et passionnément patriotes, le Congrès Eucharistique — répétons-le — ouvrait à la France une source de bénédictions; il constituait le réservoir des grâces dont nous aurions besoin, au cours des terribles événements qui, bientôt, se dérouleraient. C'était la préface, écrite au Ciel, du nouveau livre où s'inscriraient les exploits des défenseurs de la patrie. Dieu suppléait par ce surcroît d'armes célestes, aux lacunes de notre préparation à la guerre. C'était une provision de forces surnaturelles; c'était le viatique capable de soutenir la France sur le chemin laborieux, sanglant, qui devait la conduire à la victoire. Nous ne craignons pas de Nous tromper, Nos Très Chers Frères, si, dans le magnifique épanouissement de la force française, dans les merveilles qui s'appellent : victoires de la Marne, de l'Aisne, de l'Yser, d'Artois, de Champagne, Nous reconnaissons — comme déjà Nous l'avons noté — la puissante intervention de Dieu, la réponse aux prières faites dans nos sanctuaires, le fruit béni du Congrès Eucharistique. Dieu s'était, en quelque manière, engagé à rester visiblement avec nous, ainsi que déjà il demeurait invisiblement parmi nous dans la Sainte Eucharistie. L'Ostensoir élevé au-dessus de l'église du Rosaire, entre le firmament et la terre, c'était l'arc-en-ciel embrassant par avance l'horizon de notre patrie et resplendissant sur elle, telle une invitation à l'espérance, à l'heure où un déluge de sang allait inonder le monde.

*
* *

Mystères joyeux, Mystères douloureux, Mystères glorieux du Rosaire, ne cessons, Nos Très Chers Frères, de les méditer, le chapelet à la main, aux pieds de la Vierge Immaculée, comme Elle-même nous y invita par son exemple, à la Grotte miraculeuse. C'est là que la Bienheureuse Mère de Jésus-Christ, notre Dieu et notre Sauveur, a daigné apparaître à l'humble Bernadette Soubirous, la pacifique Jeanne d'Arc des Pyrénées. C'est là que s'est épanoui, sur ses lèvres maternelles, le sourire dont le doux rayonnement doit faire croître dans nos cœurs l'invincible confiance en sa toute-puissante protection. Recueillons donc avec une filiale docilité les enseignements qu'elle nous apporta du Ciel; revenons à Dieu; effaçons et réparons nos péchés par les larmes de la pénitence. Le cœur purifié et en paix avec Dieu, prions, ne nous lassons pas de prier, pour nos soldats et pour nos vaillants alliés, car il est écrit : « *C'est l'humble et persévérante prière du juste qui est toute-puissante, c'est elle qui pénètre les Cieux* (1). »

Que l'écho des *Ave Maria* de Lourdes monte ainsi jusqu'au trône du Tout-Puissant et s'étende, comme un gage des bénédictions divines, sur les immenses champs de bataille où se décide le sort de notre patrie !

Puisse, enfin, la ferveur de cette prière de tous les instants, entretenir et rendre inébranlables dans tous nos cœurs l'amour de Dieu et l'amour de la France, et hâter l'heure si désirée de la victoire !

---

(1) *Eccl.*, XXXV, 21 : *Oratio humiliantis se nubes penetrabit.* — JAC., VI, 16 : *Multum enim valet deprecatio justi assidua.*

*
* *

Donné à Notre-Dame de Lourdes, en Notre Chalet épiscopal, sous Notre seing, le sceau de Nos armes et le contre-seing du secrétaire général de l'Évêché, le vendredi 11 février 1916, en la fête de l'Apparition de la Vierge Immaculée à Bernadette Soubirous.

† FR.-XAVIER,
Évêque de Tarbes et de Lourdes.

Par mandement de Monseigneur :

R. QUIDARRÉ,
Chanoine, Secrétaire général.

VII

Lettre Pastorale pour le Carême de l'an de grâce 1917, sur la marche vers la victoire.

François-Xavier SCHŒPFER, par la Grâce de Dieu et l'Autorité du Saint Siège Apostolique, Évêque de Tarbes et de Lourdes,

Au Clergé et aux Fidèles de Notre Diocèse
Salut et Bénédiction en Notre-Seigneur Jésus-Christ.

Nos Très Chers Frères,

La marche vers la victoire ! Ces mots, que Nous inscrivons en tête de ces lignes, ne sont pas seulement le titre de Notre Lettre Pastorale ; ils renferment le programme de toute existence humaine, et, en particulier, de la vie chrétienne. *La vie de l'homme,* — s'écriait, il y a plus de trois mille ans, le saint homme Job, — *la vie de l'homme, sur la terre, est un combat* (1). Difficultés que la nature oppose à son travail, maladies, souffrances, épreuves de toute sorte, et dont la moins cruelle n'est pas, assurément, la discorde régnant entre les hommes eux-mêmes : voilà autant d'obstacles, qui se dressent devant nous en tout temps, et avec lesquels, si nous voulons remplir notre destinée, il nous faut nous mesurer.

D'une manière bien plus sensible, la vie chrétienne, qui doit tendre à la perfection morale, porte ce caractère empreint au fond d'elle-même et dans toutes ses manifestations. La raison en est bien simple : c'est que notre ennemi le plus redoutable réside dans notre propre cœur, par l'inclination au mal. Il se confond, en quelque sorte, avec nous. Voilà pourquoi un des premiers enseignements de Notre-Seigneur nous dresse au combat contre cet ennemi : « *Si quelqu'un veut venir à ma suite,* — dit Jésus-Christ, — *qu'il se re-*

---

(1) JOB, VII, 1.

nonce ; qu'il prenne sa croix et me suive (1). » Non pas que notre nature soit absolument corrompue, mauvaise dans son essence, et, par suite, incapable d'aucun bien ; car la ruine que le péché originel a déterminée dans la créature humaine ne s'étend pas jusque-là. Mais il est bien vrai que l'homme est sollicité par l'attrait du mal, et que la pratique de la vertu exige de grands efforts et nous apparaît comme l'enjeu d'un combat, le fruit d'une victoire. C'est pour cela que Notre-Seigneur Jésus-Christ parle si souvent de lutte, de guerre à soutenir sans cesse, en nous, autour de nous, contre le péché et contre tout ce qui conduit au péché ; de persévérance dans le combat jusqu'à la fin. On n'est disciple de Jésus-Christ qu'à la condition d'accepter cette loi. C'est, en effet, à l'entrée même de la vie chrétienne, sur le seuil de l'église, que nous avons dû déclarer la guerre au démon, auteur du mal, à ses pompes et à ses œuvres, qui sont les occasions du péché. Plus tard, par la Confirmation, nous sommes devenus parfaits Chrétiens, c'est-à-dire soldats de Jésus-Christ, associés à notre divin Chef dans sa guerre contre le péché, pour être, un jour, participants de sa gloire. Le Ciel, dont la voie nous est frayée par ce combat sans trêve ni relâche, est le séjour de ceux qui ont remporté la victoire, et la récompense promise aux enfants du Christ est une couronne de vainqueur.

Cette doctrine, avec les principes de conduite qui en découlent, est l'essence même de notre sainte religion ; c'est le Christianisme tout entier. Elle ne cesse de nous être rappelée, d'être présentée à notre esprit, à notre cœur, à notre volonté, mais jamais, peut-être, d'une manière aussi vive qu'au temps du carême. Qu'est-il, en effet, sinon une période de pénitence, de prière et de salut, c'est-à-dire, un temps de guerre faite à nous-même et d'appel au secours d'En-Haut, dans les difficultés de cette lutte ; *des jours de salut* (2), pendant lesquels la grâce des sacrements, ainsi qu'un baume divin, guérit les plaies faites à notre âme par le péché ? La fête de Pâques, enfin, la *Solennité des Solennités*, comme s'exprime la sainte liturgie, — qui célèbre la victoire de Jésus-Christ sur la mort, — proclame notre participation à son triomphe. A la suite de Notre-Seigneur sortant du tombeau, le Chrétien voit, en ce jour, par la

---

(1) Matth., XVI, 24 ; Luc., IX, 23.
(2) II *Ad Corinth.*, VI, 2.

grâce de l'absolution, se briser les liens du péché, qui était sa mort spirituelle; les âmes sont unies à Jésus-Christ par la sainte Communion, gage de la résurrection de la chair, présage du triomphe de l'Ascension et de la gloire du Ciel. C'est, en un mot, pour l'âme réconciliée avec son Rédempteur ressuscité, l'*Alleluia* d'une éclatante victoire, qui nous achemine et nous prépare aux splendeurs du paradis. Voilà notre but, notre programme, notre consigne : Nous mettre en marche vers cette victoire, si nous ne voulons encourir, pour l'éternité, la honte et le malheur d'une irrémédiable défaite.

⁎⁎

Il est une autre lutte, Nos Très Chers Frères, de laquelle Nous voulons spécialement vous parler, aujourd'hui; une autre victoire, qui est l'objet de nos vœux, de nos plus ardentes aspirations et le but de tous nos efforts, c'est la victoire de notre bien-aimée patrie dans la guerre où la précipita, malgré elle, l'injuste agression d'un barbare ennemi. Guerre formidable par l'étendue de la ligne de bataille : elle s'étend de la Mer du Nord à la Mer Noire, et jette ses sanglantes ramifications vers l'Adriatique et la mer Égée, et jusqu'aux provinces de l'Asie Mineure et de l'Égypte; guerre terrible par les innombrables bataillons qu'elle engage dans la lutte; les soldats se comptent par millions; cent armées se sont enfermées dans une arène vaste comme le monde. Et, comme si la terre, malgré son immensité, était un champ de bataille trop étroit pour les péripéties de la lutte, les hostilités en sont venues à remplir les espaces infinis de l'air et les abîmes de l'océan. Spectacle douloureux, dont nos yeux et nos cœurs ne veulent et ne peuvent pas se détacher, puisque, de ces combats nous sommes les enjeux, et que ces combattants sont nos enfants, nos frères, avec lesquels nous ne faisons qu'un cœur et qu'une âme. Si nous souffrons d'être obsédés par ce cercle de visions terrifiantes, nous nous savons gré d'en souffrir; nous ne voulons pas nous en détacher, et nous ne consentons pas à être distraits d'une douleur qui nous associe plus intimement au sort de la patrie.

Nous subissons comme vous, Nos Très Chers Frères, cette cruelle et pourtant si chère obsession. C'est pourquoi, depuis bientôt trois ans qu'elle dure, toutes les fois que Nous sommes en contact avec vos âmes, la guerre, — ses horreurs, mais aussi ses héroïsmes, les prodiges de foi patriotique et de foi religieuse qu'elle enfante et qui la transfigurent, l'admiration en même temps que la compassion pour nos soldats, la dette de reconnaissance que nous contractons envers eux, sans pouvoir jamais l'acquitter complètement, — voilà ce qui fait le sujet de Nos entretiens avec vous; tels sont les sentiments que nos cœurs échangent entre eux.

Aujourd'hui, Nous essaierons, examinant une perspective plus consolante, de vous montrer la France en marche vers la victoire et de considérer ensuite, une fois de plus, quel concours nous pouvons lui apporter, en nous unissant, dans la mesure du possible, et chacun selon sa condition, aux efforts de la lutte, aux espérances, aux prières de la patrie. La victoire de la France Nous apparaît, en effet, comme *assurée* et comme *nécessaire*. Plaise à Dieu qu'elle soit prochaine; mais ce qui ne saurait être contesté, c'est qu'*elle doit être complète*, et qu'elle le sera, si nous voulons que la guerre se termine par une paix véritable, c'est-à-dire digne de nous et digne de nos alliés.

I

La sagesse humaine, toujours courte par quelque endroit, n'est presque jamais à même de formuler avec certitude des prédictions sur l'avenir, qui est à Dieu, et à Dieu seul. Il convient de se pénétrer de cette vérité, quand on veut dire de quoi demain sera fait. Toutefois, il n'est pas défendu d'essayer de soulever le voile qui le couvre et de chercher des points d'appui à nos espérances. Sous cette réserve, Nous ne craignons pas de l'affirmer, dans cette guerre — que nous avons été contraints de faire, ne cessons de le répéter — la victoire de la France doit être considérée comme *certaine*.

C'est un fait très digne de remarque, et d'ailleurs incontestable, à aucun moment, depuis le début des hostilités jusqu'à ce jour, le triomphe de notre pays n'a été mis en doute ni même en question parmi nos concitoyens, et, d'une manière spéciale, au sein de nos populations, si patriotiques, de la Bigorre. Il leur a toujours semblé, ainsi qu'à Nous-même, que la victoire ne pourrait pas, comme il arriva en 1870, trahir le drapeau tricolore. Nulle hésitation, nulle vaine exaltation; tous sont saisis, sans doute, par l'angoissante gravité de la situation, mais tous aussi envisagent froidement les dangers qui nous menacent de toute part, et nos soldats, escortés de nos ardentes sympathies, se sont acheminés vers les champs de bataille avec l'austère joie que donne la volonté de faire son devoir et avec la certitude qu'avec l'aide de Dieu le succès couronnera leurs efforts. Encore une fois, nul ne se fait et ne peut se faire illusion sur les conditions tragiques de la lutte; tout le monde voit — et bien aveugle qui ne l'aurait pas reconnu! — que nos ennemis avaient, depuis plus de quarante ans, préparé cette guerre, dont le but avoué était l'anéantissement de notre pays. Ils avaient accumulé les munitions dans leurs arsenaux, les régiments dans leurs casernes, multiplié les voies ferrées qui devaient précipiter sur nos frontières leurs hordes barbares. Ils avaient perfectionné et tenaient toute prête dans leurs mains l'arme destinée à nous abattre, à l'heure choisie par la clairvoyance de leur haine. Pendant ce temps, notre pays, sûr de son esprit pacifique, conscient de sa loyauté et plein de confiance dans celle de ses voisins, absorbé d'ailleurs par d'autres soucis, ne se préoccupait pas autant qu'il l'aurait fallu de sauvegarder la possession de la paix — comme le recommandait la sagesse antique — en se tenant toujours prêt à la guerre. Illusion, qui fait honneur, si l'on veut, à la générosité de notre tempérament national, mais — on peut l'avouer, aujourd'hui que le mal est en bonne voie d'être réparé — illusion qui nous a coûté cher, et que nous avons failli payer de notre vie.

Nos premières rencontres avec l'ennemi manifestèrent dans tout leur éclat les qualités magnifiques de nos soldats et le génie militaire de leurs chefs, mais révélèrent, en même temps, les lacunes de notre armement. Le souvenir de ces faits, très glorieux bien que très affligeants, est dans toutes les mémoires, et il n'y a pas lieu de les mettre en oubli, car rien n'y fut perdu sans retour, et, moins que tout le reste, l'honneur du drapeau, l'honneur de la France. Personne, grâces en soient rendues à Dieu et à l'âme de la patrie, personne ne voulut accepter l'idée de la défaite et se faire une âme de vaincu. Si la victoire devait être ajournée et payée plus cher, la France y mettrait le prix, coûte que coûte, mais on l'aurait.

Telle était l'assurance que rien ne pouvait ébranler. Les évé-

nements qui se sont déroulés depuis ont montré qu'elle sortait
du fond même de l'âme nationale; ils l'ont justifiée et fortifiée.
Voyez-en la suite : la retraite de Charleroi se transforme en victoire
éclatante, par l'héroïsme de nos défenseurs et par les combinaisons
géniales de leurs chefs, au milieu d'un ensemble de circonstances
tellement remarquable qu'il est difficile de n'y pas voir l'aide du
Ciel, le *doigt de Dieu*, selon l'expression de nos Saints Livres. Cette
bataille arrêta définitivement le flot de l'invasion ennemie, elle
inaugura la série presque ininterrompue des succès qui, lentement
mais sûrement, allaient orienter notre patrie vers la victoire définitive; voie triomphale, qui continue à se frayer dans les larmes
et dans le sang, hélas ! mais aussi dans l'espérance et dans la gloire,
sur les bords de l'Aisne, de l'Yser, en Champagne, dans la Somme,
en Alsace, en Belgique, sur vingt champs de bataille, partout où
flotte le drapeau de la France, et dont l'avenue la plus belle s'ouvre
sur la terre sacrée de Lorraine. Ah ! si l'on ne peut contempler, sans
avoir le cœur déchiré de douleur, les bords de la Meuse inondés du
sang français, qui de nous n'éprouve aussi de puissantes émotions
de reconnaissance, d'espérance, de fierté, à la vue de nos admirables soldats et des merveilles enfantées par leur bravoure?
L'humanité ne vit jamais rien de plus grand.

Un écrivain célèbre, — qui est aussi un grand patriote (1), —
voulant constater que les *traits de la France* sont *éternels*, a mis en
regard, dans un diptyque incomparable, les épisodes les plus splendides de notre histoire militaire et les innombrables faits et gestes
héroïques de nos soldats dans la guerre actuelle. Il n'a pas eu de
peine à montrer que le bon sang de France ne peut mentir, et qu'il
est toujours une semence de héros. Roland, Duguesclin, Bayard,
Chevert, d'Assas, pour en nommer quelques-uns seulement, s'appellent légion, dans nos armées, et leur âme anime la France entière.
Un écrivain étranger, un Américain, va plus loin encore et s'exprime
avec un enthousiasme qui nous émeut :

Les raisons sur lesquelles nous avons essayé d'établir les titres que
possèdent les Français à la gratitude et à la vénération du monde civilisé s'appuient uniquement sur l'histoire, car la France d'aujourd'hui,

------

(1) M. Maurice BARRÈS, *Les Traits éternels de la France.*

celle que nous a révélée cette longue et terrible guerre, est tellement au-dessus de son passé, même dans ses heures les plus splendides, qu'il n'est pas de parole assez éloquente ni approximativement suffisante pour la juger avec justice (1).

En résumé, toutes les louanges que l'on voudrait décerner au soldat de France, où que ce soit qu'il combatte, tiennent dans ces simples mots : « Ton nom, c'est Verdun ! »

En même temps que, sur cent champs de bataille, se multiplient les plus merveilleux faits d'armes, toutes les énergies nationales se sont unies, en vue de fournir à la France les armes et les munitions nécessaires. Comme par enchantement, sous le souffle du patriotisme, on a vu le pays se couvrir d'usines, où toutes les compétences, toutes les bonnes volontés se sont coalisées et tendent vers ce but. Nous en sommes témoin, en particulier à Tarbes, où les enclumes et les marteaux ne se taisent ni le jour ni la nuit, pour forger l'outil du combat. Pendant que le soldat donne son sang, l'ouvrier ses sueurs, tout le monde son cœur, on voit, à l'appel de la patrie, tous les Français, sans distinction de rang ni même de fortune, apporter, ceux-ci leurs pièces d'or, ceux-là leurs gros sous, à la France, qui contracte l'*Emprunt de la Victoire*. Symbole émouvant de l'*union*, qu'on a eu raison d'appeler *sacrée*, union qui fond toutes les âmes en une seule âme, tous les cœurs en un seul cœur, à la flamme du patriotisme et par la volonté d'assurer notre triomphe sur nos ennemis. Saint Paul, pour dépeindre l'union que Jésus-Christ était venu établir sur la terre, disait : « *Il n'y a plus ni juifs ni païens, mais tous sont un en Jésus-Christ* (2). » En France, il n'y a plus, grâce à Dieu, ni partis ni drapeau particulier. Un seul mot d'ordre partout : *la France ;* un seul programme : *tout pour sa victoire !* Mot d'ordre et programme dont personne d'ailleurs ne peut, personne ne veut, s'arroger le monopole.

Si on a osé, jadis, parler de deux Frances, séparées et ennemies, Nous ne pensons pas qu'on y ait cru, mais, dans tous les cas, il n'y a, aujourd'hui, qu'une France, une France indivisiblement unie dans le feu de l'épreuve et dans l'amour de la patrie. A de rares

------

(1) Le *Télégramme* de Toulouse (numéro du 28 septembre 1916), citant le journal *El Orden* de la République Argentine, sous la signature de son directeur, M. Rosenwald.

(2) *Ad Galat.*, III, 28.

exceptions près, tout le monde a rempli son devoir, Nous sommes heureux de le constater; mais, dans l'unanimité de cet hommage, Nous pensons qu'il Nous sera permis d'assigner une place particulière, et une place d'honneur, aux membres du clergé, quand ce ne serait que pour le venger de l'injure — faut-il dire plus inepte ou plus ignoble? — dont quelques Boches, mal déguisés en Français, avaient essayé, un instant, de le salir. Si rien ne peut égaler l'attachement de vos prêtres à l'esprit de leur sainte vocation, l'amour de l'Église et des âmes, rien non plus ne peut donner une idée assez haute de leur amour pour la patrie. Ils l'ont montré sur les champs de bataille, dans les hôpitaux, partout où le devoir les appela, et ceux que leur âge ou leurs infirmités ont retenus auprès de leurs ouailles ont contribué puissamment à entretenir, à répandre partout la flamme sacrée qui doit brûler dans tous les cœurs français. Ce prosélytisme, pourquoi ne pas dire cet apostolat patriotique, s'est manifesté sous toutes les formes et dans toutes les occasions, et naguère en particulier, quand il s'est agi de l'*Emprunt de la Défense nationale,* de l'*Emprunt de la Victoire.* Le fait est constant et a été reconnu par tout le monde, dans ce diocèse et dans tous les diocèses, tellement qu'en pleine Chambre, et du haut de la tribune, dont les échos sont recueillis par l'univers, l'éminent ministre des Finances, M. Ribot, l'a proclamé avec une impressionnante autorité. C'était la magnifique confirmation, bien qu'à la façon d'un effroyable contraste, de ce que les Boches disaient à nos prêtres, en les menaçant de mort et en en fusillant quelques-uns : « Vous êtes l'âme de la résistance ! »

Mis en regard de la solennelle déclaration de notre ministre, ce témoignage, rendu, malgré eux, par ses pires ennemis, à notre admirable clergé, est bien fait pour le venger des outrages qui lui ont été prodigués. Il est merveilleusement propre aussi — qui ne le voit? — à mettre en relief cette vérité, parfois oubliée, même parmi nous, Nos Très Chers Frères, que l'enseignement de l'Évangile est le principe le plus fécond et une source toujours jaillissante de l'héroïsme. Pourquoi? Parce que, seul, il donne au sentiment, au principe du patriotisme et aux énergies qu'il enfante, l'appui rationnel, l'appui inébranlable d'une doctrine religieuse, parce que, seul, il rapproche la patrie terrestre de la patrie céleste, en unissant dans le cœur humain ces deux grands amours : Dieu et Patrie.

Quelle force et quel victorieux éclat cette sainte union donne au patriotisme, on l'a vu bien souvent, au cours de ces trois ans de guerre, mais peut-être jamais d'une manière aussi touchante que dans cette scène, si bien décrite par le très intéressant petit livre de Mgr Batiffol, *Notre visite en Irlande* (1) :

Le cardinal Logue, archevêque d'Armagh et Primat d'Irlande, — écrit-il, — après nous avoir fait les honneurs de sa cathédrale, veut que nous accomplissions avec lui une bonne action. Il nous conduit en automobile visiter, aux portes d'Armagh, le couvent des Dames du Sacré-Cœur. « Nous y trouverons, nous a dit Son Éminence, des religieuses françaises et des religieuses belges, à qui vous apporterez une joie. » Ces chères âmes, en effet, sans se douter de rien, arrivent au parloir avec leurs sœurs irlandaises, et le bon Cardinal leur fait la surprise de leur présenter, dans les visiteurs qu'il amène, quelque chose de leur patrie. De ma vie, je n'oublierai l'émotion, mais l'émotion de joie, de ces réfugiées : « Des évêques français ! Mgr Touchet, Mgr Lenfant ! » Et, tout de suite : « Ah ! Monseigneur, allons-nous à la victoire, au moins ? » Car toutes les peines de l'exil sont dominées par une angoisse, et cette angoisse est celle qu'on a pour le pays qu'on aime, et dont on n'a de nouvelles que par des coupures de journaux irlandais ou des coupures de la *Croix*. Les questions se pressent et se croisent : « Alors vous êtes sûrs de la victoire ? Oh ! quel bonheur ! Si vous saviez combien nous prions pour nos soldats de là-bas !... M. l'abbé est aumônier à Verdun ? Si vous saviez comme en Irlande on a changé d'idée sur la France, depuis Verdun ! » Ces femmes sont des femmes du monde, dont les neveux, les frères, sont au front : les leurs ont payé à la patrie la dette du sang, elles lui dédient leur angoisse. Jamais je n'ai senti, mieux que dans le patriotisme de ces exilées, l'unité de cœur de la France face à l'ennemi.

Courage donc, et vive l'*union sacrée* de tous les Français ! Serrons-nous, avec amour et fierté, autour de notre patrie, si belle et si rayonnante, si forte et si riche, riche surtout par l'amour de ses enfants, et forte par l'accord de toutes les volontés ; visiblement en marche vers la victoire, désormais certaine.

Nous ne sommes pas seuls à parler ainsi. Cette assurance est contagieuse et commence à se répandre de chez nous au delà de nos frontières. Au début de la guerre, beaucoup d'étrangers, im-

---

(1) Mgr Pierre BATIFFOL, *Notre visite en Irlande*. Articles parus dans le *Correspondant* (livraison du 10 novembre 1916), et réunis en une brochure, éditée chez Bloud et Gay, Paris, 7, place Saint-Sulpice ; Barcelone, Calle del Bruch, 35.

pressionnés par l'issue des premiers chocs, mais surtout parce qu'ils étaient trompés sur notre compte par les mensonges de nos ennemis, n'étaient pas éloignés de croire à notre défaite. La plupart en témoignaient du regret, à la mesure de leur sympathie pour la France. Quelques-uns en prenaient leur parti sans aucune tristesse. Mais un revirement se dessina bientôt, même dans les milieux qui doutaient de nous, et il ne tardera pas à être complet. Devant la chevaleresque attitude de nos armées, on est porté à souhaiter leur succès. On commence à le croire probable, en voyant l'admirable constance de leur héroïsme. Depuis les dernières batailles, on le tient, comme nous, pour assuré. A l'heure actuelle, le baromètre de l'opinion mondiale s'est décidé à monter, et voilà qu'il prédit à la France, après les périodes orageuses, l'approche du beau temps et le soleil de la victoire.

Écoutons un homme politique espagnol :

Je rapporte de mon voyage la certitude de la *victoire complète* de la France. Je reviens émerveillé des mille prodiges qui sont réalisés tous les jours en France, comme s'il s'agissait des choses les plus naturelles du monde : l'organisation, le génie militaire, le grand esprit public, l'héroïsme, la sérénité, la confiance. Mais c'est le soldat qui est au-dessus de tout éloge. Il a une foi inébranlable dans la victoire finale. M. Carton de Wiart, l'éminent ministre belge, n'en doute pas; et qui d'ailleurs pourrait en douter? Cette victoire, œuvre de patience et d'endurance, elle viendra, elle approche, et notre regard attentif la devine déjà dans la poussée des combats (1).

L'alarme a changé de camp. « Mes Frères, — vous dirons-Nous, en adaptant à Notre pensée les paroles de l'apôtre saint Paul aux Romains, — *à l'heure présente, notre salut est plus proche qu'au moment où notre foi s'est éveillée. La nuit est passée, et voici l'aurore du grand jour* (2). »

Parmi nos ennemis eux-mêmes, cette opinion se fait jour, sous forme d'une appréhension qui hante visiblement leurs esprits. Les échecs multipliés qu'ils ont essuyés, et dont ils peuvent bien contester l'importance mais non la réalité; l'étonnant accroissement de nos forces militaires et de nos armements; la vigueur de nos

---

(1) M. A. Hurtado, dans le *Diluvio*, de Madrid, cité par le *Gaulois* du 20 novembre 1916.
(2) *Ad Rom.*, XIII, 11.

attaques, qui deviennent plus impétueuses par le prolongement même de la guerre; la sympathie universelle qui nous est acquise, et l'aversion, non moins générale, qu'ils inspirent, sont, en effet, bien de nature à faire naître chez eux de sérieuses inquiétudes. Sans doute, il serait prématuré, et, à bien des égards, il ne serait pas sans danger pour nous de croire trop vite au découragement de ceux qui ont déchaîné la guerre. Peut-être leurs yeux, qu'aveugle un fol orgueil, ne sont-ils pas encore près d'être dessillés à la terrible lumière des derniers événements. Toutefois, ils commencent à éprouver une profonde stupeur, et, avec un étonnement presque risible, ils s'indignent contre le destin qui leur inflige de si cruels mécomptes. Quand on s'est déclaré invincible à la face du monde entier, qui ne comprend qu'il en coûte de s'avouer vaincu? Mais il est certain que les Boches en sont venus à douter de leur victoire; aussi daignent-ils en parler avec modestie et essaient-ils de faire croire qu'ils en feraient un généreux emploi. Tranchons le mot, leur moral a baissé, et leur matériel aussi. Leur puissance d'agression a visiblement diminué; leurs ressources en hommes, en armements, en argent, sans être épuisées, sont inférieures aux nôtres et à celles de nos alliés; les temps s'accomplissent, et la France est en marche vers la victoire. Nous ne pouvons mieux terminer ces considérations qu'en citant les graves paroles prononcées, le 2 novembre dernier, à Londres, dans une réunion très solennelle, par un des hommes les plus considérables des temps présents, M. Cambon, l'ambassadeur de France en Angleterre. Voici comment il termina son discours :

La guerre est une chose terrible, mais elle développe tant de nobles sentiments et tant de beauté morale que les peuples qui l'ont subie sans faiblir en sortent grandis et régénérés. Nous ignorons quand celle-ci finira, mais nous savons déjà que l'ennemi ne domine plus la situation, qu'il le sent, qu'il le sait, et qu'il commence à murmurer des paroles d'inquiétude. Nous entendons, aujourd'hui, déplorer les horreurs de la guerre, par de hautes personnalités dont les paroles ne respiraient jusqu'à présent que le dédain des faibles, que l'abus de la force, la brutalité et le massacre. Soyons tranquilles, soyons patients, soyons sûrs que cette nouvelle année ne démentira pas nos espérances de victoire (1)!

---

(1) Paroles prononcées par M. Cambon, à l'issue du banquet donné par le nouveau lord-maire de Londres au Guildhall, à l'occasion de son installation, le jeudi 2 novembre 1916. — *La Croix,* numéro du jeudi 9 novembre suivant.

*
* *

Cette victoire apparaît d'autant plus certaine que nous pouvons la déclarer *nécessaire*.

Nécessaire, elle l'est, d'abord à la France. C'est, pour elle, une question de vie ou de mort. Une glorieuse destinée nous a placés devant l'inexorable impossibilité de reculer, et nous a condamnés, pour ainsi dire, à la victoire. Les annales du passé nous présentent, à cet égard, peu de précédents analogues. On a vu des peuples succomber dans la lutte avec leurs adversaires, sans être, du même coup, irrémédiablement voués à la ruine. Mais telle ne serait pas notre situation, si, ce qu'à Dieu ne plaise, les Teutons venaient à l'emporter sur nous. Aucun doute ne peut subsister sur ce point. Il faut leur rendre cette justice : c'est que, dans l'ivresse des premiers succès, et même encore à l'heure actuelle, où cette griserie tend à se dissiper, ils ont clairement fait entendre quel sort nous était réservé : démembrement radical, effroyable rançon de guerre, la France désarmée, épuisée de sang et d'or, et, pour de longs siècles, réduite à merci et même à néant, voilà — et ne l'oublions jamais ! — à quel prix l'Allemagne entendait nous faire payer le droit de continuer à vivre. Si c'est vivre toutefois, de tout perdre, et même la raison de s'appeler la France. Car, Nos Très Chers Frères, serait-il encore la France, un pays râlant sous le talon d'oppresseurs cruels et ne respirant à peine que par leur grâce? Ne dites pas, ne vous laissez jamais dire que ce langage est le produit d'une vaine exaltation ou le fruit d'un patriotisme assurément sincère, mais exagéré. Interrogez tous les esprits qui comprennent notre Patrie, tous les cœurs qui l'aiment, interrogez ceux qui connaissent la mentalité de la Germanie; leur réponse tiendra en deux mots : être ou n'être pas ! Il ne peut y avoir, pour notre pays, d'autre issue à cette guerre. La France mourrait; elle ne serait plus, le jour où le Boche odieux aurait triomphé d'elle.

Mais, devant cette perspective, dont il faut savoir regarder en face l'implacable réalité, pour en saisir toute l'horreur, il n'est pas un Français qui ne se sente soulevé par un irrésistible élan de patriotisme, qui ne soit résolu de combattre et de vaincre à tout prix. Notre droit, notre devoir, notre force, notre courage, notre confiance en Dieu et dans les destinées de la patrie, rendent sensible la nécessité, comme la certitude, de notre victoire.

Victoire indispensable aussi au salut et au bonheur des autres peuples, et, en particulier, de nos alliés, que nous unit la plus étroite communauté d'intérêt. Ils seraient accablés par notre chute et ensevelis sous nos ruines, car jamais ne fut aussi évidente qu'à l'heure actuelle cette vérité : qu'aux destinées de la France les destinées de beaucoup d'autres nations sont indissolublement liées. On l'avait déjà pressenti en 1870. On l'a mieux compris depuis; aujourd'hui, nul ne songe à le contester. La France vaincue serait précédée ou accompagnée dans la tombe par la Belgique, l'Angleterre, l'Italie, le Portugal, la Serbie, le Monténégro, la Roumanie, la Russie, le Japon, par tous ceux, enfin, qui luttent avec nous et pour nous.

Ici encore, jaloux de nous enlever toute illusion, nos ennemis nous ont épargné la peine de démêler la trame de leurs desseins, ou, plutôt, — car pour eux c'est tout un, — les inexorables arrêts du destin. Ils les ont libellés à l'avance, en même temps que les bulletins de leur victoire; nos alliés savent donc ce que signifierait, pour eux comme pour nous, le triomphe de la Germanie : provinces confisquées, caisses vidées, drapeaux humiliés; pour eux, comme pour nous, tout serait perdu.

Ils ne seraient même pas seuls avec nous à sentir le poids de ce malheur et de cette honte. Plus haut et plus loin portent les visées des Allemands. Le joug préparé de longue main et forgé à point par leur industrie nationale — c'est-à-dire la guerre organisée pour le massacre et le pillage — est assez large, et ils le jugeaient assez solide pour être imposé à une grande partie, sinon à la totalité du genre humain. Sur ce point également, emportés par la présomption et par l'enivrement de leur formidable puissance, ils n'ont pas mis sous le boisseau le flambeau de leurs sinistres projets; seuls, ceux qui le voudront pourront les ignorer. Toutes les petites nations en particulier, qui estimaient leur liberté suffisamment protégée par le droit des gens, sont plus directement menacées et ne sauraient échapper à la mort violente qu'en se suicidant, c'est-à-dire en acceptant, de gré ou de force, le joug de l'Allemagne. Mais là ne s'arrêterait pas son esprit d'accaparement et d'oppression. Peu à peu, si on la laissait faire, elle tendrait et réussirait, elle le pense du moins, à dominer tous les peuples, en leur imposant ce qu'elle appelle sa *Kultur*. Peut-être même ne paraîtraient-ils dignes d'en jouir que s'ils portaient avec fierté, ainsi qu'un uniforme d'honneur, cette camisole de force, cette livrée d'esclaves. Encore une fois, gardez-vous de croire, Nos Très Chers Frères, que ce langage soit empreint d'exagération. Il est tenu au delà du Rhin — et souvent avec une sorte de candeur cynique — par des bouches officielles, oracles d'une race qui ne juge aucun appât trop grossier pour son orgueil et pour son appétit furieux de tyrannie.

Et que deviennent, vous récrierez-vous peut-être, les principes de justice qui sauvegardent les légitimes intérêts de tous; la loi naturelle, qui, fondée sur la croyance en Dieu, est la base de toute sécurité en ce monde; les traités solennels, dont le respect empêche, seul, les sociétés de retourner à l'état de sauvage barbarie et demeurent le fondement de toute civilisation? Ce que deviennent ces saintes et grandes choses? Ce qu'ils en font, nos ennemis? Vous l'avez vu, Nos Très Chers Frères, et ce n'est pas Nous qui l'avons proclamé : *des chiffons de papier!* Que la France fût vaincue, les nations auraient des chiffons de papier pour titres de leurs droits et pour charte de leur liberté!

Allons plus loin. La victoire de la France, qui est postulée par la loi de son propre salut, par le salut des autres peuples, et, on peut l'affirmer, par le salut de la civilisation, n'importe pas moins à la sauvegarde de l'Église et même de toute religion. Qu'on ne se méprenne pas sur le sens et la portée de ces paroles : le sort de la religion et celui de notre pays ne sont pas si essentiellement identiques que la défaite de celui-ci marquerait la fin de celle-là. L'Église a existé avant la France et sans la France; elle existerait sans elle et après elle, si notre patrie devait succomber sous les coups de ses ennemis. Mais, s'il est très vrai que la main de Dieu est assez forte, sans l'aide de personne, pour soutenir l'Église, créée par son amour; s'il est vrai que Notre-Seigneur Jésus-Christ a engagé sa promesse et sa puissance à la faire triompher, même des *portes de l'enfer* (1), il n'est pas moins incontestable qu'il a plu à Dieu d'accepter, pour l'accomplissement de ses desseins sur l'Église, le

------

(1) MATTH., XVI, 18.

concours de la France. Voilà de quelle manière et dans quelle mesure Nous considérons comme unies, en quelque sorte, les destinées de la France et celles de l'Église. Voilà aussi à quel point de vue des esprits supérieurs — quoique non toujours croyants — ont pu déclarer, l'histoire à la main, que Français est synonyme de catholique. Ah ! Nous le savons, cette affirmation ou, plutôt, — selon quelques-uns, — cette prétention, pourra sembler hasardée, et rencontrera bien des doutes et même de formels démentis. Que cette protestation s'élève unanime au milieu de nos ennemis, il n'y a pas lieu de s'en étonner. D'après eux, en effet, rien ne nous autorise à être regardés comme les champions de la vérité religieuse, puisque, tout au contraire, à leurs yeux, notre peuple, sans foi, prétendent-ils, et sans Dieu, et dès lors, le scandale du monde, est tout désigné pour recevoir, par leurs mains, les coups de la justice divine. Mais il faut le reconnaître, si l'on veut éviter toute exagération, même dans certains pays neutres, et pourquoi le nier? parmi quelques-uns de nos amis, qui se laissèrent abuser par les mensonges haineux semés à profusion contre nous dans le monde entier, et qu'impressionnèrent d'une manière pénible quelques lois, dont il vaut mieux ne rien dire, et certaines abstentions fâcheusement retentissantes à l'égard de nos saintes croyances; oui, même là, on a pu être induit à penser que la France était loin d'estimer la religion comme un élément essentiel de sa vie nationale. Mais, quelle que soit la portée de ces actes, quelles que soient les intentions de leurs auteurs, rien ne peut prévaloir contre ce fait — et il est facile de le prouver — que la France, avec ses alliés, remplit une mission d'une portée infinie, car elle défend, dans le monde, la religion chrétienne et toute religion, la civilisation chrétienne et toute civilisation.

Ah ! sans doute, ceux qui nous combattent, et spécialement leur souverain seigneur et maître, grand ami de Luther et des Turcs, affectent d'avoir toujours à la bouche le nom de Dieu; on pourrait même croire qu'ils le portent dans leurs mains, puisqu'ils s'en servent comme d'une arme, pour multiplier les massacres, et comme d'une torche, pour étendre les incendies. Ce dieu, ils ont certes raison de l'appeler *leur* dieu, car ce n'est pas le vrai, ce n'est pas le nôtre. Il est bien à eux, car il a présidé à leur naissance, quand ils s'appelaient les Huns et les Vandales : dieu du paganisme, inspirateur de barbarie et de déloyauté, qui se plaît au carnage et semble aspirer avec délices l'odeur du sang humain. Chose à peine croyable, mais chose certaine, il s'est trouvé un soi-disant ministre du pur Évangile pour proclamer que les races allemandes ont reçu de ce dieu, le leur, la mission de crucifier certains peuples, le nôtre en particulier, pour la régénération et pour le salut du monde. Un autre de ces prédicants, recueillant dans nos Saints Livres les anathèmes de la justice divine contre les pécheurs endurcis, obstinément réfractaires à la miséricorde, en a formé des faisceaux de traits, qu'il lance contre nous nommément, au nom de dieu, — le *leur*, — dont il se fait l'exécuteur. Pour un peu, il appliquerait à la France, il croirait faite spécialement pour nous, la malédiction qui éclatera sur la tête des damnés, et que lui-même compléterait à sa façon : « *Retirez-vous de moi, maudits, et allez au feu éternel* (1), après que vous aurez été exterminés de ce monde par le glaive flamboyant des Allemands ! » Il Nous faudrait des volumes, pour enregistrer toutes les furieuses élucubrations de ce genre qu'a dictées à leur démence nationale le vieux dieu des Boches.

Dans ce débordement de folie et de cruauté, que devient le vrai Dieu, le Dieu de l'Évangile, l'enseignement de Notre-Seigneur Jésus-Christ, l'esprit de la sainte Église, notre mère? Que deviennent la vérité, la charité? Que deviennent les traditions de noblesse et de générosité, que le Christianisme a fait pénétrer, avec son esprit, jusqu'au milieu des horreurs inséparables de la guerre? Aboli, tout cela! Remplacé par la *Kultur* allemande! Jusqu'ici les nations chrétiennes — la nation française plus que les autres — attestaient leur piété en bâtissant des cathédrales, en élevant des églises dans les plus humbles villages et en semant, sur la terre chrétienne, les monuments de la charité pour les pauvres et les malades. Nos ennemis, au contraire, s'imaginent honorer leur dieu en couvrant le monde d'un déluge de sang et en incendiant, flambeaux formidables de leur culte, les cathédrales de Reims, de Soissons, d'Arras, des centaines d'églises où, bien souvent, furent immolés, au pied des autels, nos prêtres doublement martyrs, martyrs de leur foi, martyrs de leur patrie.

____

(1) Matth., XXV, 41.

C'est sans doute par extension de ce culte de sang qu'on a vu ces bourreaux bombarder des villes ouvertes, massacrer des vieillards, des femmes et des enfants, réduire en esclavage et transporter au loin, par milliers, pour les condamner aux travaux forcés, des habitants de la Belgique et du nord de la France, contre lesquels ils ne croyaient même pas nécessaire d'élever le moindre grief. Que penser, que dire de leurs torpillages innombrables, qui envoient au fond de la mer des milliers de créatures humaines, uniquement, semble-t-il, pour montrer que « l'avenir de l'Allemagne » est bien réellement « sur les eaux », et que, pour étaler sa férocité, elle y est à l'aise comme sur les continents ? Régime de carnage, qui a atteint son apogée en attendant mieux, quand on a vu naguère les torpilles allemandes couler des navires-hôpitaux, où il n'y avait que des blessés ou des malades.

En face de ces horreurs, qu'enfanta la barbarie décorée du nom de *Kultur* et de religion, qu'elle paraisse, notre patrie, *la douce France*, avec son esprit chevaleresque, fleur d'une âme foncièrement imprégnée d'idéal, et, en toute vérité, essentiellement chrétienne ! Que les éclairs de sa loyale épée mettent en fuite ces horribles idoles et ceux qui leur ressemblent ! Au reste, déclarons-le bien haut, on nous a indignement calomniés, on a fait voir au monde, pour le tromper, l'ignoble caricature de notre âme, quand on a présenté les Français comme les héros de l'irréligion, comme les ilotes de l'impiété. La réalité, grâce à Dieu, est tout autre. Pour vous-mêmes, Nos Très Chers Frères, si vous scrutez votre conscience, vous constaterez sans peine que la lumière de la foi y est plus vivante que jamais. Considérez, en outre, ce qui se passe autour de vous. Sauf quelques pitoyables et grotesques fanfarons d'impiété, c'est un fait que la religion rencontre, chez tous les esprits vraiment éclairés, sympathie et respect. Allant plus loin, un très grand nombre d'âmes, qui vivaient jusqu'ici dans l'indifférence ou l'oubli, non point dans la haine, à l'égard de leur caractère de Chrétien, y sont ramenées par les graves leçons des événements actuels, et reprennent avec joie leur place dans la famille des enfants de Dieu. Nous ne parlons pas seulement de Notre diocèse et de beaucoup d'autres, où, grâce à Dieu, la vie religieuse a toujours été florissante; c'est dans notre pays tout entier, que se révèlent les signes incontestables d'un retour spontané aux sentiments religieux, preuve manifeste que, dans son fonds, la France n'a jamais trahi la foi de son Baptême. Écoutez plutôt les prières que vous renvoient toutes les églises. Prêtez l'oreille surtout, et avec quelle émotion, aux échos des tranchées, où nos soldats, objets d'admiration pour leur indomptable courage, sont un spectacle digne des anges et des hommes, par la simplicité et la vivacité de leurs convictions religieuses. De cet esprit chrétien, peut-il y avoir un symbole plus émouvant et une preuve plus saisissante que ce tableau, souvent présenté à notre pieuse curiosité : la messe célébrée par nos prêtres dans la tranchée ou dans une pauvre grange, au milieu de leurs compagnons et frères de Foi comme de vaillance; nos soldats offrant leur vie pour la patrie, en union avec la divine victime immolée sur l'autel ! Regardant au delà de nos frontières, comptez les missionnaires, les religieux, sortis de notre sein pour répandre au loin la connaissance et l'amour de Jésus-Christ. Oui, regardez bien, et jugez ce que sont, ce que font les Français ! Pour les mieux apprécier, par le contraste, comparez ce que sont et ce que font nos ennemis, et dites ou, plutôt, laissez au monde et à l'équitable histoire le soin de dire si notre patrie bien-aimée a démérité d'être appelée la fille aînée de l'Église. Au surplus, la légitimité de ce titre glorieux a été consacrée de nouveau, il y a peu d'années, quand le Pape Pie X, de sainte et vénérée mémoire, a reconnu que la France est *toujours la première dans l'obéissance à l'autorité sacrée du Saint Siège Apostolique.*

Et voici que Benoît XV, le Pape pèlerin de nos sanctuaires, « *dont la pensée vole vers la chère Grotte de Lourdes* » (1), après avoir proclamé naguère qu'il aimait la France chrétienne, « la France tout court », manifesta cette paternelle sympathie avec un éclat particulier, dans l'imposante cérémonie au cours de laquelle il conférait les honneurs de la pourpre romaine à trois archevêques français :

Pourquoi ne pas le dire, — ce sont les propres paroles du Saint-Père, — en témoignant de la bienveillance à ces trois fils de France, Nous avons voulu affirmer de nouveau que, *dans Notre cœur, brûle toujours vive la flamme de l'amour pour la patrie de Clovis, de Saint Louis, de Jeanne d'Arc...* Nous Nous réjouissons d'avoir renforcé ses liens avec le Saint-

----

(1) Allocution prononcée par S. S. Benoît XV, au Consistoire public du 6 décembre 1916, dont un extrait a été publié par le *Journal de la Grotte* du 17 décembre 1916.

Siège, dans la confiance, chère à Notre cœur, de voir se réaliser le vœu que Nous formulions naguère : *Utinam renoventur Gesta Dei per Francos!* — *Puisse l'histoire enregistrer de nouveau les Gestes de Dieu accomplis par le ministère des Français!*

Dans ce souhait, formulé par la bouche de Celui qui tient, dans ce monde, la place de Jésus-Christ, serons-nous téméraires, si nous saluons la révélation et la prophétie de notre avenir?

Il est une autre prophétie, mieux encore, une constatation de pleine évidence, que les esprits sages n'ont pas craint de faire dans ces derniers temps, c'est que le *danger de l'Église vient*, non de la France, mais *de l'Allemagne* (1). Non pas que le souci légitime de défendre l'honneur de notre pays Nous fasse méconnaître la Foi sincère de beaucoup d'Allemands et les services rendus naguère par quelques-uns d'entre eux à la cause catholique. Mais, à juger les choses par une vue d'ensemble, si l'Église, œuvre de Dieu, et soutenue par sa puissante main, pouvait être détruite ou ébranlée, elle le serait par un pays, berceau de la Réforme, où a pris naissance le modernisme, l'hérésie moderne qui est, comme l'a dit énergiquement le Pape Pie X, « le résumé, le confluent de toutes les hérésies ». C'est là que sévit, sous les apparences de la religion, sous le voile d'une religion verbale et vide de toute substance, une orgueilleuse philosophie, qui s'obstine à trouver dans l'esprit humain seul le principe et la mesure de la vérité, et qui attribue à la volonté humaine, indépendante de toute puissance supérieure, l'origine et la valeur de la morale. A ce compte, les choses sont vraies et bonnes, non point en elles-mêmes et par elles-mêmes, mais selon que les hommes prétendent et veulent qu'elles le soient. Ce qui, d'après l'observation profonde de notre grand Bossuet, « est la pire des corruptions ». Ainsi parlaient déjà, il y a trois mille ans, les précurseurs de ces étranges philosophes : « *Nos lèvres* — s'écriaient-ils — *et les oracles qu'elles rendent tirent de nous seuls leur force et leur*

---

(1) Voir les ouvrages récents de S. G. M⁰ʳ HERSCHER, archevêque de Laodicée, ancien évêque de Langres : *A la gloire de l'Alsace ; Contre les Barbares ; La grande Guerre à la lumière de la Bible*, d'après Karl DUNKMANN; traduit de l'allemand. Notes et Commentaires. Paris, librairie Lehieltleux, 10, rue Cassette. — Voir aussi les importants travaux publiés par M. le Chanoine B. GAUDEAU dans son excellente revue *La Foi catholique* et ensuite réunis en volumes, notamment : *Le Danger pour l'Église est en Allemagne* et *L'Allemagne ennemie de Dieu et de toute religion*. Bureaux de la *Foi catholique*, 25, rue Vaneau, à Paris.

autorité; qui donc est notre maître (1)? » Dès lors, quand les Boches auront jugé bon que leur *Kultur* soit placée, couronne ou joug, peu leur importe, sur la tête du genre humain, il ne nous restera qu'à nous y assujettir, si nous voulons être jugés dignes de vivre. Qu'ils aillent donc jusqu'au bout de leur pensée, comme quelques-uns d'ailleurs ont osé le tenter; qu'au lieu d'en appeler à une divinité de leur conception, ils se fassent eux-mêmes leur dieu et le nôtre, en mettant le monde en face de cette alternative : « Adore ou meurs ! » Conclusion brutale, mais logique, de ce qu'ils regardent comme la seule réalité : *l'Allemagne au-dessus de tout ! — Deutschland über alles !* Perspective qui glaçait d'horreur le grand écrivain polonais Henri Sienkiewicz, quand il déclarait, peu de temps avant de mourir : « Si l'Allemagne gagne cette guerre, l'Europe sera plongée dans la barbarie organisée; la vie y deviendra si insupportable que, malgré mon âge, je n'hésiterai pas à la quitter pour toujours (2). »

« *O Seigneur*, — nous écrierons-nous avec le prophète, — *levez-vous! — Exsurge, Domine!* — Ne permettez pas que l'orgueil confinant à la folie, l'injustice doublée de cynisme, la cruauté poussée à la férocité, puissent triompher, dans une guerre où sont engagés, avec les destinées de la France, l'avenir de tous les peuples et de la civilisation, et même, dans une certaine mesure, l'avenir de la religion ! » Admirable dessein de Dieu, ajouterons-Nous, enviable honneur de notre pays ! la France ne triomphera qu'en abattant l'ennemi de tout bien, et son drapeau victorieux aura toujours pour auréole la gloire d'une croisade. C'est ainsi que,

A vingt siècles de distance, — comme le dit éloquemment M. Carton de Wiart, ministre de Belgique, — la France demeure fidèle à son destin. Ce qui la caractérise, ce n'est point l'orgueil, ce n'est pas l'envie,

---

(1) *Psalm.*, XI, 5. — *Qui dixerunt : Linguam nostram magnificabimus, labia nostra a nobis sunt. Quis noster Dominus est?*

(2) Le *Télégramme* de Toulouse, numéro du 30 novembre 1916. On y lit : « Dans les dernières conversations qu'il eut à Vevey, avant sa mort, avec quelques amis, Henri Sienkiewicz, le grand écrivain polonais, déclara : « Si l'Allemagne gagne cette guerre, l'Europe sera plongée « dans la barbarie organisée. La vie y deviendra si insupportable que, malgré mon âge, je n'hési- « terai pas à la quitter pour toujours et à aller finir mes jours en Amérique. » Les amis du grand Polonais disparu considèrent comme un devoir sacré de faire connaître la déclaration de Sienkiewicz à tous les compatriotes de Pologne actuellement sous la domination germa- nique et que l'on voudrait enrôler comme soldats de cette Allemagne que Sienkiewicz détes- tait et haïssait. »

ce n'est pas le culte de la force, c'est le culte de l'idée et le souci de l'honneur, fût-ce celui des autres. Et voilà pourquoi toutes les nations pour qui le droit n'est pas un vain mot, ni la bonne foi un chiffon de papier, la saluent, l'admirent et l'aiment comme une mère (1).

*
* *

La victoire, que l'examen des faits nous autorise à croire *certaine*, et dont la réflexion nous fait comprendre la *nécessité*, puisqu'elle nous apparaît liée au triomphe du droit et de la justice, cette victoire devra être *complète*, si nous voulons qu'elle soit la préface et le fondement d'une paix *digne de la France et de ses alliés.*

Sera-t-elle *prochaine?* Et pouvons-nous en déterminer l'échéance? Question angoissante, que tout le monde se pose, et qu'il n'est au pouvoir de personne de résoudre avec certitude. Même ceux qui sont placés à la tête des affaires, même ceux qui dirigent — et le monde entier sait avec quelle maîtrise! — nos vaillantes armées, même ceux qui mènent la guerre, ne savent exactement quand elle finira. La victoire est certaine, le moment ne l'est pas. *Heure viendra qui tout paiera,* est-il écrit sur un monument funéraire du Musée de Namur (2). Sachons attendre que cette heure-là sonne. L'essentiel, au fond, n'est pas que la guerre finisse demain, mais qu'en finissant elle termine nos maux par une paix victorieuse.

Il faut bien avouer que la durée de la guerre a été, pour nous tous, une surprise douloureuse. Quelques semaines, quelques mois semblaient devoir la mesurer. Bien peu supposaient qu'elle se prolongerait toute une année; personne ne pouvait imaginer que nos soldats auraient à soutenir, pendant plusieurs années, une bataille ininterrompue, dont le champ prendrait tous les jours plus d'étendue, dans le temps et dans l'espace. Mais le fait est là; en le constatant, il faut savoir l'accepter. S'en épouvanter serait indigne de nous. Ah! sans doute, Nos Très Chers Frères, Nous sommes autant, et Nous oserions presque dire, plus que qui que ce soit, saisi

----

(1) M. Carton de Wiart, cité par le *Gaulois* du 20 novembre 1916.

. (2) Voir la lettre de M. H. Carton de Wiart, ministre de la Justice, qui sert de préface au livre de M. Pierre NOTHOMB, *Les Barbares en Belgique,* page XXI. Paris, Librairie académique Perrin et Cie, libraires-éditeurs, 35, quai des Grands-Augustins.

de douleur, à la vue des maux affreux que la guerre a multipliés au sein de Notre peuple. L'humanité, la religion, Notre patriotisme, comme Notre foi, Nous découvrent toute l'horreur de ce fléau. Au cours de tous les siècles d'ailleurs, la sainte Église, notre mère, a mis sur les lèvres de ses enfants cette émouvante supplication : « *O Seigneur, nous vous en supplions, exaucez-nous et délivrez-nous de la famine, de la peste et de la guerre!* »(1) de la guerre, le dernier, le plus redoutable des maux! C'est donc se livrer à un jeu aussi cruel que méprisable, comme font certains parmi nous, de s'arroger, par une sorte de monopole, la mission de pleurer sur leurs infortunés concitoyens, et d'étaler, au risque de les aigrir, les souffrances que nous impose la continuation de la guerre. Qui donc, parmi nous, ne voudrait la voir cesser? Aussi, laissez-Nous vous l'avouer, pour Notre part Nous donnerions Notre sang comme une goutte d'eau, afin d'avancer d'une heure la conclusion de la paix, telle que la France peut la souhaiter ou l'accepter.

Mais la paix, telle que la France peut la souhaiter ou l'accepter, est-ce une paix quelconque, une paix à tout prix? S'il en est ainsi, qu'on l'avoue! Elle pourra être signée demain. La France n'a qu'à se déclarer découragée, déposer les armes, s'agenouiller devant le Boche reconnu vainqueur, lui livrer, avec ses armes, la moitié de ses provinces, lui abandonner le reste de l'or qu'elle n'a pas employé à se défendre, et hypothéquer, pour sa rançon, les milliards à créer par son travail; accepter la ruine de son commerce, de son industrie, de son agriculture ; oublier son glorieux passé et renoncer aux espérances de l'avenir, renoncer à être elle-même, en un mot, se suicider. A ces conditions, la paix, nous l'aurons, la paix de l'esclavage, la paix du cimetière!

Mais vous le savez aussi bien que Nous, Nos Très Chers Frères, aucun Français digne de ce nom ne voudra se résigner à une paix payée de ce prix. La paix que nous voulons, la seule paix que nous puissions accepter, doit satisfaire aux exigences de notre honneur, de la justice et de notre sécurité, et ne saurait donc être que le fruit d'une victoire complète et définitive.

Mettons-nous bien dans l'esprit cette évidente vérité, que le crime appelle un châtiment, le vol la restitution, l'injustice les

---

(1) *Litanies des Saints.*

équitables réparations. Nos campagnes ravagées, transformées en déserts et en charniers; les villages incendiés par centaines; les villes ouvertes bombardées et réduites en cendre; les églises profanées et détruites; toutes les abominations, toutes les dévastations promenées dans des provinces entières; des centaines de mille, des millions d'existences humaines fauchées dans leur fleur; tous ces forfaits ne peuvent pas être mis en oubli et effacés d'un trait de plume. Une telle amnistie augmenterait le désordre moral, en ajoutant à l'horreur du crime le scandale de l'impunité. Il est donc inadmissible que l'agresseur, dont l'injuste attaque a inauguré une telle série d'atrocités, ne soit pas puni et arrive à la paix autrement que par la voie de l'expiation.

Les lois de la morale n'obligent pas moins impérieusement le criminel auteur de la guerre à relever les ruines qu'il a causées. Sans les réparations nécessaires, sans la restitution complète du bien volé, on ne saurait concevoir une paix véritable, digne de ce nom, car «la paix — nous enseigne saint Augustin — c'est la tranquillité assurée dans l'ordre », en d'autres termes, dans la justice.

Point de paix véritable non plus, sans garanties pour la sécurité de l'avenir. Une société ne vit pas au jour le jour; le souci du lendemain doit tenir la première place dans ses préoccupations. Il est donc indispensable, non de prévoir seulement, mais de prévenir les dangers qui menacent la vie d'un pays entouré de ses ennemis d'hier et d'aujourd'hui, ses ennemis probables, pour ne pas dire certains, de demain. C'est là — sans conteste — une question de vie ou de mort. La France, qui a été injustement assaillie, et qui, malgré les surprises de l'attaque, fut, grâce à une série de prodiges, victorieuse de ses ennemis, commettrait une grave imprudence, voire une faute mortelle, si, par une générosité mal entendue, elle faisait la paix, sans avoir imposé aux ennemis les conditions qui puissent la rendre, sinon éternelle — car qu'y a-t-il d'éternel en ce monde? — mais du moins durable, autant que cela est en notre pouvoir. Autrement, et l'on ne saurait trop insister sur ce point, la paix serait « boiteuse et mal assise », et ne marquerait qu'une halte, certainement très courte, entre deux guerres. Au moment même de la conclure, l'agresseur d'hier méditerait et préparerait la reprise de la lutte, déplorant, peut-être, de ne pouvoir faire une arme, de la plume même qui l'aurait signée. Exagération? Non! N'a-t-on pas vu ses soldats blessés assassinant le médecin français qui leur donnait ses soins? Ainsi les Boches, incapables de croire à la magnanimité française et encore moins de la comprendre et d'en être touchés, se souviendraient seulement de leurs échecs, qui, les ayant affaiblis, sans les abattre complètement, fourniraient un aliment à leur haine et à leur désir de vengeance. Ils aspireraient, avec une sorte de fureur, à nous punir du crime de les avoir fait trembler, et à nous faire expier leur humiliation d'avoir pu se relever uniquement grâce à notre générosité. Leur rage, exaspérée de cette double rancune, éclaterait dans une nouvelle guerre, auprès de laquelle les horreurs de la lutte présente ne seraient, peut-être, à leurs yeux, qu'une idylle. Hélas! que nos enfants seraient à plaindre! Et comme l'on comprend l'admirable parole de deux braves sous-officiers blessés, à qui, naguère, Nous présentions, tout près de la Grotte miraculeuse, Nos enfants de chœur, en ajoutant que ces chers petits ne cessaient de prier pour eux et se préparaient à combattre, à leur tour, les ennemis de la patrie! « Ah! répliquèrent-ils, avec un affectueux regard sur ces braves enfants, nous resterions volontiers six mois de plus au feu, pour leur épargner cet avenir, — selon leur propre expression : « pour leur sauver leur mise! »

Et nous, Nos Très Chers Frères, est-ce après une paix, préface de nouvelles et plus sanglantes hécatombes, que nous pouvons soupirer? Est-ce à un tel résultat que doivent aboutir les merveilles d'héroïsme, les fleuves de sang, toutes les immolations dont nos champs de bataille furent si longtemps le théâtre? Héros de Verdun, de la Marne, de l'Yser, des Vosges, du Grand Couronné, de la Somme, quand vous avez repoussé l'ennemi et l'avez contraint à fuir, vous tous qui êtes morts pour refouler pied à pied les hordes barbares loin de nos frontières, n'avez-vous donc pas voulu que la paix, fruit de la victoire et de vos sacrifices, fût établie sur la ruine de l'ennemi, sur son impuissance à rallumer l'incendie de la guerre et sur la certitude que, s'il voulait renouveler ce crime, il serait abattu sans retour? *Quæ utilitas in sanguine meo, dum descendo in corruptionem* (1)? — pourraient-ils se récrier, — *Quelle utilité a produite l'effusion de notre sang, si nous descendons dans une*

----

(1) *Psalm.*, XIX, 10.

tombe », qui risquerait, bientôt, d'être *déshonorée* par la foulée d'une nouvelle invasion? Debout, les morts! oserons-nous crier à tous les héros tombés face à l'ennemi; debout, les morts, oracles et défenseurs de la patrie, et faites-nous comprendre, à la lumière de vos immortels exploits, qu'une seule paix est digne de la France, de vous, de nous; qu'une seule paix sera véritable et durable, celle qui nous assurera, dans la mesure nécessaire, les restitutions, les réparations et les garanties consacrées par le sceau d'une définitive et complète victoire!

Puisse-t-elle être vraiment triomphante, à l'égal de la victoire de Bouvines, dont nous célébrions, il y a trois ans, le sept centième anniversaire; glorieux souvenir du passé, symbole et gage d'un prochain avenir, et dont Nous croyons opportun de vous présenter, en quelques traits, la radieuse image.

Alors, comme aujourd'hui, toute l'Allemagne, ayant fondu ses dissensions domestiques au feu de sa haine commune contre la France et de ses brutales convoitises, ne respirant que massacre et pillage, s'était ruée sur nos frontières avec une armée innombrable, munie de tous les engins de destruction que pouvait créer, à cette époque, son fameux génie d'organisation. C'était bien, en effet, la destruction qui menaçait notre pays, ou, plutôt, qui était consommé sans retour dans la pensée de l'empereur allemand. Car la France, pour lui, était déjà dépecée, et les lambeaux en étaient attribués à nos divers agresseurs, suivant la puissance de leurs appétits. On savait, en particulier, à qui devait échoir Paris. Tout était si bien combiné en vue de la victoire, dont nul n'avait le droit de douter, qu'un magnifique char de triomphe, orné d'un immense dragon et d'un énorme aigle d'or, était amené sur le champ de bataille, pour pouvoir ensuite, sans aucun retard, promener le Kaiser et sa gloire à travers les provinces devenues sa proie.

De leur côté, Philippe-Auguste, le roi de France, et son armée, de beaucoup inférieure en nombre à celle de l'adversaire, se préparaient à la bataille, dont ils comprenaient la tragique portée, avec la simplicité des héros chrétiens et français. Ils se mirent en prière, assistèrent à la messe, communièrent, et, par la bouche de leur vaillant souverain, proclamèrent qu'ils se remettaient, avec confiance, entre les mains du Tout-Puissant, le Dieu des armées, attendant de Lui seul le succès de leurs efforts et le salut de la patrie française. Le choc des deux masses ennemies fut terrible, et les débuts du combat semblèrent favoriser les colossales ambitions des Impériaux. Philippe-Auguste, l'admirable incarnation de son peuple, renversé de son palefroi, non point par l'épée d'un chevalier, mais par les crochets de quelques goujats de l'armée, toucha terre un instant et faillit périr; mais le danger ne fut que momentané. Délivré par quelques héros, dont l'histoire a consacré les noms, le roi soldat rebondit, et, avec lui, la fortune de la France, dans l'élan héroïque de toute son armée. Et, avant la fin de la journée, le champ de bataille de Bouvines vit s'échapper le Kaiser au furieux galop de son coursier blessé, entraînant ses hommes dans une fuite éperdue. Son char de triomphe ne put le suivre. L'orgueilleux trophée fut mis en pièces avec l'énorme dragon qui le décorait. Seul intact, l'aigle d'or resta entre les mains de nos soldats. Il put, avec eux, prendre son vol à travers la France.

Les historiens qui nous ont conservé, avec tous ces détails, le récit de la journée de Bouvines, entrevirent ou, plutôt, surent comprendre parfaitement l'importance presque infinie de notre victoire. Elle affranchissait l'Europe, l'Église catholique, et, en particulier, le Saint Siège, du joug que leur préparait, alors comme aujourd'hui, la barbarie teutonne. Le Kaiser de l'époque n'avait d'ailleurs, en aucune façon, fait mystère de ses projets. Pour la France, en particulier, elle put dater du champ de bataille de Bouvines, du 27 juillet 1214, plusieurs siècles de tranquillité sur la frontière qu'avait violée l'invasion des hordes impériales. Puisse, bientôt, un nouveau Bouvines, après Verdun, après la Somme, assurer des siècles de paix à nos frontières du Rhin !

Les mêmes historiens ont consigné dans leurs récits cette autre observation remarquable et bien faite pour nous instruire et nous encourager. On assista alors, ainsi qu'on ne l'avait pas fait jusqu'à ce moment — du moins avec le même éclat — à une immense explosion du patriotisme national. Tous les Français voulurent combattre pour l'honneur et pour la liberté de leur patrie. Aux chevaliers et aux soldats, familiarisés avec le rude métier de la guerre, s'étaient jointes, par milliers, les milices des communes, avec les hommes du menu peuple, tout comme aujourd'hui, féconde pépinière de héros. Bouvines fut une victoire pleinement nationale; tous les enfants de la patrie purent revendiquer une part de cette gloire, puisque tous y concoururent par leur dévouement et leur bravoure.

L'exemple de cette *union sacrée*, déjà scellée au XIIIe siècle, nous trace notre devoir, et, tous, nous voulons l'accomplir jusqu'au bout. Plaise à Dieu qu'il nous soit donné, à tous, de contribuer à rendre plus éclatante, plus certaine et plus prochaine la victoire de la France!

II

Il est dans notre langue un mot qui, dans ces derniers temps, a fait une singulière fortune; les événements l'ont entouré d'une auréole et le font rayonner comme un symbole de lumière et de force, vrai gage de victoire : *tenir*. Tenir, devant les flots d'une invasion puissante et longuement préparée à l'avance, qui semblait devoir submerger la France avec ses défenseurs; tenir, devant des milliers de canons, qui vomissent les bombes et les obus; tenir, devant les vagues de feu et de vapeurs empoisonnées; tenir, dans la boue glacée et dans l'anxiété de longues attentes; tenir, dans les ténèbres, privées de repos et peuplées de menaces; tenir, sur la Somme, dans l'Argonne, dans les Vosges, en Alsace; tenir, en Serbie, en Roumanie, en Grèce; tenir, surtout à Verdun; tenir, sur cette ligne immense, et payer de douloureux sacrifices les succès qui préparent et assureront la victoire définitive; tenir, ce mot prestigieux pourra servir de refrain à l'hymne de gloire que nous chanterons bientôt, avec le *Te Deum*, en l'honneur de nos héros. Ils tiennent, eux; mais il ne faut pas qu'ils soient seuls. Nous aussi, Nos Très Chers Frères, soldats de l'arrière, mobilisés tous, non par une brutale sommation, comme nos ennemis, mais par notre cœur, il est de notre honneur que, dans l'amour et au service de la patrie, nous nous rendions dignes de recevoir, bien que dans une moindre mesure assurément, un semblable éloge. Sachons tenir, à notre façon, tenir inébranlablement, dans la *confiance*, dans l'*esprit du sacrifice*, dans la *prière!*

Vous avez pu voir, il y a quelque temps, un dessin qui n'avait de léger que l'apparence. La portée en était considérable, et l'enseignement très profond. Il représentait des soldats dans une tran-

chée, et cette question était posée : « *Tiendront-ils?* » Quels étaient
ceux dont la constance provoquait ce point d'interrogation? De
qui s'agissait-il? Des défenseurs de la tranchée? Non. Pour eux, la
question était résolue, et aurait constitué, si on l'avait posée, la
plus grave des injures. Mais, tiendraient-ils, ceux de l'arrière, les
civils, nous ? Voilà quelle était l'unique préoccupation de ces héros.
Au milieu des dangers et des épreuves de toute sorte, atmosphère
pour eux devenue naturelle, ils ont besoin de croire que nous,
placés, en définitive, dans des conditions très tolérables, mais exposés, malgré tout, à quelques peines, nous serons assez braves
pour *tenir*, pour avoir confiance dans l'avenir. Eux, ces vaillants,
dont rien n'est capable d'abattre le courage, veulent puiser une
nouvelle énergie, Nous allions dire, un breuvage de vie et de force,
dans la conviction que notre cœur est au niveau de leurs cœurs.
Flux et reflux dans le courant de sympathie qui circule entre les
champs de bataille et l'arrière : nous sommes réconfortés, exaltés,
par l'incomparable bravoure de nos soldats, et eux, les invincibles
héros, ils attendent, des manifestations de votre confiance dans la
victoire, le ravitaillement spirituel de leurs âmes. C'est ce que
comprenait à merveille un illustre général, quand il écrivait :

Les forces morales, minées ou progressivement accrues, exercent
une grande influence sur le résultat des opérations en campagne, con-
curremment avec l'instruction guerrière des états-majors et des troupes.
Ce que traduisait en style païen je ne sais quel général japonais : « La
victoire est au peuple dont les nerfs tiendront un quart d'heure de
plus que ceux de l'adversaire (1). »

D'où vient, — nous dit un autre éminent chef d'armée, ancien ministre
de la Guerre — cet héroïsme inouï, général? Quel est le mobile qui anime
nos « poilus », qui leur fait braver la mort si courageusement? La réponse
est facile, quand il s'agit de périodes heureuses, quand la victoire est
dans l'air. Tous « ils veulent en être ». Mais, quand les temps sont durs,
quand la lutte se prolonge implacable, quand, mal ravitaillés, il leur faut
tenir sous des bombardements effroyables, comme cela a eu lieu sous Verdun, pendant de longues semaines, qu'est-ce qui les soutient, sinon le
sentiment du devoir sacré envers la patrie, l'idée que la France tout
entière est debout derrière eux, prête à tous les sacrifices; qu'elle compte

---

(1) Le général Bonnal, cité par le *Télégramme* de Toulouse, numéro du 4 décembre 1916.

sur eux, sur ses hommes, sur ses soldats, ses officiers, ses chefs, pour sortir coûte que coûte victorieusement de cette guerre sans merci, de cette lutte de vie ou de mort pour la patrie (1)?

*
* *

Ayons donc *confiance*, Nos Très Chers Frères, notre confiance sera une force pour nos soldats !

Confiance, en vérité, dont la mise en pratique ne doit pas sembler difficile, en un moment où, comme nous l'avons vu, tout concourt à l'inspirer et à la justifier : l'admirable bravoure de nos armées; le génie militaire de nos chefs; la perfection grandissante de notre armement; le nombre de nos soldats; l'incomparable puissance de nos ressources financières et de notre crédit; la concordance de nos efforts avec ceux de nos vaillants Alliés; les succès nombreux et presque quotidiens, quelques-uns très remarquables, qui sont la récompense de nos héros; l'*union sacrée*, qui fait de tous les enfants de la patrie une seule famille, une seule armée, une seule âme; tous les cœurs qu'anime la volonté de vaincre; tous les bras tendus vers le ciel, pour l'associer à nos aspirations vers la victoire; rien ne manque de ce qui peut et doit nous faire envisager avec assurance l'avenir de demain, l'avenir d'après-demain.

Cette confiance, il ne suffit pas d'en faire la nourriture et l'enchantement de notre imagination, qui, après une période d'enthousiasme, pourrait être accessible à des impressions différentes et se laisser assombrir par des vagues de tristesse. Ce n'est pas sur une excitation de la sensibilité, les yeux fermés sur la réalité, que nous fondons la tranquille affirmation de nos espoirs. Nous devons la faire pénétrer jusqu'au fond de notre esprit et de notre volonté, comme une conviction réfléchie, comme l'accomplissement d'un devoir, comme une vertu. Oui, en vérité, l'espérance patriotique est, à quelques égards, comme l'espérance chrétienne, une vertu génératrice de vertu. Alors la bouche parlera de l'abondance du cœur; nous serons, spontanément et partout, au sein de nos familles, dans le cercle de nos relations, dans la vie publique comme dans la vie privée, les apôtres du courage, les semeurs d'énergie, les exci-

---

(1) Le général Zurlinden, cité par le *Gaulois* du 17 novembre 1916.

tateurs des âmes, amenant et maintenant le moral de l'arrière à la hauteur sublime où s'est élevée, par son héroïsme, l'âme de nos défenseurs. A ceux qui luttent et sont prêts à mourir pour nous, montrons que nous voulons garder le droit de proclamer sans rougir que nous sommes leurs frères !

Sans doute, et rappelons-le une fois de plus, en vous adressant ces conseils de virilité et de vaillance, Nous n'avons pas la cruelle prétention de bannir de vos yeux les larmes et de votre cœur les déchirements des deuils. Il n'appartient qu'à Notre Seigneur Jésus-Christ de dire à la veuve de Naïm, devant le cercueil de son fils : « *Ne pleurez pas* (1) ! » parce que lui seul est maître de la mort, qu'il est *la Résurrection et la Vie* (2) et qu'il peut consoler la détresse des âmes par le don du Ciel. Coulent donc nos larmes; saignent, hélas ! nos plaies ! Mais la douleur, quelle qu'elle soit, ne saurait abattre complètement un Chrétien et un Français, qui peut et doit toujours trouver, dans sa foi religieuse comme dans sa foi patriotique, la force de s'écrier : « En haut les cœurs ! »

Loin de nous, par conséquent, le découragement et son cortège de déprimantes pensées ! Loin de nous toute connivence avec des lamentations trempées d'amertume, parfois d'irritation, contre ceux qui, sachant refouler leurs larmes, prêchent la virilité et le courage ! Non contents de nous montrer des croyants, des confesseurs de la patrie, de même que nous sommes les confesseurs et les croyants de l'Église catholique, luttons par la parole, par la contagion de notre exemple, contre l'invasion de cette tristesse morne qui, d'après l'enseignement de l'Apôtre, est une *ouvrière de mort* (3). Sachons même, par une confiance combative, lutter avec les armes de la loi contre les semeurs de panique et de doute. Oui, au besoin, si nous ne pouvons leur fermer la bouche, sachons livrer aux tribunaux ces empoisonneurs de l'esprit public. Gardons au cœur de notre pays, gardons jalousement dans notre propre cœur cette chaleur de vie qui s'appelle espérance, confiance en l'avenir. C'est le réservoir de nos forces morales, le trésor divin de la patrie, que nous avons le droit et le devoir de défendre, comme une condition, un moyen, un gage de victoire.

____

(1) Luc., VII, 13.
(2) Joan., XI, 25.
(3) *Ad Corinth.*, VII, 10. *Sæculi... tristitia mortem operatur.*

*
* *

Cette flamme sacrée, pour brûler avec honneur et sans défaillance, doit être alimentée par l'*esprit de sacrifice*. De même que l'espérance chrétienne ne saurait être qualifiée de vertu, si elle n'excitait de généreux élans pour atteindre son objet, de même notre confiance patriotique ne serait qu'un vain mot, si nous refusions de nous associer aux efforts qui doivent la rendre efficace. Que penserait-on d'un soldat qui voudrait escompter la victoire sans être disposé à y mettre le prix ? Or, soldats, nous le sommes aussi et le voulons être, et, dans cette armée de l'arrière, à quelque rang, à quelque poste que la Providence nous ait placés, nous avons l'ambition d'être les auxiliaires de nos défenseurs qui sont au front et le désir de collaborer à leur triomphe. La patrie a donc le droit de compter sur nous et de s'attendre à ce que nous fassions notre devoir, tout notre devoir : « Que personne, — répéterons-nous avec l'illustre Lloyd Georges s'adressant à la population de Londres, — que personne ne manque, soit par indolence, soit par avidité, soit par égoïsme, d'accomplir son devoir (1). » De quelque nom qu'il s'appelle, sachons l'accomplir, selon l'expression de nos Saints Livres, *corde magno et animo volenti*, — *de grand cœur et d'une âme pleine de vouloir* (2).

C'est à peine si l'on ose voir l'accomplissement d'un devoir, et encore moins l'acceptation d'un sacrifice, dans le soin de fournir à nos soldats ce qui est de nature à leur adoucir les peines inséparables de la vie militaire. Vous y trouverez plutôt une joie et une consolation. Consolation d'autant plus noble et plus douce que le bon office rendu à nos enfants et à nos frères nous aura coûté un effort et nous aura imposé, fût-elle même légère, une privation. Autre preuve de bonne volonté et même de générosité à donner; autre service à offrir à la patrie, si elle doit faire un appel de plus au fruit de notre travail, à nos économies : sans l'ombre d'hésitation, nous remettrons entre les mains de l'État l'arme qu'il est en notre pouvoir de lui fournir, l'argent que nous possédons, ne nous restât-il qu'une seule pièce d'or, d'argent, nous allions ajouter

---

(1) Discours de Lloyd Georges à la population de Londres, 11 janvier 1917.
(2) II *Macchab.*, I, 3.

de cuivre. Nous imiterons ainsi, à notre façon, l'illustre officier français, qui, à la bataille de Sedan, après avoir chargé plusieurs fois avec ses escadrons contre l'infanterie allemande, informa à son général qu'il était prêt à charger encore, tant qu'il lui resterait un seul cavalier. Elle avait bien su comprendre l'urgence, la noblesse, la sublimité même de ce devoir, cette femme, cette veuve qui, en apprenant la mort de son fils tombé au champ d'honneur, et après avoir donné toutes les larmes de son cœur à son héroïque enfant, voulut porter au guichet de la Banque l'unique pièce d'or qu'elle possédait, souvenir du baptême de son fils.

Nous avons parlé d'économie. Grande et noble expression, quand elle est bien comprise ! Savoir se priver de ce qui n'est pas indispensable ; s'interdire une satisfaction, d'ailleurs légitime en elle-même, par la vue d'un bien supérieur à la jouissance du moment ; se refuser à une dépense que ne justifie nul besoin sérieux, pour préparer un fonds de réserve à l'avenir, c'est l'effet d'une qualité morale hautement estimable, que l'esprit de foi transfigure aisément en vertu chrétienne, en fruits de pénitence et de charité. Mais quand, de plus, cette vertu, en nous habituant à la pratique du renoncement, nous procure des ressources que nous puissions mettre à la disposition de la France ; quand l'économie, enfin, peut faire de nous les efficaces défenseurs du pays et, par conséquent, les auxiliaires de nos soldats, qui ne voudrait l'accepter comme régulatrice de notre budget personnel, comme directrice de notre gouvernement intérieur et de notre vie domestique ? Ayons donc le courage d'opérer chez nous tous les retranchements possibles sur les aises de la vie, et si, par une fausse conception des choses, le résultat nous semblait de médiocre portée, souvenons-nous du proverbe : « que les petites rivières font les grandes eaux », et comprenons que rien n'est petit de ce qui peut concourir au salut de la patrie.

Une des formes les plus touchantes que puissent revêtir notre sympathie pour nos soldats et la volonté de nous associer à leurs souffrances, c'est l'empressement d'un très grand nombre de femmes du monde à servir les malades et les blessés, dans les ambulances ou dans les hôpitaux. Vaillante troupe de renfort, accourant au secours de nos admirables médecins, sur ces champs de bataille où sont disputés à la mort les héros qu'elle réclame comme ses victimes. Ce service, jusqu'à présent, était réservé, en grande partie du moins, à nos saintes religieuses, armée permanente de la charité, ne désarmant jamais devant les souffrances de nos semblables. Mais la guerre actuelle, qui fait de tout Français un soldat, semble avoir transformé toutes les Françaises en sœurs de charité. Parmi celles, en effet, qui disposent de notables loisirs, il en est bien peu, croyons-nous, qui n'aient la chrétienne et bien française ambition de les consacrer, du moins en partie, au service de ceux qui ont lutté et souffert pour l'honneur de la patrie et pour notre salut. On les a vues, de tout âge et de toute condition, se remettre, en quelque sorte, sur les bancs de l'école, recevoir des leçons pratiques de médecine et de chirurgie, préparer même des examens afin de multiplier leur dévouement par la science et de le rendre plus fécond. Il Nous a été donné, à Tarbes comme à Lourdes, de voir à l'œuvre ces vaillantes infirmières, que saint Vincent de Paul reconnaîtrait pour ses filles. Nous les remercions et les félicitons, en les bénissant au nom de Notre-Dame de Lourdes, *salut des infirmes, consolatrice des affligés.* Nous les bénissons aussi, religieuses et infirmières, au nom de nos chers soldats, pour qui le réconfort est profond, quand on les porte à l'hôpital, de trouver à leur chevet douloureux le sourire et le dévouement d'une sœur, d'une mère. Consolation bien suave aussi pour nos religieuses et pour leurs charitables émules! Quelle douce et noble satisfaction, en effet, de bercer, par l'exercice de la plus délicate charité, et d'adoucir, par un peu de joie, les souffrances de nos défenseurs! Ces humbles et glorieux services, n'en doutez pas, saintes religieuses et généreuses chrétiennes qui les prodiguez, ne réconfortent pas seulement les hôtes de nos ambulances, ils sont connus et bénis dans les tranchées, et sur les champs de bataille ils soutiennent la bravoure et l'énergie de ceux qui, demain, seront les bénéficiaires de votre charité. Pour rendre un digne hommage à ces messagères de la bonté divine, Nous pourrions leur appliquer ces paroles de nos Saints Livres : « *Ceux qui leur furent confiés, ils les ont nourris dans l'innocence de leur cœur et soutenus par les délicates intelligences de leurs mains. — Pavit eos in innocentia cordis sui ; et in intellectibus manuum suarum deduxit illos* (1). »

---

(1) *Psalm.,* LXXVII, 72.

Nous trouverons, bien que sous une autre forme, une égale intelligence et un égal déploiement de force généreuse, dans les patriotiques populations de nos campagnes. La mobilisation d'un père, d'un fils, a fait passer sur les épaules d'un aïeul, d'une femme ou de jeunes enfants le poids de travaux fatigants et parfois très pénibles. Épreuve qui, Nous le savons, est acceptée avec simplicité et même avec un véritable héroïsme. C'est en effet sous le coup d'une profonde émotion qu'au cours de Nos visites pastorales, Nous avons vu des femmes, des vieillards, des enfants, courbés sur la charrue, maniant de lourds outils de travail, pour arracher au sol, au prix de leurs fatigues et de leurs sueurs, le pain de la famille, de nos soldats, de la patrie. Rien ne les rebute, rien ne les décourage. Honneur à ces braves ! Que le Ciel et la terre les bénissent !

Ces grands exemples, vraies prédications de courage, nous feront comprendre et accepter une autre leçon que les circonstances se chargent de nous donner : « On ne demandera jamais aux civils assez de privations et de sacrifices, pour égaler l'héroïsme et les souffrances de nos soldats. » Cette fière parole, prononcée par le bâtonnier du barreau de Paris, est, déclare-t-on, toute l'âme du palais (1). Mais Nous ne craignons pas de Nous tromper en affirmant qu'elle exprime l'âme de toute la France, de toute l'armée de l'arrière. Ce qu'on nous a demandé jusqu'ici, on ne saurait de bonne foi prétendre que ce soit une source de pénibles sacrifices, de privations bien douloureuses. Dans tous les cas, la vie sociale, telle qu'elle se déroulait naguère encore, sous nos yeux, ne semblait pas toujours voilée de tristesse. Des esprits nullement moroses, nullement enclins à un excès de sévérité, trouvaient parfois que plus d'austérité, moins d'emportement dans la recherche des plaisirs, plus de gravité, et même, ne reculons pas devant le mot, plus de décence dans les costumes, auraient établi un juste accord entre le genre de vie adopté par les civils et le régime imposé à nos héros, au lieu de laisser subsister entre les deux un contraste souvent manifeste et quelquefois choquant.

Quoi qu'il en soit du passé, et quoi que l'on puisse penser de l'opportunité qu'il y aurait eu à prendre ces mesures plus tôt, accueillons avec sincère déférence et soumission véritable les

---

(1) Voir le *Gaulois*, numéro du 18 novembre 1916.

restrictions mises à certaines aises de notre vie. Ce n'est pas assez; dût-elle être pénible, que cette obéissance aux règlements dictés par le souci de l'intérêt national soit mêlée d'une sainte fierté et d'un noble sentiment de joie. Oui, de joie, de cette joie que nous avons admirée avec émotion, au milieu de leurs épreuves, chez nos héroïques soldats. Sans doute, il y aurait manque de mesure et de respect, il y aurait presque sacrilège à mettre en balance, avec la magnanimité d'un soldat offrant son sang à la patrie, la gêne que pourra nous apporter le rationnement du charbon, du vin, du sucre, de la viande, de la lumière, quoi encore? Mais, si l'on tient absolument à donner du prix, une auréole même à ces renoncements, à ces abnégations de tous les jours, il n'y a qu'un seul moyen d'en relever le mérite, c'est de les pratiquer à la française, c'est-à-dire joyeusement, chrétiennement. Mettons un grand cœur dans l'offrande des petits sacrifices que nous demande la France.

Pour encourager les premiers Chrétiens au milieu des persécutions, l'apôtre saint Paul mettait en regard et en contraste, devant leurs yeux, la peine et la récompense : « *La tribulation légère d'un moment produit dans nos âmes un poids immortel de gloire* (1). » Avons-nous bien besoin de vous inviter au courage, Nos Très Chers Frères, devant la perspective de ces privations qu'on nous annonce? Du moins, pouvons-nous répéter avec l'apôtre : Avec le mérite que vous fait acquérir toute peine acceptée chrétiennement, *la légère tribulation* que vous aurez soufferte *produira ce poids éternel de gloire* de vous autoriser à croire que vous aurez concouru au salut de la patrie. Glorieuses, bienheureuses privations, dont le souvenir demeurera lié, dans notre cœur, aux joies de la victoire! « Souffrir passe, avoir souffert ne passe pas. » C'est la parole de l'admirable sainte Thérèse, dont la suprême ambition, la seule joie désirable en ce monde était de souffrir pour la gloire de Dieu et le salut des âmes. Fasse le Ciel, Nos Très Chers Frères, que nous comprenions de si sublimes aspirations et qu'après avoir accepté — le sourire sur les lèvres et une sainte allégresse au cœur — les sacrifices que nous demande l'honneur du pays, nous apprenions à nous renoncer nous-mêmes, à faire pénitence de nos péchés, à

----

(1) II *Ad Corinth.*, IV, 17. — *Id enim quod in præsenti est momentaneum et leve tribulationis nostræ, supra modum in sublimitate æternum gloriæ pondus operatur in nobis.*

nous attacher aux pas de Notre-Seigneur Jésus-Christ, sur le chemin du ciel, sur le chemin de la victoire éternelle!

Pour nous élever à ces hautes pensées, pour nous maintenir sur
ces cimes, voyez ce que font nos soldats, avec une magnanimité,
un total oubli d'eux-mêmes, une profusion de générosité que nous
sommes impuissants à louer dignement! A quoi bon d'ailleurs
chercher un éloge humain pour honorer ceux qu'a loués la parole
infaillible du Rédempteur : « *La plus grande preuve d'amour qu'on
puisse donner à ses amis, c'est de donner sa vie pour eux* (1). » Voilà
ce qu'ont fait et ce à quoi sont prêts, tous les jours, les défenseurs du pays. Ils exposent leur vie, ils la donnent sans compter
pour ceux qu'ils aiment; ils la donnent dans l'enthousiasme, avec
une sorte d'ivresse d'amour de la patrie, Nous allions écrire,
dans l'extase du sacrifice. Les entendez-vous s'écrier en tombant :
« Je meurs content; j'ai fait mon devoir. Je suis heureux : je meurs
pour la France! » L'Évangile nous rapporte que Notre-Seigneur
Jésus-Christ rendit le dernier soupir en jetant un grand cri. C'était le
cri de son amour pour son Père céleste et pour l'humanité régénérée.
Ah! mon Sauveur, vos enfants de France, en grand nombre, ont
suivi votre divin exemple; leur âme s'est exhalée dans un grand
cri de foi et de tendresse filiale pour leur Dieu et pour leur pays.

Si émouvante que soit la grandeur surnaturelle de ces morts,
Nous estimons qu'elle n'est pas loin d'être égalée par un héroïsme
dont nous avons pu, vous et Nous, Nos Très Chers Frères, être
quelquefois les témoins, et que tous les cœurs français peuvent
être jaloux d'imiter. Nous voulons parler de la surhumaine beauté
de certaines résignations en face de l'épreuve. Pères et mères,
épouses et enfants, c'est vous-mêmes que vous sacrifiez en donnant
à la France, et sans hésiter, ce que vous avez de plus cher. Chacun
de nos soldats, fidèle à la consigne de vaincre ou de mourir, ne repré-
sente-t-il pas un cœur de père, un cœur de mère, un cœur d'épouse
qui s'est immolé librement, quelquefois en cherchant à sourire,
sur l'autel de la patrie? Ces pères, ces mères, ces épouses, en apprenant la mort de ceux qui étaient souvent leur unique raison de
vivre, combien de fois les a-t-on vus courber la tête sans murmurer!
Que de fois les a-t-on entendus répondre : « *Mon Dieu, que votre*

---

(1) JOAN., XV, 13.

volonté soit faite (1), et aidez-moi à ne pas défaillir, sous le fardeau de la croix ! » D'autres, même, après avoir vidé leur cœur de toutes ses larmes, surent trouver, dans leur patriotisme et dans leur foi religieuse, la force de remercier Dieu d'avoir accepté, pour le salut de la France, le sang de leur fils.

Laissez-Nous vous raconter un fait, dont Nous fûmes le témoin, oh ! combien ému ! et qui, dans sa simplicité, Nous apparaît comme un éloquent symbole de l'esprit de sacrifice. C'était en Alsace, en 1870. Mais, depuis cette époque, ni en Alsace ni en France la vaillance des cœurs maternels n'a faibli. Aux environs de Colmar, quand déjà les coureurs ennemis infestaient le pays et allaient intercepter les communications avec la France, une modeste paysanne avait amené son tout jeune fils à une gare que Nous pourrions nommer, pour lui faire prendre le dernier train qui pût encore se diriger d'Alsace vers Belfort. C'était même une sorte de miracle que le brave petit Français, résolu à s'engager, eût pu échapper au danger, sans doute mortel, d'être pris par les patrouilles allemandes. Mais, si la volonté du courageux enfant était inébranlable, son cœur était secoué d'une sorte de désespoir. Il arrosait de ses larmes le visage de la pauvre femme qu'il serrait dans ses bras. Celle-ci, armée et parée par la grâce divine d'une force surhumaine, souriait dans l'agonie de son âme et réconfortait, par ses doux embrassements, la détresse morale de son héroïque enfant. Mais, quand le train se fut mis en mouvement et que le vaillant petit Alsacien, encadré de quelques compagnons de sa fuite en avant vers la France, eut séché ses larmes par le chant de la *Marseillaise*, alors la mère désolée, rendue à ses poignantes angoisses et recouvrant le droit de ressentir le déchirement de la séparation, éclata en des sanglots qui auraient attendri un rocher.

Et voici, dans une autre mère, le digne pendant de l'héroïque Alsacienne :

Son fils, — raconte le général Zurlinden, citant M. Henry Bordeaux, — un brancardier, brave la mort cent fois pour relever les blessés. Il est courageux tout naturellement, il le dit lui-même : « Dans le danger, je ne me connais plus, il faut que j'y aille. » Mais aussi, il a toujours sur lui une lettre de sa mère, dont voici quelques extraits : « ...Mon sang

---

(1) Luc., XXII, 42.

bouillonne, quand il y a tant à faire, là-bas, à ramasser tous ces malheureux... Remplace les mères, toi, mon chéri; fais tout, même l'impossible, pour faire du bien, oui, beaucoup de bien!... Courage, courage! Je sais que c'est le début de la fin, qui sera plus belle pour tous ceux qui auront combattu la juste cause... » Ces mères françaises — ajoute l'auteur du récit que nous citons — ne sont-elles pas au front, avec chacun de leurs enfants, saignant de toutes leurs blessures, mais les poussant en avant vers le devoir pour le pays?

Est-il étonnant que les fils de telles mères soient des héros?

Nous avons rappelé, plus haut, l'abominable langage de ce monstre qui — au nom de leur Dieu — osait inviter ses compatriotes à crucifier l'humanité. Vocation vraiment satanique, dont les élus seront voués aux malédictions du Ciel et de la terre, sans avoir d'ailleurs pu remplir aussi complètement qu'ils l'auraient voulu leur prétendu rôle de bourreaux providentiels! Dieu, le vrai Dieu, — qu'il en soit loué et remercié, — nous a donné la force d'abattre le bras qui s'empressait à cette œuvre de mort. Mais, si la France a brisé avec horreur et dégoût le gibet auquel un féroce ennemi rêvait de la clouer, elle n'a jamais refusé, dans le passé, et ne refuse pas aujourd'hui de s'immoler librement pour les plus saintes causes : l'honneur de Dieu, la défense de la patrie, le respect de la justice, la liberté du monde. Ah! vous vouliez crucifier la France! Regardez-la : elle a voulu boire, en union avec Jésus-Christ, le calice d'une sorte d'agonie; elle s'est attachée elle-même à la croix; elle porte fièrement les marques sacrées de la douloureuse passion qu'elle a préférée aux hontes de la servitude; et c'est l'héroïsme de son sacrifice qui lui assure la victoire et le salut!

Vous vouliez crucifier la France! Écoutez et voyez comme ses enfants sont heureux et fiers de souffrir avec elle et pour elle ce glorieux supplice :

Un brave soldat, blessé à la dernière attaque de Verdun, un shrapnell à travers les paumes des mains, le pied perforé par un éclat d'obus, et une blessure au côté droit de la poitrine, nous dit cette parole émouvante : « Je suis heureux de mes blessures; je ressemble du moins à Notre-Seigneur Jésus-Christ! » Et il souffrit en vrai Chrétien, sans une plainte, sans une impatience, pendant les pansements les plus douloureux (1).

-----

(1) Trait rapporté dans la *France illustrée* (livraison du 27 janvier 1917), par un prêtre-infirmier d'une ambulance de Verdun.

Nous aussi, Nos Très Chers Frères, pour l'amour de Dieu, pour l'amour de la patrie, sachons souffrir, sachons monter sur la croix. Écoutons l'apôtre saint Paul, qui, par son exemple, nous enseigne ce volontaire et tout divin crucifiement : « *Pressé par la charité de Jésus-Christ* (1) », il brûlait du désir de lui ressembler dans sa Passion et de le suivre jusqu'au bout, sur le chemin du Calvaire ; « *Christo confixus sum cruci ; — Avec Jésus-Christ, mon Sauveur,* s'écrie-t-il, *je me suis attaché à la Croix* (2). »

Bienheureux crucifiement, non corporel, mais tout spirituel, dont le désir est inspiré, par la divine charité, à tous les vrais disciples d'un Dieu qui a donné sa vie pour nous et nous a rachetés en mourant sur la croix ! C'est à quoi nous sommes appelés tous, Nos Très Chers Frères, car il est écrit : « *Ceux qui veulent appartenir au Christ font profession de crucifier leur chair avec ses passions déréglées* (3) », pour expier ainsi leurs péchés et, autant qu'il est en eux, les péchés du monde. En regardant notre divin Sauveur crucifié, nous voulons, par l'élan de notre cœur, nous associer à ses souffrances, nous purifier par la vertu de son sang et recevoir, en quelque sorte, dans notre chair, l'empreinte de ses blessures.

Si l'amour de Notre-Seigneur nous fait désirer d'être crucifiés avec lui, nous aurons aussi l'ambition de partager avec nos soldats, avec tous nos frères, les épreuves qu'ils endurent pour nous. Nous voulons sentir notre cœur meurtri de toutes les angoisses qui étreignent la France. Puisque l'Apôtre, après avoir écrit : « *Je suis attaché à la croix avec Jésus-Christ* », pouvait demander à ses disciples : « *Qui d'entre vous est atteint par l'épreuve, sans que j'en sois frappé moi-même ? — Quis infirmatur et ego non infirmor (4) ?* » aimons assez notre pays, aimons assez nos frères, et, en particulier, nos soldats, pour être, nous aussi, solidaires de leurs souffrances. De quelque point que s'élèvent, au sein de la patrie, les gémissements, les cris de douleur, les sanglots, qu'ils trouvent un écho dans nos âmes chrétiennes et françaises ! Avec la patrie, qui perd son sang par mille blessures, nous voulons être attachés à la croix et porter

---

(1) II *Ad Corinth.*, V, 14.

(2) *Ad Galat.*, II, 19.

(3) *Ibid.*, V, 24. — *Qui autem sunt Christi, carnem suam crucifixerunt cum vitiis et concupiscentiis.*

(4) II *Ad Corinth.*, XI, 29.

dans notre cœur les stigmates sacrés de toutes ses plaies. C'est alors, c'est avec l'encens de ce sacrifice que notre prière s'élèvera toute-puissante vers le Ciel, pour attirer sur la France et sur ses défenseurs les bénédictions de Dieu.

*
* *

La *prière* — hommage d'adoration rendu à Dieu par sa créature, appel adressé à sa miséricorde par le pécheur implorant et espérant le pardon de ses fautes et des fautes commises par ses frères; action de grâces pour les bienfaits obtenus de sa bonté; supplication en vue d'obtenir le secours nécessaire à notre faiblesse — c'est le naturel et évident devoir dont il importe souverainement que nous comprenions toute l'étendue. Notre-Seigneur nous la dépeint d'un mot : « *Il faut toujours prier et ne jamais défaillir* (1) » dans cette élévation et dans cette application de l'âme à Dieu. « *Le Seigneur* — selon l'avertissement du prophète Isaïe (2) — *attend, pour vous pardonner, que vous veniez l'invoquer avec humilité, et que le nécessaire aveu de votre essentielle dépendance ouvre un chemin aux effusions de ses miséricordes.* » Obligation de tous les temps, obligation imposée à tous, obligation dont l'accomplissement fidèle ennoblit l'âme, la soutient dans l'épreuve, la fortifie dans la lutte et la rend supérieure aux difficultés et aux dangers de la vie.

Que de fois, depuis les débuts de cette effroyable guerre, Nous avons eu l'occasion de vous prêcher cette grande, cette fondamentale vérité ! Mais, à mesure que l'épreuve se prolonge, Nous Nous sentons pressé de vous la rappeler avec de plus vives instances. Nous obéissons ainsi à l'esprit de Notre-Seigneur, qui, après avoir promulgué la loi de la prière, a daigné nous enseigner par son exemple comment il faut l'accomplir. Nos saints Livres nous montrent, en effet, le divin Maître, passant dans ce saint exercice le temps qui n'était pas consacré à la prédication de la parole d'En-Haut. Mais il est une circonstance où, d'une manière spéciale, l'Évangile nous présente le Sauveur appliqué à la prière. Ce fut au jardin des Oliviers, dans la nuit du jeudi saint : « *Factus in agonia, prolixius*

______

(1) Luc., XVIII, 1.
(2) Isaï., XXX, 18 et sq.

orabat ; — Entré en agonie, la grande lutte contre la mort, *il prolongea sa prière* (1) »; il redoubla ses supplications, que rendaient plus puissantes sur le cœur de son Père éternel ses larmes et l'effusion d'une sueur de sang.

La grande lutte ! Nous y sommes engagés, nous aussi. Ce n'est pas l'agonie; que Dieu en soit remercié, car, Nous en avons l'absolue conviction : bien que menacée de toute part, la France retrempera dans une éclatante victoire l'énergie de sa vitalité. Mais — qui en pourrait douter? — la lutte est entre nous et ceux qui veulent notre destruction, notre mort, et qui, un moment, la croyaient ou voulaient la croire prochaine. C'est donc bien le moment, ou jamais, pour nous, de prier, et, comme Notre-Seigneur au mont des Oliviers, de *prolonger* nos *prières* et de les rendre plus ferventes. Divine leçon, qu'avait bien comprise et admirablement suivie — ainsi que Nous avons déjà eu l'occasion de vous le relater — un de nos soldats blessés, soigné dans une des ambulances de la Grotte. Tombé sur le champ de bataille, il dut, par la fatalité des circonstances, y être abandonné sans soins, pendant que la lutte se continuait, acharnée et terrible. Il passa ainsi toute une nuit, attendant la mort. — « Que faisiez-vous pendant ce temps », lui demanda à Lourdes un personnage politique de notre région (2) ? — « Je priais », répondit-il simplement. N'est-ce point la parole de l'Évangile : *Factus in agonia, prolixius orabat ; — Dans cette* nuit *d'agonie, il prolongeait sa prière*. Et comme nous comprenons l'ancien ministre lui répliquant : « Vous avez bien fait, mon ami! »

Parlant à des chrétiens éclairés, et après ce que Nous avons dit de la nécessité de l'effort comme de l'esprit de sacrifice, Nous n'avons pas besoin d'expliquer longuement que cette loi se concilie à merveille avec l'obligation de la prière. Ce n'est pas la dispense du travail, c'est un secours d'en haut que nous sollicitons, et que la prière nous assure. C'est, en faisant de notre côté ce que nous pouvons pour nous aider nous-mêmes, que nous demandons et espérons l'aide de Dieu. « *Virilité dans l'action, force* de volonté, recours à Dieu, *confiance en sa protection* (3) », ce sont les éléments

---

(1) Luc., XXII, 43.
(2) M. Barthou.
(3) *Psalm.*, XIII, 25. *Viriliter agite, et confortetur cor vestrum, omnes qui speratis in Domino.*

essentiels de la vie morale, et la sainte Écriture ne les sépare jamais. Et, puisqu'il est question de nos soldats, quand nous aurons fait pour eux tout ce que nous pouvions — et assurément notre pouvoir personnel ne va pas loin — qu'y a-t-il de plus sage, de plus naturel, que de les recommander à la toute-puissante protection de Dieu? Que Dieu soit leur bouclier, leur refuge; qu'il augmente l'énergie de leur cœur et la force de leurs bras; qu'il soit leur soutien dans le combat, leur consolation dans l'épreuve! Nous les lui confions. Ce qu'il garde est bien gardé. « *Ceux que mon Père m'a donnés —* a déclaré Jésus-Christ — *il ne sera jamais permis à personne de les arracher de ma main* (1). » Ah! Seigneur, que votre main s'étende aussi sur ceux que nous vous donnons et qui s'abandonnent à votre paternelle Providence! « *Protégez contre leurs féroces ennemis les âmes de ceux qui croient en vous! — Ne tradas bestiis animas confitentes tibi* (2)! »

*
* *

En interrogeant les horizons de son temps et de son pays, Fénelon, le grand archevêque de Cambrai, constatait avec tristesse qu'il entendait monter de toutes parts un murmure d'impiété, dont son cœur d'évêque était déchiré. Grâce à Dieu, nous avons le droit d'affirmer qu'à l'heure actuelle les échos de toute la France, sauf de rares exceptions, nous apportent les accents d'une fervente et confiante prière.

On voit — disait naguère un haut personnage politique, protestant, d'un pays neutre — on voit la fierté et la foi que la France a montrées depuis la guerre... Quand on parcourt la France, on a l'impression d'être dans une grande église (3).

Oui, en vérité, la France est en prière. Si elle est terrible, les armes à la main, et indomptable dans son courage devant l'ennemi,

---

(1) JOAN., **X, 28**.

(2) *Psalm.*, **LXXIII**, 19.

(3) M. Castberg, président de la Chambre norvégienne, cité par le *Correspondant* du 10 novembre 1916.

nous la voyons humblement agenouillée devant Dieu, demandant pardon des péchés commis, sollicitant avec confiance et voulant tenir de lui, autant et plus que de ses propres efforts, la joie et l'honneur de la victoire. C'est de quoi nous sommes les témoins particulièrement heureux, au sein de notre cher diocèse, où, Nous osons le proclamer, la prière est en permanence dans toutes nos églises. Même dans celles que les exigences, parfois douloureuses, de la loi militaire ont privées de leur pasteur, *le fruit de nos lèvres* (1) — c'est-à-dire la supplication de notre foi — ne cesse d'être offert à Dieu, par l'intercession de la Très Sainte Vierge. Comme Bernadette, il semble que vous êtes, Nos Très Chers Frères, inséparables de votre chapelet.

Mais — est-il besoin de le répéter une fois de plus? — c'est surtout dans les sanctuaires de Lourdes que l'*esprit de grâce et de prière* (2) — *spiritus gratiae et precum* — semble avoir établi son centre et son foyer. En vérité, « on y respire de la prière accumulée (3) ». Pieux habitants de la cité bénie, pèlerins accourus de nos paroisses pyrénéennes; pèlerins venus de tous les horizons de la France, non point, il est vrai, aussi nombreux qu'autrefois, et cela se comprend trop, hélas! mais délégations de tous les diocèses, représentants de toutes les douleurs, de toutes les angoisses, de toutes les espérances; soldats de nos ambulances, transportés par leurs camarades ou se traînant péniblement sur leurs béquilles devant l'image radieuse de la Madone; soldats permissionnaires, belges et français, traversant tout le pays au prix de grandes fatigues, pour venir, entre deux batailles, reposer et retremper leurs bras, comme leurs cœurs, aux pieds de leur Mère du ciel : quelle théorie de célestes supplications! Quels appels de la terre au Ciel!

Parfois, ces manifestations empruntent à la multitude et à la personnalité des pèlerins un caractère et une puissance d'émotion que la parole est incapable de traduire dignement. Telle fut cette « supplique des enfants » coïncidant avec le pèlerinage national français, au mois d'août dernier, et qui fit palpiter dans la Grotte

---

(1) *Ad Hebr.*, XIII, 15.

(2) *Zach.*, XII, 10.

(3) Paroles de François Coppée.

de Lourdes le cœur de toutes nos familles, le cœur de cette grande famille qui s'appelle la France. Alors surtout, apparut d'une façon éclatante cette vérité que, malgré eux, proclamèrent, il y a quelques années, des pèlerins venus d'outre-Rhin. Ils nous insultent aujourd'hui comme un peuple athée; ils écrivaient alors, sous l'empire et sous la pression de l'évidence, qu' « en aucun pays du monde, on ne savait prier comme en France ».

Ce spectacle, si consolant à l'heure actuelle et si plein de promesses pour l'avenir, laisse néanmoins subsister, dans certaines âmes, un fond d'anxiété douloureuse. « Nous prions, disent-elles, et nous ne cesserons de prier, car où nous tourner, dans notre détresse, sinon vers le Dieu tout-puissant? Mais il semble que le ciel soit vide ou, du moins, sourd à nos supplications et à nos larmes. » Il en est, peut-être, parmi vous, qui ont senti l'atteinte de cette horrible angoisse, et qui, volontiers, gémiraient avec le poète :

> Dieu même... s'est retiré de nous
> . . . .
> . . . .
> Et sa miséricorde, à la fin, s'est lassée :
> On ne voit plus pour nous ses redoutables mains
> De merveilles sans nombre effrayer les humains :
> L'arche sainte est muette et ne rend plus d'oracles.

Qu'ils écoutent et méditent la réponse du grand prêtre, parlant par la bouche du même poète, ou, plutôt, la réponse du Ciel :

> Et quel temps fut jamais si fertile en miracles?
> Quand Dieu, par plus d'effets, montra-t-il son pouvoir (1)?

Nous ne voulons pas ajouter : « Aurez-vous

> ..... donc toujours des yeux pour ne point voir?

Cruel reproche, qu'il serait bien injuste de vous adresser. Néan-

---

(1) RACINE, *Athalie*, acte Ier, scène Ire.

moins, sachons l'avouer, il en est qui ferment les yeux à l'évidence, quand ils refusent de reconnaître, dans la trame des événements actuels, l'empreinte de la main divine. Et cependant, elle apparaît manifeste, dès l'origine des hostilités. Pour nous en convaincre, s'il en était besoin, considérons froidement les faits. Mettons en regard ce qu'alors nous étions et ce qu'étaient nos ennemis. D'un côté, une nation de proie de soixante-dix millions d'hommes, ayant disposé, depuis quarante ans, comme d'une immense machine de guerre, d'innombrables soldats, d'incalculables quantités d'armes et de munitions; et qui, tout d'un coup et d'une seule poussée, jette cette effroyable avalanche sur nos frontières. De l'autre côté, notre pays, presque désarmé par son confiant amour de la paix, dans tous les cas, on l'a trop bien vu, nullement préparé à la guerre. N'est-ce pas un objet d'étonnement, de joyeux saisissement qu'une attaque aussi violente, aussi soudaine et imprévue, loin de nous écraser, soit venue — après nos premiers échecs, effet de la surprise — se briser contre nos régiments, transformés, sur les bords de la Marne, en mur d'airain, mais en mur d'airain qui marchait et refoulait l'ennemi, d'abord enivré de ses éphémères succès? Devant cet événement, d'une portée presque infinie, pivot sur lequel tournent les destinées de l'Europe, tout le monde, avec raison, a dit, et l'histoire répétera : « Miracle de la Marne ! » Non que Nous voulions entendre par là un miracle au sens rigoureux, théologique, de cette expression ; mais, du moins, et assurément, une inter-vention de la Providence conduisant de telle façon les hommes et les choses, sans en troubler les mouvements naturels, que le résultat obtenu surprenne ou dépasse les prévisions humaines. Dans ces conditions, Dieu, qui *nous traite avec grand respect —* *cum magna reverentia disponis nos* (1) — selon le langage de nos saints Livres, daigne associer, adapter son action à l'exer-cice de notre liberté, se bornant à l'aider dans ses efforts et à les couronner de succès. S'il est permis de s'exprimer de la sorte, le Tout-Puissant consent à partager sa gloire avec nous dans l'œuvre de notre salut.

Ce concours de la bonté et de la puissance d'En-Haut, qui fut inauguré dans cette mémorable bataille, s'est affirmé, en plusieurs

______

(1) *Sap.*, XII, 18.

autres circonstances, et d'une manière si manifeste que, d'en faire honneur au hasard — mot d'ailleurs particulièrement vide de sens — ce serait contredire la saine raison, tout autant que la foi. Suivez pas à pas la série des exploits heureux qui furent les admirables lendemains de la Marne, vous verrez — harmonie comme divinement préétablie — que la préparation et l'organisation en furent, presque toujours, conduites à la fois par la puissance militaire et par la prière, ces deux facteurs de la victoire. Les neuvaines de sainte Geneviève, les *triduum* de Jeanne d'Arc, les supplications nationales à saint Michel et à saint Martin, la croisade des enfants, l'octave de l'Immaculée-Conception, pour citer seulement quelques exemples, coïncident étonnamment avec les succès de nos armées. Pour frayer une voie triomphale à nos incomparables soldats, l'élan formidable de nos incessantes prières s'accordait avec le tir puissant de nos canons et avec nos irrésistibles vagues d'assaut contre l'ennemi. « Les hommes d'armes batailleront, disait Jeanne d'Arc, qui se connaissait en héroïsme, et Dieu donnera la victoire. » C'est ce qu'affirma non moins éloquemment le grand Condé, cette autre incarnation de la vaillance française et du génie militaire, lorsque, sur le champ de bataille de Rocroi, voyant les ennemis en fuite, il s'agenouilla devant toute son armée, pour remercier Dieu et pour faire remonter vers le ciel la gloire de son triomphe. A la suite de Jeanne d'Arc, de Condé, à la suite de tous nos héros, c'est ce que nous proclamerons nous-mêmes avec allégresse, quand le *Te Deum*, explosion de joie et de foi, fera retentir les voûtes antiques de nos cathédrales et les plus humbles églises de nos hameaux.

Dans l'attente de ce jour, qu'appellent avec confiance nos plus ardents désirs, redoublons nos supplications; prions tous, sans nous lasser, prions avec une croissante ferveur; nos soldats espèrent et sollicitent de nous ce concours, cette guerre d'appui.

Tous les jours, vous entendez qu'on demande à nos ouvriers, à nos usines, de rendre plus intense la fabrication des armes et de toutes sortes de projectiles. « Des munitions, toujours et de plus en plus des munitions! » Voilà le mot d'ordre, le cri de ralliement, en France et chez tous nos Alliés; il produit partout des merveilles de fiévreuse activité, auxquelles, tous, nous applaudissons. Nous voulons et devons y ajouter cet autre mot d'ordre, celui des âmes :

« Des prières, de plus en plus des prières ! Des prières, partout et toujours ! » Mot d'ordre qui vient du Ciel ! N'est-ce pas la Très Sainte Vierge qui, à Lourdes, ne cessait de recommander la prière ? N'est-ce pas elle qui, à Pontmain, répétait : « Mais priez, mes enfants, mon Fils se laisse toucher ! » Prier, c'est l'arme mise à la portée de toutes les mains, de toutes les bonnes volontés. Nous ne pouvons pas tous manier le fusil et le canon, ni creuser des tranchées pour arrêter l'ennemi ; mais nul n'est en droit de prétendre qu'il ne peut pas lever les mains au ciel pour attirer les bénédictions de Dieu sur nos défenseurs. Tous donc, d'un seul cœur et d'une seule âme, laissons-nous enrôler dans la croisade de la prière !

Sur une immense ligne de feu, des armées puissantes se tiennent toujours prêtes à combattre. Cependant, quelque nombreux que soient leurs bataillons, nos chefs militaires ont jugé qu'ils ne pouvaient s'assurer la victoire, si le concert des autorités dirigeantes ne coordonnait les forces, pour les rendre irrésistibles par l'union et par l'unité. Mais aussi, quand elles seront animées d'un même esprit, mises en mouvement par une seule volonté, elles formeront un bloc capable de renverser tous les obstacles comme de briser toutes les attaques.

Quelque chose d'analogue peut et doit se produire, au pied des autels, où les âmes mobilisées pour le service de la prière sont assurées d'en augmenter la puissance par l'unité de leur action. Notre-Seigneur nous l'assure formellement : « *Là où deux ou trois seront réunis en mon nom, pour prier, je serai au milieu d'eux* (1). » Dans ce divin voisinage, quel fondement à la confiance, quel gage d'efficacité de nos supplications à l'heure présente, où une alliance surnaturelle unit des millions d'âmes dans un même élan de foi ? « *Si la prière du juste s'ouvre la porte des cieux* (2) », — et nos Livres inspirés l'affirment, — nous ne pouvons pas n'être pas persuadés que cette force de pénétration sera multipliée au delà de toute mesure, quand un peuple tout entier élève vers le trône du Tout-Puissant le cri unanime d'un confiant appel à sa miséricorde. Cette irrésistible armée de choc s'ouvrira le Cœur de Notre-Seigneur et en fera jaillir sur notre patrie des flots de grâces puisque, au témoi-

---

(1) MATTH., XVIII, 20.
(2) *Eccl.*, XXXV, 21.

gnage du Sauveur, « *le royaume du Ciel souffre violence, et que les âmes saintement violentes* sont assurées de l'*emporter* (1). »

*
* *

C'est à cette pieuse coalition que tous les Français ont été invités naguère, par l'émouvante Lettre collective dans laquelle vos évêques, donnant l'exemple de l'union la plus parfaite, invitent les fidèles à confondre dans une seule prière les supplications d'aujourd'hui et nos chants de triomphe de demain, sous les auspices de Notre-Dame de Lourdes (2). Par cette concentration des prières françaises devant la Grotte miraculeuse, par ce rendez-vous donné à toutes les âmes de bonne volonté, Lourdes devient, plus que jamais, notre sanctuaire national, le symbole expressif de la véritable *union sacrée*, celle que marque d'un caractère ineffaçable le sceau de Dieu. L'appel de vos évêques sera entendu, ou, plutôt, il a déjà profondément touché tous les cœurs vraiment français; il les tourne du côté du Ciel, stimule leur foi et leur piété, les assure du secours de Dieu et les met déjà, par la certitude de l'espérance, en possession de la victoire. Une fois de plus, nous sentirons la force et la douceur de cette vérité, qui est le tout de la Religion : *C'est par Marie qu'on va à Jésus*, notre *Dieu* et notre *Sauveur, béni dans les siècles des siècles* (3). — *Per Mariam ad Jesum.*

Prions donc, Nos Très Chers Frères! Le Ciel et la terre nous y invitent. Les épreuves de la patrie, les souffrances comme les héroïques exploits de nos soldats, la justice comme la charité; notre foi en Dieu, notre confiance en la Très Sainte Vierge, le désir et l'espérance d'une victoire qui doit finir nos maux; tout nous presse de nous prosterner devant les autels, pour attirer sur nos armées et sur nos Alliés les bénédictions du Tout-Puissant.

Prions à toutes les intentions que, tous les jours, depuis le 5 août 1914, sans interruption aucune, nous portons devant la Grotte miraculeuse, aux pieds de la Vierge Immaculée!

Prions pour nos combattants du front! En même temps que

______

(1) MATTH., XI, 12.

(2) Voir cette Lettre collective des évêques français à l'appendice, page 328.

(3) *Ad Rom.*, IX, 5. — *Christus... qui est super omnia Deus benedictus in sæcula.*

la tendresse fraternelle, notre souvenir réchauffera leur cœur dans la boue glaciale des tranchées! Que nos prières étendent sur eux le bouclier de la protection divine contre les assauts de la mort! Qu'ils nous sentent près d'eux, pleins d'admiration pour leur intrépidité, désireux, dans la mesure du possible, de partager leurs épreuves, prêts à tous les sacrifices pour assurer et hâter le triomphe définitif réservé à leur magnifique bravoure.

Prions pour nos blessés, pour nos malades, qui, après avoir lutté dans de rudes combats, en héros et en martyrs, sont aux prises, sur un autre champ de bataille, avec de glorieuses souffrances. Nous partagerons leurs épreuves, nous les admirerons et nous les aimerons de tout le courage souriant avec lequel ils supportent leurs blessures, blessures parfois aussi nombreuses que cruelles. N'avons-nous pas vu, en effet, de ces vaillants, dont tout le corps était labouré et déchiré de projectiles, ne formant qu'une seule plaie et ne gardant, en quelque sorte, d'entier que le cœur? Puissent nos prières, en même temps que la guérison de leurs maux, leur obtenir la grâce de les sanctifier par les sentiments de foi, de pénitence et de résignation à l'adorable volonté de Dieu! Ces généreuses dispositions les achemineront vers la perfection la plus haute, et ajouteront à l'héroïsme l'auréole de la sainteté; car l'héroïsme devient facilement la préface de la sainteté. Ce soldat anglais, protestant converti, à qui une balle fait perdre les deux yeux et dont l'âme se trouve inondée d'une ineffable consolation quand il embrasse son crucifix; qui se résigne et s'enchante même, dans son affreuse épreuve, par la fréquente répétition de cette parole : « Jésus est à moi, et je suis à Lui, » ce héros vous semble-t-il bien éloigné d'être un saint? Et que pensez-vous de l'efficacité sublime des prières faites par de pareilles âmes pour le salut de la patrie?

Prions pour les prisonniers, dont le sort apparaît particulièrement digne d'une tendre pitié, soit dans les camps de concentration, où sont, en effet, et trop souvent, réunies toutes les misères de la captivité, soit dans les camps de représailles, où, pour se venger sans doute de notre générosité envers leurs soldats en captivité chez nous, les Boches deviennent ingénieux, à force de cruauté, pour torturer nos enfants. Prions pour ces infortunés. Qu'ils prennent patience et courage! Qu'ils aient confiance en Dieu et dans leur patrie, en attendant que la victoire brise leurs fers! Dans leur geôle, comme naguère sous la mitraille, c'est toujours pour la France qu'ils souffrent.

Prions pour les réfugiés, nos malheureux compatriotes, comme pour les réfugiés belges et serbes, contraints de fuir devant la poussée de l'invasion, forcés d'abandonner tout ce qu'ils possédaient au pillage, à l'incendie, à la destruction; réduits à se demander, avec désespoir, s'ils pourront même retrouver la place où fut leur maison, leur église, le tombeau de leurs morts. Prions pour les plus malheureux de tous, Français et Belges, qui, arrachés de leurs foyers, sont chassés comme un vil troupeau vers la terre étrangère, où les attendent les travaux forcés, avec les horreurs du pire des esclavages. Que la grâce de Dieu, touché par nos supplications, les soutienne dans l'enfer de ces effroyables galères! Qu'ils soient réconfortés par la bénédiction paternelle du Pape, qui tend ses bras aux victimes de la barbarie et flétrit leurs bourreaux!

Prions pour nos soldats qui sont morts sous les coups de l'ennemi et pour ceux qui, par une épreuve prolongée, vinrent achever de mourir dans nos hôpitaux des suites de leurs blessures ou de leurs maladies. Qu'elle soit si nombreuse, cette légion de martyrs et de héros, c'est, pour la patrie qu'ils ont tant aimée, un sujet de maternelle fierté et, tout à la fois, d'immense douleur.

Sainte fierté, inconsolable douleur! A ces sentiments, que nous éprouvons tous, devant ces nobles victimes, nous joindrons une reconnaissance infinie, en considérant qu'elles se sont immolées sans hésitation, et souvent avec une joie surhumaine, pour nous et pour notre salut. Que toutes les fibres de nos cœurs frémissent d'une profonde émotion, au souvenir de ceux à qui nous sommes redevables de tout ce qui donne son prix et sa raison d'être à notre vie en ce monde, l'honneur et la liberté, et dont les ossements sacrés enfanteront les héros de l'avenir! Ah! ne les oublions jamais! Avec nos larmes d'admiration et d'amour, répandons sur leurs tombes nos prières, qui les suivront jusqu'au seuil du paradis et imprimeront au témoignage de notre reconnaissance le sceau de l'éternité.

Prions pour les familles si cruellement frappées dans leurs affections. Parmi elles, combien dont on ne peut évoquer le souvenir, sans avoir le cœur déchiré de compassion! Tels, dans une de nos paroisses, ce père et cette mère qui ont vu quatre de leurs cinq fils mobilisés tomber au champ d'honneur, et dont le sort tragique émut douloureusement, en Notre présence, N. S. Père le pape Benoît XV ! Prions pour ces familles, martyres, elles aussi, de la France !

Prions pour les veuves et les orphelins de la guerre ! Sur l'autel de la patrie, ils ont fait vaillamment, et d'un seul coup, le sacrifice de tout ce qu'ils avaient de plus cher en ce monde; ils auront, hélas ! à en renouveler tous les jours, — par une sorte de messe privée, oserait-on presque dire, — l'immolation non sanglante, mais non moins douloureuse et méritoire, sur l'autel de leur cœur ! Augustes et glorieuses douleurs, comme de l'appui de nos prières, nous ne cesserons de vous entourer de nos fraternelles sympathies et de notre religieux respect !

Prions, ne cessons de prier pour la France ! Que le déluge de maux qui l'a submergée lui soit un baptême de régénération, d'où elle se lèvera plus belle et plus grande de tout ce qu'elle aura souffert, plus fidèle et plus attachée que jamais à sa vocation de peuple très chrétien, plus digne que jamais aussi et plus assurée de l'admiration du monde et de la bénédiction de Dieu ! En sortant de l'effroyable fournaise où elle fut retrempée, que sa noble épée apparaisse, au milieu des nations, étincelante et invincible, comme le glaive de Dieu, pour la défense de la justice et de la vérité !

O France bien-aimée, France sacrée, — comme t'appelait naguère à Lourdes, et presque à la veille de la guerre, l'illustre cardinal Logue, primat d'Irlande (1) — O France sacrée, que la gloire de la terre et du Ciel rejaillisse sur toi avec le sang des héros morts pour toi en te bénissant !

Puissions-nous tous, Nos Très Chers Frères, Catholiques sans reproche, Français sans peur, mériter, par l'inviolable fidélité à nos obligations religieuses, que soient rendues plus efficaces nos prières pour la patrie ! Puissions-nous, en faisant triompher au fond de nos âmes la grâce de Notre-Seigneur sur le péché, faire sonner plus tôt pour la France l'heure de la décisive victoire ! Puisse, en la solennité de Pâques, l'*Alleluia* de la résurrection de Jésus-Christ et de notre résurrection spirituelle, préluder au chant triomphal du *Te Deum* national !

---

(1) Au cours du pèlerinage national irlandais de 1913. — Voir le *Journal de la Grotte*, numéro du 12 octobre 1913, 3e page, 1re colonne.

Donné à Notre-Dame de Lourdes, en Notre Chalet épiscopal, sous Notre seing, le sceau de Nos armes et le contre-seing du vicaire général, secrétaire général de l'évêché, le vendredi 2 février 1917, en la fête de la Purification de la Bienheureuse Vierge Marie.

† FR.-XAVIER,

Évêque de Tarbes et de Lourdes.

Par mandement de Monseigneur :

R. QUIDARRÉ,

Chanoine, Vicaire général, Secrétaire général.

VIII

Lettre Pastorale pour le Carême de l'an de grâce 1918, sur la paix dans la justice, par la victoire avec l'aide de Dieu.

François-Xavier Schœpfer, par la grâce de Dieu et l'autorité du Saint Siège Apostolique, évêque de Tarbes et de Lourdes, honoré du sacré Pallium,

Au Clergé et aux Fidèles de Notre Diocèse
Salut et Bénédiction en Notre-Seigneur Jésus-Christ.

Nos Très Chers Frères,

Le canon, qui, depuis plus de trois ans, ne cesse de tonner sur vingt champs de bataille, retentit toujours, à nos oreilles et jusqu'au fond de nos cœurs, comme un émouvant appel à notre patriotisme. Qui de nous pourrait n'en être pas touché et ne pas sentir grandir son amour passionné pour la France, cette mère si cruellement éprouvée?

Si le fracas prolongé de la guerre nous bouleverse, tel un gémissement de la patrie, nous pouvons et devons aussi — Nous vous l'exposions dans une de Nos Lettres précédentes — y saisir un écho de ce que nos saints Livres appellent *la voix du Seigneur;* — *Vox Domini* (1). Elle nous dit, elle nous redit, cette voix : « *Élevez vos cœurs en haut! — Sursum corda! Priez! Ne vous lassez pas de prier* (2)! *Du fond de la détresse — de profundis* (3) — où vous plonge le deuil universel, jetez *un cri d'appel* à la protection

---

(1) *Psalm.*, XXVIII, 3-9.
(2) I *Ad Thess.*, V, 17.
(3) *Psalm.*, CXXIX, 1.

du ciel ! Ayez confiance au *Père qui est dans les Cieux* (1) ! Demandez-lui d'essuyer vos larmes, de raffermir vos courages, de donner à vos bras une vigueur capable de renverser tous les obstacles et de vaincre tous les ennemis. En déployant l'indomptable énergie de vos efforts et de votre foi en Dieu, rendez-vous dignes de ce bonheur et de cette gloire de terminer cette guerre par le triomphe de la France, objet immortel des chants d'action de grâces que nous entonnerons au pied des autels : *ut, inimicorum nostrorum feritate depressa, incessabili te gratiarum actione laudemus* (2). »

Dieu et patrie ! Depuis le début des hostilités, ces deux mots sacrés, les plus beaux des langues humaines, ont été, en quelque sorte, le refrain et le résumé de Nos entretiens, toutes les fois que le ministère épiscopal Nous mettait en contact avec vos âmes.

Oui, Dieu et patrie ! C'est le caractère commun dont sont marquées les Lettres pastorales par lesquelles, depuis lors, Notre cœur s'est épanché dans vos cœurs.

On raconte que saint Louis, roi de France, ayant fait graver à l'intérieur de son anneau royal les noms de Dieu, de la France et de la Reine, se plaisait à répéter : « Hors cet anneau, n'ai point d'amour. » Nous osons bien, pour Notre part, déclarer, en regardant Notre anneau pastoral, emblème de Notre union avec l'Église, Notre diocèse et la France, que : « Hors cet anneau, n'avons point d'amour. » N'est-ce pas, là aussi, Nos Très Chers Frères, aujourd'hui plus que jamais, votre programme à vous, votre vie, votre raison d'être : Dieu, France, Famille ?

L'ensemble des sentiments et des aspirations que créent en nos âmes ces trois grands amours, Nous ne craignons pas d'affirmer qu'il peut se traduire, à l'heure présente, par le titre inscrit en tête de cette lettre, *la paix, dans la justice, par la victoire avec l'aide de Dieu.*

Nous ne sortirons pas de ce cercle sacré, en entrant dans la période sainte du carême, qui doit nous préparer aux fêtes de Pâques, c'est-à-dire à notre renouvellement spirituel et à notre résurrection surnaturelle, par la réception des sacrements de Pénitence et d'Eucharistie qui marquera la rentrée triomphale de

---

(1) MATTH., VI, 9.
(2) Collecte de la Messe *Pro tempore belli.*

Notre-Seigneur Jésus-Christ dans nos âmes, sanctifiées par l'effusion de son sang sur la Croix.

I

On pourrait, semble-t-il, Nos Très Chers Frères, appliquer à *la paix dont Nous Nous proposons de vous entretenir* ce passage de nos saints Livres relatif à la sagesse : « *La sagesse, où se trouve-t-elle ? L'homme n'en connaît pas toute la valeur, et elle ne réside point dans la terre de ceux qui livrent leur vie aux délices. L'abîme crie :* « *Elle n'est pas en moi* », *et la mer répond* : « *Elle n'est pas avec moi.* » *L'or est impuissant à la payer, et l'argent n'est de nul prix auprès d'elle... Les biens les plus recherchés et les plus rares ne méritent pas de lui être comparés... D'où vient donc la sagesse ? Elle est cachée aux yeux de tous les vivants. De la mort et de l'abîme s'élève ce murmure :* « *Nos oreilles ont entendu le bruit de sa renommée. Dieu comprend* « *les voies par lesquelles elle vient à nous, et lui seul sait où elle* « *réside* (1). »

Car, non moins que la sagesse, la paix si désirée paraît, en quelque manière, introuvable en ce monde, où la guerre, état pourtant violent et visiblement contraire à l'ordre naturel, s'étale et se voit partout.

Si, en effet, vous vous repliez en vous-même, vous entendez un angoissant tumulte au fond de votre âme, vrai champ de bataille où se livre un combat tragique entre nos aspirations vers le bien et la concupiscence, c'est-à-dire l'inclination au mal; entre la raison, reflet de la lumière de Dieu, et les emportements irréfléchis de la passion. Ces deux puissances, ces deux hommes, — ainsi que s'exprime le poète traduisant saint Paul (2), — chacun de nous, hélas! non moins que le roi Louis XIV, doit avouer qu'il les connaît bien. Le fardeau de cette guerre, l'Apôtre lui-même le supportait avec tant de douleur qu'il s'écriait : « *Qui me délivrera de ce corps de mort* (3)? »

------

(1) Job, XXVIII, 12-23.
(2) *Ad Rom.*, XVII, 23.
(3) *Ibid.*, 24.

Sortez de vous-mêmes et considérez les familles : vous y verrez la voix du sang et de l'affection affaiblie souvent, étouffée quelquefois, par les âpres conflits de l'intérêt.

Au sein des peuples aussi, quand d'ailleurs le patriotisme tend à les grouper et à les tenir serrés dans les liens de l'union la plus nécessaire et la plus sacrée, *l'homme ennemi, inimicus homo* (1), le messager des puissances infernales, vient semer à pleines mains les germes maudits des discordes civiles et des dissensions fraternelles.

Enfin, sur l'immense théâtre du monde où s'agite l'humanité, n'a-t-on pas toujours vu certaines nations — comme si leur pesait, à la façon d'un joug, la loi de la fraternité humaine — prises d'un vertige homicide, se jeter sur leurs voisines, ne respirer que haine et menaces et inonder de sang une terre que devrait féconder sans trouble la noble sueur d'un paisible travail? Mal affreux — comme l'écrivait le pape Benoît XV dans sa première Encyclique — dont les sources fatales s'appellent : ambition, désir furieux de la richesse, égoïsme farouche, orgueil s'abandonnant sans frein aux plus criminelles prétentions. C'est devant ce spectacle que le patriarche de l'Idumée, le saint homme Job, a pu jeter ce cri de désolation, qui remplit le monde depuis trois mille ans : « *Militia est vita hominis super terram ; la vie de l'homme sur la terre est un combat* (2). »

Mais, en même temps que ce sanglot de détresse, et comme une protestation contre le fléau de la guerre, nous entendons s'élever du cœur de l'humanité l'aspiration signalée plus haut et non moins universelle, non moins émouvante, vers la paix.

Les hommes — au témoignage de notre grand Bossuet — sont tellement épris de la liberté qu'on les voit disposés, pourvu qu'ils en entendent le nom, à suivre les guides parfois les moins dignes de les conduire. Il en va ainsi de la paix. Son nom est l'enchantement de toutes les âmes, et exerce sur elles l'attrait d'une irrésistible séduction. Aussi l'hymne à la paix, contrepoids des clameurs de guerre, a-t-il été entonné par tous les poètes, chanté par tous les échos de la terre, et répété avec passion par toutes les mères, qui

---

(1) Matth., XIII, 28.
(2) Job, VII, 1.

n'ont cessé de vouer à la réprobation la guerre, « les horribles guerres » (1).

Pauvre cœur de nos mères, il répond à la voix même du Ciel ! C'est, en effet, un cantique de paix qui, à son entrée dans le monde, accueille Notre-Seigneur Jésus-Christ, le Fils de Dieu fait homme pour le salut du genre humain. Rappelez-vous la page de saint Luc que vous avez relue naguère, à la fête de Noël. Un ange, apparaissant aux bergers de Bethléem, au milieu d'une clarté éblouissante, leur dit : « *Je vous annonce une grande joie, un Sauveur vous est né, et vous le reconnaîtrez à ce signe qu'il est couché dans une crèche* (2). » Et l'ange termine son message par ces paroles, que vous avez chantées mille et mille fois : « *Gloire à Dieu, au plus haut des cieux ! Et paix sur la terre aux hommes de bonne volonté* (3) ! » La paix sur la terre, c'est la promulgation nouvelle, éclatante, de la prophétie qu'Isaïe, à la suite de tous les prophètes, avait fait entendre au peuple d'Israël, six siècles auparavant. L'Envoyé du Très-Haut — déclarait-il — le Messie *sera appelé le Prince de la paix, Princeps pacis* (4). Remarquez-le bien : *Paix sur la terre,* en même temps que *gloire à Dieu, au plus haut des cieux ;* l'Évangile ne sépare pas les deux souhaits, les deux bénédictions. La terre ne sera mise en possession de la paix que si elle rend gloire à Dieu ; et sa gloire, Dieu veut la faire éclater dans le règne de la paix au milieu des *hommes de bonne volonté.*

Continuez à feuilleter les pages de nos saints Livres, où est racontée la vie de Notre-Seigneur et exposée sa doctrine. Vous constaterez sans peine qu'elles sont vraiment l'*Évangile de la paix, Evangelium pacis* (5), la bonne nouvelle par excellence, à tel point que, dans les circonstances les plus solennelles, le Sauveur semble vouloir renfermer tous les bienfaits du Ciel et le don de lui-même dans ce mot : « *Je vous laisse la paix ; je vous donne ma paix ; mais non à la façon dont le monde prétend la donner* (6). » Ce don, en effet, dépasse la richesse et le pouvoir du monde, puisque les biens dont

---

(1) *Bellaque matribus detestata* (HORACE). — *Bella, horrida bella* (VIRGILE).
(2) LUC., II, 10-12.
(3) *Ibid.*, 14.
(4) ISAÏ., IX, 6.
(5) *Ad Ephes.*, VI, 15.
(6) JOAN., XIV, 27.

il dispose, pleins des germes de toutes les concupiscences, sont presque toujours féconds en discordes et en tempêtes. Mais l'Homme-Dieu nous promet, il nous offre, il nous donne la véritable paix, c'est-à-dire, comme l'enseigne saint Augustin, *tranquillitas ordinis*, la concorde, la sécurité, l'apaisement, fondés sur le règne de l'ordre, sur l'harmonie des âmes dans la soumission à la sainte volonté de Dieu, seules garanties et bases inébranlables de la tranquillité en ce monde. Paix divine, que Notre-Seigneur Jésus-Christ, après en avoir parlé bien souvent au cours de sa vie mortelle, a voulu *conquérir et sceller de son sang*, répandu pour nous sur la Croix (1). Aussi voyons-nous qu'après sa résurrection, quand il apparut à ses apôtres, sa première parole leur apporta comme le don définitif de cet inestimable trésor d'en haut : « *Pax vobis ! La paix soit avec vous* (2) ! » Le texte sacré ajoute : « *Il leur montra ses mains et ses pieds transpercés* (3) », où étaient inscrits, avec le sang de la Rédemption, le traité de la paix entre le Ciel et la terre, et, en même temps, les lois de justice et de charité qui, dans le monde, devaient établir la paix entre les enfants de Dieu.

L'*Évangile de la paix*, l'Église, qui l'avait appris de la bouche de Jésus, son fondateur, s'en est constituée la messagère, dès le jour de la Pentecôte, en sortant du cénacle, et elle ne cessera de le prêcher jusqu'à la fin des temps et jusqu'aux extrémités de l'univers. « *Quand vous entrerez dans une maison*, prescrit le Sauveur aux apôtres, et, par eux, à leurs successeurs, — *dites* : « *Paix à cette de-* « *meure* », *et, s'il s'y trouve un enfant de la paix, elle reposera sur lui. Si personne n'est digne de cette bénédiction, elle reviendra sur vous*, pour être portée plus loin à des âmes mieux disposées à la recevoir (4). » Cette mission pacifique, cet apostolat de la paix, vous en voyez l'exercice et l'accomplissement dans le ministère du prêtre auprès de vous. Au début des visites faites à vos malades, quand, au nom de Dieu, dont il est l'envoyé, il vous apporte les consolations et les secours de la religion, vous entendez sortir de sa bouche les paroles que Notre-Seigneur Jésus-Christ lui-même a placées sur

---

(1) *Ad Coloss. : Pacificans per sanguinem crucis ejus, sive quæ in terris, sive quæ in cælis sunt.*

(2) Luc., XIV, 36.

(3) Id., XXIV, 40.

(4) Matth., X, 12.

ses lèvres : « *Paix sur cette maison! Que la paix du Seigneur garde tous ses habitants!* » De même, dans les augustes cérémonies qui enveloppent d'une atmosphère toute céleste le saint sacrifice de la messe, c'est-à-dire l'oblation de la divine victime du Calvaire, vous sentez et respirez l'esprit de paix, comme le souffle même de Dieu. Si, enfin, vous avez parfois assisté à un office célébré par l'évêque, le représentant le plus immédiat de Jésus-Christ dans chaque diocèse, vous aurez constaté qu'après le chant du *Gloria in excelsis; Gloire à Dieu!* le pontife se tourne vers le peuple et lui présente le fruit de cette gloire dans un souhait solennel : « *Pax vobis! Que la paix soit avec vous!* » Souhait par lequel encore la sainte Église, notre mère, prend congé de ses enfants, quand, après les avoir embaumés de ses prières et de ses larmes, elle les confie au sein de la terre, au *cimetière*, c'est-à-dire, selon le sens intrinsèque du mot, au *dortoir* universel, où le Chrétien, bercé d'immortelles espérances, attend le grand réveil de la *résurrection et la vie du siècle futur; — resurrectionem et vitam venturi sæculi. Requiescat in pace ; — qu'il repose en paix!* Que de fois, en vous arrachant à une tombe, où vous veniez de voir descendre une dépouille chérie, n'avez-vous pas, vous-mêmes, prononcé cet émouvant *adieu,* cet *au revoir en Dieu!* Que de fois, hélas! depuis trois ans, nous avons envoyé au loin ce suprême salut, vers la sépulture, souvent inconnue, où l'on a couché, glorieux anonymes, nos frères, nos enfants : « *Qu'ils reposent en paix!* »

Et ce n'est pas seulement ici-bas que le règne de Dieu nous apparaît comme l'épanouissement de la paix. Regardons plus haut que la terre; contemplons le Ciel, la sainte cité de la Jérusalem d'en haut! L'Église, au jour de la Dédicace de ses temples, nous le présente, savez-vous sous quels traits? C'est la *vision bienheureuse de la paix; — beata pacis visio* (1). Du berceau de Bethléem, où il naît dans une étable, jusqu'au Ciel, *où il est assis à la droite de Dieu le Père tout-puissant,* Notre-Seigneur Jésus-Christ veut porter le même nom : il est partout le *Prince de la paix.*

Le même esprit marque de son empreinte l'œuvre de l'Église dans le monde, à travers tous les siècles. A peine furent suspendues les persécutions que, pendant trois cents ans, la haine de la vérité

---

(1) Hymne de la Dédicace des églises : *Cælestis urbs Jerusalem.*

avait déchaînées contre elle, vous la voyez user de la liberté pour répandre au loin la semence de la véritable paix avec l'Évangile de Jésus-Christ. Aussi les peuples, étonnés et ravis de ces enseignements venus d'En-Haut, accueillaient-ils leurs apôtres par l'acclamation que le prophète adressait, plusieurs siècles auparavant, aux envoyés de Dieu : « *Combien sont beaux les pieds de ceux qui nous apportent les germes de tout bien avec l'Évangile de la paix! — Quam speciosi pedes evangelizantium pacem* (1)! »

Quand, au viᵉ siècle, venus des mêmes pays qui, aujourd'hui, déversent des hordes furieuses sur les pays civilisés, les Huns et les autres sauvages fondirent sur l'Italie et sur la France; quand on put croire à la fin du monde, tellement il était secoué jusque dans ses fondements, qui donc se levait, dans ce déluge de maux, pour montrer à l'humanité le rameau d'olivier, et lui rendre l'espérance de la paix? Qui? sinon l'Église, par ses papes et ses évêques? Après l'invasion des barbares, aux premiers temps du Moyen Age, lorsque les hommes, déjà soulevés vers le Ciel par des élans magnifiques de foi chrétienne, semblaient parfois ressaisis par le vertige de passions encore mal éteintes; quand la guerre, en certaines régions, paraissait l'état normal de la société, qui donc s'essaya, qui réussit à adoucir les horreurs de ces luttes fratricides et à faire rentrer peu à peu l'ordre et la paix dans les âmes et au sein des peuples? Qui? sinon l'Église, le Pape, toujours le Pape et les évêques? Vérité tellement évidente que, pour la nier ou pour la méconnaître, il faut obstinément fermer les yeux à la vérité. Le pape Léon le Grand, au vᵉ siècle, arrêtant Attila aux portes de l'Italie; saint Loup, à Troyes; saint Aignan, à Orléans; nos évêques pendant plusieurs siècles, imposant la paix et la *trêve de Dieu* devant le déchaînement des fureurs guerrières; à des époques plus récentes, au xviᵉ siècle par exemple, les papes épuisant tous les moyens de conciliation pour pacifier l'univers; tous ces hérauts de l'Évangile ne vous semblent-ils pas avoir rempli dignement la mission que leur a confiée Jésus-Christ, le divin *Prince de la paix?*

Mais il n'est pas nécessaire d'appeler en témoignage les siècles passés, pour nous convaincre que l'Église n'a jamais été infidèle à l'esprit de son fondateur. Car, tout comme Notre-Seigneur Jésus-

---

(1) *Ad Rom.*, X, 15.

Christ, qui est *le même aujourd'hui qu'il fut hier et qu'il sera dans tous les siècles; — Christus heri, hodie et in sæcula* (1), l'Église est aujourd'hui ce qu'elle était hier et ce qu'elle sera jusqu'à la fin, l'infatigable messagère de la paix, invinciblement obstinée à lui frayer les voies, et, si elle ne peut restaurer son empire, faisant en quelque sorte la guerre à la guerre — nous le voyons aujourd'hui — pour diminuer ses horreurs.

Quand, en effet, des fleuves de sang se répandaient sur la Belgique et sur le nord de la France, pendant qu'un ennemi, ivre de carnage, ne pouvait assouvir sa soif de massacres et de destruction, n'avons-nous pas vu la sainte Église, sous les traits de ses évêques, se dresser sur la brèche de nos cités, comme pour dire au flot de la barbarie : « Tu n'iras pas plus loin »? Que si les ruines sont presque consommées, on pourra s'écrier avec nos saints Livres : « *O Dieu, l'âme de vos serviteurs s'est attachée aux pierres du sanctuaire, et la détresse de la terre natale les a touchés d'une indicible pitié* (2). » Pour ne pas citer d'autres noms, qui sont dans toutes les mémoires et qui se pressent sous notre plume, nous voulons personnifier la France et la Belgique dans leurs plus illustres serviteurs. Ne trouvez-vous pas que le cardinal Luçon, archevêque de Reims, et que le cardinal Mercier, archevêque de Malines, continuent magnifiquement la lignée des grands évêques dont l'histoire nous fait admirer le dévouement à défendre leur peuple, l'indomptable application à panser les blessures de la patrie, en attendant que leur communicative vaillance et leur puissante prière contribuent à nous ramener, par la victoire, la paix ?

Et ici, avant même que nous ayons écrit son nom, gravé par la reconnaissance au fond de tous les cœurs vraiment français, vous avez déjà salué avec le plus filial respect le Vicaire de Jésus-Christ, le représentant en ce monde du *Dieu de paix, Deus pacis,* Benoît XV, qui, à peine monté sur la chaire de saint Pierre, a jeté un cri déchirant de douleur, devant le monde livré aux effroyables convulsions d'une tourmente sans précédent. Sa première parole à la Chrétienté, ce fut, en effet, une invitation à la paix. Il avait recueilli cet appel sur les lèvres mourantes de Pie X, son prédé-

____

(1) *Ad Hebr.,* XIII, 8.
(2) *Psalm.,* CI, 15.

cesseur d'immortelle mémoire. Vous le savez tous, et l'humanité ne l'oubliera jamais, Pie X est mort de son inexprimable angoisse, en face de l'univers qu'il voyait menacé d'un déluge de sang. Il avait repoussé avec horreur la prière impie de l'un de nos ennemis : « *Non* — lui répondit-il — *je ne bénis pas la guerre, je ne bénis que la paix!* »

Cette bénédiction de Pie X, Benoît XV, héritier de son cœur paternel comme de son autorité suprême, n'a cessé de la répandre sur le monde.

Quiconque — a écrit le Président des États-Unis, — n'a pas été aveuglé et dont le cœur n'a pas été endurci par cette terrible guerre, doit être touché par cet émouvant appel de Sa Sainteté le Pape, sentir la dignité et la force des motifs humains et généreux qui l'ont déterminé, et désirer ardemment que nous puissions prendre la voie de la paix qu'il nous indique en termes si persuasifs (1).

A tous, en effet, belligérants et neutres, sont adressées les exhortations paternelles de Benoît XV, puisqu'il souhaite et doit souhaiter que tous les habitants de la terre soient des *hommes de bonne volonté*. Puisse, Nos Très Chers Frères, se réaliser un vœu si digne d'être accompli !

Non pas, certes, que le Pape, dont la paternité spirituelle embrasse l'universalité des enfants de Dieu, et qui, par suite, doit se montrer impartial à l'égard des individus et des peuples, puisse ou veuille être neutre devant le crime. Il a montré, en effet, plus d'une fois, avec une singulière énergie et avec une clarté vengeresse pour les coupables, qu' « il réprouve l'injustice d'où qu'elle vienne ». Il a hautement condamné, en particulier, l'invasion de la Belgique, accomplie à l'encontre des droits les plus imprescriptibles. Sans doute, sa parole, quand elle flétrit les forfaits, ne semble pas, à l'égard des coupables, animée de la même indignation qui enflamme avec raison nos esprits. Gardons-nous néanmoins d'oublier, pour n'être pas injustes, que le Père commun des fidèles, malgré sa très profonde et évidente amitié pour notre patrie, ne pourrait jamais — qui ne le voit? — parler comme s'il était Français belligérant et seulement Français. Par là même, il conserve

____

(1) Réponse de M. Wilson à la note pontificale adressée aux chefs des États belligérants en faveur de la paix.

aux yeux de tous le pouvoir — ainsi qu'il en a le droit — et surtout le moyen, quand il croit devoir le faire, de parler de la paix et d'en préparer l'avènement. Toutefois, alors aussi, le Pape s'en remet naturellement à l'appréciation de notre pays, sur la possibilité et sur l'opportunité, pour nous, de cette paix, comme sur les conditions de son établissement.

Mais, en l'appelant de ses vœux et en attendant qu'il puisse en saluer l'aurore, vous savez, Nos Très Chers Frères, quel admirable courant de compassion humaine et de charité chrétienne le Saint-Père, au nom de sa divine mission, n'a cessé de faire circuler à travers le monde, au milieu même des horreurs de la guerre. Ce n'est pas — comme font de soi-disant amis de la paix, mais en réalité ses mortels ennemis — en décourageant, à Dieu ne plaise, les défenseurs de la patrie, en affaiblissant leur force de volonté et l'énergie de leurs bras. Bien loin de lui une méthode si meurtrière, si antipatriotique ! S'il s'obstine saintement à être l'ange de la paix, c'est en s'appliquant à soulager les victimes que multiplie la guerre. Avec quel succès, avec quelle abondance de fruits de salut, Benoît XV s'acquitte de ce ministère d'infinie bienfaisance, nous le savons, et l'histoire le répétera à son éternel honneur. Pauvres soldats disparus, malheureux civils emmenés au loin en captivité, sur le sort desquels planait une affreuse incertitude et qu'un rayon inattendu de lumière rendait en quelque sorte à la vie ; blessés et malades qui furent rapatriés ou hospitalisés dans des pays officiellement neutres, mais tendrement amis de nos frères dans l'épreuve ; soldats prisonniers sur une terre ennemie et trop souvent enterrés vivants dans un abîme d'inénarrables misères, et qui, un jour, reçurent, sous une forme ou sous une autre, la visite d'anges consolateurs, avec un sourire de la patrie et du ciel ; nous les voyons, nous les entendons tous, et rien ne fera taire leur voix, qui proclame l'affectueuse sollicitude du Souverain Pontife. Elles sont là aussi, et rendent un hommage non moins éclatant à l'action bienfaisante de Benoît XV, les aumônes royalement généreuses que l'auguste pauvreté du Vicaire de Jésus-Christ a prodiguées à toutes les infortunes. Vous n'avez pas, en effet, Nos Très Chers Frères, pu lire sans profonde émotion le récit de ce qui s'est passé, à l'approche des fêtes de Noël, dans certains camps de prisonniers français, en Allemagne. Au nom de Sa Sainteté, Mgr Pacelli, Nonce apostolique à Munich, alla visiter nos chers et malheureux compatriotes ; — dans l'un de ces camps, il y avait six cents prisonniers français. Le Nonce leur apportait, avec la Bénédiction Apostolique, un don paternel du Vicaire de Jésus-Christ, et, pour mêler à la douceur de ce souvenir un reflet de la patrie, Mgr Pacelli tint à leur adresser la parole en notre langue. Dans une allocution qui fut des plus émouvantes, il leur parla de Sa Sainteté, de sa particulière sympathie pour eux. « C'est en son nom et avec son grand cœur que je vous dis : Courage et confiance. » Puis il remit de sa main à tous les prisonniers le paquet qu'il leur offrait au nom de Benoît XV. Chacun de ces paquets portait, imprimée sur l'enveloppe, la Tiare Pontificale, avec ce mot : « Le Saint-Père offre en bénissant. » Comme l'on comprend l'attendrissement qui dut saisir le cœur de nos soldats et l'élan de tendresse filiale avec laquelle ils voulurent envoyer au Souverain Pontife l'hommage de la plus vive gratitude (1) !

*
* *

La paix, fille du Ciel, don de Dieu, joie de la terre, but constant des aspirations et de tous les efforts de la Sainte Église, le monde entier, redisons-le, la désire, et une voix officielle l'a déclaré du haut de la tribune de notre Parlement : « Ce serait un crime d'en retarder, sans nécessité, ne fût-ce que d'une heure, le bienheureux avènement (2). » C'est le cri qui jaillit de toutes les âmes.

C'est donc se rendre coupable d'une cruelle dérision, et abuser de la crédulité humaine, de vouloir, comme le font certains hommes, revendiquer, en quelque sorte, le monopole de l'amour de la paix. Ils ont toujours ce mot à la bouche, et semblent compter d'après le nombre de ses répétitions, leurs droits au titre de bienfaiteurs de la patrie et d'amis de l'humanité. Eh ! qui donc, si ce n'est un monstre, a jamais voulu ou aimé la guerre pour elle-même ? Qui ne souhaite ardemment *la paix ?* Mais encore faut-il la souhaiter *digne de nous*, et la rechercher *par des voies qui puissent y conduire avec honneur*. Autrement, à quoi sert, sinon à aigrir ou à décourager les âmes, de maudire la guerre et d'appeler la paix, si l'on n'in-

---

(1) La *Croix* de Paris, numéro du 11 décembre 1917.
(2) M. Painlevé, alors président du Conseil et ministre de la Guerre.

dique *la vraie base sur laquelle on pourra la fonder*, et par quelle issue on pourra sortir, le front haut, de l'enfer de la guerre. Voilà l'essentiel et vers quoi doit se diriger l'effort de nos volontés. *La paix*, encore une fois, tout le monde la veut, mais *nous ne voulons et ne pouvons l'espérer et la chercher que dans la justice, et, dans la justice, par la victoire.*

II

C'est qu'il y a *diverses manières de concevoir l'établissement de la paix.* Il y a la paix de la prison et des galères. L'ordre impeccable subsiste alors par l'impossibilité de se mouvoir librement et par la terreur qu'inspire le geôlier. Cette paix-là fleurit à peu près sans conteste, jusqu'à nouvel ordre, en Belgique et dans nos départements du Nord, que continue à occuper l'Allemand.

Il y a la paix de l'esclavage. Elle sévit dans les camps où les Boches ont transporté et entassé des milliers de nos compatriotes, soldats faits prisonniers sur les champs de bataille, ou civils arrachés à leur pays, sans ombre de motif légitime. La paix y a pour appui la famine et l'épouvante.

Il y a la paix du cimetière, la paix du désert, dont les habitants n'ont garde de troubler le bel ordre et le calme du monde; pas un brin d'herbe n'y relève la tête. « Où mon cheval a passé — disait Attila — l'herbe ne poussera plus. » L'antiquité a connu ces merveilleux pacificateurs. « Où ils ont fait la solitude, ils prétendent avoir établi la paix — *Ubi solitudinem fecerunt, pacem dixerunt!* » Cette méthode ne s'est pas perdue entièrement. Lens, Louvain et vingt autres villes, des centaines de villages, belges et français, pour ne point parler des horreurs accomplies en Serbie, en Italie, en Arménie, en Roumanie et ailleurs, attestent, par leurs ruines, la science pacificatrice de nos ennemis.

Il y a la paix sous le joug de la tyrannie « *quand ceux qui nous haïssent règnent sur nous* (1) ». C'est la paix dont sont affligées les populations d'Alsace-Lorraine, où, après un demi-siècle d'oppres-

---

(1) *Psalm.*, CV, 41.

sion savante, on laissait espérer à ces Français d'hier et d'aujour-
d'hui que, par une scrupuleuse fidélité à bénir leur sujétion, ils
pourraient obtenir, à un moment donné, la faveur d'être des
citoyens de deuxième classe.

Si, ce qu'à Dieu ne plaise, il pouvait, Nos Très Chers Frères, se
trouver parmi vous des hommes assez abandonnés de Dieu et d'eux-
mêmes pour vouloir la paix à tout prix, une paix quelle qu'elle soit,
Nous les mettrions en face de ces sinistres caricatures d'un bien
si justement désiré, et Nous leur demanderions de faire leur choix.
Mais, Nous vous connaissons, Nous savons que vous repoussez
avec horreur une si affreuse, une si épouvantable supposition. Pour
vous, pour le monde entier, la France ne serait plus elle-même, si
elle payait de son honneur et de la dignité de ses enfants la possession d'une vile paix. Vous voulez — *nous voulons tous* — *la paix,
mais dans la justice, dans le respect et dans la réparation de tous nos
droits.* Plus d'autre alternative. « Il n'y a plus — affirmait naguère
le président du Sénat, — de paix possible que par le déshonneur
ou par la victoire (1). » Constatation que faisait aussi, sous une forme
non moins énergique, le premier ministre du Gouvernement anglais,
M. Lloyd Georges, prouvant à un auditoire enthousiasmé, composé
de représentants des corporations ouvrières, l'absolue nécessité
de ne pas déposer les armes, avant d'avoir remporté la victoire.

Si quelqu'un, dans cette assemblée, — disait-il, — peut m'indiquer
un moyen juste, honorable et équitable de terminer ce conflit, sans lutter
jusqu'au bout, qu'il me l'indique ! Ma conviction est que l'Angleterre
n'a d'autre alternative que de continuer ou de disparaître (2).

Pour bien nous en convaincre, rappelons-nous que nous avons
été les victimes de l'injustice la plus criante, par le fait d'un ennemi
qui, sans ombre de motif, et même sans se donner la peine de chercher un prétexte tant soit peu spécieux, nous a précipités, par une
brutale agression, dans l'abîme de maux qui s'appelle la guerre.
Il s'était préparé en secret, pendant plus de quarante ans, à se
jeter sur nous, comme sur une proie, pour nous châtier de n'avoir

---

(1) M. Antonin Dubost, lors de la rentrée du Sénat, janvier 1918.
(2) Cité par l'*Action Française*, numéro du 19 janvier 1918.

pas voulu mourir après nos désastres de 1871. Il nous haïssait
de tout le mal qu'il nous avait fait et de tout le mal qu'il regrettait
de n'avoir pu nous faire, et il méditait de nous porter de nouveaux
coups, qui devaient, cette fois, être mortels. Par quoi donc avions-
nous pu motiver ou justifier cette haine inexpiable? Et quelle
ocacsion y avions-nous donnée? Mais, plutôt, que n'avions-nous
pas enduré, pour éviter le déchaînement de la tourmente? Pendant de longues années, nous nous appliquions à ne pas voir les
provocations et les pièges qu'on semait sous nos pas, afin de
n'avoir pas à en demander raison. C'était au point qu'on
pouvait craindre que la France ne tremblât lâchement et hon-
teusement, à l'idée même de la guerre. Il est vrai, et le monde
entier le savait bien, nous étions assez sûrs de notre courage et de
notre force, pour n'avoir pas besoin d'en faire étalage. Ce qui, en
ontre, était également manifeste, aux yeux de l'univers, c'est que nous
reculions, aussi longtemps qu'il était possible, devant la responsabilité de n'avoir pas tout tenté pour empêcher une conflagration
destinée à devenir générale. C'est donc dans ces circonstances « *quum
sancta civitas habitaretur in omni pace* (1) », ainsi que s'expriment
nos Saints Livres, quand la France « la France sacrée » — comme
le Cardinal Logue, Archevêque d'Armagh (Irlande), appela notre
pays à Lourdes (2), — quand notre patrie était foncièrement attachée
à la paix, c'est à ce moment que nos ennemis, nous croyant faibles,
parce que nous étions pacifiques, se décidèrent à nous sauter à la
gorge, à l'improviste, et c'est seulement sous le coup de l'attaque
que la France a saisi l'épée. Alors, en face de ses ennemis, elle n'a
pas compté leur nombre, elle a seulement mesuré la portée de leur
cruel outrage. Tels les héros du Livre des Macchabées, *voyant qu'il
y allait de leur existence* (3), nos soldats ont marché au feu sans
hésiter, comptant sur eux-mêmes et sur Dieu. Mais, — et l'on ne
saurait trop le répéter, pour nourrir notre patriotique indignation, —
il est prouvé, et il sera éternellement vrai que nous avons été l'objet
de la plus injuste agression. Si jamais un pays a été dans le cas de
légitime défense; si, incontestablement, il y a des circonstances

---

(1) II *Macchab.*, III, 1.
(2) Voir le *Journal de la Grotte*, numéro du 12 octobre 1913.
(3) I *Macchab.*, XII, 51. — *Videntes quod pro anima res est illis.*

où une nation a le droit, que disons-Nous, le devoir d'entrer en guerre, sous peine de disparaître de la société des peuples, comme indigne de vivre, ce fut la France, au mois d'août 1914. Nous étions, en effet, jetés en pleine guerre malgré nous, n'ayant rien ménagé pour éviter l'explosion de la tempête.

Que, maintenant, les auteurs de la catastrophe viennent, après trois ans de luttes effroyables, proclamer effrontément, devant Dieu et devant les hommes : « Nous n'avons pas voulu cela ! » Ah ! nous le croyons sans peine, mais entendons-nous ! Cela, ce qu'ils n'ont point voulu, c'est, d'abord, l'échec de leur affreux attentat. Cela, ce qu'ils n'ont point voulu, c'est que leur victime ait résisté et réagisse contre ses bourreaux. Cela, ce qu'ils n'ont point voulu, c'est que le monde civilisé les repousse avec horreur. Cela, ce qu'ils n'ont point voulu, enfin, c'est l'effondrement de leur orgueilleuse et cruelle hégémonie, dans l'abîme que, par la fourberie et la barbarie, ils avaient rêvé de creuser sous nos pas. Non, cela, ils ne l'ont pas voulu.

Mais, ce qu'ils ont voulu, tous, oui, tous, peuples et souverains, fascinés par l'espoir d'un facile et abondant butin, ce qu'ils ont exécuté, sciemment, sans hésitation et sans l'ombre de remords, c'est de répandre sur nous un déluge de maux. Oui, répétons-le, cela, ils l'ont voulu, ils l'ont accompli, et c'est leur impardonnable forfait.

Pourquoi Nous le crions si haut? Pourquoi Nous voudrions emplir le monde de la clameur de cette plainte? C'est, avant tout, Nos Très Chers Frères, pour prendre le Ciel et la terre entière à témoin de l'injustice horrible dont nous sommes les victimes. C'est, ensuite, pour attester que jamais nous ne cesserons de défendre nos droits et de poursuivre la réparation des torts qui nous ont été infligés. La paix que nous désirons devra mettre fin à ces horreurs et en consacrer l'expiation. Oui, la paix que nous voulons et que nous signerons devra avoir ce caractère, pour être juste, ou elle ne sera pas.

Eh quoi! Des fleuves de sang auront été répandus sur vingt champs de bataille, par la main criminelle qui a allumé la guerre; des flots de sang auront rougi la Marne, l'Aisne, la Somme, l'Yser, ils auront inondé les plaines de France et de Belgique et auront ruisselé le long des Vosges; Louvain, Ypres, Furnes, Arras, Soissons, Reims, villes ouvertes et sans défense, auront été incendiées au pied de leurs cathédrales en ruines; des centaines, des milliers, peut-être, de villages et de hameaux auront été réduits en cendres avec leurs églises; des milliers et des milliers de citoyens inoffensifs, des vieillards, des femmes, des jeunes filles exposées à des dangers pires que la mort, des enfants auront été, comme un vil bétail, traînés en captivité et astreints au travail des esclaves; des vaisseaux sans défense envoyés au fond des mers avec des centaines de victimes innocentes; des hôpitaux, avec leurs malades, bombardés; des centaines d'usines détruites et l'avenir du pays enseveli pour longtemps sous leurs décombres; et toutes ces horreurs, commises de propos délibéré, ne crieraient pas vengeance au Ciel! Tous ces crimes ne réclameraient pas impérieusement un châtiment et une expiation, en un mot, une suffisante et juste réparation!

Hélas! Nous l'avons dit, Nos Très Chers Frères, le cœur déchiré de douleur, il y a des ruines qu'il est impossible de relever; il y a des malheurs auxquels la plus rigoureuse justice ne saurait apporter une suffisante compensation. De quelle indemnité, en effet, parler aux veuves, aux orphelins de la guerre, aux vieux parents, dont la vie est dépeuplée, dépouillée de ce qui faisait l'orgueil et la joie de la famille? Pauvres victimes de la guerre, victimes sacrées, dont les gémissements nous percent le cœur, *vous ne voulez pas*, selon l'expression de nos Saints Livres, vous ne pouvez pas *être consolées, parce qu'ils ne sont plus* (1), ceux qui donnaient ses meilleures raisons d'être à votre existence!

Mais, du moins, dans la mesure où la loi de l'équité pourra proportionner la satisfaction au mal commis, sera-t-il nécessaire que l'injuste agresseur, l'odieux et barbare ennemi soit contraint à réparer les maux matériels, qui, de son fait, font cortège au deuil des âmes. S'il est juste de lui faire expier le sang de nos soldats, victimes de son iniquité, qu'il expie aussi, dans la mesure du possible, les larmes répandues au foyer d'innombrables familles!

Un règlement qui ne donnerait pas satisfaction à ces légitimes exigences, dans les conditions que la France devra déterminer, ne constituerait pas une œuvre de justice et ne mériterait pas le nom de paix, puisque ce ne serait pas l'ordre rétabli par le châti-

---

(1) MATTH., II, 18.

ment du crime et le respect du droit. *Dixerunt pax et non erat pax* (1) — *On pourrait bien crier : la paix, la paix ! Et cependant ce ne serait pas la paix.* La vraie paix, celle qui fermera à jamais, pour de nombreuses générations du moins, le temple de la guerre, doit donc, sans contredit, Nous le répétons, porter le caractère de la justice. Mais elle doit encore remplir une autre condition, également essentielle à la vie régulière des sociétés terrestres. Si brève, en effet, que soit notre existence, si courte que soit la sagesse humaine, l'homme, se souvenant qu'il est fils de l'éternité, est tourmenté du besoin d'assurer ou du moins d'espérer la durée des biens dont il veut jouir. « *Vienne donc la paix juste, mais vienne aussi la paix durable !* C'est l'ardente aspiration de nos cœurs ; ce fut également le vœu formel de Notre Saint-Père le Pape Benoît XV, quand sa voix paternelle essaya de dominer et de faire tomber le fracas de la tourmente mondiale. Une paix durable, et non pas seulement un simulacre de calme transitoire, dont la rapide disparition nous replongerait dans de plus sanglantes ténèbres, c'est de quoi nos soldats veulent qu'on s'assure, avant de déposer les armes. Après avoir mis un terme à la guerre d'aujourd'hui, la prudence la plus élémentaire, le plus naturel souci de l'intérêt national nous commandent de prévoir, de prévenir et, s'il se peut, de rendre impossible le retour de l'horrible fléau.

Représentez-vous un de nos Gaves, devenu furieux, tout d'un coup, par des pluies torrentielles ou par la longue accumulation de ses eaux ; il déborde, renverse tout sur son passage et répand la dévastation sur ses bords, où fleurissait naguère l'espoir des moissons. Quand on viendra relever la digue rompue, pensez-vous qu'on se bornera à la remplacer par un rempart de sable, qu'emporterait, dès le lendemain peut-être, une nouvelle inondation, cause de plus redoutables catastrophes ? Tout de même, après une longue et savante préparation de forces homicides, l'invasion allemande s'est, tout d'un coup, masse formidable, précipitée sur nous. Pour parler sans figure, la guerre, lentement mais sûrement machinée contre nous et qui a submergé le monde dans un déluge de maux, si nous voulons en empêcher le retour à bref délai, ne lui

---

(1) Jerem , VI, 14. — Id., VIII, 11.

opposons pas, comme terme et barrière, un ouvrage hâtif et sans consistance, c'est-à-dire une paix bâtie sur le sable. En un mot, la paix à venir — et puisse-t-elle être prochaine! — doit être marquée du sceau, sinon de l'éternité, au moins de la durée compatible avec les limites de l'humaine sagesse. Or, encore une fois, et ne l'oublions jamais, elle ne pourra être durable que si elle a pour base les garanties nécessaires.

Quelles sont ces garanties? Il ne Nous appartient pas d'en proposer le programme, et encore moins de prétendre l'imposer. Nous n'avons pas, nous Catholiques, enfants et serviteurs soumis de la patrie, l'intolérable outrecuidance de nous substituer, en pareille matière, à l'initiative des hommes d'État qui président régulièrement aux destinées de la France. Encore moins nous verra-t-on, comme certains présomptueux, délégués uniquement par leur vanité, et devenus criminels par orgueil, nous mettre en rapport avec des étrangers, et même avec des ennemis, pour négocier de louches et désastreux préparatifs de paix. Non, encore une fois, nous ne songeons pas à vouloir déterminer nous-mêmes quelles garanties la paix future devra réclamer comme absolument nécessaires, mais du moins savons-nous et avons-nous le droit de dire qu'il en est qui sont essentiellement insuffisantes.

Entre hommes d'honneur, une parole solennelle suffit à créer de solides relations; de même, entre peuples vraiment civilisés, entre peuples d'honneur, un traité, scellé de leur nom, établit ou rétablit la sécurité avec une fraternelle confiance. Mais, aux yeux d'une nation qui méprise ou ignore la fidélité aux engagements les plus sacrés, que pourrait valoir un traité signé, paraphé et marqué de tous les sceaux du monde? « Chiffon de papier! » ricanerait-elle. Et on sait qu'elle l'a fait. Cette nation, vous la connaissez. Regardons-la bien en face, et, avant de conclure avec elle une paix qu'elle n'hésiterait pas à rompre à la première occasion propice, exigeons d'elle toutes les garanties pouvant contribuer ou suppléer à sa bonne foi.

Une de ces garanties indispensables, et qu'il est d'ailleurs en notre pouvoir d'établir, nous est suggérée par un de ces religieux dont les frères sont accourus, du fond de l'exil, au secours de la patrie.

Il part de ce fait incontestable, et à peine contesté, même par

les intéressés, que les Boches, depuis de longues années, et presque
à l'insu des autres peuples, s'abandonnaient à « l'obsession diabo-
lique de la religion de la force, de la domination » et s'enorgueillis-
saient « d'une raison qui ne se prétend liée par aucune loi morale,
quand celle-ci atteint l'État (1) »; qu'ils préparaient l'outillage de
la guerre avec le souci de la plus minutieuse organisation, cependant
qu'ils s'appliquaient à bercer l'étranger par la cantilène de leur
pacifisme, plein de fausseté et de trompeur humanitarisme. Pourquoi cet appareil à la fois de barbarie et de fourberie, chef-d'œuvre
d'une immoralité monstrueuse, sinon pour tromper et endormir
la victime innocente qu'on voulait frapper d'un coup sûr et mortel?
Et, en même temps que cet esprit de mensonge engourdissait et
stupéfiait, pour ainsi dire, l'opinion du monde, en même temps
que, par ailleurs, leur philosophie s'insinuait comme un poison
dans les intelligences et y ruinait les certitudes, en leur enlevant
toute base réelle et rationnelle, une autre manœuvre de mort éten-
dait sur la terre entière, sur la France en particulier, le réseau d'un
espionnage opérant bientôt au grand jour, et dont la candeur, semble-
t-il, véritablement cynique, désarmait les soupçons. Mal redoutable,
dont l'expansion atteignait toute notre vie nationale. Armée, industrie, commerce, finances, familles, individus, tout ce qui constituait
une force, se trouvait peu à peu investi, saisi, par des liens invi-
sibles, qui avaient pour but de paralyser ou de rendre inefficaces
les soubresauts indignés de la nation mise en face de l'ennemi, à
l'heure où, subitement, il viendrait à se démasquer. N'objectez
pas que Nous exagérons, ou que Nous prenons pour des réalités
des fantômes créés par une imagination alarmiste. Les faits sont
là, et il serait facile de les citer et de les étaler, évidents, innombrables, terrifiants, affligeants aussi, puisque, hélas! les espions
ne venaient pas tous d'au delà du Rhin. L'œuvre d'empoisonne-
ment, d'espionnage, de mensonge, de corruption, de trahison,
était si bien montée qu'une seule chose étonne, c'est que la France
n'en soit pas morte. *Misericordiæ Domini, quia non sumus con-
sumpti* (2)!

---

(1) Lord Robert Cecil. Paroles prononcées à Londres. Voir l'*Action Française,* numéro
du 21 décembre 1917.

(2) *Thren.*, III, 22.

Quelle conclusion en tirer, sinon celle que nous suggère le clair-voyant religieux que nous citons?

La nation, —écrit-il, — qui a pu commettre ces infamies et en pro-fiter est fermée au sentiment de l'honneur, ou, ce qui est plus grave, elle se fait un honneur de ce qui la déshonore. L'Allemagne ne changera donc pas; elle continuera, comme par le passé, ses abus de confiance et ses mensonges. C'est ainsi que, durant la paix, elle prépare et fait la guerre. Voilà un fait qu'il importe de graver dans le cerveau et dans les nerfs de nos compatriotes et de nos alliés, si bien que nul parmi eux ne l'oublie... Que jamais plus ils ne s'abaissent jusqu'à devenir les complices ou simplement les dupes de leurs ennemis (1).

Ayons donc la volonté, employons les moyens de nous mettre en garde contre les poisons de leur meurtrière philosophie, de leurs intrigues, de leurs multiples espionnages, de même que nos soldats se défendent contre leurs gaz asphyxiants. C'est pourquoi, comme garantie de la paix, nous voulons — et nous y veillerons — qu'on leur arrache leur masque et qu'on les voie toujours tels qu'ils sont. Leur figure véritable, vue de près, révèlera le fond de leurs cœurs. « Malheureux! — s'écriait le grand apôtre de la charité, saint Vincent de Paul, s'élançant sur un misérable qui torturait un pauvre petit enfant — de loin, je vous prenais pour un homme! » Mais ceux qui ont préparé la guerre en secret, par le mensonge, par l'in-toxication des âmes et par le plus infâme espionnage, qui l'ont déclenchée par un agression injuste et inopinée, qui l'ont menée avec des méthodes de bandits, de quelle distance saint Vincent de Paul devrait-il les regarder, s'il voulait les prendre pour des hommes ou, du moins, pour des hommes d'honneur, dignes de confiance, en définitive, pour « des hommes comme nous »! Qu'ils ne se plaignent pas de notre langage; ils se sont excommuniés eux-mêmes de la famille humaine.

III

Nous voulons *la paix*, et, pour qu'elle soit réelle, nous la vou-lons *juste et durable*. Et c'est pourquoi il faut continuer à lutter et

---

(1) Dom Besse. Voir l'*Action Française*, numéro du 21 décembre 1917.

ne songer à déposer les armes que quand nos ennemis seront abattus *par notre victoire*. Voilà des idées claires, simples, que vous avez bien souvent méditées avec Nous, depuis le commencement de la guerre, et dont vous avez saisi facilement le sens et la redoutable portée. Mais, pour nous en pénétrer davantage et à fond, rappelons-nous les graves paroles que l'illustre Président des États-Unis adressait, le 3 décembre dernier, à 100 millions d'Américains, résolus à combattre avec nous :

Notre objet est naturellement de gagner la guerre, et nous ne faiblirons pas, ni ne permettrons d'en être détournés, jusqu'à ce qu'elle soit gagnée... Nous sommes le porte-parole du peuple américain... Il désire *la paix par la défaite du mal*, par la défaite, *une fois pour toutes*, des forces néfastes qui troublent la paix et la rendent impossible (1).

Que la victoire seule, et une victoire complète, puisse nous conduire à une paix juste, consacrée par la réparation du mal commis, il semble que cette vérité n'ait pas besoin d'être démontrée. Pour qui connaît la nature humaine, et, en particulier, la mentalité allemande, il ne saurait subsister, à cet égard, l'ombre même d'un doute.

Aucune loi morale ou religieuse — proclamait naguère un ministre anglais déjà cité (2) — ne pourrait empêcher les Allemands de commettre les crimes les plus abominables, pour peu qu'ils croient que ces crimes sont de l'intérêt de l'Allemagne... C'est cet état d'esprit que nous devons combattre, car il n'y a pas de sécurité possible pour nous, à moins que l'Allemagne ne soit définitivement battue. Certaines personnes croient que « le peuple » allemand désire la paix.

(Et, en effet, il se rencontre encore parmi nous des gens assez naïfs pour distinguer entre le peuple allemand et ses chefs, comme si le même vertige de violence et une même passion furieuse de proie et de conquête n'entraînaient encore peuple et souverains, toute la masse de la nation !)

---

(1) Cité par la *Croix* de Paris, numéro du jeudi 6 décembre 1917.

(2) Lord Robert Cecil parlant à Norwich. Voir, à ce sujet, le *Télégramme* de Toulouse, numéro du 28 novembre 1917.

Il est facile de s'en rendre compte. Si le peuple allemand désire réellement la paix, consent-il à restaurer et à indemniser la Belgique pour les attentats commis pas ses soldats? Nous avons mis l'Allemagne au défi de nous répondre et de nous donner ainsi une preuve de sa sincérité. Mais aucune réponse n'a été reçue du Gouvernement de Berlin. Personne donc ne peut en douter, la mentalité du Gouvernement d'aujourd'hui est la même que celle qu'il avait lorsqu'il plongea l'Europe dans la guerre. Aussi longtemps que cette mentalité ne sera pas changée, nous serions des criminels, — vous l'entendez, Nos Très Chers Frères, d'après l'illustre Anglais, nous ne serions pas aveugles seulement, nous serions des criminels, envers nous, envers notre patrie, envers nos descendants! — oui, nous serions des criminels de croire qu'une paix durable peut être conclue avec une puissance de ce genre; le premier de nos buts de guerre est et doit donc être la victoire (1).

L'homme d'État britannique envisage les crimes commis en Belgique, mais les attentats que Nous avons énumérés et stigmatisés plus haut, et dont le seul souvenir fait dresser les cheveux d'horreur, n'ayons pas un instant la naïveté de supposer que leurs auteurs puissent être, sinon par la force, c'est-à-dire par notre victoire, amenés à les réparer.

Et l'Alsace-Lorraine? Je veux, enfin, prononcer ton nom devant les enfants de ma famille diocésaine, ô ma petite patrie, ô Alsace-Lorraine bien-aimée, qui, depuis plus de quarante ans, étais clouée à la croix par tes quatre membres, et qui, parfois, comme désespérée, poussais vers le Ciel ce cri de douleur : « *Mon Dieu! Mon Dieu! France, ma mère, m'avez-vous donc abandonnée* (2)? » L'Alsace-Lorraine, vingt peuples, unis à la grande République américaine et à l'Empire britannique, le proclament avec nous, l'Alsace-Lorraine, dont la délivrance est essentiellement liée à l'honneur de notre pays et à la paix du monde, nul n'a jamais vu, nul n'a jamais entendu un Allemand qui se soit sérieusement montré disposé à lui rendre la liberté. Le crime de lèse-humanité qui l'arracha du cœur de la France ne sera donc expié et réparé que le jour où le drapeau tricolore flottera en vainqueur le long du Rhin, ô Mulhouse, ô Colmar, ô Strasbourg!

Laissez-Nous insister sur ce point. Il serait parfaitement vain

---

(1) Lord Robert Cecil. Le *Télégramme* de Toulouse, numéro du 28 novembre 1917.
(2) MATTH., XVII, 46; MARC., XV, 34.

d'imaginer que le sentiment de la justice pourrait jamais être assez influent sur une âme boche pour l'entraîner spontanément à la restitution du bien volé, à la compensation des torts injustement causés. L'Allemagne ne se repent de rien. Elle ne confesse pas ses crimes, — sauf pourtant la violation de la neutralité belge, mais cet aveu est demeuré stérile, — et, dans tous les cas, elle ne veut pas se rendre digne d'une absolution qui lui demanderait d'abord l'expiation. L'Histoire ne mentionne qu'une seule fois le cas d'un peuple assez grand, assez sûr de sa gloire, assez maître de soi, assez honnête, en un mot, pour reconnaître librement son tort et pour le réparer. C'est celui de la France, la France du roi Saint Louis, au siècle le plus lumineux de ce Moyen Age si outrageusement et si obstinément ignoré et méconnu. Ce grand prince crut s'honorer et honorer notre patrie, quand, en pleine victoire, il rendit, de son plein gré, à des ennemis vaincus une province que lui, roi de France, ne s'estimait pas en droit de posséder. Exemple unique, croyons-Nous, jusqu'à ce jour. Il ne sera pas encore imité demain, car, si l'Allemagne affranchissait et délivrait réellement la Belgique et l'Alsace-Lorraine, si elle relevait les ruines accumulées par sa rage de destruction, sans y être contrainte par la force appuyant le droit, elle cesserait d'être l'Allemagne.

Si, de plus, à la réparation du passé, nous voulons, comme il est indispensable, ajouter l'établissement de garanties pour l'avenir, il est facile de voir qu'un si légitime souci se confond, plus clairement encore, avec l'obligation, avec la nécessité, de remporter une complète victoire. En dehors de cette condition, en effet, la prétendue paix accordée à notre ennemi n'apporterait qu'une trêve à la lutte, mais non pas à sa haine. Le fauve se serait accroupi un moment, dans l'apparence du repos, mais pour ramasser plus complètement ses forces, avant de bondir de nouveau, et, cette fois, avec un élan plus furieux et, peut-être, irrésistible, sur un peuple qui se serait endormi dans une fausse sécurité. En un mot, si la France veut assurer la durée de la paix, un seul moyen est efficace; ce n'est pas de faire entendre aux Boches seulement l'obligation morale de renoncer à la guerre : chiffon de papier, que cela ! Mais c'est de les réduire à l'impuissance de la recommencer contre nous. Notre pays et ses alliés, le monde civilisé presque tout entier, associé à notre lutte et solidaire de notre sort, ne pourront respirer qu'à ce prix. Écoutez! C'est la revendication qui s'élève des États-Unis et de presque tous les pays des deux Amériques, du Japon, de tout l'Orient, de l'immense Empire britannique, de l'Italie, du Portugal, de la Serbie, de la Roumanie, comme de la France et de la Belgique; c'est l'incoercible clameur de l'humanité; elle veut être sûre que le lendemain de la paix ne sera pas la veille d'une nouvelle et plus sanglante mêlée des peuples. La « Société des Nations »! La voilà réalisée, dès aujourd'hui, dans la mesure du possible, par la commune haine de l'injustice. Dieu veuille qu'elle puisse s'étendre, demain, par l'esprit d'une véritable fraternité! Et, si nos ennemis d'hier et d'aujourd'hui ne peuvent se résoudre à abjurer leur haine foncière contre nous; s'ils se plaignent que nous voulions les exterminer, vous savez bien que cela n'est pas vrai, et que la France ne veut la destruction d'aucune famille humaine. Mais que dire, que penser d'une nation qui se prétend vouée à la mort, quand on veut simplement obtenir qu'elle ne se tienne pas toujours prête à sauter à la gorge des peuples désireux de vivre en paix!

Nous vous exposions, tout à l'heure, la judicieuse pensée de cet excellent religieux qui préconisait, comme moyen de défense contre les Boches et comme une de nos garanties pour l'avenir, le soin de les faire connaître à tout l'univers tels qu'ils sont, avec leur physionomie propre, étudiée à la lumière de leurs faits et gestes, tels, en un mot, qu'à leur insu ils se sont peints eux-mêmes. Les regarder, les « avoir toujours à l'œil », il lui semblait qu'il n'en fallait pas davantage, pour les rendre, sinon humains, du moins impuissants à nuire. Mais, pour obtenir ce résultat, et Nous arrivons toujours à la même conclusion, le moyen nécessaire, indispensable, c'est le triomphe de nos armées : la puissante projection de la lumière vengeresse et libératrice sur nos ennemis ne peut être que le fruit de la victoire. Tout le monde sait, et Nous l'avons rappelé plus haut, avec quelle infernale habileté ils ont su, avant la guerre, semer à travers le monde les mensonges et les erreurs qui devaient aveugler les esprits et paralyser les volontés. N'ont-ils pas eu l'impudence d'affirmer, et l'invraisemblable fortune de faire croire, chez eux, et chez certains neutres, même chez quelques incurables niais de chez nous, que cette guerre, à laquelle rien ne nous avait préparés, c'est nous, non pas eux, armés jusqu'aux dents depuis un demi-siècle, oui, que c'est nous qui l'avions voulue et désirée ! Ils ne se sont pas lassés de le crier à tous les échos, même à ceux qui leur renvoient les démentis les plus éclatants. Aujourd'hui encore, ils croient qu'ils finiront, à force d'impudence, par étourdir l'humanité, et par lui arracher l'absolution de leur crime, qui sait? peut-être même un verdict d'innocence. Et cela est tellement vrai que, si, par impossible, — pour le scandale de l'Histoire et pour le malheur du genre humain, — les Boches devaient sortir de la présente lutte en vainqueurs, ils prétendraient, aux yeux du monde, se parer de noblesse et de magnanimité, autant que des lauriers de la victoire. Ils ne se reposeraient dans leur gloire insolente que le jour où leurs inoffensives victimes seraient transformées en affreux bourreaux et les loups homicides en agneaux pleins de douceur. La petite Belgique apparaîtrait comme une criminelle, justement et encore bien imparfaitement punie d'avoir troublé l'onde pure du Rhin. Quant à la France, amputée une fois de plus, de quelques-unes de ses provinces, elle aurait à remercier ses généreux vainqueurs de lui avoir laissé un souffle de vie. L'avenir serait ainsi contraint d'être complice du passé et de chanter les triomphes immaculés de l'Allemagne.

Pour prouver que Nous n'imputons pas arbitrairement à nos ennemis l'intention de commettre cet attentat sur l'esprit des générations futures, laissez-Nous vous citer une anecdote, dont Nous pourrions donner la date et tous les détails; simple trait, mais qui égale en valeur et en portée la puissance d'un tableau d'histoire. C'était dans les premiers jours de la guerre, quand, déjà, les Boches, par les incendies et les massacres, avaient pu donner la mesure de leur systématique férocité. L'un des membres de l'admirable épiscopat belge, qui, groupé autour du cardinal Mercier, fera toujours l'admiration de tout homme civilisé, se trouvait en face d'un ecclésiastique allemand, — peut-être aumônier militaire. Il lui demanda tristement ce qu'il pensait de ces horreurs : « Ce que j'en pense, — répondit le digne interprète de l'esprit qui anime et gouverne sa race, — je pense que nous aurons la victoire, et que *c'est nous qui ferons l'Histoire.* » Vous l'entendez, il ne leur suffit pas d'avoir répandu sur le passé et sur le présent des nuages de mensonges, pour obscurcir la vérité dans les esprits; ils se préoccupent déjà de confisquer à leur profit l'avenir, et de tromper la postérité, en empoisonnant les sources de l'Histoire. Mais Dieu ne permettra pas que leur pouvoir aille jusque-là; et ils ne seront pas les maîtres de *faire* l'Histoire, comme un voleur *fait* les porte-monnaie. Les choses ne seront pas ce qu'ils veulent qu'elles soient; l'Histoire publiera la vérité entière, et elle mettra chaque chose, chaque nation à sa place; elle stigmatisera les fourbes et dira le nom des bourreaux et celui des victimes; elle couronnera d'une gloire immortelle les champions de l'honneur, les héros qui auront payé de leur sang le triomphe du droit et de la justice. *La vérité délivrera* les esprits, parce que la vérité aura été délivrée par notre victoire. *Veritas liberabit vos* (1).

*
* *

La paix digne de ce nom, la vérité, le droit, le salut de la France, toutes les grandes causes auxquelles se trouve lié — Nous vous l'avons expliqué l'année dernière — l'avenir de la civilisation chrétienne, sont l'enjeu de la présente guerre et le fruit de la victoire qui en marquera le terme; victoire certaine, vous n'en doutez pas, ou, plutôt, affirmons-le, une fois de plus, vous n'en avez jamais douté. Mais, plus que jamais, il importe que notre confiance s'affermisse et que notre conviction demeure inébranlable, afin de prêter un solide appui aux efforts que la patrie nous demande avec les plus pressantes instances. C'est que nous sommes à un moment solennel, et tout le monde s'attend à voir se dérouler, peut-être bientôt, des événements décisifs. Devant cette perspective, bien faite pour enflammer notre patriotisme, que faut-il que nous fassions? Une seule chose : que nous nous montrions dignes de nos défenseurs, par notre ambition de les imiter. Que font nos « poilus », nos prestigieux « poilus »? Ils luttent, ils souffrent, et ils comptent sur le secours de Dieu. Admirons-les et sachons, comme eux, lutter, souffrir et prier. Voilà l'esprit de guerre; non-combattants comme combattants, tous doivent s'en pénétrer; y renoncer, ce serait commettre le crime de désertion.

On a si souvent, et sur tous les tons, et chaque fois avec une nouvelle émotion de patriotique fierté et de sympathie, exalté l'héroïsme de nos soldats qu'on ne peut essayer de les louer, sans tomber dans

---

(1) JOAN., VIII, 32.

de glorieuses redites. Leur vaillance sans égale, leur complet mépris du danger, leur inflexible volonté de faire triompher la France, en mourant, s'il le faut, pour elle, ont brillé, depuis les débuts de la guerre jusqu'à ce jour, d'un si puissant éclat que, selon la parole de Bossuet, « la louange languit auprès de ces grands noms ». Nous ne les admirerons donc jamais assez; jamais assez nous ne les aimerons; jamais nous ne serons assez fiers d'eux. Les générations à venir acquitteront les milliards prêtés à la France; mais la postérité la plus reculée ne paiera jamais complètement la dette de notre gratitude envers les sauveurs de la patrie. Aussi longtemps qu'il y aura une France, aussi longtemps vivront dans sa mémoire les soldats de Verdun, de la Marne, de l'Aisne, de l'Yser, de la Somme, du Grand Couronné de Nancy, du mont Tomba, sujets d'immortelle fierté pour un peuple qui a produit ces légions de héros.

Pour que nul esprit étroit ne Nous accuse de Nous abandonner à l'ivresse d'une complaisance trop vive pour nos fils et nos frères, il Nous sera bien facile de donner, sans les affaiblir, une forme plus désintéressée à Nos louanges, en mettant sous vos yeux les hommages que les étrangers leur ont rendus. Nous ne parlons pas de nos ennemis; ils ont, en reculant devant eux, proclamé, à leur façon, ce que valent nos soldats. Mais écoutez ce que dit un officier américain, le colonel House, juge bien qualifié pour apprécier le mérite de ses frères d'armes. Nous choisissons ce témoignage entre mille autres, tout aussi éloquents. Parlant naguère à la Conférence des Alliés, ce représentant officiel du Président Wilson s'exprimait en ces termes :

Nous restons sous l'impression qu'en venant en France nous avons rendu visite à des amis. Depuis la fondation du Gouvernement américain, il a toujours existé entre nous des liens d'intérêt et de sympathie, que cette guerre a transformée en une admiration passionnée. L'histoire de la France est une histoire de courage et de sacrifices. Les hauts faits qui ont éclairé ces trois dernières années ne nous ont donc pas surpris en Amérique. Nous savions que, lorsqu'elle serait appelée à le faire, la France, par ses exploits, ajouterait un nouvel éclat à sa gloire. L'Amérique adresse son salut à la France, à ses fils héroïques, et lui exprime la fierté qu'elle ressent de combattre aux côtés d'un allié aussi brave (1).

---

(1) Voir la *Croix* de Paris du 5 décembre 1917.

Écoutez, maintenant, un grand personnage, officiellement neutre, mais dont la neutralité, il est vrai, ne paralyse ni le cœur ni la langue. Voici les pages écrites par Mgr Lopez Pelaez, l'illustre archevêque de Tarragone, sénateur du royaume d'Espagne, à son retour du front français, où les chefs de notre armée l'avaient accueilli comme un ami d'hier et de toujours :

Tout mon être est ébloui de clarté : l'approche du sublime est dangereuse, et, après cette visite au front, mon âme est lasse, comme le sont les yeux après avoir trop longtemps contemplé le soleil.

Cette visite aux soldats de France, je l'avais souhaitée d'autant plus ardemment qu'elle allait me permettre de voir de près ce que je n'avais fait que deviner, et très imparfaitement, à force d'amour et d'admiration.

La réalité a dépassé toutes mes prévisions : j'ai trouvé une population fervente et recueillie, mais aussi pleine de courage, et une armée indomptablement forte. La France, dispensatrice des libertés humaines, champion du droit, protectrice des humbles, la France immortelle m'est apparue dans toute sa grandeur.

Ah ! si certains de mes compatriotes pouvaient venir ici, comme ils agiraient, comme ils parleraient différemment ! Tout d'abord, comment peut-on douter des sentiments religieux du peuple français? Ce peuple, je l'ai vu agenouillé au pied des autels, priant pour ses morts et demandant à Dieu la victoire. J'emporterai de ce spectacle un souvenir inoubliable.

Mon voyage sur le front, où j'ai été l'objet des attentions les plus courtoises, fut pour moi une véritable initiation aux œuvres de douleur et de gloire. Les souffrances des populations, si cruellement éprouvées par la barbarie allemande, m'ont profondément affecté. Les Impériaux ont violé, au cours de cette guerre, toutes les lois divines et humaines. Les destructions accomplies sans aucun but militaire, les bombardements consécutifs imposés à cet admirable joyau qu'est la cathédrale de Reims, méritent un châtiment exemplaire.

Après Reims la désolée, nous fûmes à Verdun, et là j'allais avoir l'honneur de vivre, pendant quelques heures, parmi les soldats français.

Je me souviendrai toujours du cimetière de B... où j'ai béni une grande croix portant ces mots : *Pro Patria*. C'était par un temps gris, la nature s'était drapée de voiles de deuil, et pourtant, malgré la tristesse du lieu et de l'heure, au-dessus de ces tombes et parmi le grand silence de la mort, qu'interrompait parfois la voix grave du canon, au-dessus de ces champs dévastés, flottait comme une immense espérance. Bien des braves, priant autour de moi, ont dû éprouver ce même sentiment, tandis que je bénissais la grande croix du cimetière de B...

Mais si, à certaines heures graves, le soldat français sait se recueillir,

il est aussi plein de gaîté, lorsqu'on fait appel à sa bonne humeur; c'est
là, peut-être, le trait typique de son caractère. J'ai vu de farouches
guerriers installés devant un guignol de campagne et riant à gorge
déployée, comme de grands enfants. Voilà un excellent indice de
santé morale et de force. J'ai remporté du front l'impression très nette
qu'avec de pareils soldats la France est assurée de la victoire, cette
victoire que je désire de toutes les forces de mon âme.

Avant mon départ, une grande joie devait m'être réservée : je fus
invité à célébrer la Messe, à Rembercourt-aux-Pots, devant les troupes
assemblées.

Pendant la durée des offices, des chœurs, composés de soldats volontaires, se firent entendre.

Qu'elle était belle, cette humble église, où montaient superbement
vers les voûtes des voix claires et fortes!... Au moment de bénir ces
braves, je fermai les yeux. Un instant, moi, prélat espagnol, je me crus
transporté aux époques où Français et Espagnols luttaient côte à côte,
partageant leurs souffrances et leur gloire...

† Antolin Lopez Pelaez,

Archevêque de Tarragone.

Voilà nos soldats! Ne leur demandez pas s'ils se tiennent pour
assurés de la victoire. Jamais un doute n'a effleuré leur âme, et la
sainte contagion de leur confiance, comme la flamme de leur
héroïsme, s'est communiquée aux alliés que l'Europe, l'Amérique,
l'Asie, l'Océanie, ont successivement groupés autour de la France.
Sans doute, et il serait puéril de le contester, les diverses puissances
qui apportent le concours de leurs forces aux nôtres, ont à défendre
d'immenses intérêts, solidaires des intérêts français, mais il est
permis de penser que leur étendard national ne flotterait pas auprès
du drapeau tricolore, si celui-ci n'était porté, depuis plus de trois
ans, par des héros dignes de la France immortelle.

A cette bravoure sur le champ de bataille et dans la ruée à
l'assaut, joignez le mérite d'une patience et d'une endurance,
autant, sinon plus héroïques encore. Nos défenseurs savent souffrir
aussi bien que combattre. Il ne faut pas se figurer, en effet, que les
rayons de la gloire, en auréolant le front du héros, le rendent insensible aux morsures du froid, à la boue glaciale des tranchées, aux
privations de toutes sortes. « Aurais-je donc, — pourrait se demander avec Job, notre sublime « Poilu », lui aussi plongé dans la

boue, — *aurais-je une poitrine d'airain* (1), pour que ma sensibilité ne soit pas meurtrie ? »

Ils souffrent, n'en doutons pas, et honte à qui est incapable de s'associer, par l'admiration et la compassion, à leurs dures épreuves ! Mais, après cela, il est parfaitement vrai qu'ils souffrent, ainsi qu'ils combattent, avec l'énergie d'une volonté héroïque, et avec le saint, le joyeux enthousiasme du devoir généreusement embrassé, du devoir fidèlement accompli. Ils ne rient pas de leurs souffrances, croyons-le bien, mais ils se sont mis en état de ne pas les craindre, et même, en un sens, de les aimer, de les rechercher, quand cet effort leur est demandé au nom de la patrie, pour le salut de la France. « *Je surabonde de joie* — écrivait saint Paul — *au milieu de mes tribulations* (2) », endurées pour la gloire de Jésus-Christ et pour le salut des âmes. Quelle parole ! En voici une autre, qui en est comme l'écho, et que Nous détachons du testament du lieutenant Symian, tombé au champ d'honneur : « Je désire des obsèques religieuses, célébrées à Saint-Marcel de Cluny. Si l'Église le permet, je voudrais que le service soit suivi du chant du *Te Deum* (3). » Le *Te Deum*, hymne d'allégresse et de reconnaissance, uni au *De Profundis*, chant de larmes et de deuil ! O saint patriotisme, joie divine, extase de l'amour dans le sacrifice !

Regardons, écoutons ces héros, ces Chrétiens, et sachons les imiter ! A leur exemple, ayons une absolue confiance, pleine, en quelque sorte, de l'esprit de combat. Rendons notre cœur inaccessible ou du moins invincible aux pensées de cette tristesse noire dont saint Paul déclare qu'elle *produit des œuvres de mort* dans les âmes (4). Ce serait une faiblesse indigne de vous, injurieuse pour la France et pour nos soldats, vos enfants, vos frères, vos parents. N'écoutez pas les semeurs de mensonges, de craintes et de paniques, générateurs de défaite et de honte. Ce sont des traîtres, agents ou complices des Boches. Livrez-les à la justice, ce sont les pires ennemis de notre pays, de même aussi que ceux qui vous suggèrent le dessein meurtrier de cacher vos provisions ou d'en exiger des

---

(1) Job, VI, 12. — *Nec fortitudo lapidum fortitudo mea, nec caro mea ænea est.*
(2) II *Ad Cor.*, VIII, 4.
(3) *La Réponse*, livraison de janvier 1918.
(4) II *Ad Cor.*, VIII, 10.

prix insensés, au risque d'amener la famine. N'écoutez pas les infâmes, qui, sous couleur d'amour de l'humanité, vous conseilleraient de ne pas prêter votre argent au Gouvernement et de ne pas ensemencer vos champs de blé, afin d'abréger la guerre. Les misérables! Oui, ce serait le moyen d'abréger la guerre, mais en livrant la France, pieds et poings liés, à ses ennemis, tout en poignardant dans le dos les défenseurs de la patrie, les défenseurs de nous tous, de chacun de nous; entendez-le bien, Nos Très Chers Frères, car c'est pour chacun de nous, et tous les jours, que nos héros affrontent la mort. N'écoutez pas non plus ces sots et irritants bavards qui, par besoin de faire les importants, — mouches du coche, mais mouches venimeuses, — jugent à tort et à travers nos chefs civils ou militaires, et sanctionnent leurs critiques par de menaçantes prophéties. Répondez à *ces fous,* comme les qualifient nos Saints Livres, qu'il est odieux de lancer autour de soi des traits empoisonnés; et, s'ils vous répliquent : « *Ludens feci;* — *c'est* sans réflexion, *c'est par jeu* que j'ai agi de la sorte (1) », jetez-leur au front la honte de ce jeu criminel, cruel, qui va infailliblement porter la mort au sein de plus d'un cœur, que faisaient vivre le patriotisme et la flamme de l'espérance. Confiance donc et courage, et sachons combattre, loin du danger, comme ceux qui « tiennent » au front!

Quand Nous vous adressons cet appel à vous tous, vieillards, femmes, enfants, malades même, qui êtes restés dans vos foyers, vous entendez bien, Nos Très Chers Frères, qu'il ne s'agit pas précisément de vous enrôler dans les cadres de nos régiments. Il y a, grâce à Dieu, pour nous, soldats de l'arrière, d'autres façons de lutter pour la patrie. Persuadez-vous bien, tout d'abord, que la confiance dont vous serez animés, et que vous ferez régner autour de vous, se répandra comme un souffle de vie sur nos armées en campagne; ce sera le ravitaillement moral de leurs effectifs; ravitaillement nécessaire autant qu'efficace, car il est écrit dans les fibres du cœur de nos troupiers qu'ils *ne vivent pas seulement de pain, mais aussi de toute parole* (2) qui vient de l'âme du pays.

Vous ne porterez pas vous-mêmes les armes, mais vous les mettrez dans les mains des combattants, par les ressources que vous

---

(1) *Prov.,* XXVI, 19.
(2) Mᴀᴛᴛʜ., IV, 4.

fournirez à la France. L'or que l'économie aura su accumuler dans votre caisse ou dans votre bas de laine, et que votre intelligente et dévouée confiance prêtera à l'État, en gage de votre collaboration à la défense nationale, se transformera en fer sauveur, en moyens de libération pour notre territoire, en remèdes pour nos soldats blessés, en secours accordés à nos compatriotes dépouillés par l'envahisseur et aux familles privées de leur soutien naturel. Vous n'en viendrez pas aux prises avec notre barbare adversaire, mais, ainsi que la mère de saint Symphorien à son fils allant au martyre, vous enverrez à nos bataillons du front le réconfort de vos encouragements et de vos puissantes sympathies. A défaut de l'épée, vous manierez les instruments de labour, fût-ce d'un bras affaibli par l'âge ou encore inexpérimenté, et la terre, vaincue par votre labeur obstiné, héroïque à sa façon, vous livrera les moissons nécessaires à la subsistance de la nation, c'est-à-dire « *le pain, qui fortifie le cœur de l'homme, et le vin*, qui lui apporte le bienfait de *la joie ; — ut educas panem de terra et vinum lætificet cor hominis et panis cor hominis confirmet* (1) »; vos sueurs auront fécondé le sol que le soldat est prêt à arroser de son sang. Tous, ne l'oubliez pas, vous portez dans vos mains, en quelque manière, les destinées de la France; tous, apportez-lui donc votre concours, car il n'est pas une petite fille qui, en tressant de pauvres fils de laine, pour réchauffer nos « Poilus », ne puisse contribuer à sauver notre cher pays. Ainsi, jadis, l'un de nos plus grands guerriers, Duguesclin, tombé aux mains de l'ennemi, comptait, pour la rançon de sa délivrance, sur la quenouille de laine que filerait la plus humble Bretonne, au fond de sa chaumière. Femmes, jeunes filles, enfants de la Bigorre, vous n'en ferez pas moins pour votre patrie; vous aussi, vous saurez « filer une quenouille de laine » pour des soldats aussi vaillants que Duguesclin, et qui ont le légitime orgueil de vouloir compter sur vous.

*
* *

Avoir confiance dans les destinées de la France; lutter pour son salut, avec les armes qui sont à la portée de vos mains, ce seront d'excellentes manifestations de votre patriotisme et de précieuses

---

(1) *Psalm.*, CIII, 14-15.

contributions à la conquête de la paix par la victoire. Mais le dévouement de l'amour ne va pas sans souffrances. Il a même pour mesure
l'étendue des sacrifices qu'il recherche ou fait accepter. Ici encore,
mettons-nous à l'école de nos soldats. S'ils sont, en effet, des maîtres
d'héroïsme, nous pouvons les écouter aussi comme des docteurs
magnifiques de résignation et de patience, dans les épreuves à
supporter pour notre salut à tous. Qu'ils nous apprennent même
à ne pas craindre la mort !

Hélas ! dans les rangs de l'armée de l'arrière, nous voyons la
mort frapper des coups multiples et douloureux. Nous ne parlons
point ici des militaires qui, blessés sur les champs de bataille ou
atteints de graves maladies, contractées « en service commandé »,
— quelle touchante et virile expression ! — viennent consommer leur
martyre sur un lit d'hôpital. Mais, n'est-ce pas mourir aussi, pour
un père, pour une mère, et, quelquefois, subir plusieurs morts, que
de perdre un enfant, plusieurs enfants, tombés au champ d'honneur ? N'est-ce pas une mort qui voile à tout jamais d'ombre et de
désolation l'existence de tant de veuves, de tant d'orphelins, dont
la vue déchire nos cœurs d'une infinie compassion ? Morts en quelque sorte vivants, ils refoulent leur douleur, ou, du moins, leurs
larmes, pour empêcher la contagion de la tristesse et pour conserver
à la défense nationale, autant qu'il est en eux, l'énergie de toutes
les volontés. Émouvante et surhumaine abnégation, dont, peut-
être, le plus bel exemple nous a été donné par un général, illustre
entre tous, honneur de la France et de la religion. « Que ferez-
vous, Général, après la guerre ? » — lui demandait un grand personnage politique. — « Après la guerre, — répondit-il, — je pleurerai
mes fils (1). » Il en avait vu tomber trois, *sa joie et sa couronne* (2),
ainsi que parle saint Paul. Mais, pour abandonner son âme à la
douleur paternelle, il attend que soient pansées et guéries, par la
victoire définitive, les blessures de cette auguste mère de nous
tous, la patrie. Splendide idéal d'héroïsme, duquel se rapproche
cette admirable femme de notre Bigorre, une Lourdaise, qui, à la
nouvelle de la mort de son mari, s'appliquait à essuyer ses
larmes, en disant : « Il est mort pour la France : elle était sa mère,

----

(1) Le général de Castelnau.
(2) *Ad Philip.*, IV, 1.

je n'étais que sa femme ! » On oserait presque appeler martyrs les cœurs si héroïques dans la plus cruelle des afflictions. On en trouverait, soyez-en sûrs, des milliers. Vous les admirez, Nos Très Chers Frères, vous les entourez de votre profonde et respectueuse sympathie, et toutes les attentions que la charité fraternelle peut inspirer, vous tiendrez à cœur de les leur prodiguer. Mais, à cet hommage qui leur est dû, joignez surtout la fidélité à marcher sur leurs traces. Si la Providence vous a épargné les suprêmes douleurs, sachez mettre un grand cœur à lui offrir les sacrifices qui vous seront demandés, et entretenez dans vos âmes, avec une noble envie, la généreuse ambition d'être prêts à toutes les épreuves. Craignez de ne pas souffrir ; ne vous préparez pas la honte et le remords d'avoir passé par le déluge de sang qui s'est répandu sur le monde sans que votre cœur ait jamais saigné. Savez-vous, Nos Très Chers Frères, quel sera, pour chacun de nous, avec le *Te Deum* de la victoire, un des plus précieux souvenirs de la guerre ? Ce sera d'avoir pu souffrir pour la patrie, ne fût-ce que d'avoir pleuré sur elle et sur les deuils de nos frères. Ces larmes seront la sainte parure de nos âmes.

Ah, ils ne nous connaissent pas, ceux qui refusent de croire à notre force d'endurance ! Au siège de Paris, pendant la guerre de 1871, — permettez-Nous ce retour sur des souvenirs personnels, — Nous eûmes sous les yeux, pendant de longs mois, un spectacle que Nous ne pourrons jamais Nous rappeler sans fierté patriotique et sans compassion : des millions de créatures humaines acceptaient de ne manger que de la viande de cheval, et encore en très faible quantité, avec un peu de pain, franchement mauvais, où le froment, on peut le dire, *brillait* cruellement pas son absence. Très peu ou presque pas de chauffage. On voyait d'interminables files de femmes, par un froid terrible, attendre, en plein air et pendant de longues heures, que leur tour fût venu de recevoir de très chétives portions de nourriture. Or, nulle de ces infortunées ne se plaignait ; elles se vengeaient même de la faim et du froid, en narguant d'un stoïque sourire ces sinistres agents de mort. C'est ainsi que, par amour de leur pays, elles s'accommodaient vaillamment, à la française, de la dure existence à laquelle les condamnait le siège de Paris. Tout le monde savait pourtant que cette inflexible constance dans l'épreuve ne pouvait qu'éloigner pour un temps l'inévitable défaite.

Nous, au contraire, Nos Très Chers Frères, nous paierons de notre endurance le prix de la victoire. Que l'amour de la France nous mette donc, à nous aussi, le sourire aux lèvres et la joyeuse confiance au cœur, pendant que nous irons au-devant de privations dont la perspective ne peut vraiment effrayer ou rebuter que des natures vulgaires. Voyez nos blessés, nos mutilés, qui acceptent de bon cœur et sollicitent même avec empressement les salutaires douleurs d'une opération; ils sont plus courageux, oserait-on presque avancer, que nos habiles et dévoués chirurgiens, parce que ceux-ci tremblent parfois à l'idée de leur faire du mal. A leur exemple, nous saurons montrer à nos gouvernants que notre cœur apprécie hautement leur bienveillante hésitation, peut-être trop prolongée, à nous imposer les restrictions nécessaires, mais que nous sommes capables de supporter des gênes, que dis-je? que nous accepterons très volontiers de véritables sacrifices pour le salut de la patrie. Que pourraient, en effet, peser les petites aises de notre régime habituel, en balance avec la vie d'une nation? Nous ne souffrirons jamais autant que les populations obligées de fuir devant l'envahisseur; autant que les merveilleux soldats à qui nous devons, nous surtout, habitants des régions fortunées du Midi, de ne percevoir que de très loin l'écho des bombardements ennemis et les sinistres lueurs des incendies qu'ils allument.

Nous nous chaufferons un peu moins; mais contemplez donc nos « Poilus », que, dans les tranchées sans foyer, la boue revêt d'un manteau de glace! Nous manquerons parfois de la quantité de sucre que réclament, non point, peut-être, d'impérieuses nécessités, mais les exigences nées de longues habitudes. Regardons de quelles douceurs jouissent des milliers et des milliers de compatriotes, femmes et enfants, chassés de leurs foyers, vrais exilés au sein de leur propre pays, puisque les plus généreux dévouements ne peuvent tout à fait soulager leur malheur! Nous mangerons un peu moins de pain, et du pain un peu moins blanc qu'au temps doré de l'abondance et de la paix. Eh! n'avons-nous jamais entendu parler de soldats, s'épuisant par des efforts surhumains dans des batailles de plusieurs jours, et n'ayant parfois à mettre sous leurs dents que de pauvres morceaux de biscuit, durs comme la pierre? Ah! si quelques-uns parmi nous avaient le triste courage, ou, plutôt, la faiblesse, qui serait une lâcheté, de s'attendrir sur ces petites misères ou d'autres qui pourraient nous être réservées, qu'ils regardent, qu'ils contemplent ceux qui travaillent, luttent et souffrent pour nous, et ils rendront grâce au Ciel des privilèges dont il les fait jouir. Mais, bien plutôt, ils se reprocheront leur pusillanimité, ils auront la sainte jalousie de n'être pas entièrement sevrés des amertumes de l'heure présente, et, par leur générosité à faire bon accueil aux privations nécessaires, ils s'absoudront de tout ce qu'ils n'auront pas à souffrir.

Ces peines, d'ailleurs, seront méritoires devant Dieu, et non pas seulement devant les hommes, si l'esprit de foi et de mortification les transfigure, ainsi que le fait déjà l'amour de la patrie. Voyons-y donc des pénitences salutaires pour nos péchés, des expiations efficaces de la frivolité, qui, dans le passé, nous attachait peut-être aux vaines satisfactions d'ici-bas. Acceptons-les comme des remèdes aux faiblesses de l'âme, que l'austérité de la vie sérieuse peut détacher du monde et soutenir dans son élan vers le Ciel.

IV

Souffrir chrétiennement pour la patrie nous dispose et nous apprend, Nos Très Chers Frères, à mieux prier pour elle, et *c'est par la prière que nous obtiendrons le secours de Dieu, gage assuré de la victoire.*

Aussi, depuis le 5 août 1914, où Nous vous donnions rendez-vous au pied des autels et devant la Grotte miraculeuse, avons-Nous saisi toutes les occasions de vous rappeler le devoir de la prière, le réconfort, la consolation de la prière. Car *il faut prier, toujours prier, ne jamais se lasser de prier* (1). Notre-Seigneur lui-même promulgue, dans ces termes, et avec cette impression-nante insistance, l'essentielle et glorieuse loi de nos rapports avec Dieu, *notre Père qui est dans les Cieux* (2). Loi de tous les instants, qui se fait sentir plus naturellement, plus impérieusement, à nos

____

(1) Luc., XVIII, 1.
(2) Matth., VI, 9.

âmes, quand de cruelles douleurs nous prosternent, croyants et confiants, aux pieds de Celui qui est l'infinie miséricorde, l'infini amour, l'infinie puissance. Or, il y a, actuellement, nul n'en saurait douter, « grande pitié au pays de France », selon l'expression de Jeanne d'Arc; c'est donc, répétons-le, plus que jamais, l'heure de prier. « *C'est l'heure* — nous dirait saint Paul — *de sortir du sommeil* (1) », si notre foi s'était engourdie, et d'obtenir, par la ferveur de nos supplications, que puisse bientôt sonner l'heure de la délivrance.

Les appels réitérés que Nous vous avons adressés ont été entendus, et Nous sommes heureux de rendre cet hommage aux chers habitants de notre Bigorre. Les vrais croyants — et ils sont la très grande majorité de notre population — ont, en effet, sous le coup de l'épreuve, senti croître en eux la foi, l'espérance et la charité. Chez d'autres, qui semblaient avoir oublié le chemin de l'église et désappris le *Pater* et l'*Ave Maria,* combien qui se sont réveillés à une nouvelle vie, confus et repentants de leur longue torpeur, qui, maintenant, les étonne et les humilie! Dieu en soit loué, et constatons avec joie, selon la remarque de Tertullien, que « notre âme, naturellement chrétienne », tel un airain sacré, quand elle est ébranlée par l'épreuve, répond par le son divin de la prière. La grande douleur qui traverse le monde a besoin d'espérance et invite tous les yeux à se lever vers le Ciel.

C'est pourquoi les peuples, comme les individus, se souviennent, de plus en plus, que les sociétés, en tant qu'êtres collectifs, non moins que les citoyens en particulier, demeurent sous la main de Dieu. Ils se font donc un honneur, aussi bien qu'un devoir, de proclamer leur dépendance, remercient le Dieu tout-puissant et infiniment bon de ses bienfaits dans le passé, implorent son secours dans les nécessités du présent et s'abandonnent, pour leur avenir, entre les bras de sa paternelle Providence.

De ce consolant esprit de foi, en ce qui concerne les nations, citons en particulier deux exemples : celui des États-Unis, cette immense république, et celui de l'Angleterre, le plus considérable des royaumes de l'univers, les deux pays d'ailleurs qui se distinguent

____

(1) *Ad Rom.,* XIII, 11.

entre tous par le culte de la liberté et par le respect dont y est entourée la dignité du citoyen. Voici, d'abord, la proclamation que le Président Wilson adressait naguère aux cent dix millions d'habitants de l'Union, pour les inviter à se prosterner avec lui devant la Majesté divine, de qui relèvent les peuples et les empires.

Après avoir rappelé la grâce que Dieu avait faite aux États-Unis, en leur dictant leur devoir, qui consiste à défendre les droits de la liberté humaine dans le monde, l'éminent chef d'État ajoutait :

Il nous faut remercier Dieu de ce que, dans de pareilles circonstances, au milieu de la plus grande entreprise qu'ait affrontée l'esprit des hommes, nous possédons, à condition d'observer une économie raisonnable et pratique, une abondance de biens nous permettant de faire face, non seulement à nos propres besoins, mais encore aux besoins de ceux qui marchent avec nous. Une lumière nouvelle brille autour de nous. Les grands devoirs d'un jour nouveau éveillent en nous un nouvel esprit national, plus grand encore qu'auparavant. Jamais plus nous ne serons divisés, jamais plus nous ne nous demanderons de quelle substance nous sommes faits.

C'est pourquoi, nous, Woodrow Wilson, président des États-Unis d'Amérique, nous désignons le jeudi 29 novembre prochain, comme jour d'action de grâces et de prière, et nous invitons le peuple des divers États de l'Union à suspendre ses occupations ordinaires, et, chez lui, dans son home et dans les divers lieux où le culte est célébré, à rendre grâces à Dieu, le grand arbitre des nations (1).

Quelle noblesse, dans cette invitation sacrée ! Quelle émotion pénétrante — d'autant plus communicative qu'on la sent contenue par une sorte de virile pudeur — fait vibrer toutes ces paroles ! Comme on voit qu'aux yeux du Président Wilson, pour un peuple, fût-il le plus puissant de la terre, l'infaillible moyen de grandir encore, c'est de se mettre à deux genoux devant Dieu, en lui disant : « *Notre Père, qui êtes aux Cieux, que votre règne arrive et que votre volonté soit faite, sur la terre comme au Ciel* (2) ! »

Même inspiration, même noblesse, dans la démarche que fai-

---

(1) D'après les *Nouvelles Religieuses*, 1ʳᵉ livraison, janvier 1918.
(2) MATTH., VI, 9.

sait, il y a quelques semaines, le roi d'Angleterre. Au nom de plusieurs centaines de millions d'hommes qu'une commune foi patriotique tient étroitement unis autour du même drapeau, le roi George V proclamait qu'à Dieu seul appartient la souveraineté sur le monde : de Dieu seul, rappelait-il, descend tout don parfait; Dieu seul donne l'efficacité à nos efforts, Dieu seul rend fécond le travail du laboureur, Dieu seul, aux soldats qui défendent vaillamment leur patrie, peut assurer la victoire. Citons quelques lignes de cet appel royal et impérial, d'une si majestueuse et religieuse allure :

La lutte mondiale pour le triomphe du droit et de la liberté entre dans sa phase dernière, la plus difficile... Nous avons encore à compléter la grande œuvre à laquelle nous nous sommes consacrés il y a plus de trois années. Cette victoire, nous ne pourrons la remporter qu'à une double condition : nous devons avoir le souvenir constant de la responsabilité qui pèse sur nous, et, dans un esprit de respectueuse obéissance, nous devons demander à Dieu tout-puissant de bénir nos efforts. Avec des cœurs pleins de gratitude pour la Providence, qui, nous servant de guide, nous a, jusqu'à ce jour, conduits vers notre but, cherchons à obtenir la lumière pour notre intelligence et un redoublement de courage dans l'accomplissement des sacrifices que nous pouvons encore avoir à faire, avant l'achèvement de notre tâche. A ces causes, par les présentes, je décide que, le 6 janvier, premier dimanche de l'année, sera expressément considéré comme un jour spécial de prière et d'action de grâces, dans toutes les églises de toutes mes possessions, et j'ordonne la lecture de cette proclamation, durant les cérémonies religieuses célébrées en ce jour (1).

L'impressionnante leçon, l'émouvant exemple que ces deux grands peuples donnent au monde, empruntent une nouvelle force aux témoignages que la nation très chrétienne, la France, à l'appel des Évêques, ses vrais et officiels représentants devant Dieu, a voulu donner de sa foi religieuse. Souvenez-vous du dimanche 6 janvier dernier, qui vit tous les Catholiques de notre pays unis dans des prières nationales pour la victoire et la paix. Rappelez-vous, regardez plutôt notre patrie, aujourd'hui encore, en prière, à la voix de ses pontifes, et célébrant, en union avec nos alliés, le

____

(1) D'après le journal le *Times*, numéro du 8 novembre 1917.

soixantième anniversaire des apparitions de Notre-Dame de Lourdes par un redoublement de confiance en Dieu, sous les auspices de la Vierge Immaculée.

Répétons-le avec une sainte fierté, la nation française, née d'un acte de foi sur un champ de bataille, invariablement attachée, en dépit de certaines apparences, aux traditions de son glorieux passé, est demeurée fidèle à son double idéal, patriotique et religieux. Oui, « la très noble nation des Français », — comme se plaisait à l'appeler le pape Léon XIII, — vaillante en face de l'ennemi, n'est pas moins vaillante, en quelque sorte, dans la prière, en faisant de pieuses veillées des armes sous le regard de Dieu, au front comme à l'arrière. Et, pour parler, tout d'abord, de ce qui nous tient le plus à cœur, Nous voulons dire de nos chers et incomparables soldats, il est bien permis d'affirmer que jamais on ne vit une armée française qui, prise dans son ensemble, depuis le plus modeste de nos « Poilus » jusqu'au sommet de la hiérarchie militaire, méritât autant d'être appelée une armée chrétienne. Non que tous ces héros, que nous embrassons dans une même sympathie et dans une même admiration, se souviennent également de leur caractère et de leurs devoirs de chrétiens. Mais, s'il y a des exceptions, elles disparaissent ou se fondent dans l'immense vague de foi et de confiance en Dieu qui se répand sur nos troupes en face de l'ennemi. Et cela est si vrai que, si Godefroy de Bouillon, si Bayard, si le grand Condé, si Jeanne d'Arc, qu'ils invoquent avec tant d'amour, paraissaient au milieu de nos défenseurs, il s'établirait entre eux, entre les siècles passés de notre histoire et le moment présent, un accord parfait, sur ce mot d'ordre : Dieu et Patrie. C'est qu'en eux tous vit l'âme immortelle de la France.

Qui de nous, en effet, n'a entendu citer les magnifiques exemples de religion donnés par nos légendaires soldats? Prières collectives au fond des tranchées; messes célébrées dans des granges en ruines; communions reçues par les combattants avant de monter à l'assaut, comme autrefois par les martyrs allant à leur glorieux supplice; le chapelet que la sentinelle tient dans une main, tandis que l'autre serre le fusil; tant de manifestations, si simples, si spontanées, que les témoins de ces spectacles sont saisis d'émerveillement, et, quelquefois, — certains étrangers l'ont avoué presque en rougissant — d'affectueuse stupéfaction! Ils comptaient bien, ces étrangers, qui jugeaient peut-être notre pays d'après quelques écrivains, étalagistes de luxure et pîtres d'impiété, trouver sous l'uniforme français de grands héros, mais non pas de tels Chrétiens.

Si c'était d'ailleurs ici le lieu de rendre hommage à nos Alliés, il serait facile de montrer qu'ils sont, pour leurs compagnons d'armes de France, des frères par la foi comme par la bravoure. Ce seul trait en est la preuve péremptoire :

Les convictions religieuses des généraux anglais — lisons-nous dans la *Croix* de Paris, du 6 décembre 1917 — ont été quelquefois signalées. Jamais, peut-être, elles ne se sont révélées de façon aussi touchante que chez le général Julian Byng, qui a commandé la victorieuse offensive vers Cambrai.

« Il n'est pas étonnant, raconte le *Weekly Despatch* du 25 novembre dernier, que le général ait eu un tel succès, pas étonnant que les hommes l'aiment jusqu'à l'adoration, parce que, quand les hommes furent prêts à sauter sur le parapet, quand tout ce qui pouvait être fait pour assurer le succès fut organisé, sir Julian se mit à genoux et pria, pour obtenir l'aide de Dieu (1). »

Vous avez entendu, tout à l'heure, l'illustre Archevêque de Tarragone épuiser toutes les formes de l'admiration, pour honorer dignement la bravoure et tout autant la foi de l'armée française. Voici un autre témoignage, que Nous voulons également mettre sous vos yeux, parce qu'il porte la signature d'un grand poète italien, qui a eu l'ambition d'être aussi un grand soldat (2).

L'autre matin, dimanche, j'assistai à la messe funèbre, dans l'étroite chapelle faite de quatre travées d'une salle voûtée en ogive, qui avait servi, pendant longtemps, de promenoir aux moines de Cîteaux...

Les soldats avaient rempli de rouge tous les bancs de chêne; mais l'oratoire, ne pouvant en contenir qu'un nombre restreint, les autres se pressaient vers le seuil, tête nue, et occupaient le parvis rustique, à l'ombre des ruines. Du maître-autel, étincelant de reliquaires, le Curé, à grande voix, dénombra les morts. Puis le sacrifice du Corps et du Sang de Notre-Seigneur fut célébré. Et un chant s'éleva dans le crépuscule des verrières, un chœur grêle de voix féminines et enfantines, un

---

(1) Ce fait, nous dit la *Croix*, a été rapporté par l'aumônier général des troupes, le Rév. John Almond, dans une conférence qu'il fit à Thorp-the-Soken, le village natal du général.

(2) Gabriele d'Annunzio

chœur vacillant, auquel s'ajoutèrent peu à peu les voix rauques des hommes, jusqu'à le grandir en une invocation puissante, *Kyrie eleison !* Tous les soldats chantaient, dans la chapelle et sur le parvis, avant de retourner à la bataille, comme dans la très ancienne chanson de Saucourt : *Kyrie, eleison !*

Oui, *Kyrie, eleison ! — Seigneur, ayez pitié de nous !* répéterons-nous avec nos valeureux et pieux défenseurs. Ayez pitié, mon Dieu de ces braves, qui se consacrent à vous, en même temps qu'à la patrie ! Issus d'une race chevaleresque et chrétienne, ils sauront spontanément, ces héros, faire, à l'heure suprême, le geste sublime de Roland à Roncevaux, quand, sentant venir la mort, il tendit, comme dit le poète, sa main droite à Dieu, pour lui faire encore une fois hommage de son âme avant son dernier soupir, et lui demander pardon. Geste sublime, auquel répondra — quelle consolation pour nous ! — un geste divin, car il est écrit : « *Seigneur, vous tendrez votre droite à celui qui est l'œuvre de vos mains* (1)*:* »

Seigneur, ayez pitié de notre patrie bien-aimée, qui souffre pour la défense de la plus juste cause, champion de sa liberté et de la liberté du monde !

Seigneur, prenez en pitié les flots de larmes et de sang qui sont répandus, ici, au sein des familles, et là, sur les champs de bataille ! Dans votre miséricordieuse bonté, consolez, Seigneur, les affligés ; réconfortez les cœurs abattus; *redressez* — comme s'expriment nos saints livres — *les genoux prêts à chanceler* (2); fortifiez les convictions et l'énergie d'un peuple dont l'existence même est l'enjeu de cette guerre ! *Demeurez avec nous, Seigneur* (3), qui êtes le *Dieu des armées*, le *Dieu fort et puissant dans les combats* (4), en même temps que le *Prince de la paix ;* aidez-nous à conquérir une paix glorieuse, par notre victoire, qui fera triompher le droit et la justice !

Voilà, Nos Très Chers Frères, ce que, sans nous lasser, nous demandons à Dieu, depuis que la plus injuste des agressions nous a plongés dans un abîme de maux. Ne nous laissons aller à aucune

---

(1) JOB, XIV, 15 : *Vocabis me, et ego respondebo tibi. Operi manuum tuarum porriges dexteram.*

(2) ISAÏ., XXXV, 3.

(3) LUC., XXIV, 29.

(4) *Psalm.*, XXIII, 8.

défaillance dans cette prière, pas plus que dans la résolution de combattre et de souffrir pour la patrie !

Sous ce rapport, Nous n'avons qu'un vœu à former, c'est que, sur toute l'étendue de Notre diocèse, dans toutes les paroisses, dans toutes les familles, dans toutes les âmes, dans la France entière et au sein des nations alliées, continue à se répandre l'esprit *de grâce et de prière — spiritus gratiæ et precum* (1), dont la Grotte miraculeuse de Lourdes est le centre vivant et l'ardent foyer.

Grâce au Ciel, d'ailleurs, Notre vœu s'accomplit déjà de la manière la plus consolante et au delà de ce qu'il semblait possible d'espérer. Car, à chaque heure du jour, Nous voyons accourir en suppliants vers le saint Rocher de Massabieille, non seulement nos diocésains, mais encore d'innombrables pèlerins, venus même de fort loin, et, parmi eux, Nous sommes heureux de saluer, en même temps que de nombreux soldats de l'armée française, des soldats belges, des soldats de l'Empire britannique, des soldats américains, des soldats portugais, délégation émouvante de toutes les nations alliées combattant sur notre front. A ces héros chrétiens, en effet, si empressés à mettre leurs patries et leurs personnes sous sa protection, la Vierge Immaculée ménage, auprès d'Elle, la douceur d'un vrai « foyer », image à la fois de leur pays, de leur famille, de leur paroisse, de tout ce qu'ils aiment, et c'est là que, entre deux assauts, ils viennent reposer leurs corps fatigués et retremper leurs âmes dans un bain de vie surnaturelle.

En toute vérité, et Dieu en soit béni ! Lourdes est donc et devient de plus en plus pour nous la source des *eaux vives qui jaillissent jusqu'à la vie éternelle* (2). Ce sont les *Ave Maria*, qui, sans arrêt, montent vers le Cœur de la Très Sainte Vierge, et, par ce canal, s'ouvrent l'accès au Cœur de Notre-Seigneur Jésus-Christ. C'est l'inébranlable appui de Notre espérance. « Ah ! — Nous disait, quelques jours avant sa mort, un grand serviteur de Notre-Dame de Lourdes, le supérieur général de l'Assomption, — je ne puis penser au chapelet inlassablement récité devant la Grotte, sans m'affermir dans la certitude qu'à ces prières la Sainte Vierge répondra par le don de la victoire. »

---

(1) Zach., XXII, 10.
(2) Joan., IV, 14.

Nous le pensons comme ce saint religieux; et vous le pensez avec nous, Nos Très Chers Frères. Redoublez donc de foi et de piété; venez, et que vos prières, *fruit* sacré *de vos lèvres* (1), s'élèvent vers le Ciel, rendues toutes puissantes sur le Cœur de Dieu, par l'intercession de Notre-Dame de Lourdes. Que la Vierge Immaculée soit ainsi pour nous Notre-Dame des Victoires et Reine de la paix!

La paix dans la justice, par la victoire sur nos ennemis avec l'aide de Dieu! Nos héroïques soldats, nos vaillants alliés sauront la conquérir, sous la conduite des chefs dont l'univers admire l'audace et le génie. Mais, qu'il Nous soit permis de souhaiter une autre paix encore, non moins nécessaire, fruit d'une autre victoire, et dont l'avènement serait pour nous tous une source de joie et d'abondantes bénédictions! Nous voulons parler de la paix des esprits, au sein de notre France bien-aimée; paix dans le commun amour de la patrie et dans la subordination, le sacrifice même des intérêts égoïstes à l'intérêt primordial de la nation; paix dans le sincère amour des citoyens les uns envers les autres; paix par la mise en oubli de toutes les passions qui divisent et bouleversent les âmes; paix dans la soumission filiale à Dieu, base véritable et unique de la concorde sociale; seule garantie efficace de l'*union sacrée.* Que cette union, pour être vraiment telle, se transfigure par l'esprit de foi, et soit marquée, comme d'un sceau céleste, du nom de Jésus-Christ, le *Prince de la Paix!* Cette paix, que Nous appelons de tous Nos vœux, de Nos plus ardentes prières, serait, elle aussi, le fruit de la justice, par une victoire bienfaisante, la victoire du bon sens, de la vérité, de la religion, du véritable patriotisme.

La paix dans la justice, puisse-t-elle s'établir aussi en chacun de vous, Nos Très Chers Frères, avec l'avènement du règne de Dieu, par sa victoire sur vos âmes, vos chères âmes, pour lesquelles Notre-Seigneur Jésus-Christ a répandu son sang, afin de les arracher au péché et à l'empire du mal. Car c'est ainsi que notre Sauveur veut triompher, c'est-à-dire en faisant de nous les for-

---

(1) *Ad Hebr.*, XIII, 15. — *Fructus labiorum confitentium.*

tunés bénéficiaires de sa miséricorde et de son amour. Ah! Nos Très Chers Frères, aspirons au bonheur et à la gloire de nous laisser vaincre par la bonté de *notre Père qui est aux Cieux* (1)! Convertissez-vous donc, revenez à votre Dieu, par la pénitence, par les bonnes œuvres, par la prière. Allez retrouver cette paix infiniment précieuse et suave — *pax Dei quæ exsuperat omnem sensum* (2) — dans la réception des sacrements, à ce tribunal béni qui justifie ceux qui s'accusent; accourez à la Table sainte où se fait l'ineffable *rencontre de la justice et de la paix* (3), où Jésus-Christ, en se donnant à vous, vous apporte, dans le baiser même de la paix, le gage de l'éternelle félicité. Ah! Nos Très Chers Frères, écoutez la voix de Notre-Seigneur, qui vous annonce, au début de ce temps de Carême, par la bouche de votre Évêque, ce que lui-même annonçait à Zachée, le pécheur converti, lui aussi le bienheureux vaincu de la miséricorde divine : « *Aujourd'hui* », en cette fête de Pâques, en cette année où vous avez tant besoin de mon paternel amour, « *il faut* — oui, il le faut — *que je m'arrête dans la maison* (4) » de votre âme, et que *le salut y entre* (5) avec la paix du Ciel!

De cette paix, comme du triomphe dont elle est le fruit, « la gloire — dirons-nous avec Jeanne d'Arc — sera toute à Dieu »!

« *De vous, Seigneur* — ajouterons-Nous, en terminant, avec le roi David, qui fut un vaillant guerrier et un illustre pénitent — *de vous, Seigneur, relèvent toute grandeur et toute puissance ; à vous appartient toute victoire.* » Aidez donc notre patrie à triompher de ses ennemis et aidez-nous à nous laisser vaincre glorieusement par les attraits de votre grâce! Gardez éternellement de toute défaillance la résolution par laquelle notre cœur se soumet librement et se donne à vous. — *Tua, Domine, magnificentia et potentia et gloria atque victoria... Custodi in æternum hanc voluntatem cordis eorum, et semper in venerationem tui mens ista permaneat* (6)! »

---

(1) MATTH., VI, 9.

(2) *Ad Philip.*, IV, 7.

(3) *Psalm.*, LXXXIV, 11. — *Justitia et pax osculatæ sunt.*

(4) LUC., XIX, 5. — *Hodie, in domo tua oportet me manere.*

(5) ID., *ibid.*, 9. — *Hodie salus domui huic facta est.*

(6) *Paralip.*, XXIX, 11 et sq.

***

Donné, à Notre-Dame de Lourdes, en Notre chalet épiscopal, sous Notre seing, le sceau de Nos armes et le contre-seing du Vicaire général, Secrétaire général de l'Évêché, le samedi 2 février 1918, en la Fête de la Purification de la Bienheureuse Vierge Marie.

† Fr.-Xavier,

Évêque de Tarbes et de Lourdes.

Par mandement de Monseigneur :

R. Quidarré,

Vicaire général, Secrétaire général.

IX

*Lettre et Ordonnance prescrivant de chanter un « Te Deum »
en action de grâces de la Victoire de la France et des Alliés
et de célébrer avec un éclat tout spécial, à Notre-Dame de
Lourdes et dans tout le diocèse, la prochaine fête de l'Immaculée Conception.*

François-Xavier Schœpfer, par la Grâce de Dieu et l'Autorité
du Saint Siège Apostolique, Évêque de Tarbes et de Lourdes,
honoré du sacré Pallium,

Au Clergé et aux Fidèles de Notre Diocèse
Salut et Bénédiction en Notre-Seigneur Jésus-Christ.

Nos Très Chers Frères,

Si l'horrible guerre, enfin suspendue par le triomphal armistice
qui a été signé ce matin et qui délivre l'Alsace-Lorraine, n'avait
pas assombri et accablé de deuil l'année 1918, les *Noces de diamant*
des Apparitions de la Vierge Immaculée à Lourdes l'auraient
transformée en une série ininterrompue de fêtes, d'un éclat égal,
supérieur même, sans doute, à celui des inoubliables solennités de
1908, *noces d'or* des événements divins auxquels nous devons
la gloire sans pareille de nos sanctuaires.

Mélancolique réflexion, qui n'a cessé de hanter Notre âme, et
que rendait plus amère, depuis le 11 février dernier, chacune des
dates anniversaires des Apparitions !

Grâces en soient rendues à Dieu ! Ce regret très pénible ne nous
attristera plus, au déclin de cette année, si lourde jusqu'ici de
larmes et de tristesses, mais désormais vraiment *jubilaire*, puisqu'il

a plu au Ciel d'en rendre radieux les derniers mois. Aussi la prochaine fête de l'Immaculée Conception, dont le nom céleste est indissolublement uni à celui de Notre-Dame de Lourdes, pourra-t-elle être célébrée au milieu de manifestations d'allégresse, dans lesquelles vibreront les accents de l'immense *Te Deum* auquel aspirèrent si longtemps la France et toute l'humanité civilisée.

Depuis le mois de juillet, en effet, au lendemain de luttes glorieuses, qui n'avaient pas toujours été exemptes d'angoisses, nous vivions déjà dans la plénitude de la confiance, car, spectacle émouvant et réconfortant au suprême degré pour nos cœurs de patriotes et de chrétiens, nous avions la joie de voir nos soldats — les soldats de la France et de nos Alliés — ainsi que leurs chefs, plus que jamais en possession de leur valeur militaire, après avoir fait, en quelque sorte, leur plein de puissance et de générosité, de concentration et d'union; de même que, de leur côté, les âmes des soldats de l'arrière avaient fait leur plein de foi, de prière et de confiance en Dieu.

Oui, dès lors, c'est-à-dire, synchronisme que vous serez heureux, comme nous, de constater, depuis la vigile des *Noces de diamant* de la dix-huitième et dernière Apparition de la Vierge Immaculée à Bernadette, — l'Apparition des sourires par-dessus les barrières et les obstacles — la victoire, sous les auspices de Notre-Dame de Lourdes, et sous la géniale direction du maréchal Foch, l'honneur et la gloire du diocèse de Tarbes et de Lourdes, nous a frayé les voies vers d'incomparables triomphes.

A partir de ce moment, les succès n'ont cessé d'appeler les succès, et, si « à chaque jour suffit son mal », nous eûmes la consolation de pouvoir proclamer qu'à chaque jour ne suffisait pas sa victoire. Ainsi, tout comme certaines poitrines surchargées de décorations, la plupart des journées, au cours de ces quatre derniers mois, portaient en glorieuse surcharge les noms de multiples victoires.

Et voici que ces victoires sans nombre viennent de recevoir leur consécration suprême, par l'écrasement définitif de nos ennemis, contraints d'implorer la pitié du peuple que, naguère, ils se disposaient à piétiner dans leur féroce orgueil! Heure solennelle et à tout jamais bénie! Journée d'une grandeur tragique, où notre

illustre maréchal Foch, incarnant dans sa personne la France immortelle, dicta les premières conditions de la paix à ceux dont l'incommensurable ambition avait semblé trouver trop étroites les
limites de l'univers! De cette journée, nous pouvons affirmer, le
cœur frémissant d'une noble fierté, que « *c'est Dieu qui l'a faite, et
qu'il convient de la célébrer dans les transports d'une infinie allégresse. — Hæc dies quam fecit Dominus, exsultemus et lætemur in ea!* »

Aussi avons-Nous la certitude, Nos Très Chers Frères, de répondre à votre désir le plus intime et le plus vif, en vous invitant
à chanter avec Nous, dimanche prochain, 17 novembre, le *Te Deum*
que, depuis quatre mois déjà, nous avions peine à contenir dans nos
cœurs, et qui éclatera sur nos lèvres comme la voix triomphante
et reconnaissante de la patrie.

En même temps, Nous venons vous exhorter, Nos Très Chers
Frères, à solenniser la prochaine Fête de l'Immaculée Conception
avec tout ce que vos chères âmes de Catholiques et de Français
renferment de foi, de piété, de patriotisme, de gratitude et d'enthousiasme sacré. Quatre années de guerre, d'héroïsme, de prière
et d'ardente supplication les ont dressées, entraînées aux élans vers
le Ciel. Qu'elles s'y élèvent, en ce beau jour, avec un plus puissant,
un plus irrésistible essor, pour porter jusqu'au Cœur du *Christ, qui,*
une fois de plus, a magnifiquement prouvé combien il *aime les
Francs,* jusqu'au trône de la Très Sainte Vierge, qui, une fois de
plus, pour sa part, a si manifestement *sauvé* et glorifié *son royaume,*
l'hommage de notre reconnaissance sans bornes! Qu'elles s'y élèvent,
pour en faire descendre sur la patrie, plus abondantes, plus fécondes
que jamais, les bénédictions de Dieu, la paix durable, l'union sacrée
des volontés! Que la Vierge Immaculée, Notre-Dame de Lourdes,
Notre-Dame des Victoires, invoquée, maintenant surtout, comme
Reine de la paix, vienne sourire à notre patrie bien-aimée dans la
Grotte miraculeuse! Que la Mère de Dieu, notre Mère aussi à nous,
la *Mère de toute grâce,* le cœur largement ouvert et les mains affectueusement étendues vers ses enfants, répande sur la France et
sur les pays de l'Entente l'abondance des divines faveurs!

A CES CAUSES

LE SAINT NOM DE DIEU INVOQUÉ,
NOUS AVONS ORDONNÉ ET ORDONNONS CE QUI SUIT :

I

En ce qui concerne l'action de grâces pour la victoire et les prières à faire jusqu'à la conclusion de la paix.

ARTICLE I

Un solennel *Te Deum* d'action de grâces pour la victoire de la France et des Alliés sera chanté, dimanche prochain, 17 novembre, dans toutes les églises et chapelles de Notre Diocèse, à l'issue de l'office des Vêpres, au cours du Salut du Très Saint Sacrement et immédiatement avant le *Tantum ergo ;* il sera suivi du verset et de l'oraison *Pro gratiarum actione.*

Des places spéciales seront réservées aux autorités civiles et militaires qu'en Notre nom MM. les Curés sont chargés d'inviter à cette cérémonie religieuse et patriotique.

ARTICLE 2

A Tarbes, Nous présiderons Nous-même, dans Notre Cathédrale de Notre-Dame de la Sède, cette émouvante cérémonie d'action de grâces, au cours de laquelle Nous Nous proposons d'adresser la parole à l'assistance.

ARTICLE 3

Dans les sanctuaires de Notre-Dame de Lourdes, le *Te Deum* sera chanté aussi au cours du Salut solennel de la fête de l'Immaculée Conception, le 8 décembre prochain.

ARTICLE 4

On continuera, *jusqu'à la conclusion de la paix*, la récitation publique du chapelet et des invocations que Nous avions prescrites pour toute la durée de la guerre.

De même, *jusqu'à la conclusion de la paix*, le Salut du Très Saint Sacrement continuera à être donné, chaque jour, dans toutes les églises et chapelles où la présence d'un prêtre rend possible ce pieux exercice.

ARTICLE 5

A partir de la réception de la présente Lettre et Ordonnance et *jusqu'à la signature de la paix*, l'oraison impérée *Pro tempore belli* sera remplacée, à la Messe et pendant le Salut du Très Saint Sacrement, par l'oraison *Pro pace*, précédée du verset *Fiat pax in virtute tua. — Et abundantia in turribus tuis.*

II

En ce qui concerne la célébration de la fête de l'Immaculée Conception.

ARTICLE I

Une octave préparatoire à la fête de l'Immaculée Conception sera célébrée, dans tout le diocèse de Tarbes et de Lourdes, du dimanche 1er au dimanche 8 décembre prochain.

ARTICLE 2

Dans toutes les églises et chapelles du diocèse où la présence habituelle d'un prêtre le permettra, on se conformera, pour la célébration de cette octave, au programme suivant :

1º Le matin, à l'issue de la Sainte Messe : récitation des *Litanies de la Sainte Vierge*, avec la *Prière à Notre-Dame de Lourdes* (enrichie de 300 jours d'indulgence *toties quoties* par le pape Léon XIII de sainte mémoire);

2º L'après-midi, — dans les églises et chapelles où cela sera réalisable, —- au Salut du Très Saint Sacrement : récitation du *chapelet*, la prière de Lourdes par excellence; comme motet à la Très Sainte Vierge, le chant de l'antienne *Tu gloria Jerusalem* (1) avec l'invocation *Sancta Maria, Domina Nostra Lourdensis, — Ora pro nobis*, le verset *Dignare me laudare te, Virgo sacrata; — Da mihi virtutem contra hostes tuos* et l'oraison *de la fête de l'Apparition.*

Après la Bénédiction, on récitera ces invocations :

Cœur Sacré de Jésus, nous avons confiance en vous!
O Marie, conçue sans péché, priez pour nous qui avons recours à vous!
Notre-Dame de Lourdes, priez pour nous.
Notre-Dame des Victoires, priez pour nous.

-----

(1) Troisième antienne des vêpres de la fête de l'Apparition : *Tu gloria Jerusalem, tu lætitia Israel, tu honorificentia populi nostri.*

ARTICLE 3

Le dimanche 8 décembre, la fête de l'Immaculée Conception sera célébrée, dans tout Notre diocèse, avec la plus grande solennité possible.

Nous invitons Nos chers diocésains, et tout spécialement Nos communautés religieuses, à *communier, ce jour-là, en action de grâces pour la victoire de la France et des nations alliées.*

Nous demandons en outre, et très instamment, à Nos bien-aimés diocésains de *s'unir de cœur, pendant la Grand'Messe paroissiale,* aux prières et aux actions de grâces qu'à cette même heure offriront à Dieu, par l'intermédiaire de la Vierge Immaculée, les pèlerins qui assisteront **à la Messe pontificale que Nous Nous proposons de célébrer, le 8 décembre, au pied de la Grotte des Apparitions** (1), **pour remercier Dieu du triomphe des armées de l'Entente.**

A l'issue de la Messe paroissiale, on récitera, comme les trois jours précédents, la *Prière à Notre-Dame de Lourdes.*

Au Salut du Très Saint Sacrement, à l'exemple de ce qui aura été pratiqué pendant l'octave, on récitera le *Chapelet,* et l'on chantera l'antienne *Hodie gloriosa cœli Regina* des secondes vêpres de la fête de l'Apparition (2), l'invocation *Sancta Maria, Domina Nostra Lourdensis,* — *Ora pro nobis,* le verset *Dignare me laudare te, Virgo sacrata ;* — *Da mihi virtutem contra hostes tuos* et l'*oraison de la fête de l'Apparition.* On terminera par les invocations indiquées à l'article 2.

ARTICLE 4

Nous exhortons vivement ceux de Nos chers diocésains qui en auraient la facilité à venir assister, à Lourdes, aux cérémonies d'action de grâces de la fête du 8 décembre et, en particulier, à la Messe pontificale que nous célébrerons à la Grotte, ainsi qu'il a été dit ci-dessus, pour remercier Dieu, par l'intercession de la Vierge Immaculée, de la victoire de la France et de ses nobles Alliés.

ARTICLE 5

Et sera Notre présente Lettre et Ordonnance lue et publiée, dans toutes les églises et chapelles de Notre diocèse, le dimanche qui en suivra la réception.

---

(1) En cas de mauvais temps, Nous célébrerions cette Messe pontificale dans l'église du T. S. Rosaire.

(2) *Hodie gloriosa cœli Regina in terris apparuit ! Hodie populo suo verba salutis et pignora pacis attulit ! Hodie Angelorum et fidelium chori Immaculatam Conceptionem celebrantes gaudio exsultant !* (Antienne du *Magnificat* des secondes vêpres de la fête de l'Apparition de Notre-Dame de Lourdes.)

***

Donné à Notre-Dame de Lourdes, en Notre chalet épiscopal, sous Notre seing, le sceau de Nos armes et le contre-seing du Vicaire général, secrétaire général de l'Évêché, le lundi 11 novembre 1918, en la fête de saint Martin, Apôtre et Patron de la France, jour de la signature de l'armistice.

† Fr.-Xavier,

Évêque de Tarbes et de Lourdes.

Par mandement de Monseigneur :

R. Quidarré,

Vicaire général, Secrétaire général.

X

*Lettre Pastorale pour le Carême de l'an de grâce 1919,
sur le « Te Deum » de la Victoire à Notre-Dame de Lourdes.*

François-Xavier Schœpfer, par la Grâce de Dieu et l'Autorité
du Saint Siège Apostolique, Évêque de Tarbes et de Lourdes,
honoré du sacré Pallium,

Au Clergé et aux Fidèles de Notre Diocèse
Salut et Bénédiction en Notre-Seigneur Jésus-Christ.

Nos Très Chers Frères,

Notre grand Bossuet, instruit par les Saintes Écritures, nous
enseigne que le chant des bienheureux, au Ciel, se compose de deux
paroles, dont l'écho, toujours renouvelé, suffit à remplir l'éternité :
Amen! Alleluia!

Amen! Admiration des œuvres de Dieu, joie infinie, dans la
contemplation de ses perfections et dans la compréhension de ses
desseins de miséricorde et d'ineffable bonté sur ses enfants. *Alleluia!*
Hymne éperdu de louange et d'action de grâces, que répètent sans
cesse les âmes jouissant d'un inénarrable bonheur par la possession
même de Dieu.

Amen! Alleluia! Cantique d'allégresse, qui n'épuisera jamais
ni la faculté d'aimer et de jouir, ni la puissance de remercier, pas
plus que ne peut diminuer le pouvoir de Dieu par la diffusion de
lui-même et de son amour dans le sein de ses créatures béatifiées.
Merveilleuse vérité, que nous pressentons et dont nous savourons
l'avant-goût, quand l'Église met sur nos lèvres ces paroles du
Gloria, que les Anges furent les premiers à entonner sur cette terre :
« *Gratias agimus tibi, propter magnam gloriam tuam! — Nous vous
rendons grâces, ô mon Dieu, pour votre immense gloire* », qui se mani-

feste et s'épanouit dans l'œuvre de notre salut et dans notre participation à votre propre bonheur !

Telle, Nos Très Chers Frères, Nous apparaît la vie du Paradis.

Et voici que, autant qu'il peut être permis de comparer la terre au Ciel, le fini à l'infini, la France — en particulier, cette région de la France qui s'appelle l'Alsace et la Lorraine — et le monde civilisé tout entier, transfigurés par la victoire, commencent, en quelque manière, à vivre de cet esprit. Nous ne pouvons, en effet, rassasier notre cœur et nos yeux du bonheur presque surhumain que Dieu nous accorda en nous faisant triompher de nos ennemis. Car, plus on se pénètre de cette joie, plus on la mesure, et plus elle est douce et se révèle profonde. Plus on prend conscience des maux dont le triomphe de nos armes nous a délivrés, et plus aussi, après en avoir éprouvé un effroi, en quelque sorte posthume, on se sent pressé de remercier la divine Providence, qui a daigné mettre un terme à cet effroyable déluge de calamités. L'esprit s'arrête, confondu, devant ce double spectacle, et médite ces paroles de nos Saints Livres : « *Delicta quis intelligit* (1)? — *Qui peut comprendre l'énormité du péché ?* » Qui pourra saisir toute l'horreur des attentats commis pas nos barbares agresseurs, contre Dieu et contre nous, pendant la guerre, comme aussi l'immensité des catastrophes qu'aurait entraînées, pour le monde entier, la défaite de la France? Et, par suite, *misericordias Domini quis intelliget? — Qui pourra sonder dans toute leur étendue les miséricordes du Seigneur* pour ses enfants?

Amen! Alleluia! Ce cantique, emprunté au séjour des Bienheureux, succède donc, enfin, sur nos lèvres et dans nos cœurs, aux supplications éplorées par lesquelles nous demandions à Dieu de briser les attaques furieuses de nos ennemis et de nous accorder la victoire, principe d'immortelles actions de grâces : *ut, inimicorum nostrorum feritate depressa, incessabili te gratiarum actione laudemus* (2). Il ne cesse de retentir d'une extrémité à l'autre de notre bien-aimée patrie, mais à Lourdes surtout, aux pieds de la Vierge Immaculée, et la Grotte miraculeuse en renvoie les accents à la France et au monde entier, avec un incomparable éclat.

------

(1) *Psalm.*, XVIII, 13.
(2) Collecte de la Messe *pro tempore belli.*

C'est pourquoi, Nos Très Chers Frères, le TE DEUM *de la Victoire à Notre-Dame de Lourdes* formera le sujet que Nous vous invitons à méditer, aujourd'hui, avec Nous.

Dans nos quatre Lettres pastorales précédentes, les considérations sur *nos devoirs envers la patrie et envers ses défenseurs ; la récitation du Très Saint Rosaire pour la victoire de la France ; la marche vers la victoire ;* et *la paix dans la justice, par la victoire avec l'aide de Dieu,* vous préparaient à entrer résolument dans l'esprit du Carême et à accomplir avec ferveur le devoir pascal. En cette année 1919, ce sera la méditation du *Te Deum,* le délicieux enchantement de la victoire, qui, non moins efficace, grâce à Dieu, vous aidera à bien célébrer la fête de Pâques, fête de la résurrection de vos âmes par la participation à la Sainte Eucharistie, fête de l'*Alleluia* terrestre et prélude de l'*Alleluia,* de l'*Amen* du Ciel.

I

Si la reconnaissance doit avoir pour mesure la grandeur des bienfaits obtenus, si elle doit éclater surtout là où ces grâces ont été sollicitées et accordées, on doit avouer que le *Te Deum,* l'*Amen,* l'*Alleluia,* ne peuvent être nulle part mieux chantés qu'à Lourdes, devant le Saint Rocher des Apparitions.

On pourrait composer un livre — et peut-être, entreprendrons-Nous, un jour, ce travail — en décrivant la vie de prière, de foi et de piété, dont, pendant plus de quatre ans, la Grotte bénie et tous nos sanctuaires furent les témoins et le théâtre.

Si, en effet, il est permis d'appliquer à notre patrie et à ses Alliés ce que la Sainte Écriture dit de Pierre, le Prince des Apôtres, quand il fut enchaîné et mis en prison par le roi Hérode : « *l'Église ne cessait de prier Dieu pour lui* (1) », c'est à Lourdes surtout que les enfants de la France ne se lassaient pas d'implorer le Ciel pour le salut de leur pays. Car, tout comme les soldats en face de l'ennemi se relèvent au poste de combat et n'abandonnent pas un instant leurs armes, de même les serviteurs de Notre-Dame de Lourdes,

---

(1) *Act.,* XII, 5.

le chapelet à la main, l'*Ave Maria* sur les lèvres, montaient la garde
auprès de la Vierge Immaculée, pour la défense nationale, se
relayant aux diverses heures de la journée, et se passant le mot
d'ordre : « *Veillez et priez ; — Vigilate et orate* (1), pour que nous ne
succombions pas aux attaques de nos ennemis ! » Et d'autant plus
grande était leur espérance d'être exaucés, qu'ils se savaient unis
d'une manière très intime aux sentiments du Souverain Pontife,
ou, plutôt, de Pierre lui-même revivant dans son successeur, le
pape Benoît XV. Qui de nous ne se souvient, en effet, avec une
reconnaissance attendrie, du télégramme que le Vicaire de Jésus-
Christ daignait Nous adresser, au début de la seconde année de
guerre, à la date du 23 août 1915 : « *Le Saint-Père... joint ses prières
à celles de ses chers fils de France, pour obtenir de la Sainte Vierge
ce qui leur tient plus à cœur* (2). »

Cette récitation habituelle du Rosaire ne s'est pas arrêtée,
depuis le 5 août 1914, et elle fut comme le service permanent de
la défense de la patrie par la prière, qu'assurait la pieuse population
de Lourdes. Mais tous les jours aussi, on voyait arriver par surcroît,
du dehors, et quelquefois de fort loin, les auxiliaires de cette armée
sainte, qui, dans leurs cruelles préoccupations, accouraient lui apporter le concours de leurs supplications et de leur invincible confiance
en Dieu. A quelque heure donc de la journée que vous eussiez visité
la Grotte, vous y auriez trouvé, ici, une mère éplorée, conjurant
Notre-Dame de Compassion de prendre en pitié ses angoisses maternelles ; là, une épouse, inquiète sur le sort de son mari et cherchant à lui faire, par ses ardents appels, adressés à la Vierge Immaculée, un bouclier impénétrable aux traits de l'ennemi ; des enfants
joignant leurs mains innocentes, ne connaissant que par les larmes
versées autour d'eux les malheurs suspendus sur leur tête, et venant

---

(1) MARC., XIV, 38.

(2) Voici le texte complet de cette dépêche, que l'Éminentissime cardinal Gasparri,
Secrétaire d'État de Sa Sainteté, Nous adressait, en réponse au télégramme que, de concert
avec le regretté Père Bailly, Nous avions fait parvenir au Souverain Pontife, au nom de la
délégation du Pèlerinage national français : « Mgr *Schœpfer, Évêque, Lourdes. — Roma, 457
70-23-19, 10. — C. L. E. — Saint Père, agréant hommage renouvelé au nom du Pèlerinage
national français*, JOINT SES PRIÈRES A CELLES DE SES CHERS FILS DE FRANCE, POUR OBTENIR
DE LA SAINTE VIERGE CE QUI LEUR TIENT PLUS A CŒUR, *et il demande à Dieu de bénir Votre
Grandeur, Rév. Père Bailly et tous ceux qui, en ce moment, ont le bonheur de s'agenouiller devant
la Grotte miraculeuse. — Card. GASPARRI.* » Voir le *Journal de la Grotte*, numéro du 29 août
1915.

demander à la divine Mère de l'Enfant Jésus de veiller sur leur père. Du matin au soir, on intercédait pour les combattants, toujours en contact avec la mort, qui les menaçait de toutes parts; pour les blessés, en proie, trop souvent, à l'abandon forcé sur les champs de bataille, ou recueillis, enfin, dans les hôpitaux; pour les prisonniers, qui vivaient en quelque sorte dans le vestibule de l'enfer, sous la verge de leurs bourreaux; pour les disparus, que recouvrait, comme un affreux linceul, le voile de la plus cruelle incertitude. On ne cessait de prier aussi, le cœur brisé de douleur, pour les morts, qui avaient scellé d'un sang généreux leur amour de leur pays et l'espérance de la future victoire. Aussi, que de fois Notre regard, en se portant de l'image de l'Immaculée vers ses enfants prosternés à ses pieds, croyait-il retrouver le spectacle pathétique décrit par saint Augustin, « la grande misère, la grande douleur, s'épanchant dans le sein de la grande miséricorde », dont, pour nous, le trône est établi dans la Grotte miraculeuse !

Ce tableau si impressionnant était remplacé, à certains jours, par des scènes dont rien n'est capable de traduire le charme tout céleste. Tel le Pèlerinage national du mois d'août, qui, depuis de longues années, marque, à Lourdes, le point culminant des manifestations de la piété française envers la Vierge de Massabieille. Car, en dépit des obstacles inouïs qui s'opposaient à la réalisation de leur dessein, et au prix d'immenses efforts, les très zélés organisateurs de cette sainte croisade ont voulu rester fidèles aux traditions de leur noble passé, et, grâce à Dieu, leur succès dépassa toujours les prévisions les plus optimistes.

Croisade, disions-Nous, et le rapprochement historique suscité par cette comparaison peut paraître frappant de justesse, si l'on se représente, en particulier, le spectacle offert à nos yeux au mois d'août 1916. Oui, c'étaient, à leur façon, vraiment des Croisés, ces tout jeunes Chrétiens qui, au nombre de six mille, apportèrent alors aux pieds de Notre-Dame de Lourdes, avec l'hommage de leur tendresse filiale, les suppliques signées par près de 800.000 enfants de France. Qui a vu l'immense forêt de leurs blanches oriflammes faisant cortège aux corbeilles enrubannées qui contenaient, si l'on peut ainsi parler, les cœurs d'un million de petits Français; qui a entendu les prières de cette phalange innocente, représentation d'une innombrable armée d'anges de la terre, gar-

dera toujours au fond du cœur le souvenir d'une scène si émouvante qu'il semble impossible d'en revoir jamais une pareille. La
multitude des pèlerins qui l'encadrait était saisie, et comme bou-
leversée par la grandiose simplicité du spectacle; mais eux, ces
chers petits, se sentaient visiblement chez eux dans la Grotte miraculeuse, foyer de la Très Sainte Vierge, leur divine mère; ils y
retrouvaient sans doute aussi, sur les lèvres de l'Immaculée, le
sourire dont le charme céleste ravissait jadis en extase Bernadette
Soubirous.

Mais ce fut surtout au mois d'août dernier, que le Pèlerinage
national français prit des proportions absolument surprenantes,
si l'on considère les obstacles, devenus encore plus nombreux et
presque insurmontables, qui s'opposaient à son organisation. Aussi
porta-t-il au plus haut point l'enthousiasme sacré de la foi religieuse et de la foi patriotique communiant ensemble dans la plus
confiante dévotion envers la Vierge de nos Pyrénées. Nous ne voulons pas refaire ici la description qu'en a donnée la Presse catholique, notamment la *Croix de Paris* et le *Journal de la Grotte*. Quelques mots d'ailleurs suffiront à la résumer. La messe pontificale,
célébrée, dans la Grotte même des apparitions, le dimanche 25 août,
fête de saint Louis, patron de la France, devant au moins trente
mille assistants; la splendeur des cérémonies, rehaussées par le
chant merveilleux des foules, vraie caractéristique de nos solennités
et de nos pèlerinages; l'enthousiasme frémissant de la multitude;
tout cet ensemble incomparable rendait palpitante la vérité pro-
clamée, en 1908, par le cardinal patriarche Cavallari (1), successeur
immédiat de l'immortel Pie X sur le siège de Venise : « Ici, c'est
vraiment le vestibule du Paradis, —*l'atrio del Paradiso!*» Ce qui achevait de donner à l'imposante manifestation du 25 août 1918 un
caractère singulièrement touchant, c'était la présence de nombreux
soldats français, parmi lesquels se trouvaient beaucoup de blessés,
de soldats belges, anglais, irlandais, italiens, portugais, qui venaient
prier pour leur patrie, après lui avoir offert le sacrifice de leur vie.
En les voyant pieusement recueillis comme des enfants, eux qui
s'étaient comportés comme des lions sur les champs de bataille,

---

(1) Voir le *Journal de la Grotte*, numéros du 17 mai 1908 et du 9 février 1913, où est publiée
la liste de tous les éminentissimes cardinaux venus en pèlerinage à Notre-Dame de Lourdes
depuis les apparitions jusqu'à cette date.

on se représentait instinctivement saint Louis, le grand roi dont on célébrait la fête, et qui restera à jamais le type de cette splendide incarnation, l'héroïsme chrétien fait homme. Oui, en toute vérité, ce jour-là, était justifiée, plus que jamais, l'exclamation de l'éminent cardinal de Venise : « Lourdes est le seuil du Paradis ! »

**

Seuil du Paradis, de ce Paradis où retentit sans fin l'*Alleluia*, le *Te Deum* de l'éternité, voilà bien le nom qu'il est permis de donner à Lourdes, si l'on considère, en même temps que les prières suppliantes des pèlerins, les actions de grâces qui viennent s'y épancher après les bienfaits obtenus. Car Dieu seul connaît le nombre et l'étendue de ces prodiges dus à sa miséricorde : soldats sortis vivants, indemnes, du déluge de feu, de l'ouragan de fer, que déversaient sur eux les canons ennemis; soldats sauvés de l'océan de gaz empoisonnés et de flammes, au sein duquel l'enfer lui-même, personnifié dans des ennemis sans foi, semblait vouloir les engloutir; soldats blessés, malades, guéris contre toute attente, Nous les avons vus, entendus, qui louaient Notre-Dame de Lourdes de les avoir arrachés au danger de la mort, à la tombe même (1). Non pas, sans doute, que ces faveurs par lesquelles la Vierge bénie répondait à la confiance de la prière, fussent toujours marquées visiblement des caractères d'un véritable miracle; car il convient de ne pas prodiguer cette appellation sacrée à des faits qui ne portent pas, en quelque manière, la signature officielle de la main de Dieu. Mais on n'enlèvera pas aux bénéficiaires de la bonté divine — et ils ont mille fois raison — la conviction qu'une Providence toute-puissante et toute paternelle a veillé sur eux et les a protégés. Rien n'est plus naturel à qui se souvient de cette parole de Notre-Seigneur Jésus-Christ : « *Ne craignez rien ; un simple passereau n'est pas en oubli devant Dieu ; les cheveux de votre tête sont comptés, et pas un ne tombera sans la volonté de votre Père du Ciel* (2). » — « *Dieu protège les ossements de ses justes, et aucune parcelle n'en périra* (3). »

____

(1) Voir à l'appendice, page 324, la guérison prodigieuse dont a été l'heureux bénéficiaire un soldat français atteint de gangrène gazeuse et déjà moribond.

(2) Luc., XII, 4-6 : *Ne terreamini... unus ex illis non est in oblivione coram Deo.*

(3) *Psalm.*, XXXIII, 21 : *Custodit Dominus omnia ossa eorum, unum ex his non conteretur.*

Être préservé de la mort, être délivré des dangers les plus redoutables, c'est une grâce insigne, qui doit mettre au cœur un principe d'infinie reconnaissance, et Lourdes est accoutumé à voir les
manifestations les plus touchantes de ce sentiment.

Pendant les soixante ans, en effet, qui se sont écoulés, depuis
la première apparition de la Vierge Immaculée à Bernadette Soubirous, des milliers, ou plutôt, des millions de malades, sont
venus implorer la clémente et toute-puissante intercession de la
Mère de Dieu, cependant que des guérisons merveilleuses et sans
nombre justifiaient les prières inspirées par la foi, et remplissaient
d'une joie céleste les infortunés en proie aux plus cruelles infirmités, déjà enveloppés parfois des ombres de la mort ! Comme le
roi Ézéchias, ils avaient exhalé leur tristesse et leurs angoisses :
« *Ma vie est à son déclin, et me voilà aux portes du tombeau* (1) ! »
Et leur cantique s'est terminé, comme celui du royal malade : « *Tu
autem eruisti animam meam ut non periret... Vivens, vivens... confi-
tebitur tibi, et psalmos nostros cantabimus cunctis diebus* .(2). —
*Vous m'avez sauvé, et, plein de vie, je vous offrirai tous les jours le
cantique de ma gratitude !* »

Cependant, il s'est passé, et il se passe tous les jours, à Lourdes,
surtout depuis le jour où s'alluma la guerre, des phénomènes plus
extraordinaires encore que la guérison des maladies invétérées.
Oui, il y a été obtenu des grâces plus étonnantes, ne craignons pas
de le déclarer, que ne serait la résurrection d'un mort, puisqu'elles
sont telles qu'on serait presque porté à les croire, non seulement
supérieures mais même contraires à la nature humaine. C'est l'acceptation spontanée de la douleur, la résignation pleine et entière
à la volonté crucifiante de Dieu; c'est, plus que cela, l'amour du
sacrifice, l'hymne de joie sur les lèvres, quand le corps est torturé
par la souffrance, et le cœur par la tribulation. Et c'est ce que Nous
voyons très fréquemment dans nos sanctuaires, mais jamais sans
que ce spectacle Nous pénètre, chaque fois, de l'émotion la plus
profonde. Constatation que Nous vous avons maintes fois invités
à faire avec Nous, en vous signalant ces faits comme les preuves
les plus éclatantes de ce que notre âme peut enfanter de gran-

------

(1) ISAÏ., XXXVIII, 10.
(2) ID., *ibid.*, 17-20.

deur morale, sous l'influence de la grâce. Un malade qui, sous les yeux de la Vierge Immaculée, au lieu de demander sa guérison, veut garder chèrement sa croix et l'offre à Dieu pour la conversion des pécheurs; voilà ce qui dépasse visiblement les forces naturelles de la créature, et ce que, seul, peut accomplir le Tout-Puissant. Et voilà le vrai miracle, que l'intercession de la Vierge, Mère du Christ, Nous Nous plaisons à le répéter, a cent et cent fois multiplié devant la Grotte et sur le passage du Très Saint Sacrement.

De même, pour rentrer dans l'esprit du temps de guerre, si nous sommes saisis d'admiration, si nous tombons à genoux devant les faits visibles de protection dont furent l'objet un grand nombre de nos soldats; si les actions de grâces s'épanchent du cœur des mères, à qui Dieu, comme par un nouveau don, a rendu leurs enfants, Nous connaissons des faveurs plus surprenantes, des prodiges plus saisissants encore, obtenus, pendant ces quatre années de calamités, par les supplications adressées à Notre-Dame de Lourdes. Quelles sont ces faveurs, quels sont ces prodiges? Ce sont des mères, des pères, qui, le cœur frappé, mais non abattu par la plus cruelle des épreuves, ont atteint, à force de prières, ce degré d'héroïsme de s'écrier : « Mon Dieu, je vous remercie de m'avoir trouvé digne d'être le père, la mère, d'un héros ! Je vous remercie de recevoir de mes mains le sacrifice que je vous fais de mon enfant pour votre gloire et pour le salut de la France ! »

Il y a quelque chose de plus admirable que d'échapper miraculeusement à la mort, et c'est de la mépriser, c'est de la braver, par le sentiment du devoir ou, pour l'appeler de son vrai nom, par l'amour de Dieu et de la patrie. Un soldat qui expire sur le champ de bataille ou dans un hôpital, en murmurant — et que de fois on a recueilli cette parole sublime : — « Je suis heureux, car je meurs pour Dieu et pour la France », publie, avec plus de force que le plus indiscutable des miracles, la puissance de Dieu et l'infinie bonté de la Vierge Immaculée. Il n'est, en effet, pas donné à l'homme de porter plus haut l'idéal de la vertu, et, si l'on ose dire, Dieu ne peut rien opérer de plus grand, en ce monde, puisque le sacrifice, ainsi accepté et aimé, rapproche davantage la créature du type suprême de la perfection, Notre-Seigneur Jésus-Christ mourant sur la Croix pour sauver le monde. Le nombre de ces merveilles, dues à l'invocation de Notre-Dame de Lourdes dans nos sanctuaires ou, au loin, dans les tranchées et sur les champs de bataille, nous ne les connaîtrons qu'au Paradis : mais soyez assurés, Nos Très Chers Frères, que dans la balance où Dieu pèse les destinées des peuples, les mérites de ces offrandes saintement héroïques ont contribué à faire pencher de notre côté le plateau de la victoire, et que les héros glorifiés et sanctifiés par la plus généreuse des immolations, font écho, du haut du Ciel, au *Te Deum* entonné devant la Grotte de Lourdes.

****

Il est vrai, tous ces faits dont Nous venons de parler, et si étonnants soient-ils, se produisaient, la plupart, dans le secret des cœurs. Phénomènes moraux échappant presque entièrement à nos yeux de chair, ils ne pouvaient exercer qu'une impression incomplète sur les foules. Mais, à certains jours, et dans certaines circonstances, l'empreinte d'En-Haut était si visible sur la face des choses, qu'elle éclatait aux yeux de tous. Et, en effet, entre les événements heureux qui surgissaient sur le théâtre des armées et les manifestations solennelles de la piété des Catholiques français, à Lourdes en particulier, il a été facile, en maintes circonstances, de saisir un ensemble de relations, un synchronisme, qui s'imposaient à l'intelligence la moins religieuse, mais surtout à l'âme croyante.

Ces faits, sur lesquels Nous Nous proposons de fixer tout à l'heure votre pieuse attention, semblent bien prouver que c'est à la voix de Dieu et par son efficace protection, accordée à la prière de la Vierge Immaculée, que la victoire définitive, si longtemps attendue, si ardemment désirée, a ouvert ses ailes assez largement pour s'étendre sur vingt champs de bataille et sur quatre mois de triomphes ininterrompus. Car l'harmonie des coïncidences auxquelles Nous faisons allusion était trop surprenante pour n'avoir pas été divinement préétablie par la Sagesse dont la toute-puissance gouverne l'univers. Aussi le mot de « miracle » fut-il prononcé souvent, depuis la première bataille de la Marne, gagnée en 1914 par l'illustre maréchal Joffre, jusqu'à la victoire finale et décisive dont les péripéties se déroulèrent, l'an dernier, sur les bords de cette rivière si fameuse dans nos fastes militaires. L'opinion tra-

duite par ce mot n'était pas seulement accréditée dans le peuple,
que guide d'ailleurs le sens commun, vrai roi des intelligences, mais
parmi les esprits les moins enclins à se laisser dominer par l'imagination. Non pas, sans doute, que Nous prétendions saisir, dans
chacun de ces événements, le caractère d'un miracle au sens propre
du mot à savoir, une action divine immédiate, en dehors et
à l'encontre des lois qui régissent le monde moral comme tout le
monde physique. Il va d'ailleurs de soi qu'avec tous ceux qui
croient à l'existence et au pouvoir infini de Dieu, Nous reconnaissons et affirmons hautement la possibilité de cette intervention,
qui, de l'aveu de tout esprit raisonnable, s'est produite visiblement,
plus d'une fois, au cours des siècles, et spécialement dans la vie et
les exploits de Jeanne d'Arc. Néanmoins, Dieu, dont la sagesse
est illimitée comme sa puissance, ne juge pas toujours convenable
de bouleverser les lois qu'il a établies, pour acheminer les hommes
et les choses vers l'accomplissement de ses desseins. Mais, même
alors, il se plaît parfois à régler si bien les péripéties de l'Histoire,
à si bien mener les créatures qui s'agitent avec une entière liberté,
à si bien disposer les circonstances de temps et de lieux dont dépend
la tournure des événements, que ceux-ci se produisent tels que
notre intelligence ne pouvait les prévoir, ni nos seules forces les
réaliser.

C'est de quoi conviennent les plus célèbres capitaines. De leur
avis, en effet, il se rencontre, au cours de la plupart des grandes
batailles, un moment critique, où il survient des renversements de
situation, dans lesquels apparaît manifeste la main de Dieu secon-
dant l'action de l'homme : « *Hæc mutatio dexteræ Excelsi* (1)... *A
Domino factum est istud, et est mirabile in oculis nostris* (2). — *C'est
un changement dû à la droite du Très Haut... C'est une de ses merveilles qui éclate à nos yeux.* » N'est-ce pas cette vérité qu'attestait
récemment le Président Wilson, dans son message au Congrès
américain du 3 décembre dernier :

Ce dont nous remercions Dieu avec effusion, — proclamait-il, — c'est
que nos soldats — recrutés et armés, on le sait, avec une rapidité
prodigieuse — sont partis en grand nombre vers le front de bataille,

---

(1) *Psalm.*, LXXVI, 11.
(2) *Ibid.*, CXVII, 23; MATTH., XXI, 42; MARC., XII, 11.

juste à l'heure où le sort du monde allait se décider, et jetèrent leurs forces toutes fraîches dans les rangs des défenseurs de la liberté, assez tôt pour refouler, au moment opportun, toute la marée des envahisseurs et l'impétuosité sauvage de leurs flots.

Le Maître de l'heure, des choses et de la victoire, c'est Dieu, ainsi que le rappelait naguère encore l'illustre maréchal Foch répondant au chanoine Schickelé, qui venait de le haranguer, le 27 novembre, sur le seuil de la cathédrale de Strasbourg, où allait être chanté un solennel TE DEUM : « *C'est Dieu qui nous a donné la victoire. Nous l'en remercions, et c'est pour le remercier que nous sommes venus ici* (1). » Et, quelques instants plus tard, le maréchal s'unissait lui-même au chant de l'hymne d'action de grâces, réalisant ainsi la parole du Psalmiste que l'Église met sur nos lèvres : « *Non nobis, Domine, non nobis, sed nomini tuo da gloriam* (2). »

Parler de hasard, en pareille matière, serait faire preuve d'une singulière faiblesse d'esprit, puisque, à la place d'un être infini en sagesse et en puissance, on ferait présider le néant au gouvernement du monde. Mais il ne serait pas plus raisonnable de vouloir éliminer de l'Histoire l'intervention de la Providence, sous ce prétexte que l'humanité se dirige par elle-même, toute seule, et qu'en ce qui regarde les succès prestigieux remportés par nos armées et le définitif écrasement de leurs adversaires, pas n'est besoin de faire appel à l'action de Dieu : nos soldats tout seuls, leur bravoure avec le génie de leurs chefs, et c'est assez; laissons-leur cette gloire, sans qu'ils aient à la partager, même avec le Ciel ! Ah ! certes, Nous ne sommes pas disposé à diminuer le mérite de nos héros ! Loin de là ! Nous voudrions remplir le monde des acclamations que leur prodiguent notre gratitude éperdue et notre inépuisable admiration. Mais quoi ! En daignant coopérer avec sa créature, en nous prêtant son concours, Dieu amoindrirait-il la portée de notre activité ! Comme si, en nous avouant les obligés de Dieu, nous étions condamnés à perdre quelque chose de notre taille ou de notre dignité ! Nos hommes d'État ont déclaré naguère — et comment auraient-ils pu parler autrement, sans renier les droits évidents de la vérité et

____

(1) *Le Temps,* compte rendu de M. A. Perreau, cité par le *Petit Béarnais* du dimanche 3 décembre 1918.

(2) *Psalm.,* CXIII, 9.

de la justice? — que nous avons souhaité et nous sommes réjouis
d'obtenir l'assistance de nos alliés, sans lesquels nous aurions
succombé, en dépit de notre courage; ainsi que, d'ailleurs, nos
alliés, sans nous, auraient été dans l'impossibilité de gagner la
guerre. Comment! Nous avons désiré, demandé et accepté avec
une vive reconnaissance le secours des puissants d'ici-bas, que nous
ne saurions offenser en les appelant de faibles créatures comme
nous, et nous pourrions ne pas nous sentir heureux, honorés et
fiers, que le Roi des rois, le Créateur et le Souverain Seigneur de
toutes choses, consente à nous accepter pour alliés, et daigne associer à nos efforts l'appui de son bras invincible! Ah! qu'il était
mieux inspiré, le roi George V, un des plus grands monarques
de notre époque, le chef d'une immense armée et d'une flotte qui
domine les océans, quand, avec ses innombrables sujets, il se
prosternait noblement devant le Maître du Ciel et de la terre!

N'oublions pas, — disait-il, le 20 novembre dernier, au Parlement
britannique, — n'oublions pas, au milieu de nos réjouissances, de rendre
d'humbles actions de grâces au Très-Haut pour les succès qu'il a daigné
accorder à nos armées.

S'autorisant, ensuite, en quelque sorte, de cet hommage, pour
espérer de nouvelles effusions des célestes faveurs, il ajoutait :

Je prie le Dieu tout-puissant de bénir vos travaux.

Sachons en convenir, voilà le langage qui sied au peu que nous
sommes, et même quand nous aurions atteint le sommet des dignités
humaines, nulle autre attitude ne serait plus propre à assurer notre
vraie grandeur, en nous rapprochant de Dieu.

Ces considérations vous sont familières, Nos Très Chers Frères,
et Nous avons eu, bien souvent, l'occasion de vous les présenter.
Si Nous avons voulu y revenir, une fois de plus, aujourd'hui, c'est
pour les imprimer plus fortement dans vos esprits et dans vos
cœurs, et aussi pour en étendre la portée et les applications. Car,
enfin, ce merveilleux héroïsme de nos soldats; cette bravoure que
pare le charme exquis de l'esprit le plus chevaleresque; cette inébranlable endurance dans la boue et dans la glace des tranchées,
dans le support de mille privations, plus effrayantes que les dangers
d'une bataille au grand jour; l'incontestable génie des hommes

de guerre dont les profonds calculs et la longue patience préparaient l'explosion foudroyante des offensives, prélude des victoires; l'étonnante simplicité, la vaillance aussi avec laquelle les soldats de l'arrière, — vous tous, Nos Très Chers Frères, — vous avez accepté et soutenu le poids de lourdes angoisses, de cruels sacrifices, de restrictions journalières, devenues souvent bien pénibles par leur continuité; toutes ces manifestations de vertu et de virile énergie, qui ont, depuis quatre ans, auréolé la France tout entière d'une beauté nouvelle à la face de toutes les nations, et ont rajeuni sa gloire, toutes ces splendeurs, quelle en est la source et l'origine? A qui les devons-nous, sinon à Dieu? Est-il juste, est-il vraiment honnête, d'en méconnaître le principe et l'auteur? *Si le lis, revêtu d'une beauté dont l'éclat efface le faste de Salomon* (1), pouvait en avoir la conscience, il exhalerait vers le Ciel, avec le parfum et la grâce de ses couleurs, l'hymne de sa gratitude. « Gloire à Dieu qui nous fit si brillantes! » c'est l'hommage que lui rendraient toutes les fleurs de la création. Aussi la France, une des plus belles parmi les fleurs de la terre, doit-elle, pour sa part, offrir le tribut de sa reconnaissance et de son amour au Créateur qui daigna la doter de ces richesses morales. Au lieu de répudier un devoir si doux à un caractère généreux; au lieu de s'absorber dans la contemplation de ses rares qualités : intelligence, noblesse de cœur, courage, générosité, élan et puissance d'initiative, force et enthousiasme, qui la soutiennent dans les épreuves les plus douloureuses et lui permettent de sourire à la souffrance et à la mort; au lieu de s'armer des dons de Dieu, de ce qu'ils valent et de ce qu'ils produisent, pour lui en disputer la gloire; au lieu de méconnaître l'infinie bonté et la toute-puissance de son céleste Allié, ah! Nos Très Chers Frères, puisse notre bien-aimée patrie proclamer toujours, pour son bonheur et son honneur, ce qu'elle doit à Dieu, ce qu'elle a besoin de demander à Dieu, ce qu'elle espère de Dieu! Puisse-t-elle ainsi être toujours digne de son passé, dont les gloires se résument dans cette seule parole : elle a été « le soldat de Dieu »! Ce que, de la sorte, elle fut, naguère encore, est aujourd'hui la cause de notre fierté et de notre joie. Oui, elle a été le glaive, *étincelant comme la*

---

(1) Luc., XII, 27 : *Considerate lilia... nec Salomon in omni gloria sua vestiebatur sicut unum ex istis.*

foudre (1), dont Dieu a bien voulu se servir pour accomplir ses grands gestes dans le monde; elle a été, — s'il est permis de parler ainsi, — sous nos yeux émerveillés, la pierre du torrent, *le caillou limpide,* selon le mot de la Sainte Écriture (2), *que la fronde de* notre héroïque *David,* notre illustre Foch, le vrai soldat de Dieu, *a enfoncé dans le front de* l'orgueilleux *Goliath* qui, de son sabre immense, toujours aiguisé, insultait et menaçait l'univers. Si le caillou du torrent avait pu parler, il aurait béni la main qui le transformait en instrument de salut pour tous les peuples. O France, soldat de Dieu, remercie donc le Tout-Puissant, qui, après t'avoir créée et *douée de force et de beauté* (3), a voulu se servir de toi pour la libération des nations civilisées! Et nous, enfants de ce noble pays, la plus belle des patries après celle du Ciel, entonnons le *Te Deum* en l'honneur de Notre-Dame de Lourdes, devenue manifestement pour nous Notre-Dame des Victoires!

Si Nous Nous adressions à des Chrétiens moins instruits que vous, Nos Très Chers Frères, Nous croirions nécessaire d'expliquer en quel sens nous avons, d'une part, demandé à la Vierge Immaculée de nous rendre victorieux, et, d'autre part, en quel sens nous venons maintenant, après le triomphe de nos armes, lui payer le tribut de notre infinie gratitude. Mais, tout comme l'apôtre saint Paul : *Nous parlons à qui connaît la loi scientibus legem loquor* (4) ; car vous savez parfaitement que Dieu seul est le principe de toutes les grâces, et que Notre-Seigneur nous les a méritées par la vertu infinie de son sang répandu sur la Croix; vous savez que le Cœur sacré du Rédempteur, c'est-à-dire son amour sans bornes pour nous, est l'unique fondement de nos espérances. Dès lors, toute créature, si parfaite soit-elle, du fait même qu'elle est une créature, n'a qu'une puissance empruntée, une puissance de supplication, quand nous

------

(1) *Deuter.,* **XXXII**, 41 : *Si acuero ut fulgur gladium meum* (CANTIC. MOYS.).

(2) I *Reg.,* **XVII**, 40, 49 : *Elegit sibi... limpidissimos lapides de torrente..., tulitque unum lapidem et funda jecit... et infixus est lapis in fronte ejus.*

(3) *Prov.,* **XXXI**, 25 : *Fortitudo et decor indumentum ejus.*

(4) *Ad Rom.,* **VII**, 1.

nous adressons à elle pour obtenir son secours : *Per Mariam ad Jesum. — Marie nous conduit à Jésus.* Pour donner à cette vérité, ancienne et essentielle comme le *Credo*, une expression qui la rende plus chère à notre cœur, nous proclamerons que, par Notre-Dame de Lourdes, nous allons au Sacré-Cœur, Fontaine céleste qui renferme les *eaux vivifiantes du salut* (1). Si, en effet, le Cœur de Jésus-Christ est la source de toutes les grâces, nous n'ignorons pas que le Cœur de la Très Sainte Vierge Marie en est le canal, par où elles s'épanchent dans nos âmes. Vérité appuyée sur les fondements de la foi; vérité douce et fortifiante pour nous, et qui se mêle intimement à toute l'économie de la vie catholique, dont elle est absolument inséparable. « Dieu a voulu — dit saint Bernard — que tout bien nous fût communiqué par l'intermédiaire de Marie. » Cette dispensation surnaturelle — notre grand Bossuet nous l'enseigne, après tous les docteurs de l'Église — n'est que l'accomplissement, l'épanouissement du mystère de l'Incarnation, le mystère du Fils de Dieu se faisant homme en devenant le Fils de la Vierge Marie. Comme c'est Marie qui nous a donné Jésus-Christ, c'est elle encore qui continuera, ministre du Très-Haut, à nous le donner, par les bienfaits que nous ont mérités l'Incarnation et la Rédemption; *elle nous montrera,* enfin, *Jésus-Christ, le fruit béni de ses entrailles, après notre exil* (2) et sur le seuil du Paradis, ainsi qu'elle nous le montre et nous le donne, tous les jours, lorsque nous faisons appel à son intercession toute-puissante auprès de Dieu.

Quand donc, pendant les quatre années de la guerre, nous venions répandre aux pieds de la Vierge sans tache nos supplications et les angoisses de nos âmes; quand nous lui demandions d'être notre protectrice et Notre-Dame des Victoires devant le Dieu des armées; et quand, maintenant, l'ennemi abattu étant à notre merci, nous accourons dans ses sanctuaires de Massabieille, pour entonner le *Te Deum* et pour offrir par ses mains à son divin Fils notre reconnaissance débordante d'allégresse, nous sommes dans la vérité de l'Évangile, nous obéissons aux enseignements de la foi comme aux plus chères inspirations de notre cœur. De même, les

---

(1) Isaï., XII, 3 : *Haurietis aquas... de fontibus Salvatoris.*
(2) Antienne *Salve, Regina.*

exploits de nos soldats ayant été bénis par les mains de la Vierge Immaculée, ces héros accomplissent un geste légitime de gratitude, en venant orner de leurs lauriers l'image radieuse de Notre-Dame de Lourdes.

Oui, *à Jésus par Marie*, c'est l'itinéraire tracé par la théologie, par Notre-Seigneur Jésus-Christ lui-même; c'est la voie sûre et sacrée que l'âme chrétienne a toujours suivie fidèlement. Mais on serait tenté de penser que ce mouvement a été plus nettement marqué chez nous, comme si *le Christ, qui aime les Francs*, nous avait imprimé plus avant dans l'âme le culte et l'amour de sa Mère, comme si la Fille aînée de la Sainte Église devait être l'apôtre privilégié de la gloire de Marie.

Lourdes, après vingt siècles de christianisme, rappelle et proclame à nouveau, et avec un éclat sans précédent jusqu'ici, cette sublime vocation de notre patrie.

II

Combien la dévotion envers la Très Sainte Vierge jeta de profondes racines au sein de notre pays et dans le cœur de nos ancêtres, il n'est pas nécessaire, pour s'en rendre compte, de fouiller les mystères de nos archives nationales. Les faits parlent d'eux-mêmes, et, si nous nous taisions, *les pierres*, selon la parole du divin Maître, *crieraient* (1), pour affirmer hautement cet amour si ardent, en retour duquel la Mère de notre Dieu a voulu, en quelque sorte, fixer sa demeure et son trône parmi nous. Or, ce trône, élevé sur la terre de France, est entouré, vous le savez, des plus illustres témoins de sa gloire et de sa miséricorde, car on peut bien donner ce nom et assigner cette mission à toutes les cathédrales, à toutes les églises, à tous les autels que la foi de nos pères a consacrés à Dieu, sous le vocable de Notre-Dame, et il ne sera sans doute jamais au pouvoir de tous les barbares réunis d'arracher de notre sol ces fleurs merveilleuses, ces gigantesques encensoirs, qui exhalent leur parfum en l'honneur de la Mère de Dieu. Toujours, chez nous,

---

(1) Luc., XIX, 40 : *Si hi tacuerint, lapides clamabunt.*

l'Immaculée tiendra impuissante sous son talon la rage dévastatrice de Satan, acharné à combattre tout ce qui la glorifie.

C'est ainsi que Reims, la cathédrale française par excellence, dont la parfaite beauté et les splendeurs séculaires excitaient l'envieuse fureur des Huns modernes comme l'admiration passionnée de nos cœurs, Notre-Dame de Reims, accablée de bombes et d'obus, saignant de mille plaies, tel un soldat blessé qui continue à combattre, a été maintenue debout par sa maternelle protection. Vous l'avez remarqué, en effet, Nos Très Chers Frères, — et ainsi que Nous, avec une inexprimable émotion, — quelques cloches survivantes du carillon de Reims ont pu sonner la victoire et répandre sur les ruines accumulées par d'ignobles Vandales, avec les ondes douces et majestueuses de leurs harmonies, la certitude d'un heureux avenir, l'*Alleluia* de la résurrection. Symbole éloquemment expressif d'une ville qui revivra, parce qu'elle ne veut pas mourir !

Mais, quand les cathédrales de Reims, de Soissons, d'Arras, de Chartres, de Beauvais, de Paris et de Strasbourg, quand toutes les cathédrales françaises auraient disparu, le nom, le culte de Marie, demeureraient éternellement vivants, avec tout leur éclat, au fond d'un sanctuaire devant lequel devraient s'avouer impuissantes les haines et *les portes de l'enfer* (1). C'est l'âme immortelle de la France, qui, armée de sa foi et de son amour, resterait le serviteur et l'indéfectible apôtre de la Vierge Marie, et ne tarderait pas à faire ressusciter sur le sol national les basiliques « dont les ruines mêmes auraient péri (2) »; sources de vie nouvelle, monuments de nouvelles gloires pour la patrie. Dieu le veut, et un pape l'a déclaré : « La France est le royaume de Marie; jamais elle ne périra ! — *Regnum Galliæ, regnum Mariæ, nunquam peribit.* »

Oui, Nos Très Chers Frères, comme vous le dites tous les jours à la Grotte miraculeuse, en dépit de certaines apparences, qui ont pu tromper des observateurs superficiels, notre patrie « ne cessera jamais de proclamer que la Très Sainte Vierge est sa Mère et sa Souveraine » (3) : Souveraine fondant son empire sur l'effusion des

----

(1) MATTH., XVI, 18 : *Portæ inferi non prævalebunt adversus eam.*
(2) LUCAIN : *Etiam periere ruinæ.*
(3) Dans la *Prière à Notre-Dame de Lourdes.*

faveurs divines dont elle est la dispensatrice; Mère par les incessants témoignages de son infinie tendresse. Si donc vous portez votre attention sur un fait historique, bien propre à vous inspirer gratitude et sainte fierté, vous pourrez facilement constater combien ont été fréquentes, dans notre pays, au cours de quinze siècles de christianisme, les apparitions de la Très Sainte Vierge, et vous vous sentirez dans la douce obligation de croire à son amour pour nous. Ce sont là des réalités, dûment vérifiées et ayant très souvent pour garant extérieur le miracle, l'officielle signature de Dieu. De ces événements, qui sont dans toutes les mémoires, Nous avons à peine besoin de vous rappeler que le plus frappant, le plus incontestable, c'est Lourdes. Ce seul nom évoque, aux yeux de tous, un monde de prodiges.

Évidemment, la Très Sainte Vierge n'exclut de son cœur aucun des enfants, aucun des peuples que Dieu lui a donnés en héritage au pied de la Croix. Mais la fille aînée de l'Église, qui est aussi la fille privilégiée de Marie, n'a pas cessé de garder la première place dans le cœur de sa Mère. Pour corroborer cette affirmation, laissez-Nous vous citer, en toute simplicité, une parole attribuée à un éminent cardinal italien, aussi remarquable par sa vaste érudition et par sa finesse d'esprit que par sa piété. A l'exemple des papes Pie IX, Léon XIII, Pie X et Benoît XV, — dont le nom assurément a changé, mais non le cœur, — il avait la plus tendre dévotion envers Notre-Dame de Lourdes, et était heureux de la manifester en toute circonstance. Or, un pèlerin français, que distinguait une foi éclairée et vive, doublée d'une religieuse courtoisie, ayant eu l'honneur d'être reçu, à Rome, par ce prince de l'Église, se plut, après avoir parlé de Lourdes avec un enthousiasme bien naturel, à s'étendre aussi sur les gloires merveilleuses de l'Italie : « Votre patrie, dit-il, Éminence, possède le sanctuaire marial le plus illustre du monde, la sainte Maison de Lorette, où la Vierge Immaculée a vécu, de bien longues années, dans la plus étroite intimité avec Notre-Seigneur Jésus-Christ. » — « Sans doute, — repartit le pieux et spirituel cardinal, — nous avons, et nous en sommes heureux et fiers, la Maison de la Très Sainte Vierge, mais il n'est pas moins certain qu'elle en sort souvent, pour faire visite à la France. »

Oui, Nos Très Chers Frères, — et Dieu soit béni et à jamais remercié de nous avoir accordé cette grâce d'un prix infini ! — la

Reine du Ciel est venue très fréquemment chez nous, et la visite la plus insigne qu'elle nous a faite s'appelle l'Apparition de Lourdes; la demeure où elle semble avoir voulu établir son séjour de prédilection et le trône de ses miséricordes, — *in hac sua veluti sede,* selon le langage de la liturgie (1), — c'est la Grotte miraculeuse, où, aux pieds de notre Mère céleste, habitent nos cœurs. Et voilà pourquoi les peuples chrétiens ne cessent d'affluer à Lourdes, unissant leurs voix à celle de la France, pour ajouter un commentaire nouveau, après deux mille ans, à la prédiction de la Vierge Immaculée : « *Voici que les générations me proclameront bienheureuse* (2) ! » Italiens, Belges, Anglais, Irlandais, Espagnols, Américains de toutes les Amériques, Portugais, Suisses, Tchèques, Australiens, tous les Catholiques de toutes les nations, se sont, en effet, depuis soixante ans, donné rendez-vous devant le Rocher de Massabieille, pour redire à la Mère de Dieu avec la France : *Je vous salue, Marie! — Ave, ave, ave, Maria!* Ils sont venus, ces millions de pèlerins, s'agenouiller à la place où Bernadette eut l'ineffable privilège de contempler la Très Sainte Vierge, de recueillir ses maternelles faveurs et ses sourires, d'entendre les messages qu'elle était chargée de communiquer au monde. A la voix de l'humble petite fille qui a rempli l'univers, ces multitudes sont accourues, innombrables, ont cru, ont vu, ont prié, ont été exaucées, et ont porté jusqu'aux extrémités de la terre l'annonce des merveilles opérées par Notre-Seigneur Jésus-Christ pour la glorification de sa Mère.

Comme il était bien naturel, c'est la France qui a répondu avec l'empressement le plus filial aux appels de l' « Immaculée Conception ». On trouverait, en effet, difficilement, dans notre pays, le plus petit hameau, fût-il caché au fond de la plus obscure vallée ou perché au sommet de la plus haute montagne, qui n'ait envoyé plus d'une fois ses délégués dans nos sanctuaires. Car, si, d'une façon ou d'une autre, tous les Français ont été soldats, au cours de la guerre qui vient d'avoir une issue si heureuse pour nous, tous les Français aussi, et avec l'enthousiasme de la foi et du patriotisme, se proclament les enfants de Notre-Dame de Lourdes; et tous, pendant les quatre années cruelles qui viennent de s'écouler, ont

---

(1) *Office de l'Apparition de la Vierge Immaculée à Lourdes, 5ᵉ leçon des Matines.*

(2) LUC., I, 48 : *Ecce enim ex hoc beatam me dicent omnes generationes.*

lutté pour le salut de la patrie, la prière sur les lèvres et l'amour au cœur; tous, ils ont imploré le secours de Dieu par l'intercession de notre Madone pyrénéenne. Et, maintenant que « le jour de gloire est arrivé », c'est en s'agenouillant, au moins par la pensée, devant sa Grotte miraculeuse, qu'ils veulent chanter le *Te Deum* de la victoire.

Cet admirable passé, cet émouvant présent, voilà, Nos Très Chers Frères, l'explication de la solennelle promesse que fit, il y a trois ans, l'Épiscopat français, et dont l'année 1919 verra, s'il plaît à Dieu, inaugurer l'accomplissement. Vous vous souvenez de ce vœu, unique dans l'histoire de l'Église : plus de quatre-vingts évêques promettant officiellement de conduire leurs diocésains dans les sanctuaires de Lourdes, à la fin de la guerre, en action de grâces de la victoire obtenue. Ils s'exprimaient ainsi (1) :

Vivement préoccupés des intérêts de la patrie, Nos Très Chers Frères; compatissant à vos souffrances et à vos angoisses; émus des sacrifices qu'impose la prolongation de la lutte à nos chers soldats, surtout à tant de pères de famille, si longtemps retenus loin de leurs foyers; désireux de hâter l'heure de la victoire définitive, qui mettra un terme à l'effusion du sang et nous assurera une paix glorieuse et durable, vos évêques ont eu la pensée de faire violence au Ciel, par un acte solennel, en rapport avec l'importance du bienfait désiré...

Pressés par de nombreuses demandes, qui, bien que variées dans leur forme ou leur objet spécial, ont toutes le même but : provoquer une manifestation de foi nationale, pour obtenir le secours du Ciel en faveur de nos armes, et hâter la victoire définitive et le retour de la paix, Nous avons pris la résolution de faire la promesse solennelle d'un pèlerinage national au Sanctuaire de Lourdes...

N'est-il pas tout naturel, Nos Très Chers Frères, que, aux heures graves de notre vie nationale, nous nous tournions vers la céleste Patronne qui a donné à notre pays tant de gages de sa maternelle bienveillance, et que nous allions l'implorer au lieu béni de notre terre de France où elle se montre si constamment secourable à toutes nos misères?

Afin donc de hâter l'heure de la victoire décisive et la conclusion d'une paix telle que la justice de notre cause et un légitime amour de notre patrie nous font un devoir de la souhaiter, les cardinaux, archevêques et évêques français, — chacun au nom de son diocèse, et tous ensemble au nom de la France, — ont résolu de faire solennellement le

---

(1) On trouvera, à l'Appendice, le texte complet de la Lettre des Cardinaux, Archevêques et Évêques de France annonçant aux fidèles le vœu d'un pèlerinage national à Lourdes après la conclusion de la paix.

vœu de conduire, ou de faire conduire en leur nom, après la conclusion
de la paix, dans une période de temps qui sera ultérieurement déterminée, un pèlerinage de leurs diocèses respectifs à Lourdes, aux pieds
de la Vierge Immaculée; et, par l'unanimité de leur adhésion et de leur
intention, ils entendent conférer, — autant qu'il est en eux, — à ce vœu
et aux pèlerinages qui en réaliseront l'accomplissement, le caractère d'un
acte national.

Que le Dieu tout-puissant, par l'intercession de Marie, l'Auguste
Reine de la Paix, daigne agréer notre promesse; qu'il soutienne le courage de nos vaillants soldats, et le récompense par la victoire!...

S'adressant ensuite à Notre-Dame de Lourdes, vos évêques
s'écriaient :

O Marie, Vierge Immaculée, Auguste Mère de Dieu et Reine de la
Paix...

Souvenez-vous... des pieuses multitudes qui, de chacun de nos diocèses, sont venues, en pèlerinages de pénitence, s'agenouiller à vos
pieds !

Souvenez-vous des ovations que les foules ont faites à votre Divin
Fils, de leurs actes de foi, de leurs supplications, de leurs acclamations
à la divine Hostie !

Prêtez l'oreille aux touchantes prières que nos soldats, dans les tranchées, les épouses, les mères, les petits enfants, les vieux parents, à
leurs foyers ou dans nos églises, font sans cesse monter vers le trône de
votre miséricorde !

Présentez au Seigneur les sanglants holocaustes que tant de milliers
de héros ont pieusement et généreusement offerts pour la patrie !

Non ! vous n'abandonnerez pas votre Royaume; non, vous ne laisserez pas périr le peuple qui vous a tant priée; non, la confiance que
nous avons mise en vous ne sera pas déçue !

Nous avons péché, il est vrai. Mais nous reconnaissons nos torts,
nous les regrettons, nous en demandons pardon : nous sommes sincèrement résolus à les réparer.

La France veut rester votre Royaume; elle veut demeurer fidèle au
Christ. Soyez toujours notre Reine, et que Jésus soit toujours notre
Roi : *Dominare nostri, tu et Filius tuus* (1) ! Qu'il règne sur nos familles,
qu'il règne sur la France !

Déjà, vous nous avez donné un gage de votre bienveillante protection, en arrêtant, par une première victoire, au jour de la fête de votre
bienheureuse Nativité, le flot envahisseur, auquel rien, jusque-là, n'avait
pu résister.

____

(1) *Judic.*, VIII, 22.

Reconnaissants de cet insigne bienfait, et assurés que votre miséricordieuse intercession nous en obtiendra le couronnement, Nous, cardinaux, archevêques et évêques français, — chacun au nom de Notre diocèse, et tous solidairement, au nom de la France entière, — Nous faisons solennellement le vœu de conduire Nos diocèses en pèlerinage à vos Sanctuaires de Lourdes, pour rendre grâces à Dieu de la victoire et du bienfait d'une paix durable.

Daignez, ô Marie, agréer notre promesse et exaucer notre prière; la France reconnaissante se fera gloire d'être, à un titre nouveau, votre Royaume et le Royaume de votre Fils! — Ainsi soit-il!

Dans cette imposante manifestation de tous les évêques français, saluons un témoignage nouveau, et combien éclatant! rendu à la réalité des Apparitions de Lourdes, à la toute-puissante intercession de la Vierge Immaculée, à l'authenticité des prodiges qu'Elle a opérés, depuis soixante ans, sous les yeux de l'univers, à la maternelle protection qu'Elle a visiblement étendue sur notre patrie, au cours de cette guerre, enfin terminée, par le succès de nos armes.

De cette protection, bornons-Nous à rappeler deux preuves, deux faits, des plus frappants, où se manifeste clairement, selon Nous, l'intervention de la Très Sainte Vierge en faveur de la France, et dans lesquels Nous Nous plaisons à voir des signes de salut venus du Ciel, l'aurore de notre rédemption, le prélude de notre victoire.

C'est, tout d'abord, le 25 mars 1918, — soixantième anniversaire du jour où la Mère de Dieu dit à Bernadette : « Je suis l'Immaculée Conception. » — C'est en cette fête de l'Annonciation, tandis que de très nombreux pèlerins priaient devant la Grotte de Massabieille, que fut décidée la création de l'organisme générateur de la victoire, l'unité de commandement des armées de l'Entente. C'est ce 25 mars 1918, qu'à Doullens (1), les deux grands hommes d'État qui incarnent l'Angleterre et la France, résolurent de placer

---

(1) Voir l'*Écho de Paris*, numéro du samedi 7 décembre 1918, en deuxième page. Sous ce titre : *Un peu d'histoire*, on y lit ces lignes, extraites du *Cri de Paris* : « Puisque d'excellents confrères ont été autorisés à raconter comment le général Foch fut nommé généralissime des armées alliées sur le front français, *le 25 mars* dernier, on ne nous interdira plus de dire la vérité vraie sur un événement qui a eu de si grandes et de si heureuses conséquences. »

En remettant, le 23 août 1918, le bâton de maréchal au général Foch, M. Poincaré, Président de la République, faisant allusion à ce fait, s'exprimait en ces termes : « M. le président du Conseil et moi, nous savons, à Doullens, devant la Mairie, une allée de jardin où il fut aisé d'entrevoir votre bâton de Maréchal. » (Voir l'*Express du Midi*, de Toulouse, numéro du dimanche 25 août 1918).

à la tête de toutes les armées alliées l'illustre maréchal Foch, enfant de notre Bigorre, par lequel Notre-Dame de Lourdes a voulu se manifester comme Notre-Dame des Victoires, en faisant de lui, en quelque sorte, son lieutenant. Notre glorieuse Madone répondait ainsi au blasphème, stupide autant qu'odieux, de la Germanie luthérienne, rationaliste et moderniste, qui l'avait mise au défi de guérir les os que ses hordes sauvages briseraient à nos soldats (1).

C'est, ensuite, au lendemain du 16 juillet, soixantième anniversaire de la dix-huitième Apparition, l'Apparition des sourires, que fut déclenchée par le maréchal Foch notre grande et suprême offensive, inauguration fulgurante des succès ininterrompus que devait irradier le triomphe final et décisif. En parlant ainsi, Nous Nous sommes fait, sans le savoir, l'écho d'un aveu qu'il y a quelque intérêt à citer et à mettre sous vos yeux, conformément à la maxime d'un poète ancien : *Fas est et ab hoste doceri ; — la vérité est parfois bonne à entendre, même des lèvres d'un ennemi*. Après avoir affirmé, au début de juillet 1918, que, dans sa conviction intime, les puissances de l'Entente lui feraient parvenir des propositions de paix avant le 1ᵉʳ septembre, voici ce que déclarait, presque à la veille de sa mort récente, le trop fameux Hertling, si malencontreusement surnommé par ses compatriotes « le Chancelier de la victoire » : « Nous nous attendions à des événements graves à Paris, pour la fin du mois de juillet. *C'était le 15 juillet. Le 18, même les plus optimistes parmi nous ont compris que* TOUT ÉTAIT PERDU. L'HISTOIRE DU MONDE S'EST JOUÉE EN TROIS JOURS (2). »

O Lourdes ! dirons-Nous donc, en lui appliquant, toute proportion gardée, les paroles adressées par le Prophète à Bethléem, — Lourdes, *tu n'occuperas point, parmi les plus illustres cités* de France,

---

(1) A la veille de la guerre, la *National Zeitung* publiait ces lignes : « Quoi qu'il soit réservé par la Providence à l'Allemagne, c'est sur la France qu'elle se rabattra, pour se dédommager, mais dans une autre mesure qu'il y a quarante ans. Ce ne sera plus 5 milliards qu'il lui faudra payer pour se racheter, mais peut-être 30. La sainte Mère de Dieu de Lourdes aura beaucoup à faire, si, elle, la miraculeuse, doit guérir tous les os que nos soldats casseront aux pauvres gens de l'autre côté des Vosges ! Pauvre France ! » (Traduction du journal l'*Univers*, du 1ᵉʳ août 1914.)

(2) Le *Matin*, numéro du samedi 11 janvier 1919, article : *Les derniers Propos du comte Hertling*. — Voir, dans la revue *Les Études*, livraison du 5 août 1918, page 381, aux Éphémérides du mois de juillet, à la date du 16 : « L'attaque générale allemande (déclenchée la veille) est enrayée. »

l'humble place que semblait te réserver ton modeste passé ! *Car c'est de toi*, c'est du voisinage de ta Grotte miraculeuse, *que nous est venu le chef qui a conduit* au triomphe les défenseurs de la liberté des peuples ! *Ex te enim exiet dux qui regat populum meum Israël* (1) ! C'est de la main de ta Madone bénie qu'est parti le rayon précurseur d'une victoire destinée à glorifier la France et à transfigurer la face de la terre.

Nous parlions, tout à l'heure, de deux faits mettant en relief l'intervention de la Très Sainte Vierge en notre faveur, pendant la guerre. Mais, si l'on examine avec soin la série des péripéties qui se sont déroulées sous nos regards depuis quatre ans, il sera bien facile et bien consolant pour nous de saisir, en quelque manière sur le vif, les traces, ou, plus exactement, l'empreinte profonde d'autres et nombreuses preuves de l'appui qui nous est venu d'En-Haut. Réponses du Ciel à nos supplications, adressées au Cœur adorable de Notre-Seigneur par l'intermédiaire de Notre-Dame de Lourdes, notre Mère et notre Souveraine, en union avec tous les saints patrons de notre pays. Marie, la Mère de Dieu, entourée de tous les saints et de toutes les saintes de France, prosternée aux pieds de son divin Fils, pour nous obtenir la victoire et le salut du monde, quelle vision consolante, quelle réalité divine, aux yeux de notre foi ! Quel gage de salut !

Ces faits, que Nous Nous bornerons à énumérer, Nous sommes bien certain que votre piété toujours en éveil a été heureuse déjà de les remarquer, et que vous vous réjouirez, comme Nous, de les embrasser d'un coup d'œil d'ensemble, afin d'y trouver le plus éclatant témoignage de la miséricorde de Dieu et de la Vierge sans tache envers notre patrie.

Pour commencer par cet événement capital qui a inauguré l'orientation de la France vers des destinées triomphantes, vous avez, tous, présent à l'esprit le « miracle de la Marne », qui nous apparaît dans une lumière surnaturelle et, en quelque sorte, encadré dans les rayons du Ciel.

Oui, rayon du Ciel, le nom de Jeanne d'Arc, qui constitue le mot d'ordre de l'armée française, le jour où les forces ennemies s'arrêtent, comme pour recevoir le coup qui doit les abattre.

---

(1) Matth., II, 6.

Rayon du Ciel, la coïncidence de la Neuvaine à sainte Geneviève avec l'éloignement du nouvel Attila, dont les féroces légions menaçaient Paris.

Rayon du Ciel, l'illumination de génie grâce à laquelle, le 25 août 1914, en la fête de saint Louis, roi de France (1), le maréchal Joffre conçut et traça le plan qui devait enfanter ce « miracle de la Marne ».

Mais, ensuite, à quel moment précis les vicissitudes militaires, qui ne furent pas toujours exemptes d'angoisses, cessèrent-elles, d'une manière irrévocable, d'être pour nous des sujets d'inquiétude? La Presse catholique, la *Croix*, en particulier, l'a signalé, avec une insistance qui paraîtra bien naturelle à votre foi et à votre patriotisme : c'est à partir du vendredi 7 juin 1918, le jour même où l'Église de France, en conformité avec le vœu de ses évêques, célébrait solennellement la fête du Sacré-Cœur.

Quand vit-on, enfin, s'accélérer avec une impressionnante décision « la marche » définitive de nos armées « vers la victoire »? C'est, Nous vous le rappelions il n'y a qu'un instant, à partir du 16 juillet dernier, soixantième anniversaire de la dix-huitième Apparition de la Très Sainte Vierge à Lourdes, surnommée, répétons-le, l'Apparition des sourires; au lendemain de ces mêmes jours où l'illustre maréchal Foch consacrait les armées françaises et alliées au Sacré-Cœur de Jésus; préparation immédiate aux abondantes bénédictions de Dieu, préparation à ces journées prestigieuses, à ces mois de prodiges, pendant lesquels du ciel de France « il pleuvait de la gloire » (2), et où, sous la main puissante de Notre-Dame de Lourdes, « les lauriers poussaient partout, fécondés par le sang et par la bravoure inouïe des soldats français et alliés » (3).

Ces mois, ce sont les mois d'août, de septembre et d'octobre 1918, pendant lesquels les prières deviennent partout plus pres-

---

(1) « Dès *le 25 août*, l'idée de manœuvre offensive apparaît. » — « Au lendemain de Charleroi, quand toutes nos armées, ayant buté contre la masse formidable des armées allemandes, refluent d'elles-mêmes tour à tour, le Grand Quartier Général envoie aux chefs d'armées la directive n° 2, *datée du 25 août*, 22 heures. » (Général MALLETERRE, *Un peu de lumière sur les batailles d'août-septembre 1914*. Paris, éditions Jules Tallandier, 75, rue Dareau.)

(2) *Allocution prononcée, à la cathédrale de Tarbes par Mgr Schœpfer, avant le chant du* Te Deum *d'action de grâces pour la victoire de la France et de ses alliés.*

(3) *Ibid.*

santes, plus solennelles, Nous allions dire plus saintement violentes, à Lourdes spécialement. Tout d'abord, en vertu des ordres de nos évêques, à l'occasion de notre entrée dans la cinquième année de guerre; puis le 15 août, fête de l'Assomption, et le 25 août, ensuite, quand la fête de saint Louis, roi de France, groupa les foules nombreuses et ferventes du Pèlerinage National devant la Grotte miraculeuse; le 8 septembre, enfin, et durant tous le mois du Très Saint Rosaire. Si, en chacune de ces occurrences, le Ciel fut sans relâche sollicité, et, en quelque manière, assailli de tous côtés par les instantes supplications adressées à la Vierge Immaculée, Nous pouvons affirmer, et Nous répétons, le cœur rempli de reconnaissance envers Dieu, que ces mois méritent d'être qualifiés d'un mot : ce furent, pour la France et pour l'Entente, des mois constellés de dates étincelantes comme des soleils.

De ces dates inoubliables, Nous n'en mentionnerons que quelques-unes. En premier lieu, celle de la victoire de Saint-Mihiel, par laquelle les Américains, le 12 septembre, fête du Très Saint Nom de Marie, délivrèrent ce coin de notre sol où, depuis quatre ans et, semblait-il, pour toujours, s'était incrustée la pieuvre allemande.

C'est, peu après, un événement auquel il semble difficile de donner trop d'importance. Nous voulons dire l'armistice bulgare, qui libéra notre armée d'Orient, paralysa la Turquie et prépara l'effondrement inévitable de l'Autriche, et, enfin, de l'Allemagne. Ce fait, d'une portée qu'on ne saurait exagérer, se produisit à la date, bien significative, du 29 septembre, fête de saint Michel, Patron de la France, le champion de Dieu et de la justice éternelle contre les puissances des ténèbres. Comme la Reine du Ciel et des anges, le glorieux prince de la Milice céleste répondait ainsi aux blasphèmes des Teutons, qui nous mettaient au défi de vaincre leur plus grand homme de guerre, « eussions-nous pour généralissime l'archange saint Michel » (1).

C'est, ensuite, le 28 octobre, où, après quatre ans d'horrible esclavage, Lille voyait l'armée britannique entrer officiellement dans ses murs, sous les auspices et en la fête même de sa Patronne,

____

(1) Les *Dernières Nouvelles de Leipzig*, février 1918, citées par la *Croix* (numéro du dimanche-lundi, 22-23 décembre 1918, supplément du même jour), dans son article *Saint Michel et la Victoire.*

Notre-Dame de la Treille, qui exauçait ainsi le vœu fait à Notre-Dame de Lourdes, le 11 février précédent, par Mᵍʳ Charost, son héroïque évêque (1).

Sur le front italien, où nous serons heureux, comme nos alliés d'outre-monts, de saluer les preuves des interventions d'En-Haut, quel jour les Autrichiens, réduits par la bravoure de leurs adversaires, sont-ils contraints de déposer les armes? C'est le 4 novembre, jour où l'Église célèbre la fête de saint Charles Borromée, l'un des plus grands saints de l'Italie (2).

C'est enfin, sous les auspices du Patron de l'armée française, voire même de toutes les armées françaises, puisque, pendant de longs siècles, la chape de l'illustre thaumaturge fut leur drapeau, oui, c'est en la fête de saint Martin, le 11 novembre, que la fortune de nos ennemis, chancelante depuis quatre mois, est définitivement abattue et s'écroule sans retour. Ce jour, dont le souvenir restera à jamais vivant dans notre mémoire, vit sceller, non point, il est vrai, par une paix officielle, mais par un victorieux armistice, la fin de l'affreuse guerre qui ensanglanta si longtemps le monde. Armistice béni, qui consacra la défaite irrémédiable de nos agresseurs, mais qui devait être prorogé et nous procurer de nouvelles et très importantes garanties, le 13 décembre, fête de sainte Odile, patronne de l'Alsace (3). Comme si l'angélique sainte, Alsacienne, non pas Allemande, mais Celte, c'est-à-dire Gauloise et Française, sœur aînée de Jeanne d'Arc, voulait, elle aussi, manifester son amour pour la France, dont la victoire venait d'être consommée et couronnée par la restitution de ses deux filles, longtemps perdues, l'Alsace et la Lorraine!

---

(1) C'est le 17 octobre, — fête de la Bienheureuse Marguerite-Marie, jour où, pour diverses raisons, qui paraissaient fortuites, commençait, sous la présidence de Mᵍʳ Charost, une nouvelle offensive de prières, — que les troupes britanniques pénétraient dans Lille. Leur entrée solennelle eut lieu, une semaine plus tard, le 28 octobre (Voir la *Croix* de Paris, numéro du vendredi-samedi, 1ᵉʳ-2 novembre 1918, sous ce titre : *Coïncidence*).

(2) C'est bien, en effet, le lundi 4 novembre, en la fête de saint Charles Borromée, à 15 heures, que les hostilités ont cessé sur le front italo-autrichien, conformément à l'armistice conclu la veille.

(3) Voir le *Martyrologe romain*, à la date du 13 décembre : « *In territorio Argentoratensi, sanctæ Othiliæ Virginis. — A Strasbourg, sainte Odile, Vierge.* » — Elle est fêtée le lendemain au diocèse de Besançon (Voir *Les Petits Bollandistes*, t. XIV, p. 236 et 286. — Paris, Bloud et Barral, éditeurs, 4, rue Madame et 59, rue de Rennes. 1885).

Mais voici, à l'honneur de la Très Sainte Vierge, un fait certainement unique dans les fastes de l'Histoire. La flotte très nombreuse et, semblait-il, très redoutable de l'Allemagne, qui devait lui donner l'empire de l'océan et lui assurer le plus brillant « avenir sur les eaux », quittait, enfin, après de longs préparatifs, l'impénétrable abri de ses ports, et, chargée à profusion de marins et de canons, gagnait la haute mer, mais c'était pour se rendre sans combattre, à la marine anglaise, qui, ensuite, l'emmenait prisonnière dans les rades d'internement de la Grande-Bretagne. Or, savez-vous quel jour s'accomplirent ces étonnantes destinées navales de nos ennemis? Ce fut le 21 novembre dernier, fête de la Présentation de la Vierge au Temple de Jérusalem. C'était, pour nos alliés anglais, un triomphe d'une splendeur sans égale, un rayon de gloire descendu du Ciel. Aussi l'amiralissime Beatty, ayant regagné le bord du *Queen Elizabeth*, qui battait son pavillon, s'empressa-t-il de faire célébrer un Service d'action de grâces.

Ce même jour, qui vit la flotte allemande pénétrer en captive dans les eaux anglaises, ainsi que nous venons de le relater, vit aussi les dernières unités allemandes, chassées d'Alsace, franchir le Rhin, désormais. devenu notre frontière (1).

Notons, de plus, une autre coïncidence, qui achève de marquer d'un caractère providentiel la mission du maréchal Foch, généralissime de l'Entente. S'il est né au diocèse de Tarbes et de Lourdes (2); si c'est le 25 mars, fête de l'Annonciation et anniversaire de la principale Apparition de la Vierge sans tache qu'il fut désigné pour le commandement suprême des armées françaises et alliées; si c'est le 16 juillet, fête de Notre-Dame du Mont-Carmel, anniversaire de la dernière Apparition, qu'en cette année jubilaire des *Noces de Diamant* de Lourdes il inaugura, comme il a été dit plus haut, la série de succès mémorables dont l'aboutissement fut la victoire finale; c'est le 27 novembre, fête de la Médaille miraculeuse, qu'il a fait son entrée solennelle à Strasbourg, la capitale de nos provinces reconquises, et y a chanté le *Te Deum*.

Ce qui, enfin, s'est passé le 8 décembre 1918, en la fête de

---

(1) Voir, dans la *Liberté du Sud-Ouest*, numéro du mercredi 27 novembre 1918, le récit de l'entrée à Strasbourg des troupes françaises. Nous y lisons ces lignes : « *Le 21*, au matin, conformément aux clauses de l'armistice, les dernières unités allemandes passaient le Rhin. »

(2) Voir, à ce sujet, dans l'Appendice, V, VI et VII.

l'Immaculée Conception, nul de nous ne pourrait l'oublier, et il n'est pas un cœur français où ne retentissent encore les cris de joie qui saluèrent cette date, en France et chez tous les peuples alliés, mais surtout chez nos frères libérés de l'odieux joug des Teutons.

Ce 8 décembre, en effet, la France victorieuse s'installait officiellement en Alsace et en Lorraine et entrait à Metz avec un cortège incomparable, tel qu'il ne s'en vit peut-être jamais. C'étaient le Président de la République, M. Raymond Poincaré, M. Georges Clemenceau, président du Conseil, et le maréchal Foch, trois hommes qui, à des titres divers, peuvent être appelés les libérateurs de la patrie; c'étaient, à leur suite, les présidents du Sénat et de la Chambre des Députés, presque tous les membres du Gouvernement; les maréchaux Joffre et Pétain; le maréchal anglais Douglas Haig; le général américain Pershing; les généraux de Castelnau, Gouraud, Fayolle, Hirschauer et nombre d'autres qui seront inscrits en lettres d'or dans le livre de l'Histoire; les missions militaires des pays alliés; le corps diplomatique; des centaines de sénateurs et de députés, qu'encadraient notre armée glorieuse et des multitudes d'Alsaciens et de Lorrains, dont il serait impossible d'évaluer le nombre, mais plus impossible encore de décrire l'allégresse portée jusqu'au délire.

De Metz, la France, avec le même appareil de prestige et de puissance, s'acheminait, le lendemain, vers Strasbourg, puis vers Colmar et vers Mulhouse. Et, partout, les populations, ivres du bonheur d'être rendues à la mère patrie, épuisaient toutes les formes, toutes les manifestations de l'enthousiasme, sans pouvoir exprimer aussi vivement qu'elles les ressentaient leur reconnaissance à Dieu et leur amour à la France.

De Metz à Mulhouse, quelle marche triomphale, accompagnée de quel *hosanna* universel! Vision de surhumaine beauté, qui portera éternellement la date, à tout jamais bénie, du 8 décembre, fête de l'Immaculée Conception, fête de Notre-Dame de Lourdes, à laquelle nous sommes redevables de tant de félicité et de tant de gloire; fête qui mériterait d'être chantée par un *Te Deum* immortel devant la Grotte de Massabieille!

Cette dette sacrée sera, si Nous pouvons parler ainsi, Nos Très

Chers Frères, acquittée, en quelque sorte, par le pèlerinage que Nosseigneurs les évêques de France ont fait vœu d'accomplir, dès que les circonstances le permettront.

Accourez donc, diocèses du nord et de l'est de la France, qui avez cruellement souffert pendant des mois et des mois, des années et des années, soutenus par vos grands évêques, en qui on a vu revivre les saint Ambroise, les saint Léon, les saint Loup et les saint Aignan, défenseurs de leurs peuples en face des ennemis, et qui seront demain les restaurateurs des ruines multipliées par les barbares !

Venez, vous aussi, diocèses de Belgique, avec votre épiscopat, uni au grand cardinal Mercier dans la plus pure des gloires ! Vos peuples, si passionnément épris de liberté et plus attachés à l'honneur qu'à la vie même, ont versé leur sang en communion avec la France; avec elle aussi, ils seront heureux d'exhaler les hymnes sacrés de l'action de grâces nationale, et de se réjouir, devant la Grotte miraculeuse, d'une victoire qui assure pour l'avenir la plénitude de leur indépendance.

Venez, diocèses de l'Ile-de-France, de Normandie, de Bretagne, de Touraine, de l'Orléanais, du Maine, d'Anjou, du Poitou, de Franche-Comté, de Bourgogne, du Dauphiné, du Nivernais, du Limousin, de la Marche, de Savoie, d'Auvergne, de Provence, du Languedoc, de Gascogne et du Roussillon ! Venez, illustres métropoles de Paris, de Lyon, de Bordeaux et de Bourges ! Venez, vous surtout, diocèses d'Alsace et de Lorraine, particulièrement chers à nos cœurs !

Venez, enfin, vous tous qui, sans avoir été foulés aux pieds d'un ennemi lâche et cruel, avez eu l'âme déchirée de douleur au spectacle des épouvantables épreuves qu'enduraient vos frères, et qui, comme eux, avez eu l'héroïsme d'offrir le sang de vos enfants pour la liberté de la patrie ! Venez avec votre foi, avec votre amour pour la Sainte Vierge, avec votre gratitude infinie pour les bienfaits que, par son entremise, Dieu a répandus sur nous tous ! *Venite, et ascendamus ad montem Domini ! — Venez, ensemble gravissons la colline sacrée* (1), du haut de laquelle, en réponse à nos ardentes

____

(1) Isaï., II, 3; Mich., IV, 2.

prières, les gages de notre salut nous ont été dispensés avec les consolations de la foi! A l'exemple du peuple d'Israël, qui portait au Temple de Jérusalem les prémices des épis fraîchement récoltés, vous viendrez, en retour de sa protection, déposer aux pieds de Notre-Dame de Lourdes, Notre-Dame des Victoires et maintenant Reine d'une glorieuse Paix, la splendide moisson de nos lauriers!

III

La France, qui remercie Notre-Seigneur de lui avoir accordé l'inestimable privilège de la victoire par l'intercession de la Vierge Immaculée, veut aussi lui offrir l'hommage de ses actions de grâces par les mains de sa Très Sainte Mère. Et c'est à Lourdes surtout, nous l'avons vu, que notre patrie se propose de remplir, à la face du monde entier, cette obligation si douce à son cœur.

Nous avons essayé, Nos Très Chers Frères, de vous exposer les considérations capables, pensons-Nous, de vous persuader que rien n'est plus conforme à l'esprit de la foi catholique et du plus pur patriotisme. Nous voudrions, maintenant, vous montrer que le *Te Deum* de Lourdes, destiné à faire vibrer de ses accents tous les jours de cette année 1919, pourrait difficilement avoir pour prélude et pour préparation une date plus propice que celle du 11 février prochain.

Deux raisons Nous déterminent à vous tenir ce langage, et la première, c'est que ce jour termine l'année des *Noces de Diamant* des Apparitions de Lourdes, inaugurée, il y aura un an, le 11 février 1918, au milieu des anxiétés de la guerre.

Que de fois, Nos Très Chers Frères, — et Nous ne croyons pas vous fatiguer par ces redites, auxquelles vos âmes font écho, — oui, que de fois vous Nous avez entendu déplorer que, du 11 février 1918 au 11 février 1919, nos sanctuaires n'aient pu voir se dérouler une série de fêtes rappelant les plus touchants épisodes de la divine Histoire de Lourdes, et renouvelant sous nos yeux, mais plus magnifiques encore, les manifestations religieuses qui firent des *Noces d'Or*, il y a dix ans, une période de céleste enchantement! Toutefois, —laissez-Nous vous l'avouer en toute simplicité, — bien plus souvent qu'à vous, Nous avons exposé à la Très Sainte Vierge elle-même Notre filiale douleur qu'il ne fût pas en notre pouvoir d'honorer, comme nous l'aurions voulu, les anniversaires illustrés par les marques de sa maternelle tendresse. Douleur qu'augmentait en Nous — et très certainement aussi en vous-mêmes, Nos Très Chers Frères — l'effroyable guerre qui remplaçait par des visions de massacres et d'incendies, la perspective des solennités où notre piété rêvait de célébrer la Vierge de Massabieille. Aussi, quand, tous les jours, depuis le 5 août 1914, jusqu'au moment présent, Nous récitions avec vous le Chapelet pour nos soldats, pour les soldats alliés, pour les blessés, les prisonniers, les disparus, les malades, pour toutes les familles éprouvées par le fléau de la guerre, Nous ne pouvions détacher Nos regards de la sainte image dressée devant Nous, et Nous répétions à Notre Mère du Ciel : « *Nous vous saluons, ô Reine, Mère de miséricorde, notre vie, notre douceur, notre espérance! En soupirant vers vous, nous vous supplions de tourner vers nous vos regards pleins de compassion!... Nous nous réfugions sous votre protection! Prenez en pitié nos supplications, dans la détresse* à laquelle vous nous voyez réduits (1) ! » Nous n'osions pas dire à Notre-Dame de Lourdes, comme les disciples d'Emmaüs à Notre-Seigneur : « *Sperabamus! — Nous espérions* (2), et nous avons cessé d'espérer »! Oh! non, vos enfants, ô Mère indiciblement bonne, n'ont jamais douté de votre amour, non plus que de votre pouvoir; mais leur pardonnerez-vous la filiale impatience de leur désir, et d'avoir dit et redit : « *Ad adjuvandum nos festina! — Hâtez-vous, ô Marie, hâtez-vous de nous secourir* (3) ! »

Et la Vierge Immaculée, présentant nos soupirs et nos confiantes prières au Cœur sacré de Jésus-Christ, son Fils et son Dieu, les appuyant de ses efficaces instances, a obtenu que la victoire, gage d'une paix glorieuse, répande l'honneur et l'exultation sur la dernière période des *Noces de Diamant* de ses Apparitions.

Car voici que, depuis quelques mois, nos armées, marchant de victoire en victoire, ont délivré nos provinces, naguère piétinées avec fureur par l'envahisseur; les villes et les campagnes, esclaves

---

(1) Antienne *Salve Regina* et prière *Sub tuum.*
(2) Luc., XXIV, 21.
(3) *Psalm.*, LXIX, 2.

des barbares pendant cinquante et un mois, ont brisé leurs fers; l'Alsace et la Lorraine — ô bonheur ineffable! — nous ont été rendues, et, si, à l'heure actuelle, la paix définitive n'est pas encore conclue, elle est signée à l'avance par le désespoir visible de nos ennemis! Au dernier jour des *Noces de Diamant* de Lourdes, le soleil se couchera donc sur l'univers pacifié et sur notre patrie glorifiée par notre triomphe; et le *Te Deum,* entonné devant la Grotte miraculeuse, sera repris par les foules qui, sans arrêt, s'y succéderont jusqu'à la fin de l'année et au delà! Avec une force grandissante, il répandra ses échos jusqu'aux extrémités de la terre!

****

En s'élevant vers le trône de Marie, cet hymne perpétuel d'action de grâces s'inspirera des sentiments que notre piété trouve célébrés dans nos saints Livres et qu'elle pourra, en quelque sorte, lire dans le Cœur de notre Mère du Ciel.

Approchons-nous donc, pour prêter l'oreille à un premier *Te Deum,* auquel assista sans doute et que, peut-être, inspira la Vierge Immaculée, Mère de Dieu, *Te Deum* dont les émotions se réveilleront dans son âme, aux accents de notre voix : « *Benedictus Dominus, Deus Israel, quia visitavit et fecit redemptionem plebis suæ! — Béni soit le Seigneur, Dieu d'Israël, qui a visité son peuple et a fait éclater sa miséricorde et sa puissance pour le salut d'Israël* (1)! »

Ainsi chantait Zacharie, le père de saint Jean-Baptiste, devant le berceau de son enfant, qu'il saluait comme le gage des miséricordes célestes et comme le précurseur de Celui qui devait sauver le monde. « *Benedictus Dominus, Deus Israel,* — nous écrierons-nous, nous aussi, aux pieds de Notre-Dame de Lourdes, — *béni soit le Seigneur, Dieu d'Israël,* dont l'infinie bonté, a daigné *venir au secours de son peuple* de France! Et c'est vous, ô Vierge Immaculée, Mère du Dieu incarné, qui êtes apparue ici *pour nous annoncer,* préparer et opérer *notre salut,* car c'est par vos mains que le Seigneur nous a retirés des ténèbres épaisses et des plus cruelles alarmes, pour nous introduire dans la joyeuse lumière de la justice triom-

______

(1) Luc., I, 58.

phante ! C'est vous qui *dirigerez nos pas dans les voies de la vérité et de la paix* (1) ! »

Si l'Évangile ne nous apprend pas d'une manière positive que la Très Sainte Vierge entendit le cantique de Zacharie, il nous enseigne, en propres termes, qu'un autre *Te Deum*, dont il a conservé le texte, fut chanté devant la Mère de l'Enfant Jésus, dans le Temple de Jérusalem.

Ce cantique, vous le connaissez, Nos Très Chers Frères; vous l'avez chanté bien souvent, et il vous sera doux d'en évoquer le souvenir dans la Grotte de Lourdes. Regardez Siméon, le saint prophète, dont les vieux bras tremblent de joie en serrant sur son cœur, resté jeune, Jésus le Fils de Dieu fait homme, l'exécuteur des promesses du Ciel, le Rédempteur du genre humain. Pendant de longues années, il a vécu dans le désir de le contempler, et ce désir, changé en un espoir assuré, grâce à une inspiration de l'Esprit-Saint, était le seul lien qui l'attachât encore à la terre. Mais voici que le moment est venu ! Le Sauveur est là; la Vierge Sainte, exerçant sa mission, qui est de donner Jésus aux âmes, remet l'Enfant-Dieu entre les bras du vénérable vieillard, dont l'âme, à ce divin contact, éclate de joie : « *Nunc dimittis servum tuum, Domine, secundum verbum tuum, in pace ! — Maintenant, Seigneur, laissez-moi mourir !* J'ai assez vécu, *puisque mes yeux ont pu contempler le Sauveur*, qui est mon Dieu, *la lumière du monde* (2), le libérateur de l'humanité ! »

Nunc dimittis ! N'est-il pas vrai, Nos Très Chers Frères, que plusieurs parmi vous — et Nous sommes de ce nombre, qu'il Nous soit permis de le dire — ont chanté et chanteront, de toutes les fibres de leur cœur, le *Te Deum* de Siméon : « *Je puis mourir, maintenant que j'ai vu le salut envoyé de Dieu* à la France ! Ce qui rendra ma mort plus douce, c'est de pouvoir espérer que ma patrie bien-aimée, champion du droit, sera toujours le soldat de l'humanité et de l'idéal, parce que le soldat de Dieu et la fille aînée de la sainte Église ! » Que vous en semble? Pourra-t-on jamais entonner plus beau cantique dans la Grotte de Lourdes?

Oui, sans aucun doute, car plus beau que le *Te Deum* de Zacharie

____

(1) Luc., I, 79.
(2) Id., II, 29.

et de Siméon, nous avons un hymne d'action de grâces composé et chanté par la Très Sainte Vierge elle-même, et dont les accents animent et font tressaillir les échos de nos sanctuaires. Vous l'avez entendu bien des fois, Nos Très Chers Frères, quand, aux supplications des multitudes agenouillées devant le Rocher de Massabieille ou au passage du Très Saint Sacrement, la toute-puissance de Dieu répondait par le prodige d'une guérison. Alors, tout spontanément, sur les lèvres des foules, éclataient les strophes sublimes du *Magnificat*, le *Te Deum* personnel de la Très Sainte Vierge.

« *Magnificat anima mea Dominum* (1) ! chanterons-nous, nous aussi, et avec plus de foi et de joie que jamais, le 11 février, au dernier jour de cette année, devenue, enfin, vraiment jubilaire. *O mon âme, chante la puissance du Seigneur*, qui s'est manifestée par la victoire de la France et le triomphe de ses alliés, *car il a regardé les angoisses* du peuple qui est *son serviteur* et son enfant ! *Le Seigneur a fait en moi et par moi de grandes choses, Lui qui est le Tout-Puissant et dont le nom est Sainteté! Sa miséricorde s'est épanchée sur moi, depuis des siècles ; elle s'étendra sur moi de génération en génération. Son bras a terrassé les orgueilleux et les a dispersés,* comme des feuilles mortes, dans l'emportement de leurs rêves insensés ! *Il les a renversés de leurs trônes,* les méchants, enivrés de leur cruelle folie ! *Il a rassasié les nations qui ont faim* et soif de justice et de liberté, *et il abandonne à la détresse d'un vide affreux ceux qui n'étaient pleins que d'eux-mêmes! Il a reçu en grâce son peuple, en souvenir de ses éternelles miséricordes, comme il l'a promis, au cours des siècles, par la bouche de nos pères dans la foi.* Oui, ô mon âme, glorifie le Seigneur, ton Dieu, qui t'a comblée de ses grâces par les mains de la Vierge Immaculée, et qui te couronne, aujourd'hui, de nouvelles et impérissables splendeurs, par des triomphes qu'aucun peuple n'a connus, à aucune époque de l'Histoire ! »

Un autre motif, qui, pour Nouᵉ en particulier, Nos Très Chers Frères, Nous détermine — et vous n'en serez pas surpris — à souhaiter

---

(1) Luc., I, 46 et sq.

que le *Te Deum* soit chanté avec un éclat tout spécial, le 11 février, c'est Notre dessein d'unir l'Alsace et la Lorraine, maintenant délivrées, à la clôture des *Noces de Diamant* des Apparitions, et de les y associer, étroitement et glorieusement, par une cérémonie, dont la simple annonce est de nature à émouvoir tous les cœurs.

Dès l'origine des pèlerinages de Lourdes, l'Alsace et la Lorraine, si foncièrement catholiques et françaises, et que, par conséquent, chacune des fibres de leur être attache au culte de la Très Sainte Vierge, se sont fait remarquer par leur assiduité à fournir de très nombreuses recrues aux armées de nos Croisades mariales. Leur piété forte, sérieuse et grave, d'ailleurs nullement incompatible avec les explosions de l'enthousiasme patriotique et religieux, a toujours frappé ceux qui purent les voir dans nos sanctuaires. Qui s'étonnera que Nous aimions à le dire ! La vue de ces compatriotes, doublement chers à Notre cœur, comptait parmi les meilleures joies dont Nous étions redevable à Notre caractère d'évêque de Lourdes. Aussi voulons-Nous payer ici un légitime tribut de gratitude et de félicitation aux apôtres de ces pèlerinages, qui marquaient, pour l'âme de l'Alsace et de la Lorraine, une période bénie, une éclaircie lumineuse, dans leur sombre existence d'esclaves sous le joug de la tyrannie ; lamentables parias dans leur propre pays ! Les quatre années de la guerre, dont les fleuves de sang semblaient devoir éteindre l'espérance de la résurrection dans l'âme de nos malheureux frères, n'ont fait qu'y raviver la flamme, doublement sacrée, du patriotisme et de la foi. C'est ainsi que, franchissant les Vosges au péril de leur vie, afin de ne pas endosser l'uniforme abhorré des ennemis de leur vraie patrie, des milliers de jeunes gens ont voulu prendre place dans l'armée française. Quant à ceux qu'une dure nécessité retenait sous le sceptre des Teutons, ou, plutôt, sous leur verge, ils tournaient leur regard et leur cœur vers la douce France, vers l'Immaculée de Lourdes, et se dédommageaient de ce qu'une barrière de feu et de sang leur fermait le chemin de nos sanctuaires, en faisant des pèlerinages à des grottes, lointaines mais fidèles images de celle qu'ils avaient autrefois visitée sur les bords du Gave.

Il est temps, maintenant, que la réalité, la douce et chère réalité, reparaisse à leurs yeux ; il est temps qu'ils puissent se prosterner devant le trône de leur Mère du Ciel. Il est temps qu'ils se sentent vraiment libres, en venant crier à plein cœur, sous les yeux de la Vierge de nos Pyrénées : « Vive la France! » Il est temps que la protestation nationale, qu'élevèrent, à Bordeaux, en 1871, les représentants des deux provinces sacrifiées, protestation aujourd'hui sanctionnée par le triomphe de nos armes, soit consacrée par le chant de l'action de grâces en l'honneur de la Madone, Reine des victoires! Il est temps, pour nous servir des expressions de saint Paul, parlant de la Croix qui sauva le monde, que le stigmate de l'esclavage, imprimé sur le front de l'Alsace et de la Lorraine par un tyran cruel, soit effacé officiellement, sur la terre comme au Ciel! Il est temps, enfin, que la main de leur céleste Libératrice *abolisse et déchire la charte de leur longue servitude* (1)!

Ne trouvez-vous pas, dès lors, Nos Très Chers Frères, que le *Te Deum* chanté à Lourdes, par l'Alsace et par la Lorraine rendues à leur patrie, est bien fait pour clôturer dignement les *Noces de Diamant* des Apparitions? N'est-il pas naturel que ces deux chères provinces, dans l'extase, le ravissement de leur joie, soient comme l'avant-garde de la France en marche vers nos sanctuaires pour l'accomplissement de son vœu national?

En toute vérité, la joie de leurs populations est la joie de tous les pays, de tous les peuples alliés, *gaudium magnum..., quod erit omni populo* (2), parce que sa cause est leur cause et le symbole vivant de la justice et du droit. Nos départements du Nord, délivrés du cauchemar sanglant de la guerre; la Belgique affranchie et vengée; la Roumanie, la Serbie, l'Arménie, la Palestine, libérées; l'Italie rentrant en possession de ses limites naturelles; la Pologne ressuscitée, sont avec nous dans l'obligation heureuse de remercier le Dieu Tout-Puissant d'avoir soustrait à la plus barbare tyrannie nos deux sœurs, enfin retrouvées. Et savez-vous pourquoi? C'est que la fin de leur asservissement est, comme on l'a si bien fait remarquer, la condition indispensable, le gage, on oserait presque dire le sacrement, le signe sensible et efficace du droit restauré dans le monde; car la victoire des peuples alliés aurait été chimérique et serait, dans tous les cas, éphémère, si elle n'était consacrée par la délivrance de nos frères trop longtemps opprimés.

---

(1) *Ad Coloss.*, II, 14 : *Delens quod adversus nos erat chirographum decreti.*
(2) Luc., II, 10.

Et cela est si vrai que la seule preuve décisive, tangible, qui puisse convaincre l'Allemagne de son irrémédiable défaite, et le monde civilisé de son triomphe définitif, c'est que vous ne portiez plus vos fers, ô Alsace, ô Lorraine bien-aimées ! C'est que vous puissiez, en toute liberté, chanter le *Te Deum* devant la Grotte de Lourdes ! Singulière destinée, douloureuse à la fois et glorieuse, que la Providence vous a faite, à vous qui fûtes sœurs naguère dans le martyre, et qui, maintenant, êtes sœurs dans l'allégresse de votre retour à la mère patrie ! De votre liberté, en effet, est solidaire la liberté de tous les peuples, que menaçait la monstrueuse et tyrannique ambition des Huns modernes. Aussi la France entière et toutes les nations alliées voudront-elles, Nous en sommes persuadé, s'unir, sinon par un pèlerinage effectif, du moins par leurs plus chaudes sympathies, à la cérémonie que Nous Nous proposons d'organiser, le 11 février, et qui sera le dernier mot de l'année jubilaire à la Grotte. Cette cérémonie, en réalité, sera le naturel et logique pendant de la « manifestation de foi et d'espérance de la France envers Notre-Dame de Lourdes », qui se produisit dans nos sanctuaires au mois d'octobre 1872, et dont le souvenir, à un demi-siècle de distance, émeut encore puissamment tous les cœurs.

C'était, Nous le répétons, en 1872, au lendemain donc du désastre qui eut pour conclusion la signature d'un traité plus affligeant que la guerre elle-même.

Sourd à l'éloquent appel de Mgr Freppel, l'inoubliable évêque alsacien, digne frère en patriotisme du grand évêque de Metz, Mgr Dupont des Loges; sourd à la protestation des députés alsaciens et lorrains; insensible aux gémissements déchirants des peuples qu'épouvantait la perspective de la servitude, le vainqueur momentané, fidèle aux traditions de sa race, crut avoir le droit — puisqu'il en avait à ce moment la force — d'infliger aux vaincus le traitement qui donnait toute satisfaction à la cruauté de son bon plaisir.

En voyant alors ses deux filles chéries livrées, comme une proie, à un maître sans entrailles, la France, semblable à Agar devant Ismaël torturé par la soif dans l'horreur du désert, détournait la tête en pleurant et disait : « *Je ne veux pas voir mourir mes deux filles* (1) ! »

---

(1) *Gen.*, XXI, 16 : *Non videbo morientem puerum.*

Toutefois, dans cette affreuse détresse de leur âme, l'Alsace et
la Lorraine ne s'abandonnèrent pas elles-mêmes. Elles se jurèrent
de demeurer françaises de toutes les fibres de leur être, remettant
à Dieu, par les mains de la Très Sainte Vierge, la défense de leur
cause et la restauration de leur droit. Vous connaissez la fière
statue dans laquelle un grand artiste a traduit cet état d'âme, et
qui porte pour exergue : « Quand même! » Oui, quand tous les
peuples seraient réduits à se taire, en face de la barbarie triomphante, quand même le monde entier s'avilirait par l'adoration
des plus iniques succès et par la crainte servile de la force, l'Alsace
et la Lorraine s'obstineraient à espérer en Dieu, attendraient de
lui leur délivrance, croiraient, enfin, à leur résurrection et aux
destinées de la France immortelle. Cet acte de foi et d'*espérance
contre l'espérance — contra spem in spem* (1) — eut pour théâtre
le Sanctuaire de Massabieille, dans le décor le plus impressionnant
qui se puisse concevoir.

La scène a été décrite dans les *Annales de Notre-Dame de
Lourdes* (2), et Nous n'essaierons pas d'en retracer l'émouvant
tableau. Quelques traits, que Nous voulons emprunter à ces pages
émues, suffiront à la faire revivre sous nos yeux.

C'était au cours de la première de ces grandioses manifestations
de foi envers Notre-Dame de Lourdes que le langage populaire
a si heureusement baptisées, depuis, du nom de Pèlerinages Nationaux. La France avait pansé et réussi à cicatriser quelques-unes
des plaies que la guerre lui avait faites, mais elle gardait incura-
blement saignantes, avec une sorte de jalouse tendresse, les deux
blessures affreuses qui s'appelaient l'Alsace et la Lorraine arrachées
à son cœur. Aussi le mouvement de douleur et d'espérance qui
alors souleva les catholiques de notre pays et les conduisit à
Lourdes, pour les jeter aux pieds de la Vierge Immaculée, fut-il
vraiment national, c'est-à-dire l'émanation de la patrie, qui en
appelait à Jésus-Christ et à sa divine Mère, de l'arrêt cruel rendu par
l'iniquité victorieuse.

Tous nos diocèses s'étaient donné rendez-vous à l'ombre de

____

(1) *Ad Rom.*, IV, 18 : *Qui contra spem in spem credidit.*
(2) Voir les *Annales de Notre-Dame de Lourdes*, livraison d'octobre 1872.

la Grotte, comme ils vont le faire dans quelques mois, et, de même que la plupart des sanctuaires de France, étaient représentés par des étendards, dont les plis semblaient frissonner au souffle du patriotisme et de la foi. Au nombre de deux cent cinquante-deux, ces drapeaux faisaient une escorte merveilleuse, une cour d'honneur, à quatre bannières sœurs, vers lesquelles se tournait irrésistiblement l'âme de l'immense multitude. C'étaient les bannières de l'Alsace, de Metz et de Strasbourg, que des crêpes noirs revêtaient de deuil et, pour ainsi dire, des livrées de la mort. Des peintures y représentaient la Très Sainte Vierge, et des inscriptions s'y lisaient, traduisant les aspirations intimes d'un peuple qui avait perdu sa patrie, sa mère en ce monde : « *Spes nostra! — Vous êtes notre espérance! — In te speramus! — C'est en vous que nous espérons! Alsace!* » Cris jaillissant du plus profond des cœurs endoloris, des cœurs orphelins!

Quand la théorie de ces saintes images, après avoir parcouru les rues de la ville, apparut dans le domaine de l'Immaculée et vint s'incliner devant l'estrade, sur laquelle avaient pris place Nosseigneurs les évêques de Montauban, d'Agen, de Luçon, d'Aire, de Carcassonne, de Mende et de Tarbes, entourant Mgr l'archevêque d'Auch (1), une émotion indescriptible s'empara de tous les spectateurs. Mais, lorsque notre vénéré Métropolitain, commentant avec une vibrante éloquence l'*Ave Maria*, fut arrivé à ces paroles : « Sainte Marie, Mère de Dieu, priez pour nous..., *maintenant* »; pendant qu'il fixait ses regards sur les bannières et, par-dessus ces émouvants symboles, sur les lointaines provinces qu'ils représentaient, quand il eut ajouté : « maintenant et à l'heure de notre mort », — « pas à la mort de la France! » s'écria-t-il. « Il ne faut pas, il ne se peut pas qu'elle meure! » poursuivit-il, tandis que l'innombrable auditoire, comme l'orateur lui-même, fondait en larmes et éclatait en sanglots. Protestation d'amour pour la patrie, acte de foi à la résurrection et à la vie immortelle de la France de Dieu!

Cette espérance trouva son expression dans la *Prière et le*

---

(1) Étaient présents, le 6 octobre 1872, à cette manifestation : Mgr Legain, évêque de Montauban; Mgr d'Outremont, évêque d'Agen; Mgr Colet, évêque de Luçon; Mgr Epivent, évêque d'Aire; Mgr de La Bouillerie, évêque de Carcassonne; Mgr Foulquier, évêque de Mende; Mgr Pichenot, évêque de Tarbes; Mgr de Langalerie, archevêque d'Auch.

Vœu de la France à l'Immaculée Conception de Lourdes, qui donna un caractère particulièrement touchant à cette si imposante manifestation. « Effacez — disaient à la Vierge de nos Pyrénées les pèlerins de 1872 — effacez les douleurs de notre patrie! Refaites la France, en nous rendant nos malheureux frères! » Espérance et foi certaines, qui se firent jour encore, avec une étonnante énergie, dans ces acclamations, jetées vers le Ciel par toute l'assemblée : « *Patriæ nostræ infelici..., gratia et pax et instauratio universa in Christo! Amen! Amen! Deus primogenitam ponat illam præ populis terræ, et inimicos ejus ponat scabellum pedum suorum! — A notre Patrie paix et salut parfait en Jésus-Christ! Amen! Amen! Que Dieu la protège comme sa fille aînée! Qu'il l'élève au milieu des peuples de la terre, et que ses ennemis deviennent l'escabeau de ses pieds* (1)! » Paroles presque effrayantes d'audace dans la confiance, quand on se rappelle qu'elles furent prononcées au milieu des conjonctures tragiques où se trouvait notre pays en 1872! Paroles toutefois qu'a vérifiées avec éclat l'année 1918, nous montrant la Germanie abattue à nos pieds. Ah! comme il croyait à la France, et comme il représentait bien notre clergé de tous les siècles, cet archevêque d'Auch, qui conclut la cérémonie en imprimant ses lèvres, dans un long baiser d'amour passionné, sur les bannières de l'Alsace et de la Lorraine momentanément captives! Cette scène, vous l'avez tous vue, Nos Très Chers Frères, représentée sur l'un des vitraux de la Basilique (2).

Quelle vision ce récit fait passer devant nos yeux, baignés de larmes comme ceux des pèlerins de 1872! Et peut-on, à ce souvenir, n'être pas pris d'un serrement de cœur rétrospectif et de profonde compassion pour les exilés, les orphelins d'alors, si l'on songe qu'ils n'étaient plus abrités que pour quelques moments, hélas! sous le drapeau de la France et sous la bannière de l'Immaculée?

Les Israélites emmenés en captivité nous ont laissé, dans un poème fameux entre tous, l'expression de leur inconsolable chagrin : « *Super flumina Babylonis, illic sedimus et flevimus, dum recordaremur Sion. — Sur les bords des fleuves de Babylone, nous étions*

---

(1) *Annales de Notre-Dame de Lourdes*, tome V, octobre 1872, page 170.

(2) Sur le médaillon inférieur du vitrail de la chapelle de Sainte-Anne, c'est-à-dire de la chapelle la plus rapprochée de la sacristie de la Basilique supérieure.

tristement assis, et nous pleurions amèrement, au souvenir de Sion (1). »
C'était sur les bords d'un fleuve étranger que les infortunés captifs,
exhalant l'amertume de leur désespoir, saluaient de leurs larmes
l'image lointaine de Jérusalem. Plus malheureux, osons-Nous dire,
que les Israélites prisonniers de Babylone, les Alsaciens et les Lorrains, dépossédés de leur mère patrie et de leur liberté, pleuraient
sur les bords du Gave, en pensant avec épouvante à la petite patrie
dans laquelle allait les ramener une dure nécessité, et où, une verge
de fer à la main, les attendait le geôlier de leurs foyers. Ils allaient,
en effet, être désormais exilés, étrangers sous leur propre toit,
murés tout vivants comme dans un tombeau. Cependant, inintel-
ligents et barbares — ainsi que les hordes babylonieunes en face
des Israélites désolés et refusant de chanter, — les Huns du XIXᵉ et
du XXᵉ siècle s'étonneront et s'irriteront, devant l'inconsolable
consternation de nos frères infortunés : « *Chantez-nous* — leur
enjoindront-ils, à l'exemple des tyrans des Hébreux —*chantez-nous
les doux cantiques* (2) d'Alsace, pour bercer nos cœurs, amis de l'humanité ! » Ah ! comment nos frères séparés auraient-ils pu chanter
et trouver du charme à la vie, alors que leur âme était oppressée
de la tristesse inexorable qu'ils étaient venus consacrer à Lourdes,
sous les yeux de leur Mère du Ciel, par leurs prières, leurs larmes
et leurs espérances !

Mais, vive Dieu ! voici l'heure du réveil, voici l'heure de la
résurrection ! *Jam hiems transiit, imber abiit et recessit !... Flores
apparuerunt in terra nostra* (3) !... *Levez-vous, ô Alsace, Levez-vous,
ô Lorraine, nos sœurs et nos amis, l'hiver* de votre glaciale prison
est passé, l'orage s'est éloigné ; les fleurs et les lauriers de la victoire
se sont montrés sur notre terre ! *Levez-vous et venez* sur les bords du
Gave, témoins naguère de votre affliction, faire retentir l'hymne
de votre allégresse et de votre reconnaissance infinies ! Venez vous
agenouiller devant la Vierge Immaculée, et écoutez-la vous exprimer toute sa tendresse maternelle : « *Salus tua ego sum* (4) ! *Je suis,
j'ai été votre salut !* »

---

(1) *Psalm.*, CXXVI, 1.
(2) *Ibid.*, 3-4 : *Illic interrogaverunt nos qui captivos duxerunt nos verba cantionum :*
« *Hymnum cantate nobis de canticis Sion.* »
(3) *Cant.*, II, 11.
(4) *Psalm.*, XXXIV, 3.

Nous croyons, en parlant ainsi, traduire vos sentiments, Nos Très Chers Frères, non moins que ceux de Nos bien-aimés compatriotes d'au delà des Vosges. C'est donc avec une égale persuasion d'être en conformité de pensée et de désirs avec vous, que Nous avons résolu de célébrer notre commune joie à Lourdes, le 11 février, dans une cérémonie à la fois patriotique et religieuse. Ce jour-là, Nous dépouillerons solennellement de leur crêpe noir les bannières d'Alsace et de Lorraine, pour les faire flotter joyeusement, sous le regard de Dieu, au soleil de la liberté. Ce sera, en quelque manière, « amener » les pavillons de deuil que les pèlerins de 1872 avaient arborés à Lourdes, comme un appel à l'*Auxiliatrice des Chrétiens*, à la divine *Consolatrice des affligés*.

A quoi pourrions-Nous comparer, sinon à une descente de Croix, l'enlèvement de ces bannières endeuillées, suspendues, depuis près de cinquante ans, aux voûtes de la Basilique, au-dessus de la Croix du Maître-Autel? Si la Très Sainte Vierge Marie, Mère du Sauveur crucifié, si saint Jean et Marie-Madeleine baisèrent, avec des transports d'adoration et d'amour, les plaies d'un Dieu, mort pour le salut du monde, son front ensanglanté par les épines; son Cœur sacré, ouvert par la lance du soldat; ses mains et ses pieds transpercés; le sang inondant tout son corps, devenu tout entier une seule plaie; oh! Nos Très Chers Frères — et qu'on Nous pardonne de faire cette comparaison, où Nous mettons toute Notre foi de Chrétien et tout Notre patriotisme de Français! — avec quels élans d'enthousiasme, avec quels flots de larmes, nous baiserons ces drapeaux, images saisissantes, palpitantes, d'un peuple longtemps martyr, enterré vivant, et maintenant libre, ressuscité comme Lazare sortant du tombeau! Nous retrouverons, en effet, gravé sur ce qui fut si longtemps un linceul, le souvenir des anciennes plaies, autrefois saignantes, et qui, maintenant, devenues brillantes et glorieuses, s'appellent Strasbourg, Metz, Colmar, Saverne et Mulhouse. O Alsace, ô Lorraine, petite patrie dont le nom fait palpiter nos cœurs, combien vous êtes chères à vos enfants, puisqu'ils associent à cet amour celui qu'ils éprouvent pour leur Dieu et leur Sauveur, Notre-Seigneur Jésus-Christ!

Quand sera tombé le crêpe funèbre dont les mains tremblantes de nos pères avaient enveloppé ces étendards, Nous les parerons des couleurs de la France, comme les emblèmes radieux de la justice victorieuse et de la liberté triomphante : *Conscidisti saccum meum, et circumdedisti me lætitia* (1) !

De quel cœur nous entonnerons alors le *Te Deum*, dont l'écho retentira jusqu'aux extrémités de la terre, mais qui fera vibrer surtout l'âme de l'Alsace et de la Lorraine ! Délivrées du deuil, qui, depuis si longtemps les accablait, elles s'abandonneront à l'enivrante félicité de la liberté retrouvée. « *Audivit Dominus* — chanteront-elles, avec le Psalmiste, — *le Seigneur m'a entendue ; il a eu pitié de moi ! Oui, Seigneur, vous avez changé mes gémissements en réjouissance ; vous avez déchiré ma livrée de deuil, et vous m'avez revêtue d'honneur et de joie, afin qu'au milieu de ma gloire je célèbre vos louanges, et que je ne sente plus les pointes acérées de ma longue tristesse ! Aussi, Seigneur, mon Dieu, je vous louerai éternellement !* — *In æternum confitebor tibi* (2) ! — *Per singulos dies benedicimus te et laudamus nomem tuum in sæculum et in sæculum sæculi* (3) ! »

*
* *

Avec quelle fougue et quelle grâce cette jubilation des Alsaciens et des Lorrains éclata, dès le jour de l'armistice, vous l'avez tous appris, Nos Très Chers Frères. Vous savez, en particulier, avec quelle exubérance elle s'épancha, lors de l'entrée triomphale de nos armées, et aussi quel incident tragique mit dans un relief, en quelque sorte formidable, la profondeur et la force de l'affection qui n'avaient cessé d'unir à la France ses enfants annexés malgré eux à l'Allemagne, et, tout spécialement, le cœur de leurs prêtres.

A partir du moment où nos soldats, Foch et ses dignes lieutenants en tête, eurent foulé le sol de nos chères provinces rendues à la liberté, un enthousiasme indescriptible électrisa tous leurs habitants, et se traduisit sans arrêt par des manifestations qu'aucune plume ne saurait dépeindre. Rien n'était capable de satisfaire, de calmer, chez nos bien-aimés compatriotes, le besoin passionné de crier leur joie, leur reconnaissance, à Dieu et aux soldats français qui les délivraient; d'étaler le bonheur inouï qu'ils éprouvaient

---

(1) *Psalm.*, XXIX, 12.
(2) *Ibid.*, XXXI, 11-13.
(3) Hymne *Te Deum.*

à se proclamer Français ou, plutôt, à faire jaillir au dehors les flammes de patriotisme qui, depuis cinquante ans, couvaient, toujours vivantes, au fond de leurs âmes. Phénomène qui rappelle, mais à la manière du contraste le plus frappant, un des crimes commis par notre infâme ennemi, au moment où les dernières proies de sa barbarie allaient lui échapper. Il disposait alors sous les routes, à l'entrée des maisons et jusque dans les piliers des églises, des bombes, des mines, qui devaient, grâce à des combinaisons vraiment diaboliques, éclater à l'approche des vainqueurs, pour les ensevelir dans leur triomphe. Nos soldats à nous, quand des revers immérités les obligèrent, en 1871, à se retirer derrière les Vosges, n'avaient eu aucune difficulté, avant d'abandonner l'Alsace et la Lorraine, à enfermer dans leur sol sacré, dans les cœurs de tous, vieillards et enfants, hommes et femmes, riches et pauvres, non pas des mines homicides, mais de~ ferments inextinguibles, des germes d'un amour immortel, qui n'attendaient que le moment favorable pour soulever la terre comme les âmes. Explosion universelle, instantanée, irrésistible — le monde en a été témoin — qui se produisit, en effet, et se propagea, de Metz à Saverne, de Saverne à Strasbourg, de Strasbourg à Colmar et à Mulhouse, dans toutes les villes, dans tous les villages, le long du Rhin et le long des montagnes, dès que le sol trembla d'émotion sous les pas de nos soldats; que disons-Nous? à l'instant même où le drapeau tricolore eut caressé l'air de l'Alsace et de la Lorraine, atmosphère chargée, saturée, de cette divine électricité qui s'appelle l'amour de la France.

Mais, nul ne l'ignore, cette explosion, plébiscite fulgurant des cœurs, fit une victime, qu'il conviendra moins de plaindre que de glorifier, au jour où les bannières d'Alsace et de Lorraine, délivrées de leurs voiles de mort, flotteront libres et joyeuses dans les sanctuaires de Lourdes. Nous voulons parler de M. le chanoine Cetty, depuis trente ans curé de Saint-Joseph à Mulhouse, Notre condisciple, compatriote et ami, un de ces prêtres qui sont légion dans le clergé d'Alsace.

La guerre de 1871 l'avait mis en deuil, et pour toujours. Inconsolé, inconsolable, mais non désespéré toutefois, sous la tyrannie allemande, il soulageait sa douleur patriotique en dépensant son âme de prêtre par un dévouement sans bornes aux âmes confiées à ses soins, surtout aux ouvriers, très nombreux parmi ses paroissiens, attendant avec une obstination invincible que sonnât l'heure de Dieu, l'heure de la France, de l'Alsace et de la Lorraine, l'heure de la justice et de la liberté.

Quand, ô joie sans pareille, presque céleste, l'armée française pénétra dans la ville de Mulhouse — nouveau vieillard Siméon, qui entretenait au fond de son cœur l'espérance, ou, plutôt, la certitude de ne pas mourir avant d'avoir vu apparaître les sauveurs de sa patrie — le chanoine Cetty se sentit presque défaillir de bonheur. Il sortit en toute hâte de son église, qu'il ne devait plus revoir, hélas! pour courir au-devant du drapeau français.

Il venait de célébrer la sainte messe. Il avait dit : « *Je m'approcherai de l'autel de Dieu, du Dieu qui réjouit ma jeunesse* », l'éternelle jeunesse d'une âme pour qui vivre c'est aimer Jésus-Christ et son Église. Il avait dit ensuite, après la consécration : « *Nous nous souvenons, Seigneur, nous et tout votre peuple, de la bienheureuse Passion de Jésus-Christ, notre Sauveur, de sa Résurrection et de sa glorieuse Ascension*, figure et gage de nos immortelles destinées, et nous nous offrons à vous, en union avec la divine Victime de notre salut. » Il avait, enfin, fait la sainte communion, recevant le Corps et le Sang de Notre-Seigneur Jésus-Christ, gage de la vie éternelle. C'était, pour lui, recevoir le saint viatique, la communion qui ouvre le ciel, qui introduit le Chrétien dans la terre des vivants, où la foi enfante la vision, grâce à laquelle nous contemplons face à face le Dieu caché ici-bas sous les voiles de la sainte Eucharistie.

Voyez-vous le vénérable vieillard, emporté par son ardent patriotisme? Fendant les foules ivres de joie qui acclamaient avec une sorte de délire le glorieux uniforme de nos « poilus », il s'empresse, il vole à la rencontre de la France, longtemps attendue, toujours appelée par les vœux les plus ardents, toujours espérée, et qui arrive, enfin, escortée de ses incomparables soldats, auréolée de l'amour de ses enfants! Qui nous révélera ce qui s'est passé, à ce moment, dans l'âme du prêtre, du patriote? Car, à peine a-t-il contemplé nos troupes qui défilent devant l'Hôtel de Ville, sa figure s'illumine d'une félicité surhumaine; un mot, un seul cri s'échappe de ses lèvres et de son cœur : « Enfin, nous y sommes! » Et il tombe raide mort, foudroyé par ce que le langage populaire d'Alsace appelle, d'un mot bien expressif, un « coup au cœur »!

Mort de joie! Mort d'amour! Mort pour sa patrie! Ce mort « immortel » s'est offert, Nous en sommes sûr, en sacrifice d'action de grâces de la victoire, en victime de supplication, demandant à Dieu de répandre toujours ses paternelles bénédictions sur l'Alsace, la Lorraine et la France. Où trouver un commentaire plus éloquent des paroles que, sur le seuil de la merveilleuse cathédrale de Strasbourg, M. Raymond Poincaré, Président de la République, adressait à Mgr Jost, vicaire général, et, en sa personne, à tout le clergé alsacien : « La France sait avec quelle persévérance et, à certaines heures, avec quelle bravoure, vous avez entretenu ici, parmi les Catholiques, le feu sacré de la patrie. Nous ne l'avons pas oublié, nous ne l'oublierons jamais (1)! » Illustration aussi, et singulièrement expressive, du glorieux reproche infligé aux prêtres français par nos ennemis, qui les fusillaient pour les punir d'avoir été « l'âme de la résistance »! Reproche et gloire que le clergé d'Alsace partageait avec les religieux et les religieuses, et qu'un sinistre Prussien, imposé comme maire à la ville de Colmar, poursuivait de sa haine farouche. Pour lui, le grand ennemi de l'Allemagne, c'était l'influence des prêtres et des congréganistes. Aussi demandait-il âprement la suppression de leurs écoles, qu'il appelait les « foyers de la résistance française ».

Mourir par amour pour sa patrie, en la défendant sur le champ de bataille, c'est la mort d'un héros. Mourir directement, immédiatement, par l'effet même de cet amour, comment caractériser cette mort, sinon en disant qu'on ne vit jamais plus belle manifestation de l'attachement à la France? En vérité, sans la mort de M. le chanoine Cetty, on n'aurait jamais su jusqu'où peut aller, chez un Alsacien, chez un prêtre alsacien surtout, le patriotisme, principe et source de tant de merveilles.

L'illustre maréchal Pétain répondait aux acclamations enthousiastes des Strasbourgeois délivrés : « Des millions d'hommes de toutes les nations sont morts pour vous affranchir d'un joug odieux. » Plus tard, le président Poincaré, personnifiant la France elle-même, disait à ces mêmes habitants : « Des centaines de mil-

---

(1) Voir le *Gaulois*, le *Figaro*, le *Télégramme* de Toulouse, numéro du mardi 18 décembre 1918; — l'*Express du Midi*, de Toulouse, et le *Temps*, numéro du mercredi 11 décembre 1918.

liers de Français sont tombés sur les champs de bataille pour que se reconstituât l'intégrité de la patrie ! Avec nous, Alsace, tu honoreras la mémoire de nos morts, car, autant et plus que les vivants, ce sont eux qui t'ont délivrée (1) ! »

A cet effroyable monceau de cadavres, à cette immense hécatombe, à cet holocauste sacré, Cetty, le prêtre parfait, l'homme de Dieu et de la patrie, est venu s'unir par la plus sublime oblation de sa vie. Aussi, quand furent terminées ses obsèques triomphales, auxquelles assistaient trois généraux, deux cents officiers, près d'une centaine de prêtres et des milliers et des milliers de fidèles — le général Hirschauer, commandant des troupes d'occupation, Alsacien-Lorrain lui aussi, voulut-il rendre au glorieux défunt un hommage digne de la France et du clergé d'Alsace, en lui adressant ces nobles paroles : « Chanoine Cetty, l'armée française vous salue (2) ! » Oui, l'armée française, bon juge en fait d'héroïsme. Quel éloge vaudra jamais un pareil salut ?

O admirable prêtre, cher ami Cetty, du haut du ciel, par la vertu de vos prières en même temps que par la sainte contagion de votre exemple, vous ne cesserez d'entretenir, à Mulhouse, en Alsace et en France, la flamme sacrée de la foi et du patriotisme, vous laisserez à tous, et pour toujours, la devise sublime qu'illustrèrent votre vie et votre mort : « Dieu et patrie ! »

*
* *

Dieu et patrie ! Amour passionné de Dieu et de la patrie, c'est aussi le vœu qu'en terminant Nous formons pour vous, Nos Très Chers Frères. Il n'en est pas qui soit plus digne de vous et de Nous. Il est le résumé de toutes les leçons que nous donna la guerre, et se dégage tout naturellement du chant d'action de grâces, du *Te Deum* pour la victoire.

Pendant ces quatre années, en effet, au milieu des angoisses qui nous étreignaient le cœur, tous, nous avons senti, mieux que

---

(1) Discours de M. Poincaré saluant l'Alsace libérée du haut du perron de l'Hôtel de Ville de Strasbourg. Voir le *Gaulois*, le *Télégramme* et l'*Express du Midi* de Toulouse, numéro du mardi 10 décembre 1918.

(2) Voir l'*Alsacien-Lorrain* de Paris, numéro du dimanche 1er décembre 1918, cité par le *Journal de la Grotte* du 8 décembre 1918.

par le passé, combien la France nous était chère, à quels titres, doucement impérieux, elle méritait et demandait notre amour. Ne nous a-t-elle pas, émouvante image de Dieu et de notre famille, aimés la première? N'a-t-elle pas souffert pour nous, payant de ses sacrifices les biens dont elle nous comblait, avant même que nous fussions en état de comprendre le besoin de sa protection? Aimons-la donc d'une tendresse grandissant avec les bienfaits de la paix, et prouvons-lui cet amour, comme nous le faisions au cours de la guerre, en sachant travailler pour elle, et, pour elle, résolus, quand il le faudra, à lutter et à souffrir. Mais, avant tout et plus que tout, ne cessons de lui apporter sans arrêt le concours de nos plus ferventes prières. Car, si croire en Dieu sera toujours, par excellence, le principe générateur du patriotisme, prier sera toujours aussi le moyen le plus efficace d'en remplir les obligations sacrées. Plus vous aimerez Dieu, plus vous aimerez votre pays, et vos mains tendues vers le ciel seront, en tout temps, les plus fermes appuis de la patrie. Les faits parlent d'eux-mêmes à qui sait et veut entendre leur enseignement. N'est-il pas vrai, en effet, que, de tous les champs de bataille où a coulé le sang de nos héros, de toutes les plaies de nos soldats, de tous les foyers dévastés par les deuils et de tous les yeux changés en fontaines de larmes, nous arrive cette invitation, que la sainte liturgie nous adresse au cours de l'auguste sacrifice de la messe : « *Sursum corda! — En haut les cœurs!* » Ah! Nos Très Chers Frères, écoutons cet appel et assurons-nous le droit de répondre : « Nos cœurs, oui, *nous les tenons élevés vers le Seigneur, — habemus ad Dominum* — par la fidélité à garder notre foi, à observer les commandements de Dieu et les lois de l'Église, notre mère! »

Sursum corda! nous dit aussi Notre-Dame de Lourdes, quand elle nous répète : « Pénitence! Pénitence! Pénitence! » Élevez donc vos cœurs, en les détachant du péché et des vanités du monde, par l'esprit de mortification et par les œuvres d'expiation, qui vous feront rentrer en grâce auprès du Dieu des infinies miséricordes. Mais, non contents d'appeler sur vous-mêmes des grâces de salut — et c'est encore une formelle recommandation de la Très Sainte Vierge — « priez » aussi « pour les pécheurs, pour la conversion » des âmes éloignées de Dieu. Ne cessez de prier pour nos soldats tombés au champ d'honneur, pour ces héros dont le sang a été la rançon de notre salut! Priez pour vos familles, pour tous vos compatriotes, et suppliez le Cœur sacré de Jésus-Christ, par l'intercession de sa Très Sainte Mère, de faire régner sur toute l'étendue de notre pays l'esprit de charité, de concorde chrétienne, *union* vraiment *sacrée*, qui fera la force de notre patrie, dans les travaux et les difficultés de la paix, comme il la fit dans les périls et les vicissitudes, souvent cruelles, de la guerre.

Oui, Nos Très Chers Frères, prions pour la France, toujours si aimée de ses enfants, mais aujourd'hui plus que jamais. Prions Dieu, qui l'a couronnée de tant de gloire devant tous les peuples, de parer et d'enrichir son âme des trésors de la vie surnaturelle! Qu'elle devienne, qu'elle reste toujours fidèle au *Christ, qui aime les Francs!* Qu'elle se montre toujours la Fille aînée de l'Église, qui, depuis quinze siècles, lui a prodigué les témoignages de sa maternelle tendresse!

Sursum corda! — Élevons nos cœurs en haut, par le double sentiment de notre faiblesse et de notre filiale confiance en Dieu. C'est la conclusion du *Te Deum*, qui fait monter vers les cieux l'hymne de notre reconnaissance avec l'appel *au Père de toute consolation* (1) et *de* toute *miséricorde.* Méditez donc les paroles finales de ce sublime cantique : « *Te ergo quæsumus : tuis famulis subveni, quos pretioso sanguine redemisti!... Miserere nostri, Domine, miserere nostri! — Ayez pitié de nous, Seigneur. Venez au secours de ceux que vous avez rachetés au prix de votre sang!* Daignez nous pardonner les fautes par lesquelles nous vous avons trop souvent offensé! *Daignez nous garder désormais de tout péché! Que votre miséricorde s'épanche sur nous, à la mesure de nos besoins et de notre confiance en votre amour! — Fiat misericordia tua, Domine, super nos, quemadmodum speravimus in te* (2)! »

Ah! Nos Très Chers Frères, que le dernier élan de notre âme s'élève vers le Cœur de Jésus, par l'intermédiaire de Notre-Dame de Lourdes : « *In te, Domine, speravi, non confundar in æternum! — Seigneur, j'ai mis en vous mon espérance, et elle ne sera jamais confondue, ni dans ce monde ni dans l'autre* (3) ! »

---

(1) II *Ad Cor.,* I, 3.
(2) Hymne *Te Deum.*
(3) *Ibid.*

Puissiez-vous tous, Nos Très Chers Frères, sceller cet acte de foi, d'espérance et de charité, dans la ferveur de votre communion pascale ! Et alors, quand vous vous relèverez de la sainte table, unis à Dieu par la divine Eucharistie, vous pourrez chanter un autre *Te Deum*, en action de grâces d'une nouvelle, d'une très bienfaisante et glorieuse victoire, celle que vous aurez remportée sur vous-mêmes, pour vous soumettre et vous attacher à jamais à Jésus-Christ par les liens d'un fidèle et inviolable amour ! *Amen ! Alleluia !*

*
* *

Donné, à Notre-Dame de Lourdes, en Notre Chalet épiscopal, sous Notre seing, le sceau de Nos armes et le contre-seing du Vicaire général, secrétaire général de l'Évêché, le samedi 18 janvier 1919, en la fête de la Chaire de saint Pierre à Rome.

† Fr.-Xavier,
Évêque de Tarbes et de Lourdes.

Par Mandement de Monseigneur :

R. Quidarré,
Vicaire général, Secrétaire général.

———————

XI

Lettre et ordonnance prescrivant de chanter un « Te Deum » en action de grâces de la signature de la paix.

François-Xavier Schœpfer, par la Grâce de Dieu et l'Autorité du Saint Siège Apostolique, Évêque de Tarbes et de Lourdes, honoré du sacré Pallium,

Au Clergé et aux Fidèles de Notre Diocèse
Salut et Bénédiction en Notre-Seigneur Jésus-Christ.

Nos Très Chers Frères,

La paix est faite, la paix est virtuellement signée, à l'heure où Nous écrivons ces lignes, et nous pouvons tous, avec une joyeuse confiance, nous abandonner aux sentiments si bien traduits par la sainte liturgie : « *Voici le jour que le Seigneur a fait pour nous! Réjouissons-nous, tressaillons d'allégresse, dans le bonheur qu'il nous apporte! — Hæc dies, quam fecit Dominus, exsultemus et lætemur in ea* (1)! »

La paix, la douce paix, si longtemps attendue, si ardemment désirée, c'est bien Dieu, en effet, qui nous l'accorde, dans l'éclat d'un triomphe fait d'incomparables victoires, couronnement d'une guerre de plus de quatre années, que termina une bataille ininterrompue de cent jours.

En vous invitant, Nos Très Chers Frères, à remercier Dieu, l'*Auteur de tout bien, et de qui descend tout don parfait* (2), Nous n'avons garde, vous le savez, d'oublier ou de méconnaître la vaillance sans pareille de nos soldats et le génie prestigieux de leurs chefs. Nous Nous en voudrions aussi de ne pas affirmer bien haut

----

(1) *Psalm.*, CXVII, 24.
(2) Jac., I, 17.

ce que nous devons aux peuples alliés, dont les armées combattirent avec nous le bon combat contre les ennemis de la civilisation et du genre humain. A eux tous va l'hommage de notre reconnaissance et de notre très vive affection. Toutefois, nous ne manquons de respect ni à la justice ni à la vérité, en revendiquant pour la France le premier rang parmi les vainqueurs, comme elle tient la première place dans le Martyrologe de la gloire, par le nombre et l'héroïsme de ses enfants tombés au champ d'honneur. Nos alliés eux-mêmes — et ils s'ennoblissent par cet aveu — proclament les droits exceptionnels de notre pays à la reconnaissance du monde.

Mais plus grande est la victoire de la France, plus pressante aussi est pour nous l'obligation d'en faire remonter l'honneur à Dieu, avec l'hymne enthousiaste de l'action de grâces. « *Ce n'est pas à moi* », s'écriait le roi David (1), « *ce n'est pas à nous* seuls, diront nos soldats et nos chefs — *c'est à vous, ô Seigneur, notre Dieu, que nous sommes redevables de toute gloire, de tout honneur, de toute puissance, de toute victoire ; — Tua, Domine, magnificentia et potentia et gloria atque victoria* (2). »

Dette sacrée, que Nous vous convions à acquitter, Nos Très Chers Frères, en venant épancher au pied des Autels vos prières et vos cœurs, par le chant d'un solennel *Te Deum*. Ce cantique de joie, que notre peuple a entonné bien souvent au cours des siècles de sa splendide histoire, n'aura jamais retenti pour célébrer un triomphe ni plus complet ni plus glorieux.

Jamais non plus, hélas! triomphe n'aura été plus chèrement payé. Voilà pourquoi les accents de notre jubilation seront mêlés, comme trempés de larmes, au souvenir des héros qui ont auréolé de leur sang les lauriers moissonnés à profusion par nous sur les champs de bataille. Aussi la mémoire bénie de « ces grands morts » ne s'effacera-t-elle jamais du cœur de la France.

Le jour que Nous assignons pour le chant du *Te Deum* donnera à cette solennité religieuse et patriotique un caractère particulièrement émouvant. Si, en effet, l'an dernier, la guerre s'est terminée glorieusement sous les auspices du Sacré-Cœur et de Notre-Dame de Lourdes, tellement que notre victoire — vous l'entendez, *notre*

______

(1) *Psalm.*, CXIII, 9.
(2) *Paralip.*, XXIX, 11

victoire — a été appelée, à juste titre, la victoire du Sacré-Cœur, on pourra dire, avec non moins de justice et de justesse, que cette paix sera la paix du Sacré-Cœur. Pourquoi? Les faits parlent d'eux-mêmes, puisqu'elle aura été signée sous le patronage du Sacré-Cœur. Et c'est pourquoi Nous voulons que ce soit au jour de sa Fête que, de nos lèvres, monte vers le Ciel l'hymne de notre reconnaissance.

Puisse, par la bénédiction toute-puissante de ce Cœur divin, notre paix glorieuse être durable aussi, et ouvrir, pour notre patrie et pour ses Alliés, une ère de prospérité temporelle et spirituelle!

A CES CAUSES

Le Saint Nom de Dieu invoqué,
Nous avons ordonné et ordonnons ce qui suit :

ARTICLE I

Un **Te Deum** solennel sera chanté, dans toutes les églises et chapelles de Notre Diocèse, en action de grâces pour la signature de la paix, à savoir :

A Notre-Dame de la Sède, Notre Cathédrale, le **vendredi matin, 27 juin** courant, *à l'issue de la Grand'Messe* de 10 heures, à laquelle Nous assisterons pontificalement;

Dans les sanctuaires de Notre-Dame de Lourdes, *à l'issue des Vêpres que Nous présiderons, au Rosaire,* **ce même vendredi, 27 juin,** à 2 heures de l'après-midi;

Dans toutes les autres églises et chapelles de Notre Diocèse, *après la Grand'Messe du* **dimanche 29 juin,** deuxième dimanche de la Fête-Dieu.

Des places spéciales seront réservées aux Autorités civiles et militaires qu'en Notre nom MM. les Curés sont chargés d'inviter à cette cérémonie religieuse et patriotique.

ARTICLE 2

Ce n'est qu'*à partir du jour où toutes les Puissances qui étaient en guerre avec la France auront signé la paix,* que cesseront d'être en vigueur les prescriptions (Récitation publique du Chapelet, Salut quotidien du Très Saint Sacrement, Invocations et Oraisons *pro Pace*), édictées dans Notre Lettre et Ordonnance n° 247, en date du 11 novembre 1918, en vue d'attirer les bénédictions de Dieu sur les travaux de la Conférence de la Paix.

ARTICLE 3

Et sera Notre présente Lettre et Ordonnance lue et publiée, dans toutes les églises et chapelles de Notre diocèse, dès sa réception, à l'une des cérémonies traditionnelles de l'Octave de la Fête-Dieu.

Donné, à Notre-Dame de Lourdes, en Notre Chalet épiscopal, sous Notre seing, le sceau de Nos armes et le contre-seing du Vicaire Général, secrétaire général de l'Évêché, le jeudi 26 juin 1919, veille de la Fête du Sacré-Cœur de Jésus.

† FR. XAVIER,
Évêque de Tarbes et de Lourdes.

Par Mandement de Monseigneur :

R. QUIDARRÉ,
Vicaire général, Secrétaire général.

XII

*Lettre Pastorale pour le Carême de l'an de grâce 1920,
sur nos devoirs envers les soldats morts pour la patrie.*

François-Xavier SCHŒPFER, par la Grâce de Dieu et l'Autorité du
Saint Siège Apostolique, Évêque de Tarbes et de Lourdes,
honoré du sacré Pallium,

Au Clergé et aux Fidèles de Notre Diocèse
Salut et Bénédiction en Notre-Seigneur Jésus-Christ.

Nos Très Chers Frères,

A l'approche de la sainte Quarantaine, Nous n'avons pas hésité
longtemps sur le choix du sujet que Nous traiterions dans cette
Lettre pastorale, car Nous ne voulions pas sortir du cercle des pensées
dans lequel nous avaient enfermés les quatre années de la guerre,
l'armistice et, depuis quelques mois, la signature de la paix.

Dès la conclusion du triomphal armistice qui mettait un terme
aux cruelles angoisses dont tous les cœurs avaient été étreints, l'action de grâces éclata partout, comme la réponse de notre patrie
à la visible protection du Ciel. Et c'est pourquoi Nous étions sûr
de répondre au plus cher de vos désirs, quand, au début de l'an
dernier, Nous vous avons invités à venir avec Nous chanter le
TE DEUM *à Notre-Dame de Lourdes.*

Toutefois, en proclamant, comme il convenait, qu'*au Très Haut
seul*, selon la parole de nos Livres, inspirés *appartiennent gloire,
puissance et victoire* (1), Nous n'eûmes garde d'oublier les instruments dont le *Dieu des armées* (2) avait daigné se servir pour l'œuvre
de notre salut.

---

(1) I *Paralip.*, XXIX, 11.
(2) ISAÏ., VI, 3.

Comment, au reste, n'aurions-Nous pas agi de la sorte, alors qu'en des manifestations touchantes le souvenir et le culte des soldats tombés au champ d'honneur pour la défense du pays se mêlaient spontanément à toutes nos cérémonies patriotiques et religieuses d'après guerre?

Or, ce culte ne s'est pas ralenti un instant. Le bruit des canons a cessé, son écho même s'est éteint, et le chant si émouvant des *Te Deum*, qui, avec le plus intime de notre être, faisait tressaillir les voûtes des cathédrales et des plus modestes églises, n'a plus retenti que de loin en loin, mais la pensée de nos défenseurs a continué à nous être de plus en plus présente. Et cela est si vrai que maintenant ces martyrs bien-aimés, d'une certaine manière sont plus vivants que jamais dans le sanctuaire de nos âmes et y animent sans relâche les prières qu'avec nos pleurs nous répandons sur leurs restes mortels ou, plutôt, hélas! sur l'image, le simulacre de leur tombe.

Ce courant universel était trop conforme à Nos propres aspirations pour qu'il ne Nous fût pas très doux d'y entrer. Aussi Nous sommes-Nous plu, bien souvent, Nos Très Chers Frères, à méditer avec vous sur le patriotisme de nos héros et à vous recommander de prier pour eux; Nous ne pensons donc pas avoir à Nous excuser, si, désireux de traiter, une fois encore, un thème inépuisable comme les sentiments les plus profonds du cœur humain, Nous venons, aujourd'hui, vous entretenir tout spécialement de *nos devoirs envers les soldats morts pour la patrie.*

C'est le but que Nous essaierons d'atteindre, en considérant qu'ils sont *nos créanciers, nos modèles et nos protecteurs.*

I

Afin de donner une haute idée de l'enjeu des combats livrés dans leurs guerres, les anciens disaient qu'il y allait « de leurs autels et de leurs foyers » — « *pro aris et focis* ».

Il n'y avait rien, en ce monde, qui, à leurs yeux, pût être égalé ou comparé à la grandeur d'une telle cause, puisqu'il s'agissait de défendre la liberté de leur patrie et leur indépendance personnelle ; de repousser tous les jougs ; de sauvegarder l'honneur de leurs ancêtres et l'avenir de leurs descendants. « *Souvenons-nous* — répétaient-ils — *souvenons-nous de nos pères et pensons à nos enfants* sous le regard et sous la protection de Dieu ! — *Majores et posteros cogitate !* »

Et, en effet, la perte de la liberté et des biens qui en forment le glorieux cortège, c'eût été l'existence dépouillée de tous ses charmes et même de sa raison d'être. Voilà pourquoi rien ne devait coûter, pourquoi aucun sacrifice ne semblait trop lourd, pas même celui de la vie, pour écarter un tel malheur. Qui mourait dans cette lutte sacrée, avait droit à la reconnaissance éternelle de ses concitoyens. A ces nobles victimes, chacun des survivants se sentait redevable de ce qu'il y a de plus précieux ici-bas :

> Ceux qui pieusement sont morts pour la patrie
> Ont droit qu'à leur cercueil la foule vienne et prie.

****

C'est de l'obligation de cette pieuse gratitude que nous devons être pénétrés, Nos Très Chers Frères, à l'égard des soldats qui, au nombre de quinze cent mille, se sont immolés afin de nous épargner la plus affreuse des catastrophes, et sont ainsi devenus nos insignes bienfaiteurs et les sauveurs de notre patrie.

La guerre, qu'un perfide agresseur, il y a plus de cinq ans, déchaîna, sans l'ombre de motif légitime et même sans prétexte avouable, s'était, en effet, dès le premier jour, annoncée comme une lutte à mort contre la France.

Personne ne pouvait s'y tromper. Car, eussions-nous, dans la belle générosité de nos âmes, voulu supposer des idées chevaleresques à nos ennemis, ceux-ci — et il convient de leur rendre cette justice — ne négligèrent rien pour nous détromper. Autant était ancrée, chez eux, l'orgueilleuse conviction d'une rapide et complète victoire, autant se manifestait à découvert la volonté de l'exploiter à fond et de saigner la France à blanc. Par leurs actes, comme par leurs paroles, ils se montraient les dignes fils de ce Teuton qui, soixante ans avant l'ère chrétienne, comme prix d'un succès remporté sur une tribu gauloise, revendiquait cyniquement le droit d'en faire ce qu'il voulait, autrement dit, en définitive, le droit de la détruire. Nous n'exagérons rien, le sort que les Boches, s'ils étaient victorieux, se vantaient hautement de vouloir nous faire subir, était un démenti sanglant aux notions les plus élémentaires de justice et de civilisation. Pour enlever d'ailleurs à leurs futures victimes tout espoir d'un traitement humain, vous avez vu avec quelle férocité, dès l'entrée en campagne, ils ont tyrannisé, torturé, la glorieuse petite Belgique. Ils l'avaient envahie — eux-mêmes l'avouaient — contre tout droit. Ils ne pouvaient lui faire grief que de n'avoir pas voulu les laisser passer sur son territoire, pour les mettre à même de frapper plus vite au cœur notre bien-aimée patrie, surprise et, par suite, mal armée. Mais cette résistance, qui sera l'éternel honneur de nos chers Alliés, constituait, aux yeux des Barbares, un forfait que le fer et le feu seuls pouvaient expier. Ce qu'ils firent en Belgique et, peu après, dans nos départements du Nord et de l'Est, permettait de pressentir le destin auquel nous étions tous réservés.

Si donc vous avez visité certaines villes et certaines campagnes des régions envahies; si vous avez eu sous les yeux les ruines inénarrables de Reims, de Soissons, d'Arras, de Lens et de tant d'autres cités, naguère débordantes de vie et de prospérité; quand vous entendez raconter les exodes d'hommes, de femmes, d'enfants, arrachés à leurs foyers et chassés, comme un vil troupeau, sur le chemin de l'exil, voués à la faim, à toutes les privations, et, parfois, exposés à des ignominies pires que la mort; persuadez-vous bien, Nos Très Chers Frères, que, si vous avez échappé à de pareilles calamités, vous le devez à ceux qui ont lutté, souffert et donné leur vie pour notre salut. N'objectez pas que nos ennemis, si barbares fussent-ils, ne nourrissaient pas de si cruels desseins, et que l'enivrement de l'éventuelle victoire ou le furieux emportement de la vengeance ne les aurait point portés à de pareils excès. Leur digne chef, celui qui s'appelait le « Seigneur de la guerre », avait pris soin de révéler le secret de son cœur et le fond de l'âme de son peuple. S'il devait être obligé d'abandonner l'Alsace — il parlait ainsi dès le début des hostilités, quand la possibilité même d'un échec lui paraissait absolument chimérique — s'il fallait restituer à la France les deux provinces qui lui avaient été, en 1871, injustement arrachées, il les rendrait, annonçait-il, « chauves », ce qui signifiait dépouillées de tout, réduites à l'état de désert. Il ne serait resté à nos infortunés compatriotes — c'est encore une parole d'Allemand — « que leurs yeux pour pleurer ».

*
* *

Au reste, ce plan était en partie réalisé et en partie prêt à être exécuté. Nous avons, en effet, vu Nous-même, au mois d'octobre dernier, à quelques kilomètres de Colmar, et Nous aurions pu voir aussi aux environs de Mulhouse, plusieurs villages ou petites villes, où pas une maison, pas une, ne demeurait debout : chaos de ruines, comme Reims, Lens et Arras ! De plus, pour que l'Histoire, sévère mais impartiale, impute avec justice à nos agresseurs les cruautés que de fait ils n'ont pas commises, uniquement parce que le temps leur a manqué, il existe des preuves formelles qu'ils allaient chasser d'Alsace un nombre immense de nos compatriotes, dont le seul crime était de ne pas les aimer. Voilà le sort qui attendait ceux qu'ils appelaient des « frères égarés ». Jugez par là à quel cortège de maux la voie aurait été frayée, sur notre sol, par la victoire de nos cruels ennemis ! On aurait vu s'accomplir la terrible menace que lançait autrefois le précurseur authentique des Huns modernes : « L'herbe ne repoussera pas où a passé le cheval d'Attila. » En vérité, la France ne se serait pas relevée, à moins du plus étonnant miracle, si elle avait été écrasée. « On ne comprendra jamais — déclarait un malheureux soldat français retenu longtemps prisonnier en Allemagne — on ne saura jamais dans quel abîme de maux la victoire des Boches nous aurait plongés. »

Ne croyez pas, Nos Très Chers Frères, que Nous écrivions ces lignes sous la dictée d'une aveugle et inexpiable rancune. Sans doute, si Nous trouvons indigne d'un Évêque de se laisser dominer par une antipathie personnelle, Nous ne croyons pas que la charité chrétienne doive nous fermer les yeux sur le spectacle de nos ruines ni effacer le souvenir de nos malheurs, mais, en vérité, ce n'est pas pour cultiver la haine que Nous évoquons le spectre d'un effroyable passé. Notre but est de rendre hommage aux sauveurs de notre pays et d'attacher vos âmes à leur mémoire par les liens de la plus tendre, de la plus passionnée des reconnaissances.

Et, de fait, tous les biens dont vous jouissez, tous les maux dont vous avez été préservés; si vous goûtez en paix la douceur de vos foyers; si vous mangez en liberté le pain gagné à la sueur de votre front; si vous respirez sans entraves l'air de la patrie; si vous pouvez, sans crainte de la verge de fer maniée par une main barbare, penser, parler et agir en Français; s'il vous est donné, à force de travail et d'économie, d'assurer à vos enfants la subsistance du lendemain, sans qu'une main de bandit vienne la confisquer; si vous contemplez joyeusement notre drapeau tricolore et sentez frissonner dans ses plis l'âme de nos pères et les traditions d'une glorieuse histoire; s'il vous est permis de garder l'espérance qu'un jour vos restes mortels seront ensevelis dans une terre libre et que vos enfants pourront, dans leur vie, prolonger votre vie et votre âme; sachez que vous devez tout cela aux soldats, aux victimes de la grande guerre, et, après Dieu, à eux seuls. Oui, c'est grâce à ces héros, qui se sont sacrifiés pour nous, qu'après avoir subi d'affreux ravages et perdu des centaines de milliers de ses enfants, la France, de ses yeux brûlés de larmes, a vu fuir les Boches vaincus.

Mais le triomphe et le sacrifice de nos soldats ne nous ont pas seulement épargné le retour et l'aggravation des catastrophes de 1870-1871 et la honte de subir la domination de l'étranger; ils ont encore rendu à la mère patrie les deux filles chéries que lui avait scélératement ravies une nation de proie; et notre victoire eût été incomplète sans leur rédemption. L'Alsace et la Lorraine délivrées d'une longue servitude et restituées à la France, c'est, en effet, le symbole, le trophée vivant de notre définitif succès, le monument immortel élevé en l'honneur de nos armées, le service le plus signalé dont ait bénéficié la cause de la justice et de la civilisation.

Il y a plus. A côté de l'Alsace et de la Lorraine, se rangent, comme pour encadrer nos drapeaux victorieux, d'autres peuples, naguère soumis à des jougs exécrés et maintenant affranchis, grâce à nos frères tombés au champ d'honneur. Les noms de ces peuples sont présents à toutes les mémoires, et ils exaltent notre patrie devant l'univers tout entier, en l'acclamant comme leur libératrice. Nous pourrions vous citer, en témoignage de cette affirmation, des lettres

émouvantes, que Nous adressaient, après l'armistice, des représentants autorisés de quelques-unes de ces nations. Les captifs
de la veille y chantent l'*Alleluia* de la résurrection et en rendent
grâces à Notre-Dame de Lourdes, qui les a tirés « *de la maison de
l'esclavage et de l'ombre de la mort* » (1) par l'épée de la France, par
la mort, Nous le répétons, de quinze cent mille de ses enfants.
Admirable destinée de notre pays ! Quand il fut trahi par la fortune, en 1870-1871, le contre-coup de ses malheurs ne tarda pas
à se faire sentir bien au delà de ses frontières. Que la victoire, au
contraire, lui revienne après de longues épreuves, on le verra, en
se relevant, entraîner à sa suite vers la lumière et vers la délivrance,
des opprimés qui semblaient destinés à un asservissement perpétuel.
On oserait presque lui appliquer le texte de la sainte Liturgie
qui décrit l'Ascension de Notre-Seigneur : « *Ascendens in altum,
captivam duxit captivitatem, dedit dona hominibus* (2). — *En s'élevant, il entraîna avec lui une légion de captifs et répandit à profusion
ses bienfaits dans le monde.* »

Il est, Nos Très Chers Frères, un autre bien, encore plus précieux,
aux yeux de la conscience et que nous devons également à nos sauveurs. C'est une liberté aussi, mais tellement nécessaire que, sans
elle, toutes les autres seraient de nulle valeur. Nous voulons parler
de la liberté religieuse, qu'aurait mise en question et en grave péril
l'écrasement de notre patrie.

Vous pouvez vous rappeler que, dans une de Nos précédentes
Lettres pastorales, Nous vous montrions la liberté des consciences
liée au sort de nos armes. C'était même un de Nos motifs d'espérer
que nous sortirions victorieux de la lutte où, malgré nous et sans
y être nullement préparés, nous avions été comme précipités. Ah !
sans doute, Nous n'avions garde de Nous faire illusion sur le reproche, pas toujours injuste, que nos ennemis, les neutres, voire
même quelques-uns de nos amis, faisaient à la France. A les entendre — hélas ! à nous entendre nous aussi, acharnés que nous

---

(1) *Exod.*, XIII, 3. — *Psalm.*, CVI. 14.
(2) *Ad Ephes.*, IV, 8.

sommes trop fréquemment, par une fanfaronnade à rebours, à nous déprécier nous-mêmes — notre pays était perdu d'erreur et de corruption; tout esprit chrétien avait disparu de son sein, et, avec lui, toute possibilité de relèvement moral !

En face de ce tableau, si injustement noirci, on présentait à l'admiration universelle la « pieuse », oui, la pieuse Allemagne, et on en faisait le champion de la justice divine. Elle était suscitée par le Ciel — certains de ses prédicateurs le proclamaient du haut la chaire — pour noyer dans le sang une race irrémédiablement pervertie. Le rôle du Germain était de « crucifier l'humanité » (1) et, en particulier, la France, pour lui ménager, peut-être, une dernière chance de salut. Et tandis que, payant d'audace, il tâchait de s'imposer à la plus haute estime des hommes par l'hypocrite étalage de ses prétendues vertus, il les terrifiait par toutes les formes de la barbarie; il méconnaissait et renversait, du droit de sa volonté, selon lui supérieure à tout, l'idée même de justice et le principe de toute morale. C'était, en somme, ériger l'Allemagne, non seulement en souveraine absolue des peuples, mais en dominatrice de la pensée, en règle vivante du vrai et du bien; c'était réellement la mettre « au-dessus de tout », puisqu'on la déifiait. Il fallait donc se prosterner devant elle, en d'autres termes, l'adorer ou être rayé du nombre des nations. Encore une fois, Nous n'inventons pas : ces monstruosités ont été énoncées, prêchées, projetées; elles auraient, si le sort des combats ne nous avait pas été favorable, obtenu, au moins pour un temps, l'empire du monde. Mais le succès a couronné nos armes et, en abattant l'orgueil de nos

---

(1) Voir, dans la *Croix* de Paris, numéro du jeudi 16 décembre 1915, l'article de **M.** le chanoine Henri Collin, maintenant sénateur de la Moselle, directeur du *Lorrain*, de Metz, intitulé : *Ils veulent crucifier l'humanité.* On y trouvera, dans toute leur crudité, des extraits des prédications barbares des pasteurs Fritz Philippi, de Berlin; Rheinold Seeberg, lui aussi de Berlin, et Loebel, de Leipzig. On y lit textuellement : « De même que le Tout-Puissant fit crucifier son Fils, afin que s'accomplît l'œuvre de rédemption, de même l'Allemagne est destinée à crucifier l'humanité pour assurer son salut... Par suite, le devoir des soldats allemands est de frapper impitoyablement; ils doivent tuer, ils doivent brûler, ils doivent détruire. Des demi-mesures seraient impies. Ce doit être une guerre sans pitié. Les méchants, les amis de Satan, doivent être anéantis comme de mauvaises herbes... » (Fritz Philippi.) — « Leurs souffrances doivent nous être agréables, leurs cris de douleur ne doivent pas émouvoir les oreilles allemandes. Il ne peut y avoir de compromis avec l'enfer, de pitié pour les serviteurs de Satan... » (Lœbel.) — « Nous considérons que nous faisons une œuvre d'amour en les tuant, en les faisant souffrir, en brûlant leurs maisons... L'Allemagne aime les autres nations, mais elle les châtie pour leur bien. » (Rheinold Seeberg.)

ennemis, a, du même coup, assuré la liberté et l'intégrité au sol de la patrie et à la conscience de ses enfants. C'est par suite, à titre de Chrétiens, comme à titre de Français, que nous avons été, par le triomphe de nos soldats, affranchis de la plus complète, de la plus odieuse des tyrannies. Plus on s'en convaincra, plus aussi on sera saisi, émerveillé, devant la grandeur surhumaine de cet événement (1). Au reste, sans qu'il eût besoin de longue réflexion, l'univers civilisé tout entier a éclaté en transports d'allégresse pour applaudir la France, à laquelle ses dignes défenseurs avaient procuré une si magnifique moisson de lauriers. Il faisait ainsi écho aux délirantes ovations par lesquelles tous, à l'envi, nous traduisions notre enthousiasme, notre fierté de la victoire et notre gratitude envers ceux qui nous avaient libérés, sauvés, glorifiés.

*
* *

Ah ! cette félicité générale, qui transfigurait nos villes et nos plus modestes hameaux ; qui semblait faire frémir jusqu'aux pavés à l'unisson des cœurs ; ces illuminations, ces processions, ces flambeaux, ces montagnes de fleurs, ces innombrables drapeaux, ces acclamations venant des profondeurs de l'être et comme des plus lointaines générations du passé ; ces tressaillements de tout un pays ; qui pourra les oublier, mais qui aussi pourrait dignement les décrire !

Or, Nous l'avons dit, cette vague d'exultation et de reconnaissance envahit les âmes dans tous les rangs de la société. Preuve évidente que l'amour de la patrie ne se mesure pas, chez les membres de la famille nationale, au degré du bien-être, à l'importance de la situation, ni même à la culture intellectuelle, mais que, par lui, un enfant, un pauvre, un vieillard, se mettent au niveau du soldat, du politique, du riche. C'est bien, en effet, la participation à ce commun sentiment qui démontre, d'une manière positive, la véritable égalité des Français. Ils peuvent ne pas s'exprimer de

---

(1) Voir les deux ouvrages du savant chanoine Gaudeau : *Le Danger pour l'Église est en Allemagne* et *L'Allemagne ennemie de Dieu et de toute Religion*. Avec une précision et avec une clarté admirables, ces deux petits volumes, — qui sont en vente aux bureaux de la Revue *La Foi catholique*, 25, rue Vaneau, à Paris, — mettent en évidence la guerre néfaste menée par nos ennemis contre l'Église et contre toute religion.

la même façon, mais leur patriotisme est le même partout, et, sur ce point, les manifestations les plus candides ne sont pas les moins émouvantes. Vous partagerez Notre avis, Nous n'en saurions douter, Nos Très Chers Frères, lorsque Nous vous aurons apporté un fait, dont le récit est si simple que Nous avons hésité un instant à vous le relater.

C'est en Alsace que Nous en avons été témoin, il y a quelques semaines, quand Nous avons, Nous aussi, voulu revoir Notre bien-aimé pays natal et sentir les battements puissants des cœurs qu'enivrait le ravissement d'avoir reconquis la liberté. Nous n'étions pas à Mulhouse, le jour où Notre saint ami, le Chanoine Cetty, Curé de Saint-Joseph, mourut de joie, frappé, en quelque sorte, d'un coup de foudre, à la vue du drapeau tricolore apparaissant devant l'Hôtel de Ville, comme le symbole sacré de la France rentrée victorieuse dans nos chères provinces. Non, Nous n'avons pas assisté à ce spectacle, unique peut-être dans l'histoire des grandes émotions, mais l'enfant de six à sept ans dont Nous allons vous entretenir Nous a fait éprouver une commotion presque aussi forte dans sa douceur, et Nous ne rougissons pas d'avouer que les larmes Nous en sont venues aux yeux.

Nous revenions du cimetière, où, sur la tombe de Nos vénérés parents, s'élève une statue de Notre-Dame des Victoires, et Nous Nous rendions à la Grotte de Lourdes érigée sur l'emplacement de Notre maison paternelle. Nous étions à égale distance des deux vénérées Madones, bien placé, par conséquent, pour entrer en contact, dans la personne de ce petit enfant, avec l'Alsace catholique redevenue française. Il portait fièrement un bonnet de police, un calot bleu horizon, qui relevait sa mine éveillée. Nous l'abordons en souriant et lui adressons quelques mots dans le dialecte en usage parmi les habitants du pays, car l'idée ne pouvait pas Nous venir qu'il eût jamais retenu une syllabe de la langue française. Or, quel ne fut pas Notre étonnement, Notre saisissement, quand, après l'avoir vu retirer son bonnet, puis faire le signe de la Croix en français, Nous l'entendîmes Nous dire, d'un ton de voix pénétré : « Loué soit Jésus-Christ ! Vive la France, Monseigneur ! »

Le brave enfant ! Il était heureux de faire profession de sa foi catholique et de son patriotisme, heureux d'aimer et de louer Jésus-Christ en français ! Tout ce qu'il avait de cœur pour son Dieu et

pour la France retrouvée, tout ce que, depuis la victoire de nos
soldats, il avait eu le temps d'apprendre de notre langue, venait
s'épanouir, en ces mots, sur ses lèvres souriantes, comme une image,
comme un reflet des apothéoses par lesquelles l'Alsace naguère
fêtait sa délivrance et le triomphe providentiel de nos armées.
Dans les traits de ce cher petit, Nous apparaissaient toute l'Alsace,
toute la Lorraine, passionnément françaises, non moins passionnément chrétiennes, attachées par leurs fibres les plus intimes à leur
foi et à leurs libertés, fécondes en prêtres et en héros, illustrées, à
l'heure même où Nous écrivons ces lignes, par plus de cent généraux et plus d'une vingtaine d'évêques encore vivants (1).

O terre d'Alsace et de Lorraine, qui saisis toutes les occasions
de crier ton bonheur d'être délivrée de tyrans abhorrés et rendue

------

(1) Voici, telle que Nous a permis de l'établir une recherche rapide, la liste, — incomplète
il se peut bien, — des évêques qui, *nés au diocèse de Strasbourg*, sont encore en vie ou sont
morts il y a quelques années seulement.

Sont *encore en vie*, à tout le moins les *dix-sept* évêques suivants, que Nous rangeons selon
l'ordre alphabétique de leurs noms : 1° M*gr* *Adam*, de la Congrégation du Saint-Esprit et du
Saint Cœur de Marie, évêque titulaire de Thmuis, ancien vicaire apostolique du Gabon, actuellement auxiliaire de S. Ém. le Cardinal Andrieu, archevêque de Bordeaux, né à Ammerschwihr,
le 25 août 1846; 2° M*gr* *Allgeyer*, de la Congrégation du Saint-Esprit et du Saint Cœur de
Marie, évêque titulaire de Ticelia, ancien vicaire apostolique du Zanguebar, actuellement
retiré à Saverne, né à Rixheim, le 14 avril 1856; 3° M*gr* *Demange*, de la Société des Missions
étrangères de Paris, évêque titulaire d'Adrassus, vicaire apostolique de Tai-Kou (Corée), né
à Saulxures-lès-Saales, le 25 avril 1875; 4° M*gr* *Dontenwill*, supérieur général des Oblats
de Marie Immaculée, en résidence à Rome, archevêque titulaire de Ptolémaïs de Phénicie,
né à Bischwiller, le 4 juin 1857; 5° M*gr* *Herscher*, archevêque titulaire de Laodicée, ancien
évêque de Langres, né à Hettenschlag, le 28 octobre 1855; 6° M*gr* *Hirth*, des Pères Blancs
d'Afrique, évêque titulaire de Teveste, vicaire apostolique de Kivou (Afrique), né à Spech-
bach-le-Bas, le 26 mars 1854; 7° M*gr* *Humbrecht*, archevêque de Besançon, né à Gueberschwihr,
le 21 septembre 1853; 8° M*gr* *Hummel*, des Missions Africaines de Lyon, évêque titulaire
de Trapezopolis, vicaire apostolique de la Côte d'Or (Afrique), né à Sufflenheim, le 14 février
1870; M*gr* *Korum*, évêque de Trèves, né à Wickerschwihr, le 2 novembre 1840; 10° M*gr* *Munsch*,
de la Congrégation du Saint-Esprit et du Saint Cœur de Marie, évêque de Magnésie, vicaire
apostolique du Kilimandjaro (Afrique), né à Felleringen, le 5 octobre 1869; 11° M*gr* *Perros*,
de la Société des Missions Étrangères de Paris, évêque titulaire de Zoara, vicaire apostolique
du Siam, mobilisé au début de la guerre, né à Guewenheim, le 12 mars 1850; 12° M*gr* *Schœpfer*,
évêque de Tarbes et de Lourdes, né à Wettolsheim, le 22 avril 1843; 13° M*gr* *Steinmetz*, des
Missions Africaines de Lyon, évêque titulaire d'Adriane, vicaire apostolique du Dahomey,
né à Morschwiller, le 10 janvier 1868; 14° M*gr* *Streicher*, des Pères Blancs d'Alger, évêque
de Tabarca, vicaire apostolique du Victoria-Nyanza (Afrique), né à Wasselonne, le 29 juillet
1863; 15° M*gr* *Vogt*, de la Congrégation du Saint-Esprit et du Saint Cœur de Marie, évêque
titulaire de Celenderis, vicaire apostolique de Bagamoyo (Afrique centrale orientale), né à
Marlenheim, le 3 décembre 1870; 16° M*gr* *Wittner*, de l'Ordre des Frères-Mineurs, évêque
titulaire de Milet, vicaire apostolique du Chan-tong (Chine), né à Sainte-Marie-aux-Mines, le
21 novembre 1868; 17° M*gr* *Zorn de Bulach*, évêque titulaire d'Érythrée, ancien auxiliaire
de M*gr* l'évêque de Strasbourg, né à Strasbourg, le 20 novembre 1858.

A la suite de ces évêques, signalons quatre *Préfets apostoliques*, tous *natifs*, eux aussi, *du* à ta mère, la France, ah! tu n'oublieras jamais — toi surtout — que nos soldats tombés au champ d'honneur au cours de la grande guerre sont *nos créanciers*, et que tu as, comme nous, une dette sacrée à leur payer!

A la vue des bienfaits dont nous ont comblés, comme accablés, ces immortels créanciers, un cri nous échappe spontanément, celui que l'infinie miséricorde de Dieu faisait jaillir du cœur du psalmiste, et que répète le prêtre à l'Autel, après la Sainte Communion : « *Que rendrai-je, en retour de toutes les grâces que j'ai reçues! — Quid retribuam pro omnibus!* »

En vérité, nous succombons sous le poids d'une dette telle que la nôtre, et nous nous sentons presque insolvables devant son immensité. Non, nous ne pourrons jamais l'acquitter complètement, et nous devons nous résigner à cette glorieuse impuissance d'égaler

---

diocèse de Strasbourg et *encore en vie :* 1º Mᵍʳ *Klayelé,* Oblat de Marie-Immaculée, préfet apostolique de la Cimbébasie (Afrique centrale), né à Mutzig, en 1879; 2º Mᵍʳ *Ogé,* des Missions Africaines de Lyon, préfet apostolique de Liberia (Afrique occidentale), né à Ettendorf, le 11 février 1868; 3º Mᵍʳ *Oster,* de la Congrégation du Saint-Esprit et du Saint Cœur de Marie, préfet apostolique des îles Saint-Pierre et Miquelon (colonie française, Amérique), né à Berstheim, le 19 avril 1846; 4º Mᵍʳ *Waller,* des Missions Africaines de Lyon, préfet apostolique du Niger occidental (Afrique), né à Bennwihr, le 24 janvier 1866.

Sont morts il y a quelques années seulement, à tout le moins les *dix évêques* suivants, tous *nés au diocèse de Strasbourg :* 1º Mᵍʳ *Caspar,* de la Société des Missions Étrangères de Paris, évêque titulaire de Canatha, vicaire apostolique de la Cochinchine septentrionale, né à Obernai, le 23 juillet 1841; 2º Mᵍʳ *Corbet,* de la Congrégation du Saint-Esprit et du Saint Cœur de Marie, évêque titulaire d'Obba, vicaire apostolique de Madagascar septentrional, né à Hochfelden, le 9 janvier 1836; 3º Mᵍʳ *Fleck,* mort évêque de Metz, en 1901, né à Niederbronn; 4º Mᵍʳ *Freppel,* l'illustre évêque d'Angers, mort en 1891, né à Obernai; 5º Mᵍʳ *Kunemann,* de la Congrégation du Saint-Esprit et du Saint Cœur de Marie, évêque titulaire de Pella, vicaire apostolique de la Sénégambie et préfet apostolique du Sénégal (mort victime d'un naufrage sur un lac africain, comme, tout récemment, son successeur, Mᵍʳ Jalabert, dans l'Océan Atlantique), né à Schweighausen, le 5 janvier 1856; 6º Mᵍʳ *Lang,* des Missions Africaines de Lyon, évêque titulaire de Paralais, vicaire apostolique de la Côte de Benin (Afrique occidentale), né en 1868, à Niederschæffolsheim; 7º Mᵍʳ *Marbach,* évêque titulaire de Paphos, ancien auxiliaire de Mᵍʳ Fritzen, évêque de Strasbourg, né à Wissembourg, le 21 novembre 1841, mort pendant la guerre; 8º Mᵍʳ *Ræss,* né à Sigolsheim et mort évêque de Strasbourg en 1887; 9º Mᵍʳ *Sonntag,* lazariste, archevêque latin d'Ispahan et délégué apostolique en Perse, né à Dinsheim, le 7 juin 1869, massacré par les Turcs au cours de la guerre, ainsi que le rappelait la *Croix* de Paris, le 6 janvier de la présente année, dans un article intitulé l'*Apostolat catholique et ses héros ;* 10º Mᵍʳ *Stumpf,* ancien supérieur du Séminaire français à Rome, mort évêque de Strasbourg en 1891, né à Eguisheim.

Ajoutons, enfin, que, si Mᵍʳ Ruch, que le diocèse de Strasbourg est si heureux et si fier d'avoir actuellement pour évêque, est né à Nancy, il a du moins eu pour parents des Alsaciens, ainsi qu'il s'est plu à le rappeler, dans la Lettre de prise de possession de son Siège, en parlant notamment de sa mère dans les termes que voici : « Il Nous est doux de vous faire de candides aveux. Dès Nos premières années, *Notre mère* Nous parlait de l'*Alsace, son berceau,* avec le plus tendre amour. « C'est, Nous disait-elle, le plus beau pays du monde. » Et, puisqu'il Nous avait donné cette femme si bonne, Nous concluions aussi qu'il était le meilleur. »

jamais notre gratitude à l'amour dont nous avons été les bénéficiaires. Que son tribut, du moins, si incomplet soit-il, ne cesse d'être offert à nos libérateurs.

C'est tout d'abord, l'affectueuse constance du souvenir qui attestera la sincérité de ce sentiment envers nos grands morts.

Imitons en cela notre Mère, la Sainte Église. Vous avez remarqué avec quelle fréquence elle s'applique, dans sa liturgie, à nous rappeler le devoir de célébrer la bonté de Dieu à notre égard : *Benedicamus Domino! Deo gratias!* Pieux et tendre refrain, que doit appeler sur nos lèvres, à tout instant, une vie dont la trame est un tissu des grâces divines. Proportion gardée — et cela découle logiquement de ce que Nous avons rappelé — la jouissance des biens que nous apporta la paix, fruit de la victoire, doit sans cesse raviver notre gratitude envers ceux qui ont versé leur sang pour nous l'assurer. Conservons donc et cultivons autour de nous, et surtout dans l'âme de nos enfants, cette fleur de la reconnaissance, et puissent-ils, à la pensée de leurs sauveurs, commencer à dire, dès l'âge le plus tendre, ainsi que le petit Alsacien : « Loué soit Jésus-Christ et vive la France ! »

Mais, plus essentielle peut-être que tout autre hommage à rendre à la mémoire de ceux qui, pour elle, sont allés au-devant du trépas, une obligation impérieuse et très douce s'impose à notre patrie. C'est de prodiguer ses témoignages de sympathie, de respect et d'affection aux souvenirs vivants de ces héros. Oui, souvenirs qui vivent réellement au milieu de nous, que nous voyons et dont la seule apparition nous parle le langage le plus touchant. Ce sont les orphelins, ce sont les veuves de la guerre avec leurs familles. Victimes innocentes de l'horrible fléau, et qui, semblables aux étendards lacérés de nos régiments, nous montrent dans leurs vies brisées la glorieuse mais terrible rançon de notre triomphe.

Il est bien inutile — n'est-il pas vrai, Nos Très Chers Frères? — d'établir les droits de ces nobles détresses à la pieuse reconnaissance du pays. Ils ont été reconnus et proclamés hautement, partout, dans toutes les occasions, et le Gouvernement s'est honoré par la hâte avec laquelle nous l'avons vu s'appliquer à venir en aide à ceux qui ont tant pleuré. Hélas! s'il a pu, mais dans une certaine mesure seulement, cicatriser les plaies d'argent, il ne saurait guérir les plaies des cœurs! Nul pouvoir humain n'atteint jusque-là. Que les délicatesses de nos fraternelles attentions, de notre respectueux empressement à leur rendre service, cherchent du moins à consoler ceux dont l'existence est maintenant, et pour toujours, voilée de deuil!

*
* *

La gratitude dont nous sommes remplis envers les martyrs de la France se traduira encore, et par une conséquence naturelle, dans des monuments destinés à immortaliser leur mémoire. On ne saurait douter, en effet, que, tout comme elles ont, en quelque manière, jalonné de croix les routes de nos Pyrénées, pour rappeler aux passants le mystère et les bienfaits de la Rédemption, de même aussi nos chrétiennes et patriotiques populations ne multiplient, sous une forme sensible, les appels à notre affection à l'égard de nos morts inoubliables. Du reste, Nous sommes heureux et fier de le constater, partout Nos chers diocésains se sont, sur ce point, portés spontanément au-devant et au delà de leur strict devoir, car il n'est peut-être pas une paroisse, fût-elle même peu favorisée des biens d'ici-bas, qui n'ait tenu à honneur d'apporter son concours, sa modeste pierre, à ces monuments commémoratifs de nos magnanimes défenseurs. La ville de Tarbes, ainsi qu'il convenait à sa dignité de capitale de notre département, a voulu donner l'exemple, et vous avez tous présent à l'esprit, Nos Très Chers Frères, le merveilleux éclat avec lequel fut inauguré, sur une des grandes places de la ville, le superbe groupe artistique élevé à la gloire des enfants de la Bigorre tombés pour la France. Cérémonie d'autant plus impressionnante qu'elle était présidée par le soldat qu'on peut considérer comme le représentant idéal de l'armée française, le mémorial vivant de notre pays, notre illustre maréchal Foch. Ce jour-là, il intronisait visiblement dans l'immortalité terrestre les braves qu'il avait conduits à la victoire qui fut notre salut.

Si Notre cœur d'évêque en tressaillit de joie, il est particulièrement touché de voir, triomphalement empreinte sur presque tous ces ex-voto de la gratitude nationale, l'image auguste de la croix: drapeau sacré, que vous faites flotter sur les tombes de nos cimetières; emblème béni des espérances qui bercent et tempèrent nos deuils. Ajoutons enfin que ce Nous est une bien douce satisfaction de savoir qu'innombrables aussi sont, dans Notre diocèse, les églises où sont gravés les noms des jeunes hommes de la paroisse morts dans l'amour de Dieu en défendant, et c'était le cas plus que jamais, « leurs foyers et leurs autels ». Émouvante synthèse des sentiments exprimés par ces deux termes, les plus sublimes des langues humaines : Dieu et Patrie!

*
* *

A ce point de vue, Nos Très Chers Frères, le dernier mot, le mot le plus expressif de la reconnaissance patriotique et religieuse sera dit à Lourdes.

Vous avez, en effet, entendu parler du projet — conçu, grâce à l'initiative des apostoliques zélateurs de nos pèlerinages nationaux, les religieux de l'Assomption — d'ériger, dans le domaine de Massabieille, un monument grandiose en l'honneur de Dieu et de la Très Sainte Vierge et à la mémoire des soldats victimes de la grande guerre. Pavois glorieux, phare d'espérance — comme l'a appelé éloquemment Mgr Tissier, évêque de Châlons (1) — ce sera aussi un autel, où, sous les auspices de Notre-Dame de Lourdes, un sacrifice d'adoration, de louange et d'expiation sera offert au Très Haut pour l'âme de nos héros défunts.

Voilà le caractère émouvant dont sera marqué le monument dressé à Lourdes, au centre le plus radieux de la dévotion envers la Très Sainte Vierge, au carrefour mondial où se rencontrent tous les peuples pressés de venir en pèlerinage à la Grotte miraculeuse. Érigé en face de l'imposante statue du Sacré-Cœur, ce mémorial de la victoire que ce divin Cœur nous a accordée par l'intercession de la Vierge Immaculée, nous invitera à prier sans cesse pour ceux qui ont été, entre les mains de Dieu, les instruments de notre rédemption. Quand les foules de nos pèlerins, quand surtout les cortèges de la procession du Très Saint Sacrement passeront entre le Sacré-Cœur et Notre-Dame de Lourdes, ces deux sources, l'une

---

(1) Mgr TISSIER, *Discours prononcé à Lourdes, le 12 novembre 1919, à l'occasion de la bénédiction et de la pose de la première pierre du « Monument de la Victoire »*. Le *Journal de la Grotte* a publié ce discours dans son numéro du 30 novembre 1919.

principale, l'autre secondaire, de notre salut, vous recevrez de vos amis, de vos frères, ô soldats immortels, le tribut véritablement digne de votre générosité, de précieux acomptes sur la dette incommensurable que nous avons contractée envers vous !

En réalité, c'est là la forme unique de paiement, si l'on peut parler ainsi, qui compte aux poids du sanctuaire, et il n'y a point d'autre moyen d'exprimer utilement notre reconnaissance à ceux qui sont morts pour nous. Être fidèles à leur mémoire, attacher leur souvenir, pour le rendre présent et durable, à des statues de marbre et d'airain, c'est assurément, et Nous ne saurions trop le redire, rendre un légitime hommage à d'insignes bienfaiteurs; c'est nous honorer nous-mêmes et nous montrer dignes d'eux; c'est, enfin, ménager une réelle et très noble consolation à notre deuil, en le traduisant par des manifestations éclatantes.

Mais qui ne le voit? En tout cela, rien qui atteigne directement l'âme des braves tombés au champ d'honneur, lors même que leur nom serait illustré par la mise en scène la plus pathétique de la douleur, et par les témoignages les plus éloquents de la gratitude publique. Car, soit dans nos cimetières, où ils sont enveloppés d'un linceul de gloire officielle, soit dans la terre lointaine où le voile de l'anonymat leur fait un double suaire, il est bien évident que, par elles-mêmes, nos démonstrations d'amour et de deuil demeurent, pour eux, sans effet, sans écho. Et cela parce que l'homme, s'il ne s'élève jusqu'à Dieu, en lui demandant son aide, ne peut rien, absolument rien, en faveur de ceux qui ont quitté cette vie pour franchir le seuil de l'éternité. Aussi, à l'égard des êtres aimés que la mort nous enlève, quand nous les serrerions encore éperdument dans nos bras, ne nous resterait-il qu'à nous souvenir et à verser des pleurs inconsolés, si nos larmes n'étaient point sanctifiées et adoucies par les certitudes de la foi.

Pour nous, Nos Très Chers Frères, grâce à Dieu, nous savons que la mort, tout en faisant saigner nos cœurs, ne nous ravit ni complètement ni à jamais ceux qu'elle fait disparaître à nos yeux. Nous ne sommes séparés d'eux que pour un moment; nous les retrouverons, et *cette espérance est établie* sur des fondements iné-branlables, *au fond de notre âme* (1). De plus, en attendant qu'ils

---

(1) Job., XIX, *Reposita est hæc spes mea in sinu meo.*

nous soient rendus, et que nous le soyons à eux, au sein des félicités éternelles, la compensation nous est accordée de leur être unis, invisiblement, mais très réellement, par une affection vivante, féconde pour nous en douceurs, pour eux en bénédictions. Rappelez-vous, en effet, les enseignements qu'au nom de Dieu lui-même l'Église nous présente sur ce point avec son infaillible autorité, et qui sont marqués par conséquent du sceau de la Vérité suprême. A ceux — nous affirme-t-elle — *qui nous ont précédés avec le signe de la foi et qui dorment le sommeil de la paix* (1), mais qui n'ont pas entièrement satisfait à la justice de Dieu, nous pouvons procurer l'allégement de l'expiation et hâter leur admission au Paradis, où rien d'impur, rien d'imparfait ne peut être admis. Prier pour ces chers défunts, faire pour eux des actes de pénitence et de charité, recevoir la Sainte Communion, offrir le Saint Sacrifice de la Messe — le Concile de Trente nous ordonne de le croire comme un article de foi — ce sont autant de moyens tout-puissants de soulager leurs âmes au Purgatoire. Ainsi leur montrons-nous, d'une manière indubitable et efficace, que nous ne cessons de les aimer : *L'amour est fort comme la mort* (2). Ici, il l'est même davantage.

Quel réconfort à ceux qui sont frappés par le deuil ! Quel adoucissement aux larmes les plus amères ! Merveilleux moyen de nous acquitter envers nos bienfaiteurs défunts ! Et cependant, on a, hélas ! arraché cette consolation à certaines âmes affligées, en affaiblissant ou en détruisant en elles nos saintes croyances ! Mais — dites-le-Nous, si vous le savez — à la place de la croix abattue, à défaut des prières abolies, leur a-t-on procuré un autre abri pour leurs douleurs, un autre autel qui jette un pont sur l'abîme de la tombe et puisse les unir à ceux qu'elles ont perdus? Tandis que — Nous Nous plaisons à y insister — pour le Chrétien près de ployer sous le fardeau de la plus cruelle des épreuves, quel soutien dans les divines pensées de la foi ! Quelle joie véritable et profonde, bien que trempée de pleurs ! Venez donc au pied de la croix, pères et

---

(1) *Ordinaire de la Messe, au* MEMENTO *des défunts.*

(2) *Cant.*, VIII, 6 : *Fortis est ut mors dilectio.*

mères désolés, veuves et orphelins infortunés, dont la vie est dépeuplée, transformée en un morne désert, et qui désirez trouver
un appui dans votre inexprimable détresse et, en même temps,
un moyen d'apporter le tribut de votre indéfectible attachement
et de votre reconnaissance à ceux dont vous avez été séparés par
la mort ! Oui, venez au pied de la croix : agenouillez-vous près de
l'autel où s'offre *l'Agneau de Dieu qui efface les péchés du monde* (1)
et qui essuie les larmes de tous les yeux (2) ; venez, priez, espérez !
Aucune de vos supplications, aucun de vos actes de charité, aucune
de vos larmes ne s'épanchera en vain dans le Cœur de Notre-Seigneur Jésus-Christ, sous les auspices de sa Mère Immaculée. Plus
sûrement que les envois d'aliments corporels ne portaient à nos
soldats, prisonniers en pays ennemi, le souvenir et la preuve de
l'amour de leurs amis, la salutaire aumône de vos prières et de
vos bonnes œuvres fera pénétrer auprès de ces chères âmes, momentanément encore éloignées du Ciel, le gage non équivoque et souverainement bienfaisant de votre affection libératrice. Ce leur sera
un rayon d'espérance céleste, l'annonce de l'effusion prochaine des
miséricordes d'En-Haut, l'aurore de la lumière éternelle, du repos
et de la paix dans la vue et dans la possession de Dieu. Aussi avec
quel saint empressement ne devons-nous pas leur prodiguer ces
pieuses libéralités, et consacrer à leur soulagement les richesses
spirituelles dont la foi catholique nous met à même d'être les dis-
pensateurs !

Ces trésors d'ailleurs sont nombreux, et nous pouvons y puiser
quand nous voulons, et à pleines mains, sans crainte d'en tarir la
source. Pour nous en convaincre, il nous suffira de constater les
occasions sans nombre qui nous sont offertes de gagner des indul-
gences applicables aux âmes du Purgatoire en vertu de la communion des saints. Or, en multipliant à profusion ces moyens de sau-
vetage surnaturel, l'Église catholique — qui ne le comprend ? —
veut nous entraîner à sa suite dans les voies d'une charité toujours
en éveil envers les défunts. Et tel est bien le caractère de celle dont
elle use à leur égard. Si, en effet, vous considérez avec quelque
attention les formules de la liturgie sacrée, vous serez frappés de

---

(1) Joan., I, 29.
(2) *Apoc.*, VIII, 17 ; XXI, 4.

ce fait que l'une des plus usitées a pour objet le culte des morts et leur soulagement dans les flammes expiatrices. Au cours de la Sainte Messe, à tous les offices, même en terminant l'action de grâces après les repas, vous entendrez cette prière : « *Fidelium animæ, per misericordiam Dei, requiescant in pace! — Que les âmes des fidèles trépassés, par la miséricorde de Dieu, reposent en paix!* » On dirait le refrain de la tendresse d'une mère sur la tombe de son enfant. En vous rappelant, tout à l'heure, que l'expression de la gratitude se trouve répandue, comme un élément habituel, dans les manifestations du culte, Nous vous signalions la répétition de ces mots : *Benedicamus Domino! Deo gratias!* Or, remarquez-le, presque partout ce cri de la reconnaissance envers Dieu est suivi de ce souhait en faveur des fidèles trépassés : « *Fidelium animæ, per misericordiam Dei, requiescant in pace!* » Admirable association, dans le cœur et sur les lèvres de l'Église, entre l'amour de Dieu et la compassion pour les âmes du Purgatoire! Entrons donc dans cet esprit, Nos Très Chers Frères ; pénétrons-nous de ces sentiments, et, par suite, en même temps qu'envers Dieu, pratiquons la gratitude envers des morts qui y ont des droits que nul ne saurait contester.

Droits si étendus que nous devrions nous déclarer insolvables vis-à-vis de nos bien-aimés créanciers d'outre-tombe. Rien, en effet, n'est plus rigoureusement exact, à ne voir que les ressources personnelles dont nous disposons. Mais, grâce à Dieu, nous ne sommes pas seuls à implorer la bonté divine pour nos frères défunts. Notre-Seigneur daigne unir à nos prières les mérites transcendants de sa Passion, et à nos larmes stériles le prix du sang qu'il a répandu sur la croix pour le salut du monde. « *Ce n'est plus moi qui vis —* s'écriait saint Paul *— c'est Jésus-Christ qui vit en moi* (1). » « Je prie, pouvons-nous affirmer à notre tour, mais ce n'est plus moi seul, c'est Jésus-Christ qui prie en moi, avec moi, par moi, qui intercède pour ces âmes si profondément chéries. » Et ainsi, par l'association de notre faiblesse, de notre néant, avec la toute-puissante supplication du Sauveur, nous atteignons, en quelque sorte, les proportions de l'infini. Ne croyons donc plus que les bienfaits si précieux dont nous sommes redevables à nos libérateurs dépassent et peuvent décourager notre capacité de reconnaissance : non, nous payons

____

(1) *Ad Galat.*, II, 20.

dignement de retour ceux qui se sont sacrifiés pour nous. Si, en effet, ils nous ont, par leur héroïsme sans égal, conservé les douceurs de la patrie et ce qui fait le prix de la vie, nous, par le pouvoir dont nous investit la grâce du Christ, nous contribuons à leur ouvrir le Ciel, la vraie patrie, le siège de la vraie vie ! S'ils ont versé leur sang pour nous, nous, dans nos mains débiles, nous présentons à la justice éternelle, comme rançon de leurs âmes, le sang même d'un Dieu, offert, sur l'autel, en mémorial et en renouvellement du sacrifice rédempteur de la croix !

II

L'immensité des biens que nous devons à nos soldats tombés au champ d'honneur, le fleuve de sang qui en fut la rançon, entourent d'une auréole sublime la créance qui nous fait leurs débiteurs. Ils ont sur nous d'imprescriptibles droits. Le plus certain assurément, c'est qu'ils peuvent nous demander de marcher sur leurs traces, de continuer leur œuvre et, en quelque manière, de prolonger leur vie, de faire en sorte que la France, si belle de leur mort héroïque, garde toujours à son front, avec tout son éclat, la gloire dont ils l'ont couronnée. Le poète ancien, ranimant par la fiction de ses vers les guerriers tués en défendant leur pays, les faisait parler, ainsi du fond de leur tombe :

Exoriare aliquis nostris ex ossibus ultor (1) !

O douce terre de nos aïeux, pour laquelle nous avons été heureux de verser notre sang, puisse, de nos ossements, surgir un vengeur de notre mort !

Que l'héroïsme enfante l'héroïsme, et que les générations successives se transmettent, avec l'héritage de la vie, le flambeau du plus pur amour de la patrie, c'est aussi, nul n'en saurait douter, le désir de nos héros. Et c'est pourquoi, si nous voulons nous montrer dignes d'eux, nous devons les prendre pour *modèles*. C'est d'ailleurs en les imitant que nous leur témoignerons surtout la sincérité et la profondeur de notre affectueuse gratitude.

------

(1) Virgile.

***

On peut résumer en quelques mots les leçons et les exemples qu'ils nous donnent.

C'est, tout d'abord, de bien comprendre le patriotisme et d'en suivre les inspirations élevées, en le développant en nous avec l'esprit de renoncement, de générosité et de sacrifice, pour lui faire atteindre sa perfection dans les hauteurs de la foi religieuse. Ce sont là, en effet, les traits qui caractérisent la physionomie de nos modèles. Regardons-les donc et, pour employer le langage de nos Livres inspirés, *agissons en conformité avec le sublime exemplaire qui nous est montré, sur une montagne* sainte, du haut de leur immortalité! — *Inspice et fac secundum exemplar quod tibi in monte monstratum est* (1)!

Il serait bien superflu de faire appel à de longs raisonnements pour nous prouver l'obligation d'aimer notre mère, à laquelle nous devons, après Dieu, ce que nous sommes; d'aimer la maison paternelle, où s'est développée notre personnalité, attachant et donnant, en quelque sorte, une âme à toutes les pierres du foyer; d'aimer les traditions, les habitudes, les plus nobles passions dans lesquelles s'est incarnée l'histoire de la famille; d'aimer le toit qui abrita nos joies, nos espérances, nos deuils; d'aimer les choses et les hommes que nos yeux et nos cœurs, depuis leur premier éveil, ont considérés comme l'épanouissement de notre être. Or, Nos Très Chers Frères, la patrie, c'est notre seconde mère, ayant seulement un cœur plus large, des bras plus puissants que celle dont nous avons sucé le lait. C'est une maison paternelle ayant élargi ses murs et son domaine, autant que le demandent et le comportent les développements de notre vie complète, spirituelle et corporelle; c'est la synthèse vivante de ce que nos ancêtres ont pensé, aimé, accompli; c'est le cadre qui a modelé nos âmes, qui répond à nos besoins, satisfait et protège tous nos intérêts et toutes nos aspirations; c'est la mise en commun de tout nous-même, notre fusion en un bloc sacré avec ceux de nos semblables qui, par une émouvante solidarité d'amour, de traditions, de joies, de tristesses, d'aspirations et d'espérances,

---

(1) *Exod.*, XXX, 40.

d'intérêts et de droits, créent, au sein de l'humanité, une famille ayant son caractère propre et sa vie personnelle. Oui, une famille aux proportions étendues presque jusqu'à l'infini, mais ayant d'une famille la constitution et la vie, voilà, d'un mot, la vraie caractéristique de la patrie. Et, du même coup, voilà réduit à sa véritable importance, c'est-à-dire au néant, le misérable sophisme de ceux qui se déclarent, inconsciemment « sans patrie », sous prétexte qu'ils veulent être citoyens du monde, et, par suite, n'être, en réalité, les concitoyens de personne; sans racines, étrangers partout. Et pourquoi? Parce que, à les entendre, le patriotisme introduit sur la terre, au sein d'une même humanité, la division, la haine et, sous la forme d'un poteau de frontière, des barrières séparant, afin de les rendre ennemies, des créatures faites pour être unies par les liens d'une universelle fraternité.

*
* *

Mais combien est manifeste, combien est grave une pareille erreur, un peu de réflexion suffit à le faire comprendre, car distinction et séparation ne signifient pas nécessairement opposition, et haine encore moins. La preuve s'en trouve dans un fait qui est le support essentiel de notre vie quotidienne. Vous aimez la vie de famille; vous tenez, comme à la prunelle de vos yeux, à sa pleine autonomie, à son individualité; vous regarderiez comme le pire ennemi celui qui voudrait abolir ou entraver l'exercice de cette souveraineté domestique. En revanche, vous trouvez tout·naturel que votre voisin organise de la même façon avec la même liberté, la vie, l'intimité de son foyer. Mais il entrerait à peine dans l'esprit d'un insensé que ces deux voisins, parce qu'ils sont séparés et tiennent essentiellement à cette vie individuelle, sont fatalement destinés à se haïr. Bien loin, en effet, d'en faire des ennemis, la ligne de délimitation qui les place tous deux dans un cadre distinct est plutôt de nature à unir leurs cœurs, par le respect réciproque de leur parfaite indépendance.

Il n'en va pas autrement, quand il s'agit de ces immenses familles qui s'appellent les patries. Pour avoir leur vie personnelle, leurs aspirations propres, leurs foyers autonomes, rien ne les oblige à se détester et à vouloir se nuire. S'il existe entre elles une frontière, c'est pour marquer la limite où s'arrêtent certains droits, et non pour indiquer où commencent les champs de bataille. En un mot, le patriotisme n'est pas à base de haine réciproque, comme s'entraînent à le croire des esprits faux et des cœurs mal faits. Un étranger n'est pas nécessairement un ennemi.

De la justesse de ce point de vue, la preuve est fournie par ce que nous voyons en France. Chez nous, en effet, l'amour de l'indépendance nationale est aussi vif que susceptible, et pourtant il se concilie à merveille avec la cordiale sympathie que nous témoignons spontanément à tous les peuples, parfois même avec une générosité dont nous avons ensuite à nous repentir. Nous trouvons là, entre le patriotisme et une sincère bienveillance pour l'humanité entière, l'accord qu'il est grandement à souhaiter de voir devenir universel. C'est le seul acheminement possible vers la « Société des Nations », dans ce qu'a de réalisable ce noble idéal de la charité chrétienne.

* *

Mais si, dans un monde légitimement désireux de sécurité et soucieux du respect de tous les droits, tout d'un coup un peuple, emporté par une folle ambition, veut imposer le joug de sa volonté aux autres nations comme une condition de tranquillité; s'il vient un moment où l'on ne peut avoir la paix que dans une déshonorante soumission à la tyrannie d'une force injuste, d'un despote ivre de sa force et de son orgueil, c'est l'heure de courir aux armes et de défendre avec toutes ses énergies, avec celle même du désespoir, s'il le faut, un bien supérieur à tous les biens, le règne de la justice et du droit, la liberté de la patrie. Un peuple se montrerait indigne de garder sa place au soleil, s'il acceptait de vivre à d'autres conditions. Plutôt la mort qu'une vie déshonorée! C'est le cri de la conscience; c'est la loi du devoir; qui lui obéit, c'est à Dieu lui-même qu'il obéit.

Ayons donc ces vérités présentes à l'esprit, pour comprendre la noblesse, la légitimité, la nécessité du patriotisme, comme aussi pour considérer et admirer la conduite de nos soldats, dont les exploits furent le prix de notre liberté, de notre honneur et de notre victoire.

Provoqués par l'injuste agression de barbares ennemis, avec quelle mâle décision, aussi éloignée de la faiblesse que de la forfanterie, avec quelle conscience du devoir et de ses effroyables difficultés, on les a vus quitter leurs foyers, leurs familles, leurs plus chères affections, pour voler à la frontière, où allait se décider le sort de tous les citoyens, de tous les foyers, de toutes les familles de la France!

Ils étaient des centaines de mille, ils étaient des millions d'hommes, de tout âge, de toute condition sociale, de toute situation de fortune, de toute culture intellectuelle, ayant, sur bien des points, les manières les plus diverses de penser et de sentir. Mais, à l'appel du pays, ils n'ont fait qu'un cœur et qu'une âme; tous se sont fondus et comme confondus, dans la plus puissante et la plus sacrée des unions. Ainsi voit-on les anneaux juxtaposés d'une chaîne, quand ils sont touchés par un jet de feu, se serrer et se souder dans un faisceau que rien ne pourra briser. La flamme qui souffla, pour les souder, sur les cœurs de nos millions de soldats, s'appelle l'amour de la patrie.

Bel et glorieux exemple, que nous aurons à cœur de suivre! Comprenons donc, nous aussi, les raisons impérieuses sur lesquelles s'appuie le patriotisme; comprenons et considérons comme saintes les obligations qu'il impose. Qu'avant tout, l'*union sacrée* dont furent animés nos soldats règne dans nos âmes, dans tous les actes de notre vie! Combien de malheurs auraient été épargnés à la France, si tous ses enfants avaient su toujours lui prouver leur amour, d'ailleurs si sincère, en lui faisant, dans l'intérêt national, le sacrifice de certains partis pris, de certains préjugés, de certaines rancunes, disons le mot, de certaines passions!

*
**

L'esprit de concorde, quand il est bien entendu et loyalement pratiqué, se traduit, tout naturellement, par la soumission à l'unité de direction, c'est-à-dire par le respect d'une discipline.

Ame et vigueur d'une armée, la discipline concentre et plie toutes les énergies 'et toutes les volontés sous le commandement du chef, qui les applique dans la direction et sur le point où doit se porter l'effort des combattants. Sans elle, l'armée la plus vaillante ne serait qu'une multitude inconsistante, Nous allions dire une masse de poussière, irrémédiablement vouée à l'impuissance et à l'anéantissement final. Avec elle, au contraire, un chef peut concevoir les plus audacieuses espérances, et la victoire, dût-elle un moment lui échapper, finira par couronner ses drapeaux.

Principe générateur d'une irrésistible énergie, cette obéissance, la loi de cette discipline, porte aussi en elle-même une grandeur morale digne du plus profond respect. C'est que renoncer à sa volonté pour la conformer à une autre volonté ayant le droit de lui commander, ne va pas toujours sans quelque froissement plus ou moins pénible, et que, pour réprimer toujours les révoltes de l'amour-propre, il faut une énergie d'âme peu commune. Cela est si vrai qu'aux yeux de certains hommes, portés contre toute raison à confondre l'orgueil avec la dignité, obéir, c'est se diminuer. Mais, au contraire, au jugement du vrai sage, obéir, quand l'heure du devoir a sonné, sera toujours donner la mesure d'un cœur généreux et d'une haute vertu.

Voici, sur ce point, les belles paroles d'un grave et éloquent philosophe, bien inspiré ici par l'émouvante importance du sujet :

La condition première de la dignité et du bonheur, nous dit-on, c'est l'indépendance. Mais est-il réellement plus beau, plus grand, de se murer dans son individualité, que d'accepter, de chérir les liens familiaux, sociaux, nationaux, qui nous font membres intégrants de communautés de plus en plus larges? Est-il nécessairement honteux de se subordonner et d'obéir? Confondrons-nous l'obéissance au devoir, à l'honneur, à la loi, aux commandements de la patrie et de l'humanité, avec la soumission lâche et intéressée aux injonctions de la force et du despotisme? Non, obéir à ces autorités idéales, n'est pas s'avilir; c'est participer à une perfection où par soi l'on n'eût pu atteindre. La liberté ne se conquiert que par une juste obéissance (1).

C'est à ce point de vue qu'il faut se placer pour comprendre toute l'estime que commande la sujétion au devoir et à la discipline morale, telle que l'ont pratiquée nos soldats. Alors on sera saisi d'admiration, en contemplant ces multitudes innombrables d'hommes

---

(1) M. BOUTROUX, *Discours prononcé, le 25 octobre 1919, devant les cinq Académies réunies.*

qui, sciemment, volontairement, ont fait abnégation de leurs idées pour atteindre le but grandiose proposé à leurs efforts, et qui, à force d'une énergie et d'un héroïsme dont cette obéissance et leur union doublèrent, centuplèrent l'efficacité, furent récompensés par le triomphe de la justice et le salut de la patrie! Combien alors apparaît noble et méritoire tout ce qui se rapporte et contribue au « bien du service »!

*
* *

Si nous voulons faire un retour sérieux sur nous-mêmes, Nos Très Chers Frères, nous nous convaincrons facilement que, dans le domaine de notre vie personnelle et sociale, l'esprit de discipline n'est pas moins indispensable et ne sera pas moins fertile en fruits de bénédiction.

Sans doute, et cela va de soi, toutes les rigueurs, toutes les minuties des règlements militaires — d'ailleurs ennoblies par leur fin — ne sont pas de mise en dehors de l'armée. Mais il n'en va pas de même de l'esprit de discipline. Il faudra donc, nous aussi, soumettre nos aspirations individuelles à un principe supérieur; savoir nous incliner, quand la loi de justice, la conscience, aura parlé; faire céder notre intérêt particulier à l'intérêt général; renfermer nos appétits dans les limites où ils ne menacent pas le bien de la société; en un mot, accepter le joug si honorable du devoir, si nous voulons agir comme de parfaits Français, comme des patriotes sans reproche. Or, nul mieux que nos héros ne nous apprendra cette science, qui nous fera tendre vers l'idéal chrétien.

Le premier mot, en effet, le premier enseignement de Jésus-Christ, c'est la soumission libre et spontanée de la volonté : « *Si quelqu'un veut venir à ma suite* — nous dit-il — *qu'il se renonce lui-même* (1). » C'est l'acheminement vers la perfection, le début dans la voie de la grandeur morale. Car *servir Dieu* — nous déclare la sainte Église — prendre pour règle sa volonté divine, *c'est régner* (2), c'est posséder l'empire le plus difficile à conquérir et à conserver, puisqu'il nous rend maîtres de nous-mêmes. Aussi, quand

____

(1) Matth., XVI, 24.
(2) *Pontificale Romanum, in ordinatione subdiaconi.*

le poète met sur les lèvres du plus puissant empereur ces paroles
bien connues :

« Je suis maître de moi comme de l'univers »,

il veut nous montrer que cette admirable discipline nous procure
une gloire capable d'éclipser l'éclat de la plus brillante couronne.

Si nous étudions, dans le détail de la vie domestique et sociale,
les applications de l'esprit de discipline, nous verrons avec étonnement le sens profond et la porté immense de cette vérité : que nos
soldats doivent être pour nous des modèles de docilité à la règle
du devoir. Pour ne pas nous laisser entraîner à de trop longs développements, bornons-nous à montrer combien est condamnable
cette fausse maxime, que certains croient pouvoir ériger en règle
de conduite et en principe : « Il faut vivre sa vie ! »

Voilà ce qu'on entend affirmer souvent. Et, assurément, chacun
de nous, ayant reçu de Dieu le don de la liberté, a le droit de n'être
pas entravé injustement dans l'épanouissement de sa liberté. Mais
l'erreur est énorme et grosse de conséquences, de supposer que notre
vie nous appartienne d'une manière absolue, qu'elle soit sa propre
fin et que nous puissions la considérer comme dégagée de toute
dépendance; qu'elle relève de nous seuls et qu'il nous soit permis,
comme parfois nous en avons le pouvoir, de nous livrer sans contrôle à toutes nos lubies, de nous abandonner à nos fantaisies et
à la fougue de nos passions. Cette prétention, au surplus, qui se
donne comme l'éclosion d'un idéal nouveau est, en réalité, ancienne
comme le monde. Et, de fait, il y a trente siècles déjà, le psalmiste
nous présentait sous une autre forme le programme d'indépendance,
poussée jusqu'à la révolte, que renferment ces mots : « Il faut
vivre sa vie », quand il nous faisait entendre le blasphème de certains impies : « *Labia nostra a nobis sunt! Quis noster Dominus est?
— Nous parlons et agissons comme il nous plaît : qui donc est notre
maître* (1)? » Dans un autre passage encore, nos Saints Livres nous
faisaient assister à une scène semblable, où les acteurs s'expriment
avec plus de crudité : « *Venez donc — s'écrient-ils — jouissons des
biens présents ; usons des créatures avec l'ardeur de la jeunesse!*

---

(1) *Psalm.*, XI, 5.

Buvons à satiété le vin précieux ; couvrons-nous de parfums et ne laissons point passer la fleur du printemps! Couronnons-nous de roses avant qu'elles se flétrissent, et qu'il n'y ait point de prairie qui ne soit le théâtre de nos plaisirs! Qu'aucun de nous ne manque à nos orgies! Laissons partout des traces de nos réjouissances, car c'est là notre part, c'est là notre destin (1) ! »

Quand l'homme affiche ainsi le droit ou plutôt le fol et insoutenable caprice de « vivre sa vie », il faut lui rappeler que la vie ne lui appartient pas comme une propriété, dont il lui soit loisible de disposer à sa fantaisie. Elle n'est pas à lui, d'abord parce qu'elle ne vient pas de son fonds : il a été introduit en ce monde par une volonté extérieure et supérieure à la sienne; sa vie n'est pas à lui encore, parce qu'il en sortira à un moment dont le choix ne dépendra pas de sa volonté, puisque le principe et la fin de notre être échappent à notre prise. Dieu, auteur de la vie, en reste le maître. Quant aux quelques années qui séparent notre berceau de notre tombe, l'emploi en a été réglé et ordonné par la même volonté absolument souveraine. Si, toutefois, par le splendide et redoutable privilège de la liberté, l'homme possède momentanément le pouvoir matériel de désobéir à son Créateur et de défier, en quelque sorte, sa puissance absolue, en gouvernant son existence à l'encontre de la volonté d'En-Haut, il n'en a pas le droit. La conscience, écho de la loi éternelle, lui enseigne les obligations qu'il doit accomplir, et détermine le cadre de son action. S'il refuse de s'y adapter, il devient coupable et rebelle, il ressemblera au soldat qui, pour « vivre sa vie », lui aussi, refuserait d'observer la loi, la discipline, condition du salut, pour lui comme pour le pays. Et c'est pourquoi en se rangeant sous le drapeau national, le citoyen a dû se dire que sa vie n'était plus à lui, mais à la patrie. Pour toi aussi, ô Chrétien, ta vie n'est pas à toi; tu dois la vivre pour ton Dieu, qui t'a donné ton âme et ton corps. Tu dois vivre dans l'union et dans la soumission à Jésus-Christ, qui t'a racheté en mourant pour ton salut sur la croix et qui t'attend au Ciel, où il veut couronner ta fidélité à ses comman-

---

(1) *Sap.* II, 6-10 : *Venite... et fruamur bonis quæ sunt et utamur creatura tanquam in juventute celeriter. Vino pretioso et unguentis nos repleamus, et non prætereat nos flos temporis. Coronemus nos rosis, antequam marcescant ; nullum pratum sit quod non pertranseat luxuria nostra. Nemo nostrum exors sit luxuriæ nostræ ; ubique relinquamus signa lætitiæ, quoniam hæc est pars nostra et hæc est sors.*

dements. « *Aucun de nous — proclame saint Paul — ne s'appartient dans la vie, aucun ne s'appartient dans la mort. Soit que nous vivions, nous vivons dans la dépendance du Seigneur ; soit que nous mourions, nous appartenons au Seigneur ; que nous vivions ou que nous mourions, nous sommes entre les mains du Seigneur* (1). » C'est seulement dans la libre et noble soumission à son adorable volonté que nous vivrons la vraie vie à laquelle nous devons aspirer. Écoutons la parole du divin Maître, auteur et principe de notre vie ; voici la charte de notre destinée : « *Je suis venu* au milieu des hommes, *pour qu'ils aient la vie, et qu'ils l'aient en abondance. — Veni ut vitam habeant et abundantius habeant* (2)... Et la vraie vie, *la vie éternelle, c'est qu'ils vous connaissent, ô mon Dieu, et votre Fils, Jésus-Christ, que vous avez envoyé dans le monde* (3). » Nous vivrons donc notre vie dans sa perfection, quand elle sera unie à celle de Dieu.

*
* *

Patriotisme, obéissance et discipline, voilà, Nous venons de le montrer, ce que nous apprennent d'abord nos soldats. Ce n'est là cependant que l'entrée dans la voie où leur exemple nous invite à nous engager. La deuxième étape à fournir, c'est de faire preuve de générosité et d'esprit de sacrifice, sans lequel la pratique du devoir ne saurait être parfaite, car le renoncement, absolument commandé, à certaines satisfactions égoïstes, demande parfois des efforts de volonté très douloureux à notre nature corrompue.

Mais si nous voulons comprendre et voir jusqu'où peut et doit, en certaines circonstances, s'élever cet esprit de sacrifice, considérons attentivement, une fois de plus, le spectacle que nos défenseurs ont offert à nos yeux ravis pendant plus de quatre ans sur un champ de bataille vaste comme le monde. Aussi bien, que n'a-t-on pas dit de leur incomparable vaillance, de leur mépris du danger, de leur calme et inébranlable intrépidité sous l'avalanche

---

(1) *Ad Rom.*, XIV, 7-8 : *Nemo... nostrum sibi vivit et nemo sibi moritur. Sive ergo vivimus, sive morimur, Domino morimur. Sive ergo vivimus, sive morimur, Domini sumus.*

(2) JOAN., X, 10.

(3) ID., XVII, 3.

de fer, de flammes et d'air empoisonné, que déversaient sur eux
la terre et le ciel, et que vomissaient les abîmes de la mer ! Avec
quelle calme et prodigieuse force d'abnégation ils ont vu se dresser
devant eux la mort, escortée de toutes les épouvantes ! On ne saurait penser à de pareilles scènes d'horreur, sans avoir le cœur bouleversé par la plus tendre compassion, mais plein aussi d'un émerveillement sans bornes et d'une infinie reconnaissance. Ah ! l'on
s'explique alors et l'on trouve presque faibles, loin d'y voir une
exagération, les louanges dithyrambiques que, sur tous les points
du globe et, en particulier, chez nos Alliés et dans la bouche de
leurs plus hauts représentants, a provoquées la bravoure sans
pareille de nos soldats. Oui, on en arrive à regarder comme tout
naturel que cent fois, mille fois, on ait parlé d'admiration agenouillée
devant cette grandeur surhumaine. N'a-t-on pas vu, notamment
en Irlande, aux États-Unis et en Angleterre, des foules immenses
frémir et éclater d'enthousiasme au seul nom de Verdun?

C'est qu'un tel nom et d'autres, aussi expressifs, comme les
deux Marne, l'Yser, l'Argonne, l'Aisne et la Somme — avec lesquels on composerait facilement des litanies de gloire — ne nous
remettent pas seulement en face des explosions fulgurantes d'un
héroïsme devenu légendaire. Car, ce qui, à la réflexion, saisit bien
plus profondément encore notre âme — ces noms prestigieux font
revivre sous nos yeux l'histoire de quatre années où, heure par
heure, nos soldats supportèrent toutes les formes de la souffrance,
sans une minute de fléchissement; endurèrent des privations de
toutes sortes, longues journées parfois sans pain, interminables nuits
sans sommeil, dans la boue, dans la glace, dans les cauchemars
peuplés des images les plus lugubres; où ils furent torturés dans
leur corps comme dans leur âme, et dans des conditions capables
de briser le ressort des plus fortes volontés; se tenant prêts, quelque heure que ce fût, à se précipiter au-devant de l'ennemi et du
trépas. Voilà ce qu'évoquent, en éclairs de feu et de sang, ces noms
à tout jamais illustres, qui chanteront comme des fanfares triomphales dans la mémoire des générations futures.

Qu'ils chantent, dès aujourd'hui, dans nos propres cœurs d'a-
bord, comme un hommage aux martyrs de la patrie, mais aussi
comme un appel à l'héroïsme moral et à la pratique généreuse de
l'esprit d'abnégation !

*****

.Tout à l'heure, Nous vous disions que nos grands morts nous enseignaient par leur exemple la discipline, l'obéissance aux saintes prescriptions du devoir. Le pas qu'à leur suite il convient de faire en avant, c'est d'ajouter au culte de nos strictes obligations la fleur de générosité que fait éclore le désir de ce qui est parfait, l'acceptation joyeuse de ce qu'inspirent les plus fières délicatesses de la conscience, la ferme résolution d'aller, si l'on peut s'exprimer ainsi, jusqu'au bout de nous-mêmes dans la pratique du bien et même du mieux.

Est-il besoin de l'ajouter, Nos Très Chers Frères? Les occasions ne nous manquent pas, non plus que les motifs, de nous attacher à un idéal si conforme à notre admiration pour nos glorieux modèles et si parfaitement digne de nous, car la matière des sacrifices à offrir se présente à nous de toutes parts, et toujours à notre portée. Nous serions bien étonné, en effet, si vous n'aviez pas entendu souvent déplorer, avec sévérité et même avec amertume, le relâchement des mœurs, la tendance qui entraîne la société vers des futilités insensées et affreusement coûteuses; une sorte de ruée délirante à la recherche de tout ce qui flatte les sens; l'envahissement de danses et de cinémas d'où trop souvent la pudeur est bannie; la légèreté, enfin, poussée jusqu'à l'extrême, voire jusqu'à l'indécence la plus grossière, qui gouverne l'empire de la mode (1). Rien ne satisfait les aspirations au luxe. « La vie, gémit-on, est chère », et ce cri universel est l'expression d'une réalité non moins générale. Mais, en attendant que ce mal soit enrayé — et plaise à Dieu que ce soit bientôt — on ne voit s'arrêter nulle part les progrès vertigineux des plus folles dépenses.

Écoutez, sur ce sujet d'une si douloureuse actualité, la plainte attristée de Notre Saint-Père le Pape : « Aujourd'hui — déclarait-il à la veille de Noël, aux membres du Sacré-Collège — l'humanité,

---

(1) Dans une lettre datée du 24 novembre dernier, S. Ém. le cardinal Amette, archevêque de Paris, donnait à ses diocésains de graves avertissements au sujet des modes et des danses inconvenantes. Faisant pleinement Nôtre ce très grave document, Nous l'avons publié dans le *Journal de la Grotte*, le 7 décembre 1919, et, dans Notre nouveau *Bulletin religieux*, le 30 janvier de la présente année. C'est dire combien Nous désirons que Nos chers diocésains s'en inspirent dans leur conduite.

avide de jouissance, assoiffée de richesses, sans goût pour le travail, ne rougit point, parmi tant de deuils et de larmes, de s'abandonner au plaisir, avec une frénésie, une inconscience collective, et d'abuser des biens, dans le temps même où elle en tarit les sources. »

Tout le monde, ou presque tout le monde, souffre de cet état de choses, et personne, ou presque personne, n'ose ou ne veut se mettre en travers de cette course à l'abîme. Les sages protestent, mais, selon la parole de Bossuet (1) « les sages sont-ils crus, en ces temps d'emportement »? On risque même d'irriter et d'être signalé comme un trouble-fête ou comme un ennemi public, si l'on jette au front de ses contemporains cette salutaire mais dure vérité : qu'il n'est au pouvoir de personne, en dehors d'une production très active et d'une sévère économie, de refaire la fortune de notre pays, de rendre la prospérité à la France, et, par suite, de lui assurer, d'une manière durable, sa place d'honneur au milieu du monde. Or, Nos Très Chers Frères, travail intense, économie persévérante, c'est le résumé, fait à notre mesure et à notre taille, des sacrifices qu'il nous faut apprendre à pratiquer à l'école de nos soldats devenus nos modèles.

*
* *

Sachons nous inspirer de ces généreux enseignements, et il nous sera facile d'apporter de fréquentes et précieuses offrandes sur l'autel de la patrie. Il ne restera qu'à leur imprimer le caractère chrétien, pour les transformer en actes surnaturels, et les sanctifier par l'amour de Jésus et de Jésus crucifié.

Vivre de l'esprit de Notre-Seigneur, ce doit être, en effet, pour un vrai Chrétien, le dernier mot, comme aussi le premier, de la perfection. Si quelqu'un n'est pas prêt, quand il le faudra, à porter le renoncement jusqu'à la perte de tous ses biens et à sacrifier même sa vie pour Jésus-Christ, il n'est pas digne d'être son disciple. Qui aspire à ce titre doit appartenir tellement à son divin Maître, tellement se pénétrer de son esprit, qu'il puisse répéter

____

(1) Bossuet, *Oraison funèbre de Henriette-Marie de France, reine de la Grande-Bretagne, prononcée le 16 novembre 1669.*

avec l'apôtre saint Paul : « *Mihi autem absit gloriari, nisi in cruce Domini nostri Jesu Christi, per quem mihi mundus crucifixus est, et ego mundo* (1)! — *Pour moi, Dieu me garde de me glorifier, si ce n'est dans la Croix de Notre-Seigneur Jésus-Christ, par qui le monde est crucifié pour moi, comme je le suis pour le monde.* » C'est la perfection, il est vrai, mais une perfection à laquelle nous invitent et nous engagent notre baptême et tout l'ensemble de la vie chrétienne. C'est à quoi nous disposera, en particulier, le saint temps du Carême, par la multiplicité des prédications, par la méditation sur les souffrances et sur la mort du Sauveur crucifié.

*
* *

Sur ce point encore, nous pourrons nous instruire, en étudiant la vie et surtout la mort des admirables modèles que sont nos soldats. Nous y trouverons des leçons merveilleuses de la science de vivre avec Jésus-Christ, de mourir avec lui et pour lui, puisque, à la lettre, beaucoup de ces braves ont porté cette science, éminente entre toutes, jusqu'à son plus haut degré. A la suite de l'apôtre saint Paul, ils peuvent donc, à bon droit, s'écrier, eux aussi : « *Ma vie, à moi, c'est le Christ, et mourir* pour lui *m'est un gain* (2). » Ils ont, en effet, réellement vécu et sont morts dans la fidélité à cette devise divine. Ils ont mêlé leur sang, si l'on peut parler ainsi, avec le sang de leur Sauveur, dans la sainte extase du sacrifice.

En voici un exemple, entre mille autres que Nous pourrions citer. Le héros chrétien que Nous vous présentons, ancien député, officier de réserve, ayant demandé, dès le début des hostilités, à se rendre au front, est mort capitaine de chasseurs, après de longs mois de campagne qui furent une série ininterrompue d'exploits. Dans ses rares moments de calme, il aimait à méditer sur le caractère sacré du devoir militaire. Chrétien dans toute la force du terme, il idéalisait la France jusqu'à l'auréoler d'une beauté toute céleste. La « violente amour » dont il était épris pour son pays ne peut visiblement trouver place que dans un cœur qui, dans sa patrie,

---

(1) *Ad Galat.*, VI, 14.
(2) *Ad Philipp.*, I, 21.

aime Dieu lui-même. La veille de sa mort, il écrivait à sa femme
tendrement aimée :

Notre artillerie et l'artillerie boche font un tapage d'enfer. Toute une
série d'opérations est prévue, auxquelles ma compagnie va être active-
ment mêlée. Ne vous attristez pas.

Il fut tué, frappé d'une balle au cœur, alors qu'à la tête de ses
chasseurs il les entraînait à l'assaut d'une tranchée ennemie, au
cri de : « En avant pour la France ! »

Nous avons naguère visité le pays où il est tombé, pays autrefois de délices et d'abondance, maintenant chaos désertique, où
tout est ruine et désolation. En parcourant ce champ de morne
tristesse, Nous Nous souvenions du capitaine Robert Dubarle,
qui a vécu là et fut tué là. Nous regardions, les yeux remplis de
larmes, les trous qui servaient d'asile à nos soldats et où leur vaillant officier priait et méditait, en contact permanent avec la mort,
sous le regard de Dieu et de la France. Quel colloque sublime il entretenait avec la patrie !

J'entends, ce soir, — écrivait-il, — j'entends, ce soir, le grave et sévère
enseignement : Sache espérer, et après tu sauras vaincre. Que ton corps
tremble de froid, que ta chair saigne à l'angoisse qui t'étreint, mais
que ton cœur, au milieu de ta poitrine glacée, reste joyeux et embrasé !
Demain, c'est la mort : je l'accepte !... Reste debout, soldat obscur; nul
ne connaît ta souffrance; ton sacrifice demeurera ignoré; réjouis-toi, ta
souffrance est plus pure, ton sacrifice plus noble ! Fais ton devoir et
espère : espère de toutes tes forces, espère éperdument, et réjouis-toi,
Français qui vas mourir !... Patrie, patrie, écoute l'appel de tes fils !...
Que de fois, devant mes regards d'adolescent, je t'ai vue surgir, éclatante et parée !... Je croyais te connaître, t'aimer, t'honorer, mais, aujour-
d'hui, tu m'apparais plus belle encore et je découvre, enfin, ta splendeur ! Tu n'es plus, à mes regards qu'appesantit la fatigue, la paix
joyeuse, la richesse patiemment entassée, la nature privilégiée qu'ornent
des grappes et des gerbes. Ta robe est déchirée, ton corps saignant. Mère,
je te connais, enfin, et je t'aime comme tu mérites d'être aimée; tu es
la douleur !... Tu tends tes mains vers nous, et tes lèvres nous supplient :
« Mes fils ! Mes fils ! » Viens, rassure-toi : mes frères et moi sommes là et
t'attendons !... N'entends-tu pas le cri qui monte de la poitrine gon-
flée de tes enfants? Prends-les, brise-les ! Regarde leurs larmes d'amour,
accepte le don frémissant de leur vie !... Oui, jamais je ne t'ai connue
comme je te connais ce soir ! Je m'agenouille devant toi; piétine mon

corps, il est à toi ! Prends ma demeure ; envoie à la mort ceux que j'aime !
Que jamais je ne revienne vers le doux foyer ;... tu es ma demeure, ma
caresse, le foyer brûlant d'où je viens et où je retourne. Plus je souffrirai
par toi et plus je t'aimerai !... Voici notre sang qui ruisselle ! Voici la
mort qui fauche, voici l'heure du sacrifice, et nous nous réjouissons,
mère bien-aimée, puisque c'est pour toi que nous devons souffrir ! Prends !
prends, sans compter ! Entasse nos corps, remplis les tranchées et les
sillons de blessés et d'agonisants ! Comble, avec nos cadavres, le gouffre
soudain creusé et devant lequel tes pas hésitent. Nous t'invoquons, nous
te bénissons ! En chantant, nous mourons pour toi !... Prends, prends
encore ! Un cri éperdu d'amour s'échappe des lèvres expirantes. Pas de
bruit, pas de chants, pas de fanfares ; rien, autour de toi, que l'adoration
de tes fils qui meurent et la volonté implacable des vivants !... Ne songe
pas à nos souffrances, ne songe qu'à la victoire ! S'il te faut des mois,
nous lutterons des mois ; s'il te faut des années, les enfants d'aujourd'hui
seront les soldats de demain ! Mère bien-aimée, déjà, peut-être mon
heure dernière se hâte vers moi ; dans un instant, je ne pourrai plus
répéter les paroles que tu m'arraches à moi-même. Pardonne à tes enfants
leurs erreurs de jadis ; dresse-les dans la gloire, endors-les dans ton
drapeau ! Relève-toi, renouvelée et victorieuse, sur leurs tombes ! Sois
sauvée par notre holocauste, patrie, patrie (1) !

Quel langage et de ce langage quel commentaire, dans la ruée
à l'assaut et à la mort, avec le cri : « En avant pour la France ! » et
une balle au cœur !

Ce cœur, d'où jaillissaient des accents si magnanimes, s'atten-
drissait, en consolant un enfant, dont le père, son ami, était tombé
au champ d'honneur :

Ton père et ta mère sont au Ciel. Tourne tes yeux vers eux, dis-leur
à chaque instant du jour : « Mon cher papa, ma chère maman, aidez-
moi, faites que je sois digne de vous et que je vous ressemble un jour ! »

Et à un autre :

Ne te laisse pas abattre par la douleur, ma petite Geneviève ; pense
à ton cher papa, qui te voit, qui te protège, et qui, maintenant uni à ta
mère, s'occupera de toi, t'aidera et éloignera de toi les épreuves et les
périls de la vie !

----

(1) *Lettres de guerre de Robert Dubarle*, capitaine au 68e bataillon de chasseurs alpins,
mort au champ d'honneur le 15 juin 1915. — Paris, Librairie Académique Perrin et Cie, 35, quai
des Grands-Augustins, 1918.

A une dame, pour lui annoncer la mort héroïque d'un de ses amis :

Il est mort la veille de la Fête de Pâques, qu'il s'apprêtait à célébrer avec sa ferveur religieuse. Il l'a célébrée dans le repos éternel et connaît déjà la résurrection promise à tous les cœurs d'élite comme le sien.

Et voici, quand il apprit la mort de son frère André, brave entre tous, ce qu'il écrivit à ses parents, pour partager avec eux la plus profonde des afflictions, en même temps que la virile douceur des espérances chrétiennes :

Il est près de ceux que nous aimions, et c'est parce qu'il était le meilleur qu'il a eu droit si vite au repos et à la récompense.

Encore une fois, quel langage, et comme il rend le son d'un cœur de héros, de père et de Chrétien !

A côté de ce preux au patriotisme si vibrant, — « un vrai Chrétien et un homme de foi », comme l'appelle un de nos grands évêques du front, qui le connaissait bien, — voici son frère, capitaine de chasseurs à pied, tombé, lui aussi, au champ d'honneur pour la patrie, le 4 mars 1915, à Notre-Dame-de-Lorrette, trois mois avant son aîné, tué dans l'assaut de Metzeral, en Alsace. Il avait été blessé gravement plusieurs fois, et toujours il était revenu au feu, bien qu'il ne fût qu'à moitié guéri. Rapporter les citations superbes qui lui furent décernées, ce serait paraphraser éloquemment l'énergique parole de Napoléon louant son armée de jeunes recrues : « L'héroïsme lui sortait par tous les pores. » Éloge sans égal, qui ne donnerait pas cependant la mesure exacte de son mérite, si l'on n'y ajoutait qu'à ce jet de flamme guerrière s'unissait une piété comparable à celle d'un saint Louis. Jugez-en par ces quelques passages, extraits de lettres inédites, absolument intimes, et qui traduisent, par conséquent, le fond vrai de son cœur :

Prie Dieu, — écrivait-il à sa femme, — chaque jour, avec les enfants, pour moi, pour que je sois fort et digne du titre de Chrétien que je revendique. J'ai la charge de 250 hommes. Que Dieu me donne la force

d'en faire des vaillants... Servir Dieu et mon pays ! Ce que j'ai rêvé !...
Abandonnons-nous à Dieu et acceptons la souffrance qu'il nous envoie,
pour notre pays, pour qu'il triomphe et revienne à lui ! Que Jeanne
d'Arc, que nous avons invoquée, nous serve d'intermédiaire auprès de
Dieu ! Aie foi et confiance !... Ce que Dieu voudra sera ce qu'il y aura
de mieux pour nous. Acceptons donc par avance sa volonté, quelle qu'elle
soit, et ayons confiance... Aie toujours, comme moi, une confiance inébranlable en Dieu. Prie et fais prier nos chers petits.

Quand on contemple une telle âme, parée de vaillance, de beauté
surhumaine et de foi, on trouve tout naturel de lui appliquer ce
que la Sainte Écriture dit de la femme forte : « *Elle sourira à la
mort* (1). »

****

Parfait pendant de ce diptyque, — deux frères unis dans l'héroïsme et dans la piété, dans la vie et dans la mort, — regardons
cet autre tableau, où rayonnent trois physionomies, également
belles, symbolisant, elles aussi, avec éclat, ces deux amours : Dieu
et patrie, sous des physionomies au dernier point émouvantes :
deux jeunes gens, deux enfants, formant avec leur père une admirable trilogie de piété et de tendresse.

Sortant de l'École de Saint-Cyr, avant d'avoir parcouru le
cycle complet des études réglementaires, ils volent l'un et l'autre
au front, avec un élan que peut seul donner le plus vif, le plus religieux patriotisme. Le souhait qu'ils ont formé au départ, souhait
d'une beauté surhumaine, est réalisé : ils meurent, presque au début
de la campagne, comme des victimes d'élite, l'un aux portes de
Mulhouse, ayant connu les joies d'une victoire, éphémère, il est
vrai, mais qui devait devenir définitive plus tard; l'autre au Bois
Le Prêtre, en Lorraine. Et voici quels sentiments animaient ces
adolescents, au moment du sacrifice suprême :

Pour moi — disait l'un — mourir le visage tourné vers la plaine
d'Alsace, en rendant ce pays à la France, suffirait à mon bonheur.

____

(1) *Prov.*, **XXXI**, 25 : *Ridebit in die novissimo.*

Son dernier mot, ce fut :

En avant !

Et voici sa prière habituelle :

Seigneur, faites que je vous aime, et que la seule récompense de mon amour soit que je vous aime toujours davantage.

Quant à son frère, tué trois mois après lui, il écrivait :

J'aurais voulu que nos vies si unies le fussent jusqu'au dernier moment. Il sera du moins, jusqu'à ma mort, mon modèle. Nous vaincrons avec l'aide de Dieu, au prix du sang de tous ceux qui, comme lui, seront tombés au champ d'honneur, tombés pour la France, c'est-à-dire pour l'Église. Maintenant, il jouit de la gloire et du bonheur qu'il a mérités; et son seul désir doit être que vous preniez, dans la joie de le savoir si heureux, le courage de vaincre votre douleur et de vous réjouir avec lui de son bonheur éternel.

Digne — Nous l'avons dit, — d'avoir de tels fils, leur père, officier supérieur en retraite, reprit du service au premier coup de canon, d'abord comme simple soldat, et mourut quelque temps après, des suites de graves blessures. Sa mort révéla le fond de son cœur, où, avec l'amour de Dieu, l'amour du sacrifice brûlait aussi ardent que l'héroïsme. Ayant appris, sur son lit de mourant, qu'une de ses deux filles était résolue à entrer en religion, pour se consacrer, elle aussi, à Dieu et à la patrie, le pieux blessé — écrit sa digne compagne — « est mort dans une action de grâces débordante » (1).

Quelles vies ! Quelles morts ! Quels exemples pour nous !

*
* *

Laissez-Nous, enfin, Nos Très Chers Frères, vous citer quelques lignes d'une lettre qu'adressait à sa mère un tout jeune soldat, de la même trempe que les capitaines Dubarle et nos deux Saint-

---

(1) Il s'agit de la famille du comte Dinet, dont tous les membres faisaient partie de l'*Hospitalité de Notre-Dame de Lourdes.*

Cyriens. Elles sont d'Émile Dantras, un ancien petit clerc de la Maîtrise de Notre-Dame de Lourdes :

A ma mère chérie et à mon frère bien-aimé, — écrivait-il avant de partir à l'assaut où il devait être tué, à quelques pas des tranchées ennemies, lui aussi, le cœur traversé par une balle : — Lorsque vous lirez cette lettre, c'est que j'aurai payé avec fierté ma dette à la patrie... Tombé glorieusement sur un champ de bataille pour la cause de la patrie et de la religion, Dieu me donnera la récompense des élus et des martyrs... Pour moi, je me suis, dès le début, abandonné à sa volonté sainte... J'ai accepté avec joie les souffrances, les humiliations et les épreuves... J'accepte aussi la mort, sans la désirer ou la craindre. Ne vous plaignez pas, si Dieu m'a si tôt dérobé à votre affection... Chaque jour je me prépare à paraître devant lui par la mortification et la prière. Pour sauver la patrie, il lui faut des victimes pures et saintes; glorifiez-vous s'il vous fait l'honneur de me choisir. Et moi, que puis-je désirer au-dessus du martyre? C'est la plus grande preuve d'amour que nous puissions donner à un Dieu si bon; pourrais-je la lui refuser!... Vous le remercierez avec moi... Ne pleurez pas; au contraire, réjouissez-vous de ce que votre fils est au nombre des héros morts pour la patrie. Sûrement j'ai des larmes plein le cœur, en songeant à la peine que je vais vous faire, mais c'est sans regret que je dis adieu à la vie et à mon pays, car je donne ma vie pour la plus noble et la plus sainte cause. Priez pour moi, et, du Ciel, je prierai pour vous, en vous y attendant (1).

A côté de paroles et de faits semblables, très nombreux, qui Nous sont connus et que Nous ne pouvons, hélas! citer tous, véritables « chansons de gestes », dignes d'un Roland ou d'un Charlemagne, combien d'autres, également sublimes, que Dieu seul a connus et inscrits au *Livre de vie*, et qui, oserait-on dire, retentiront éternellement au Ciel, comme le cantique le plus beau que la créature puisse entonner à la gloire de son Créateur! Il n'est pas donné, en effet, à l'homme, de monter plus haut dans la perfection.

Quand on recueille de pareilles professions de foi et d'amour, sur les lèvres ou sous la plume d'un soldat recevant la mort dans le fracas des batailles ou dans les mornes salles d'un hôpital, on est

---

(1) *Lettre d'Émile Dantras, destinée à être, après sa mort, remise à sa mère.* Elle a été citée *in extenso* par le *Journal de la Grotte*, du 17 octobre 1915.

fier d'être Chrétien et fier d'être Français. On se persuade avec joie que le Christ, notre Dieu et notre Sauveur, ne cessera jamais d'être infiniment aimé, et qu'il se trouvera toujours, le long des siècles, au milieu de nous, des âmes jalouses de suivre saint Paul et d'imiter saint Ignace d'Antioche.

Nous avons rapporté plus haut les paroles du grand apôtre; laissez-Nous vous citer aussi celles de l'évêque d'Antioche, successeur, sur ce siège, de saint Pierre, le premier Pape. Un empereur, persécuteur de l'Église, l'avait condamné à être livré aux bêtes de l'amphithéâtre. Loin d'être épouvanté par la perspective d'une mort si affreuse, il l'appelle de ses vœux, il a soif du martyre, qui affirmera hautement son attachement à Jésus-Christ et lui ouvrira le Ciel. Il n'a d'autre crainte que celle de voir les bêtes féroces l'épargner, « comme il est arrivé, il le rappelle lui-même, pour d'autres martyrs ». « Que si elles ne veulent pas s'avancer, s'écrie-t-il, je leur ferai violence! » Il n'éprouve qu'un regret, au moment de quitter ce monde, c'est d'affliger l'Église d'Antioche, que sa mort va priver de pasteur.

Pardonnez-moi, dit-il, mes enfants; je sais ce qui m'est utile, et qu'il est bon de mourir pour Notre-Seigneur Jésus-Christ. C'est maintenant que je commence, en toute vérité, à être le disciple du Sauveur, ne regrettant rien de ce monde pour pouvoir aller à la rencontre de Jésus-Christ. Que m'importent le feu, la croix, le brisement des os, la séparation des membres, la mise en pièces de mon corps tout entier, pourvu que je possède Jésus-Christ!

Déjà sur le point d'être jeté dans l'arène, pour y être dévoré, quand il entendit le rugissement des fauves, il exhala son âme de martyr dans ce cri de ravissement tout céleste :

Je suis le froment du Christ; je serai moulu par la dent des bêtes, et je deviendrai le pain immaculé digne d'être présenté en offrande au Ciel (1)!

____

(1) *Brev. Rom., die I^a februarii, in festo S. Ignatii, episcopi et martyris, Lect. V et VI.* — *Utinam fruar bestiis, quæ mihi sunt præparatæ, quas et oro mihi veloces esse ad interitum et ad supplicia et allici ad comedendum me, ne, sicut et aliorum martyrum, non audeant corpus attingere. Quod si venire noluerint, ego vim faciam, ego me urgebo, ut devorer. Ignoscite mihi, filioli : quid mihi prosit ego scio. Nunc incipio Christi esse discipulus, nihil de his quæ videntur desiderans ut Jesum Christum inveniam. Ignis, crux, bestiæ, confractio ossium, membrorum divisio et totius corporis contritio et tota tormenta diaboli in me veniant, tantum ut Christo fruar !... Frumentum Christi sum, dentibus bestiarum molar, ut panis mundus inveniar !* »

Les vaillants dont Nous avons transcrit les paroles et dépeint le pieux et glorieux trépas avaient des mères, des épouses, des enfants, qui auraient pu se plaindre de leur surhumain mépris ou, plutôt, de leur incroyable attrait pour la mort. Mais, eux aussi, les héros, les saints, leur auraient répondu et leur ont répondu, comme l'évêque d'Antioche à ses fils spirituels : « Pardonnez-moi, je sais combien il est doux et bon de mourir pour vous, pour la patrie et pour Dieu ! »

Ah ! Nos Très Chers Frères, qui nous donnera de marcher sur les traces de ces soldats si généreux, et d'imiter, quand ce ne serait que de loin, de si parfaits modèles ! Commençons a le faire dès aujourd'hui, *de grand cœur et avec une âme pleine de vouloir,* — *corde magno et animo volenti* (1).

Puis, quand nous aurons triomphé du péché, ayons le courage d'avancer dans la voie du bien, jusqu'à nous pénétrer, jusqu'à nous éprendre de l'esprit de sacrifice. Puissions-nous, enfin, Dieu aidant, et par la fidélité à son appel et à ses grâces, arriver à nous écrier, avec le jeune héros dont Nous vous disions le dernier soupir et la suprême prière : « Mon Dieu, faites que je vous aime et que la récompense de cet amour soit que je vous aime toujours davantage ! »

III

Créanciers, dont les droits à notre reconnaissance sans bornes sont fondés sur les dettes les plus sacrées; *modèles* achevés du patriotisme, de la foi et même de la perfection chrétienne, nous provoquant à l'imitation de leurs vertus, les soldats de la grande guerre morts au champ d'honneur nous apparaissent de plus comme de puissants *protecteurs.*

Ce rôle, ils l'ont joué d'une façon éclatante, pendant la guerre, d'abord, en faisant de leurs poitrines et de leurs armes un inexpugnable rempart à la patrie; puis, lorsqu'ils furent tombés, en opposant encore, par leurs cadavres, selon l'expression du capitaine Dubarle, une invincible résistance à nos barbares agresseurs. Mais

---

(1) *Macchab.,* **I,** 3.

la mission de défenseurs, de soutiens de la France, ils n'ont pas cessé de la remplir. Si Abel, en effet, ainsi que l'atteste la sainte Écriture, *parle encore du fond de sa tombe,* — *defunctus adhuc loquitur* (1), le sang que nos enfants ont versé par torrents sur les champs de bataille parle, lui aussi, un langage éloquent et victorieux, et sa vertu, pour nous mettre à couvert du danger, possède une efficacité comparable, voire même supérieure, à celle des armes qu'ils maniaient naguère avec tant de courage et de succès.

Cette force protectrice est constituée par l'inestimable prestige qu'ont valu à notre pays le génie universellement vanté de nos chefs militaires, la surhumaine vaillance de notre armée, les palmes moissonnées par ces braves, avides de donner leur vie pour la noble cause dont ils étaient les champions. Comment, en effet, l'humanité civilisée pourrait-elle ne pas entourer de sympathie et de respect une nation qui obtient de ses fils de telles preuves d'amour, de tels holocaustes ! Aussi à la sublimité de ces attitudes et de ces actes sont unanimes à rendre hommage et nos Alliés et les neutres, revenus au sentiment de la justice, et jusqu'à nos ennemis eux-mêmes, par leur haineuse envie. Et c'est pourquoi jamais la France ne fut placée plus haut dans l'appréciation et, osons le dire bien simplement, dans l'admiration du monde. Nous ne faisons que répéter ici ce que déclarait, il y a quelques semaines, un grand évêque, un grand patriote, bon juge, s'il en fût jamais, en fait de courage et de magnanimité. Nous avons nommé le cardinal Mercier, archevêque de Malines, en qui s'est incarnée l'âme de la Belgique.

Les quatre années de guerre du peuple français, — a-t-il dit, — furent un geste permanent d'héroïsme. Parmi tous les peuples du globe, le plus attachant, le plus grand, par le rayonnement de sa pensée, par la précision et le charme de sa langue, par la bravoure souriante de ses soldats, par son caractère chevaleresque et l'élan de son apostolat, par la fécondité de son héroïsme chrétien, c'est, n'en doutez pas, le peuple français (2).

Cette radieuse beauté, c'est comme un nouveau rempart, mais

---

(1) *Ad Hebr.*, XI, 3.

(2) S. Ém. le Cardinal Mercier, *Discours prononcé, à Paris, le 13 décembre 1919, à l'Académie des Sciences morales et politiques.*

un rempart de lumière, fait à leur patrie par les quinze cent mille soldats morts pour elle. C'est un bouclier de gloire, forgé dans le sang et dans l'amour de ses enfants, qui continuent ainsi, au delà de la tombe, à protéger leur mère, comme ils la protégeaient, de leur vivant, les armes à la main.

Dans son oraison funèbre du prince de Condé, Bossuet, après avoir célébré les exploits de l'illustre homme de guerre, convoquait auprès de son cercueil les compagnons de ses campagnes fameuses et les invitait à pleurer ce capitaine sans égal en faisant de lui cet éloge : « Son ombre eût pu encore gagner des batailles, et voilà que, dans son silence, son nom même nous anime » ! A notre tour, osons penser et proclamer que l'ombre, le nom des chefs et des soldats de la grande guerre pourra de même, au besoin, lui aussi, gagner encore des batailles, et, du fond de leurs tombeaux sans nombre, animer les armées de l'avenir. Le souvenir des prodiges qu'ils ont accompli, éclairera, embrasera, comme une flamme sacrée, l'âme de leurs successeurs, et les rendra dignes de ceux qui les ont précédés dans la carrière. Pourquoi ne pas ajouter que ces vétérans de l'héroïsme, paternellement ambitieux pour les soldats de demain, formeront le souhait qu'exprimait le guerrier antique , « le brave des braves », parmi son peuple, en regardant son jeune fils dans les bras de sa mère éplorée : « Puisse-t-on dire de toi : Celui-ci est encore bien plus valeureux que son père (1) ! » Vœu sublime et touchant, qu'à la prière de nos victimes du front Dieu réalisera, Nous Nous plaisons à l'espérer.

*
* *

Nous partons, vous le voyez, Nos Très Chers Frères, de cette supposition que nos défenseurs sont morts en Chrétiens et se trouvent soit au Paradis, soit dans la voie qui y mène, parce qu'ils ont quitté cette vie en état de grâce, l'âme pure de tout péché mortel. Cette consolante persuasion, que Nous ne pouvons ni ne voulons transformer en certitude absolue pour chacune de ces chères âmes

---

(1) Homère, *Iliade.*

en particulier, il semble tout à fait conforme à l'esprit chrétien que nous la gardions précieusement au fond de notre cœur.

Et ne croyez pas qu'en nous exprimant ainsi Nous soyons le jouet de l'imagination ou de l'exagération. Nous n'affirmons pas, vous venez de l'entendre, comme absolument certain, que nos soldats sont au nombre des saints. Nous ne prétendons pas non plus qu'au sens propre et théologique du mot, on doive leur décerner le titre de martyrs, par cette seule raison qu'ils se sont sacrifiés pour la patrie. En revanche, nous pouvons être assurés qu'en nombre très considérable ils ont eu, selon le langage de la Sainte Écriture, une *mort précieuse aux regards du Seigneur* (1), et que leur fin a été semblable à celle des justes. On en a vu beaucoup, en effet, qui pratiquèrent à un degré éminent les vertus enfantées par l'esprit de foi et par l'amour de Dieu. Les quelques traits que Nous avons relatés plus haut et auxquels pourraient s'en ajouter beaucoup d'autres d'une égale beauté, nous en fournissent la preuve et nous font comme toucher du doigt, dans ces modèles de patriotisme, l'union de l'héroïsme militaire et de la sainteté. A les lire, on suit, ainsi qu'à une traînée de lumière, le vol d'âmes d'élite vers l'infini; on les y voit pénétrer.

Derrière les étoiles, — s'écriait le poète grec, en considérant les profondeurs du ciel, — il y a des dieux !

Pour nous, en contemplant les prodiges de courage, de dévouement, de générosité surnaturelle qui, telles des constellations merveilleuses, ont, durant ces dernières années, illuminé le firmament militaire de la France, nous pouvons dire : « Derrière ces soldats, il y a des élus de Dieu, ou, plutôt, ces légions de héros, ce sont des pléiades de saints. »

*
* *

Mais, à côté et au-dessous de ces âmes revêtues d'une splendeur extraordinaire, il y a place, au Ciel, pour des vertus moins éblouis-

---

(1) *Psalm.*, CXV, 15.

santes, bien que parfaitement dignes de nos religieux hommages. « *J'ai vu,* — raconte saint Jean, dans son Apocalypse, après avoir décrit une première vision qui l'avait plongé dans un ineffable ravissement, — *j'ai vu, devant le trône de Dieu, une foule que personne ne pouvait dénombrer,* venue de tous les points de l'horizon, de toute famille, *de toute tribu* (1). » Que si l'auteur inspiré énumère les diverses tribus du peuple d'Israël et découvre dans chacune d'elles douze milliers, ce qui signifie une multitude infinie d'élus, portant au front le sceau divin, ah ! laissons-nous aller à cette douce confiance que, dans toutes nos armées, dans toutes nos divisions, et jusque dans chacun de nos groupements militaires, tribus victorieuses de la France, l'ange de Dieu a pu marquer du signe de prédestination un grand nombre de nos frères, de nos enfants. Espoir bien fondé d'ailleurs, puisque, le 25 janvier dernier, au service funèbre célébré, à Notre-Dame de Paris, pour les quinze mille morts de l'*Association de la Jeunesse catholique française,* on rappelait à juste titre que « jamais, dans aucun temps, jamais, dans aucune autre armée, on ne vit une foi si vivante, une piété pratiquée avec autant de sincérité » (2).

Une des raisons qui rendent compte de ce fait, c'est la nature généreuse et foncièrement chrétienne du soldat français. C'est, de plus, la présence, en quelque sorte, réelle, universelle, des ministres de Dieu dans tous les régiments, sur tous les champs de bataille, comme dans tous les hôpitaux. Si, en effet, contrairement au droit ecclésiastique et à l'esprit de leur vocation, on a mis les armes à la main des clercs pour les pousser dans les sanglantes mêlées des combats, la Providence a su tirer le bien du mal. Car nos prêtres, à l'émerveillement du monde, et de l'aveu de tous, croyants et incroyants, furent partout au premier rang par la vaillance, et ajoutèrent ainsi, par l'héroïsme de leur apostolat, un rayonnement presque céleste aux plus beaux exemples du courage militaire. Les faits qui le prouvent sont innombrables et auréolent d'une gloire immortelle la physionomie du clergé français. Il suffit, pour s'en

---

(1) *Apoc.,* VII, 15.

(2) Abbé THELLIER DE PONCHEVILLE. *Discours prononcé, le 25 janvier 1920, au service funèbre célébré, à Notre-Dame de Paris, pour les quinze mille morts de l' « Association de la Jeunesse catholique française »,* service auquel assistait le maréchal Foch.

convaincre, de faire le compte des décorations et des citations décernées à nos prêtres-soldats, et spécialement à nos aumôniers! Attirés, fascinés, semble-t-il, par le danger, ils volaient partout où il y avait du bien à faire. C'est, Nous le répétons, grâce à ce ministère sacerdotal, répandu comme une visible bénédiction d'En-Haut dans tous les rangs de notre armée, que des milliers et des milliers de soldats, enfants de la patrie et de l'Église, sont morts dans la paix de leur conscience, *dans le baiser du Seigneur,* ensevelis, par conséquent, dans leur double triomphe, triomphe sur le Hun moderne, ennemi de la France, triomphe sur le péché, ennemi de Dieu et de leurs âmes. Et il arriva souvent que c'était au moment même de la ruée à l'assaut que l'absolution sacramentelle leur frayait le chemin du Paradis. Ils ne quittaient donc, selon toute probabilité, le champ de bataille que pour recevoir la récompense éternelle.

Multitude incalculable, osions-Nous dire, Nos Très Chers Frères, en parlant des braves qui ont toujours été chrétiens ou qui le sont redevenus au cours de la guerre, par un acte positif les marquant du sceau de la prédestination. Moins considérable, espérons-le, mais comprenant toutefois un certain nombre de nos défenseurs, fut le groupe de ceux qui, par leur faute ou par la fatalité des circonstances, ne mirent pas à profit les secours surnaturels des sacrements, placés à leur portée par la Providence dans le ministère du sacerdoce.

Mais, de ceux-là mêmes ne nous persuadons pas qu'il faille désespérer sans retour, et n'allons pas nous figurer qu'ils soient tous privés à jamais du bonheur de voir Dieu au Ciel et de le prier pour la patrie, après être morts pour elle sur la terre. Assurément, la justice divine est sans bornes et ne saurait, sans se renier, abdiquer ses droits; mais sa clémence, nous aimons à le croire, éclate sans doute particulièrement à l'égard de ceux de nos semblables qui meurent au milieu des circonstances les plus cruelles, et dans l'accomplissement du plus noble des devoirs. C'est alors surtout, selon la parole de Bossuet, qu' « en Dieu la bonté marche la première », accompagnée du cortège de ses adorables effusions. Il est vrai, nous ne savons rien, ou, plutôt, nous ne savons pas tout des desseins paternellement miséricordieux de notre Sauveur sur une âme prête à paraître devant son tribunal. Toutefois, — ainsi que l'histoire du bon Larron le prouve avec évidence, — au moment où se décide le sort éternel d'un soldat martyr de son devoir, il peut et il doit souvent se passer des drames mystérieux, où Jésus-Christ, par un ultime effort de sa grâce toute-puissante, conquiert et entraîne le libre amour de sa créature, revenue à son Dieu, source inépuisable de bonté. Ce sera, par suite, au Paradis, un de nos ravissements d'y reconnaître ces héros qui, avant d'exhaler leur dernier soupir et leur âme, auront vu briller en eux, comme une vision sanctifiante, l'image radieuse de leur première Communion, le souvenir de leur mère, le sourire de Notre-Dame de Lourdes, et qui, à cette heure, décisive entre toutes, auront jeté à Jésus crucifié, avec un élan de repentir et de charité parfaite, ce cri de confiance : « *Seigneur, dites à mon âme : Je suis ton salut! — Dic animæ meæ : Salus tua ego sum* (1) ! » Bienheureux convertis de l'heure de la mort, qui, ainsi que le bon Larron, auront entendu sortir de la bouche du Christ cette parole, gage du bonheur sans fin ! : « *Aujourd'hui, tu seras avec moi au Paradis. — Hodie mecum eris in Paradiso* (2) ! »

Attachons-nous, Nos Très Chers Frères, à ces consolantes perspectives, qui ne sont, en aucune manière, la création d'un vain mirage. Elles nous invitent à nous réjouir de ces grâces suprêmes, arrhes de la félicité céleste, pour ceux qui en ont été les bénéficiaires; elles nous permettent de nous en applaudir aussi pour nous, qui voyons grossir jusqu'à l'infini l'armée de nos protecteurs, de nos intercesseurs auprès de Dieu.

Nos intercesseurs, nos protecteurs, ils le deviennent, nos morts magnanimes, dès l'instant de leur admission au Ciel, et même de leur entrée au Purgatoire, où, tout en achevant leur purification, ils peuvent, — nous avons le droit de le penser, — prier très utilement pour nous. N'hésitons donc pas à les appeler au secours de leur pays et de leurs concitoyens en ce monde, puisque, dans l'éternité, leur charité fraternelle n'a fait que devenir plus tendre et leur patriotisme plus efficace.

------

(1) *Psalm.*, **XXXIV**, 3.
(2) *Luc.*, **XXIII**, 43.

Soyons d'ailleurs persuadés que nos saints et nos saintes de France canonisés par l'Église : saint Martin, patron de nos armées, sainte Geneviève, sainte Clotilde, Charlemagne, saint Louis, Jeanne d'Arc, la bienheureuse Marguerite-Marie, messagère du Sacré-Cœur, et les âmes vénérables de chez nous, comme Bernadette Soubirous, dont l'Église étudie et prépare, s'il plaît à Dieu, la béatification, ne refuseront ni d'ouvrir leurs rangs à ces glorieuses recrues du Paradis, qui, des champs de bataille ou des salles d'hôpitaux, ont pris leur essor vers le Ciel; ni de s'unir à leurs supplications patriotiques, encore teintes, en quelque façon, du sang de leur généreux sacrifice. Tous nos saints, en effet, qui furent des Français exemplaires aux jours de leur vie mortelle, restent, n'en doutons pas, bons Français auprès du trône de Dieu, sous les auspices de Notre-Dame de Lourdes. C'est, par suite, avec un même amour que, de concert avec ceux qui furent ici-bas nos intrépides défenseurs, ils supplieront le Cœur sacré de Jésus de répandre ses bénédictions sur notre France bien-aimée.

« *Celui-ci*, — s'écriait le grand prêtre Onias, en contemplant le prophète Jérémie prosterné devant Dieu, — *celui-ci est le grand ami de ses frères et du peuple d'Israël ; c'est lui qui intercède beaucoup pour son peuple et pour la sainte cité* (1). » Ne pouvons-Nous pas, à notre tour, Nos Très Chers Frères, répéter, avec une confiance illimitée, en regardant l'immense légion de nos soldats, devenus nos intercesseurs auprès de Dieu : « *Ceux-ci sont les vrais amis de leurs frères et du peuple de Dieu*, du peuple de France; *ils intercèdent beaucoup* pour la patrie, qui, à nos yeux, est, elle aussi, une *cité sainte* et tendrement chérie »?

Nous avons certes bien besoin de compter sur le secours de nos protecteurs d'En-Haut, car il n'est nullement chimérique de penser que des dangers nous entourent, multiples et redoutables. Il est vrai, et Dieu en soit toujours remercié, l'héroïsme de nos armées, admirablement guidées par des chefs dignes d'elles, et c'est en faire

----

(1) Isaï., XXI, 11.

le plus bel éloge, a « gagné la guerre », remporté la victoire et magnifiquement conquis la paix. Oui, nous avons la paix; elle est signée, scellée, ratifiée. Mais le dernier mot n'est pas dit et tous les problèmes sont loin d'être résolus. Il serait, en effet, insensé et très dommageable même, de croire qu'on supprime le péril en l'ignorant ou en le niant, comme il est puéril de s'imaginer qu'on le crée en le signalant et en cherchant à le conjurer. La vérité est que l'avenir n'est jamais tellement assuré qu'il soit prudent de fermer les yeux sur les risques possibles du lendemain. Pour parler sans détours, il convient de reconnaître, avec les plus hautes autorités civiles et militaires, que la paix, si l'on veut qu'elle ne soit pas compromise, doit être gardée, protégée, défendue.

Il n'est nullement prouvé, — il s'en faut hélas! de beaucoup, — que les guerres soient abolies à jamais, et pour toujours rendues impossibles. Ayons donc le courage de nous en convaincre et, au besoin, de le proclamer, car c'est en regardant les éventualités menaçantes en face qu'on a plus de chances de pouvoir les écarter. Pour y échapper ou pour en triompher, nous comptons, comme de juste, sur la force des bras humains. La France d'ailleurs ne manquera jamais de soldats, et le grand homme de guerre sur qui repose la sécurité de la patrie n'aura pas besoin qu'on lui adresse l'appel du Prophète : « *Custos, quid de nocte* (1)? — *Sentinelle, qui veillez* sur la frontière, *où en est la nuit* avec ses ténèbres pleines de mystères? » Mais nous avons confiance encore et surtout dans le secours du Tout-Puissant, que nous assurera l'intercession de ceux qui se sont immolés pour nous.

Accourez donc auprès du trône de Dieu, ô vous, nos frères, nos enfants, nos amis, qui avez, une première fois, sauvé la patrie par le sacrifice de votre vie! A l'exemple des élus contemplés par saint Jean l'Évangéliste dans son Apocalypse, jetez aux pieds du Très-Haut vos palmes trempées dans votre sang! Obtenez-nous de Dieu, par vos prières, l'honneur et la sécurité dans la continuation de la paix, ou, s'il faut, pour la garder, livrer de nouveaux combats, que la France recueille, une fois de plus, une surabondante moisson de lauriers! Le divin Cœur de Jésus ne nous aura pas sauvés dans la guerre pour nous laisser périr après la victoire.

----

(1) II *Macchab.*, XV, 14.

*
* *

Mais le danger extérieur n'est pas le seul qui puisse menacer notre patrie et contre lequel nous ayons à demander le secours de nos intercesseurs auprès de Dieu. Un autre péril, autant, sinon plus redoutable, est créé par l'esprit de discorde, qui, en dissolvant l'âme nationale, pourrait compromettre et même nous faire perdre complètement les fruits des plus splendides triomphes. Voilà pourquoi les esprits sages et vraiment patriotes ont une si vive appréhension de tout ce qui serait de nature à altérer l'union, principe indispensable au maintien de la force et de la paix. Cette *union*, justement appelée *sacrée*, a été le point de départ du superbe élan qui a emporté la France jusqu'aux cimes les plus élevées de l'héroïsme et l'a maintenue à ces hauteurs en quelque sorte surhumaines. Il s'ensuit que c'est notre devoir à tous, quelque situation que nous occupions au milieu de nos frères, de travailler, dans la mesure de nos moyens, à sauvegarder et à étendre l'empire de ce bienfaisant esprit. Agir à l'encontre de cette sainte discipline des volontés et des cœurs serait un crime, comparable, sous certains rapports, à la trahison, puisque, en réalité, ce serait travailler directement contre nous-mêmes et pour le plus grand avantage de nos mortels ennemis.

Sur le drapeau de l'*union*, vraiment *sacrée*, qui doit abriter tous les enfants de la patrie, gravons donc cette noble devise : « Paix religieuse, paix sociale » !

*
* *

La paix religieuse, le plus indispensable de tous les biens ! Hélas ! elle a été, depuis quelques années, troublée dans notre pays, par les menées haineuses de la Franc-Maçonnerie, secte impie, aussi nuisible aux intérêts proprement nationaux qu'aux intérêts de l'Église catholique. Suscité et fomenté par elle, l'anticléricalisme ou, plutôt, l'athéisme, a bouleversé profondément la société et les familles, désorganisé la vie des âmes, déchristianisé les écoles et mis en péril le bon renom de la France à l'étranger, en même temps que le relèvement moral et même matériel de notre pays.

Veut-on, Nos Très Chers Frères, que soit rétablie chez nous cette paix, dont tout esprit éclairé et honnête appelle le retour de ses vœux les plus ardents? Le moyen en est très simple, et il est tout indiqué, d'un mot, dans la *Lettre des Cardinaux, Archevêques et Évêques de France aux Catholiques français*, en date du 7 mai dernier. Vous l'avez entendue et lue, Nos Très Chers Frères, et vous n'avez pu manquer d'être touchés de ses accents du plus haut patriotisme uni au plus paternel amour de vos âmes. En vérité, il ne se peut rien imaginer ni de plus catholique ni de plus français :

On veut, — vous ont écrit vos Évêques, — établir la paix par le respect des droits de tous; l'Église a aussi les siens, ils doivent être respectés.

Et voici une des conséquences naturelles de ce principe, qui est l'évidence même :

Il faut... que soient à jamais bannies de chez nous les luttes religieuses.

Il faut, par suite, que le Catholique

puisse être fidèle à ses croyances, sans craindre jamais l'ostracisme ou la défaveur.

Autre conséquence, non moins manifeste : que notre pays, cessant de s'excommunier lui-même, reprenne ses relations et rentre en « communion » avec le Pape, le centre vivant de la religion catholique, le grand ami de la France, avec lequel il faut être, si l'on ne veut pas se séparer du Christ Rédempteur.

*
* *

Paix sociale, par la pratique de la charité chrétienne et par le règlement, en accord avec les principes évangéliques, des conflits qui surgissent entre les divers intérêts et qui risquent de passionner et de diviser les hommes. Ces difficultés, en dépit de la gravité qu'elles peuvent avoir, ne doivent jamais être inextricables pour des âmes droites, puisque, le long des siècles, l'Église s'est vue, plus d'une fois, en face de situations non moins compliquées et non moins inquiétantes, et qu'elle a toujours trouvé, pour tous ces problèmes, des solutions honorables, profitables à tous, et pouvant, dès lors, assurer l'avenir.

Mais cette paix ne pourra renaître et prospérer que sous l'influence douce et bénie de l'esprit religieux et chrétien.

Oh! — disait récemment Notre Saint-Père le Pape Benoît XV, en réponse aux vœux exprimés au nom des éminentissimes cardinaux par le cardinal Vannutelli, le 24 décembre dernier, — puisse l'anniversaire de la naissance de Jésus-Christ persuader tous les hommes qu'on aspire en vain à restituer la paix aux individus et à la société, si on ne règle toute sa conduite d'après l'esprit de foi !

C'est donc au relèvement de cet esprit que doivent tendre tous nos efforts. Commençons par le faire régner en nous. *Le royaume de Dieu est,* en effet, — comme nous l'enseigne Notre-Seigneur — *au fond de nous-mêmes* (1). Quand il sera établi en chaque Français, quand les âmes chrétiennes seront saintement unies, sous l'égide de ce sceptre d'amour, le rayonnement de la vraie paix se répandra comme de lui-même dans le monde. Et c'est ce que le divin Maître nous rappelle par ces paroles du prophète Isaïe : « *Puissiez-vous observer fidèlement mes lois, et votre paix sera bienfaisante comme les eaux d'un fleuve, et profonde comme les abîmes de la mer* (2). » A cette condition vivra la désirable « Société des Nations », et l'humanité verra alors, mais alors seulement, se réaliser la prophétie et le souhait proclamés, sur le berceau de l'Enfant Jésus par le chœur des Anges : « *Paix sur terre aux hommes de bonne volonté! — Gloria in excelsis Deo, et in terra pax hominibus bonæ voluntatis!* » Mais gardez-vous d'oublier les conditions mises à leurs promesses par les messagers célestes : « Si vous voulez la *paix sur la terre, glorifiez Dieu au plus haut des Cieux,* par la soumission à ses saintes lois. Montrez-vous de la sorte et sincèrement, *des hommes de bonne volonté ;* la paix véritable est à ce prix, ainsi que d'ailleurs, dans un autre endroit encore, l'Écriture proclame ce même principe avec une saisissante

---

(1) Luc., XVII, 21.

(2) Isaï., XLVIII, 18 : *Utinam attendisses mandata mea ! Facta fuisset sicut flumen pax tua, et justitia tua sicut gurgites maris.*

clarté : « *Quis restitit Deo et pacem habuit* (1)? — *Qui donc a été rebelle à Dieu et a pu conserver la paix?* »

*
* *

Ah ! Nos Très Chers Frères, comme elle est violemment menacée, cette paix, et comme nous la voyons attaquée âprement, tous les jours, sur un champ de bataille qui nous est bien connu, puisque c'est notre propre conscience ! Que d'ennemis acharnés à ébranler en nous le règne de la loi divine !

Ces ennemis, contre lesquels il faut nous tenir en garde et lutter sans relâche, il y a longtemps qu'on vous les a signalés. C'est le monde, avec ses détestables maximes, opposées à l'esprit de l'Évangile et de l'Église; c'est le démon, l'adversaire de tout bien, parlant et agissant par ses organes, les sociétés impies, qui travaillent, au grand jour et plus encore dans l'ombre, à la destruction de la religion; ce sont aussi les Chrétiens infidèles ou traîtres à leur foi, dont les exemples pernicieux attirent les âmes faibles dans les voies du mal; ce sont, enfin, les mauvais livres, les mauvais journaux, les spectacles immoraux, les modes et les danses immodestes, sources maudites d'où s'épanchent les eaux empoisonnées de l'erreur et de la perversion.

Quand nous aurons interdit l'entrée de notre conscience à ces influences corruptrices, nous aurons encore à combattre l'ennemi principal, installé au cœur même de la place : notre essentielle faiblesse, la concupiscence, c'est-à-dire notre penchant au mal, notre inclination à suivre l'attrait du péché qui flatte nos passions.

Contre ces ennemis de nos âmes, contre ces adversaires de la paix, de notre paix, la lutte doit être menée et poursuivie sans interruption, car, fussent-ils vaincus cent fois, vaincus mille fois, ils renouvelleront mille fois leurs attaques. Aussi peut-on appliquer à la victoire spirituelle remportée sur le champ de bataille de la conscience, ce qui, avec de trop justes raisons, a été affirmé de notre triomphe militaire : « Si nous voulons que cette victoire soit vraie et durable, elle a besoin d'être renouvelée et confirmée tous les

------

(1) JOB, IX, 4.

jours. » Pourquoi? Parce que *la vie de l'homme sur terre*, sa vie morale surtout, *est un combat* (1), qui ne connaît ni trêve ni relâche. Vous vous croyez vainqueurs? « *Veillez et priez* » (2), pour n'être pas surpris et abattus par l'ennemi qui vous guette! « *Vous vous tenez debout,* — nous crie l'Apôtre, — *prenez garde de tomber* (3)! Celui qui persévérera jusqu'à la fin, c'est celui-là seul qui sera sauvé et couronné (4). »

Faisons donc appel à toute notre énergie, à toute notre bonne volonté, et, comme elle est débile, en dépit même de sa sincérité, ayons recours, sans nous lasser jamais, à la grâce de Dieu, par l'intermédiaire de la Très Sainte Vierge et de tous les saints, des saints de la patrie. Invoquons, en particulier, puisque le souvenir nous en est si présent, nos héros qui sont au Ciel.

Leur nom est vaillance et victoire. Qu'ils nous enseignent et nous obtiennent le moyen de triompher des ennemis de notre âme! Que leurs prières, ajoutées à toutes celles que nous présenterons à Dieu avec persévérance, nous rendent victorieux de nous-mêmes et du péché! *Et que la paix de Dieu,* — selon l'apostolique souhait formulé par saint Paul — *que la paix de Dieu, dont la douceur dépasse tout sentiment, garde nos cœurs et nos intelligences dans l'amour de Jésus-Christ, Notre-Seigneur* (5)!

Qu'à cet effet chacun de nous, Nos Très Chers Frères, au fond de son cœur, au sein de sa famille, dans le cercle de ses relations, partout où il peut exercer utilement son influence, travaille, avec la bénédiction divine et avec l'intercession de nos alliés d'En-Haut, à fonder et à consolider le règne de cette paix infiniment désirable, le règne de Dieu sur la terre! Et puisse ce zèle nous autoriser à répéter, avec l'écrivain sacré passionnément dévoué à la gloire du Très-Haut et au salut de son pays : « *Nous avons prié le Seigneur, et, par nos supplications, nous avons placé des gardiens sur nos murs; ils nous protégeront jour et nuit contre tous ceux qui menacent la paix* (6) et qui méditent notre perte. »

-----

(1) JOB., VII, 1.
(2) MATTH., XXVI, 41; MARC., XIV, 38.
(3) ID., X, 22; XIV, 13.
(4) II *Ad Tim.*, II, 5.
(5) *Ad Philipp.*, IV, 7.
(6) II ESDR., IV, 9 : *Oravimus Deum nostrum et posuimus custodes super murum die ac nocte contra eos.*

N'en doutons pas, au surplus, si nous restons fidèles à l'observation de sa loi, Dieu lui-même étendra sur nous sa main pour protéger notre Patrie, nos familles, chacun de nous, et nous l'entendrons, en quelque sorte, répondre aux appels de notre confiante prière par cette assurance pleine d'une douceur indicible, qu'il donnait jadis à Sion : « *Sur tes murs, ô Jérusalem,* — image de la patrie, de l'Église et des âmes, — *j'ai établi des gardiens, qui ne se tairont ni le jour ni la nuit* (1). » Remarquez-le bien, Nos Très Chers Frères, ce sont des gardiens qui ne cesseront de prier pour nous. Mais ce même Dieu tout-puissant et ineffablement bon, qui nous promet son secours et qui nous envoie de célestes défenseurs, nous exhorte aussi, par la bouche du Prophète Isaïe, à nous inspirer de leur exemple : « *Vous qui vous souvenez du Seigneur,* — nous recommande-t-il, — *n'interrompez pas la prière! Qu'elle ne se taise jamais sur vos lèvres, afin qu'il consolide et accroisse sur la terre l'honneur de Jérusalem* (2), l'honneur de la France! »

Ayons donc tous à cœur d'être assidus à prier le Christ qui aime les Francs, assidus à prier sa Mère, la Vierge Immaculée, assidus, enfin, à prier les saints patrons de notre pays et ceux des élus qui furent naguère ses soldats en ce monde et qui sont maintenant ses protecteurs au Ciel! Et qu'ainsi notre bien-aimée patrie garde à tout jamais l'auréole éblouissante que lui ont mise au front nos héros. Qu'elle conserve toujours, aux yeux du monde entier, par sa fidélité aux traditions religieuses de son passé, son plus beau titre de gloire, celui de Nation très chrétienne et de Fille aînée de l'Église!

Arrivés au terme de la méditation que nous avons faite ensemble, Nos Très Chers Frères, résumons les vérités qui ont servi d'entretien à nos pensées.

Les soldats morts pour nous, vrais martyrs de la patrie, sont *nos créanciers, et nous devons nous acquitter de la dette que nous avons contractée envers eux,* la plus sacrée des dettes, en nous souvenant

---

(1) Isaï., LXII, 6 : *Super muros tuos, Jerusalem, constitui custodes, tota die et nocte in perpetuum non tacebunt.*

(2) Id., ibid., 6-7 : *Qui reminiscimini Domini, ne taceatis, et ne detis silentium ei, donec stabiliat et donec ponat Jerusalem laudem in terra.*

d'eux, en les honorant, en priant pour eux, en venant en aide à leurs veuves et à leurs orphelins.

Ils sont *nos modèles, et nous leur devons*, comme nous devons à nous-mêmes, à la France et à notre foi, *de les imiter*, de marcher sur leurs traces, en nous attachant au respect de la discipline morale, à la pratique de l'esprit de sacrifice, dans l'accomplissement parfait, et, s'il le faut, héroïque, de nos devoirs de Chrétiens et de Français.

Ils sont *nos protecteurs, nos avocats, auprès de Dieu, et nous devons les invoquer*, afin que, par leur intercession, par l'intercession de tous les saints et spécialement par celle de Notre-Dame de Lourdes, les bénédictions du Cœur adorable de Jésus se répandent abondamment sur nous, sur nos familles, sur notre patrie.

Fasse le Ciel que ces considérations disposent vos chères âmes à passer saintement le temps du Carême et les préparent à recevoir, avec tous les fruits que Dieu voulut y attacher, le sacrement de Pénitence et la Sainte Communion : la Pénitence, où, par la miséricorde divine, sont justifiés ceux qui s'accusent; la Sainte Communion, *festin sacré, où Jésus-Christ lui-même devient notre céleste aliment, où l'âme s'enrichit de toutes les grâces et reçoit le gage de la gloire que nous réserve l'éternité* (1) !

Donné, à Notre-Dame de Lourdes, en Notre Chalet épiscopal, sous Notre seing, le sceau de Nos armes et le contre-seing du Vicaire général, secrétaire général de l'Évêché, le lundi 2 février 1920, en la fête de la Purification de la Bienheureuse et Immaculée Vierge Marie.

† FR.-XAVIER,
Évêque de Tarbes et de Lourdes.

Par mandement de Monseigneur :

R. QUIDARRÉ,
Vicaire général, Secrétaire général.

---

(1) *In Festo Ssmi Corporis Christi, in secundis Vesperis, Antiph., ad Magnificat.*

APPENDICE

I

AU DÉBUT DE LA GUERRE, LE 19 AOUT 1914, TROIS ESCADRONS DU Ier HUSSARDS FONT BÉNIR LEURS ÉPÉES, A LOURDES, PAR Mgr SCHŒPFER, ÉVÊQUE DE TARBES ET DE LOURDES (1).

Voici ce que nous lisons dans le *Journal de la Grotte* du dimanche 23 août 1914, au sujet du premier pèlerinage militaire qu'accomplirent à Lourdes trois escadrons du 1er Hussards :

Ainsi que leurs vaillants frères d'armes de Poitiers, de Niort, de Nîmes, de Cahors, dont les uns ont fait bénir leurs canons, les autres leurs drapeaux ou leurs épées, trois escadrons du 1er Hussards, cantonnés à Soues, près de Tarbes, ont voulu, eux aussi, s'assurer le secours d'En-Haut.

Profitant de leur voisinage de la Cité des Apparitions, ils se sont rendus à Lourdes mercredi dernier 19 août.

Une messe a été célébrée à leur intention, dans l'église du Rosaire, brillamment illuminée.

Mgr Schœpfer, évêque de Tarbes et de Lourdes, a adressé à ces vaillants défenseurs de la France une patriotique allocution, dont les derniers accents ont été une prière émouvante à la Vierge Immaculée, que Sa Grandeur a suppliée de se montrer pour nous Notre-Dame des Victoires.

A la Grotte, Mgr Schœpfer a ensuite distribué des médailles scapulaires à chacun des Hussards.

L'après-midi, à 2^h 30, sur l'Esplanade du Rosaire, en présence de

---

(1) Il est fait allusion à cette cérémonie religieuse et militaire au cours de la troisième partie de la *Lettre Pastorale sur nos devoirs envers la Patrie et ses défenseurs*, page 42.

milliers de Lourdais, a eu lieu la bénédiction des sabres par Mgr l'évêque
de Tarbes et de Lourdes. Comme le vénéré prélat, bien des assistants
ne pouvaient contenir leur émotion et des larmes perlaient à bien des
yeux.

Pendant leur défilé à travers les rues de la ville, la population lourdaise a chaleureusement acclamé les Hussards, qu'elle a littéralement
couverts de fleurs.

Daigne Notre-Dame de Lourdes, au lieu de fleurs, donner bientôt
à ces valeureux soldats les palmes et les lauriers de la victoire, en leur
accordant, — comme au *Fleurus* qui, l'an dernier, vint, lui aussi, auprès
de la Grotte miraculeuse, — de se signaler par les plus beaux exploits :
Ego diligentes me diligo!

J. E.

II

LE 15 SEPTEMBRE 1914, DEUX ESCADRONS DU 11e HUSSARDS FONT,
A LEUR TOUR, BÉNIR LEURS ÉPÉES A LOURDES, PAR Mgr SCHŒPFER,
ÉVÊQUE DE TARBES ET DE LOURDES (1).

Le dimanche 20 septembre 1914, le *Journal de la Grotte* publiait le récit suivant
du second pèlerinage militaire français à Notre-Dame de Lourdes :

La religion, qui trouve sa place si naturelle dans tous les événements
et toutes les situations de la vie des peuples — écrivait naguère un de
nos excellents confrères, — s'allie plus harmonieusement encore avec
les manifestations patriotiques et les exploits militaires. Tout le monde
le sent à cette heure.

Et c'est ce qui explique ces touchantes cérémonies où nous avons vu
en maint endroit — parfois même aux côtés des préfets, — nos évêques
bénir les canons, les épées ou les drapeaux de nos régiments qui partaient
pour la frontière.

La Cité des Apparitions, à son tour, vient d'être, une fois de plus,
le théâtre d'une de ces patriotiques et grandioses manifestations. De
même que le 19 août dernier, M. le commandant Gouttel conduisait à
Lourdes trois escadrons du 1er Hussards, désireux de faire bénir leurs
épées par l'évêque gardien des sanctuaires de Massabieille, de même,

---

(1) De même que de la précédente, il est parlé plus haut de cette bénédiction d'épées
au cours de la *Lettre Pastorale sur nos devoirs envers la Patrie et ses défenseurs*, page 42.

mardi dernier, 15 septembre, M. le commandant de La Croix-Laval est venu à Lourdes retremper la vaillance de deux escadrons du 11e Hussards dont il est le chef, et demander à Mgr Schœpfer d'appeler sur leurs épées les bénédictions du Ciel.

Arrivés à Lourdes vers 9 heures, les 300 Hussards commandés par M. le vicomte de La Croix-Laval, après avoir eu une heure et demie pour satisfaire leur dévotion particulière ou leur curiosité, faisaient à cheval leur entrée solennelle sur l'Esplanade au son de leurs trompettes, auxquelles se joignaient harmonieusement les plus joyeuses volées des cloches de la Basilique.

De 2.000 à 3.000 personnes étaient massées sur les rampes ou sur le parvis du Rosaire, au centre duquel Mgr Schœpfer, mitre en tête et crosse en main, avait pris place sur une estrade tendue de draperies cramoisies frangées d'or. Au pied de l'estrade se tenaient M. le chanoine Ozon, supérieur des chapelains de la Grotte, M. le chanoine Delpy, représentant des sanctuaires de Lourdes à Rome, M. le chanoine Duthu, économe de l'Œuvre de la Grotte, la plupart de MM. les chapelains, le secrétaire particulier de Sa Grandeur, quelques Pères Assomptionnistes et de nombreux prêtres étrangers.

Face à Mgr de Tarbes et de Lourdes, entre l'entrée des deux rampes, à quelques pas de la Vierge couronnée, quatre pelotons se rangent en colonne; en avant d'eux, au centre, le groupe des médecins, celui des cyclistes et celui des trompettes, tandis que, perpendiculairement au parvis, deux pelotons à droite et deux pelotons à gauche, à peu près sur les lignes où l'on aligne les malades pendant les processions eucharistiques, sont formés en bataille.

Mais voici que, dans l'axe de la place, à une vingtaine de pas de Mgr Schœpfer, M. le commandant de La Croix-Laval s'avance à cheval et, après avoir salué le prélat, se tourne vers la Vierge couronnée, vis-à-vis de ses hommes, et, au milieu du plus religieux silence et de ce cadre merveilleux qu'irradiait un soleil éclatant, d'une voix forte et vibrante, prononce cette patriotique allocution, qu'interrompent bien des fois de chaleureux applaudissements, tandis que des larmes montent aux yeux de tous :

Hussards du Groupe IX-X du 11e Régiment!

Avant de quitter ces superbes Pyrénées, ce beau pays, où nous sommes venus achever notre préparation à la guerre, nous avons voulu, vous et moi, voir ou revoir cette terre bénie des Miracles, la Cité des Apparitions.

D'ici plus et mieux qu'ailleurs, nos souvenirs ont volé vers ceux et celles qui nous sont les plus chers : mères, femmes, sœurs, fiancées, enfants... Ils ont plané, nos souvenirs, sur les têtes en qui se concentrent nos tendresses. Et nous avons senti venir au-devant de nous, s'empresser autour de nous leurs pensées bien-aimées, tendres et fidèles, réalisant ainsi le miracle charmant dont parle le poète :

> .....Nos souvenirs et leurs pensées
> Se croisent dans l'espace, oiseaux divins du cœur.

Et maintenant, vous vous sentez une douce confiance au cœur !

Hussards, c'est de ce sentiment que je viens vous parler. C'est un sentiment de confiance, large et haute, que je veux vous laisser en souvenir de cette journée.

Hier, nous avons eu une grande joie, que nous a apportée la victoire de nos frères d'armes, qui viennent d'arrêter l'envahisseur, qui l'ont fait reculer et qui n'ont plus assez de cavalerie pour le poursuivre. Ils ont eu confiance dans leurs chefs; ils ont justifié la confiance qu'avaient mise en eux leurs chefs.

Bientôt, nous viendra une nouvelle et grande joie. Nous irons, nous aussi, nous mesurer avec l'envahisseur et nous montrer les dignes émules de nos frères d'armes. Nous partirons avec confiance, car tout ce que d'autres ont fait de bien, vous saurez le renouveler. J'ai confiance en vous ! Ayez confiance en votre chef !

Je connais votre ardeur, votre volonté de bien faire, votre désir de vous distinguer. Et c'est pourquoi je n'ai pas craint, il n'y a qu'un instant, d'évoquer le souvenir de tous vos chers absents. Les âmes ardentes et bien trempées comme les vôtres ne se laissent amollir ni par la tendresse ni par les regrets. Et si des larmes viennent à vous gonfler le cœur et même à passer sur votre visage, vous vous ressaisirez l'instant d'après, vous vous retrouverez plus forts. C'est ainsi que le forgeron rend plus résistante une épée, en trempant dans l'eau fraîche sa bonne lame incandescente.

Oui, votre chef compte sur vous, Hussards !

Entre votre chef et vous, la confiance est le foyer où se forgera le faisceau de notre commune force. Ayez donc les yeux sur votre chef et donnez-vous à lui !

Hussards, donnez-moi vos yeux, afin que nos regards se croisent et s'enflamment, et qu'un éclair en jaillisse, comme éclate une étincelle au cliquetis des épées.

Hussards, mes Hussards, donnez-moi vos bras, afin que, sur les champs de bataille, nous puissions faucher ensemble la gerbe ensanglantée des moissons triomphantes.

Hussards, mes Hussards! donnez-moi le sang de vos veines, afin qu'en empourprant le sol, il y fasse germer des lauriers pour les survivants et des palmes pour les morts.

Donnez-vous tout entiers, Hussards! Donnez-moi vos cœurs, afin qu'unis au mien, je les offre en holocauste au Dieu des Armées, pour le salut de la Patrie!

Voyez, Seigneur, voyez s'incliner devant vous ceux qui vont combattre et qui sauront mourir pour la Patrie! Soyez propice aux fils de votre Fille aînée, car ils ont mis en Vous toutes leurs espérances!

Et maintenant, Ministre du Christ toujours vivant, faites descendre sur nous la bénédiction du Tout-Puissant! Qu'elle soit sur nos fronts et sur toutes les têtes qui nous sont chères!... Qu'elle soit aussi et surtout sur nos épées, qu'elle y demeure et les rende victorieuses!...

Sabre en main!

**

Et le cliquetis de trois cents sabres sortant de leurs fourreaux et étincelant soudain sous les rayons du soleil, fait courir un frémissement à travers l'assistance, cependant que, d'une voix sonore et où perce manifestement la joie, — comme dans le *Deo Gratias* qu'au cours des Ordinations il adresse à l'Archidiacre qui se porte garant de la dignité des aspirants au Sacerdoce, — Mgr Schœpfer entonne le *Sit nomen Domini benedictum!*

Oui, *béni soit Dieu* d'avoir ménagé et donné à la Fille aînée de son Église des soldats ayant au cœur

la foi des anciens jours,

des soldats donc qui auront tous les titres au secours d'En-Haut, que le Prélat appelle sur eux : *Adjutorium nostrum in nomine Domini !*

Et il poursuit solennellement : *Benedicat vos omnipotens Deus, Pater et Filius et Spiritus Sanctus !*

Moment d'une indicible grandeur, qui nous donna à tous un réconfort des plus doux.

Puis, acclamés par la foule, les Hussards reprirent le chemin de leur cantonnement à Salles-Adour, et ce fut, à travers les rues de Lourdes, un cortège vraiment triomphal, présage de celui qui, après la guerre, leur sera fait pour fêter les glorieuses victoires que vaudront sans nul doute à leurs armes les bénédictions de Dieu, de la Vierge Immaculée et de l'évêque de Notre-Dame de Lourdes : *Benedixit te Dominus in virtute sua... Per te ad nihilum redegit inimicos nostros !*

J. E.

———

III

UN SOLDAT FRANÇAIS, ATTEINT DE GANGRÈNE GAZEUSE ET CONDAMNÉ PAR LES MÉDECINS, GUÉRI A LOURDES GRACE A L'EAU DE LA GROTTE MIRACULEUSE AU DÉBUT DE LA GUERRE DE 1914-1918. — UNE NOTE DE M. LE Dr PAULOUCH SUR CETTE GUÉRISON (1).

Voici en quels termes le *Journal de la Grotte* a parlé de cette guérison dans son numéro du 10 août 1919 :

Au pied de la Croix du Calvaire, il y a dix-neuf siècles, les princes des prêtres et les anciens du peuple juif, ignominieusement unis aux scribes et à la plus vile populace, blasphémaient le Christ, que leur haine monstrueuse avait fait attacher à cet infâme gibet, et ils s'écriaient : « *Il espère en Dieu ! Que son Dieu le délivre donc, maintenant, s'il le veut !* »

De même les Boches, — dont un soi-disant ministre du pur Évangile, un pasteur protestant, a écrit dans leurs journaux qu'ils avaient reçu de Dieu mission de « crucifier l'humanité et la France en particulier », — oui, tout de même, les Boches luthériens et modernistes, parodiant les Juifs déicides, avaient, au début de la guerre, raillé la confiance de notre patrie en sa Reine céleste et toute-puissante, la Vierge Immaculée, et leur impiété, par l'organe de la *National Zeitung*, avait mis Notre-Dame de Lourdes au défi de guérir les blessures qu'ils infligeraient à nos soldats.

Or, la blanche Madone de nos Pyrénées a magnifiquement relevé ce défi, puisque c'est, non seulement par un de ses enfants, son lieutenant, pour ainsi dire, — l'illustre maréchal Foch, la gloire éternelle du diocèse de Tarbes et de Lourdes, — mais encore en l'année des *noces de diamant*

———

(1) Il est fait allusion à cette guérison dans la 3e partie de la *Lettre pastorale sur nos devoirs envers la Patrie et envers ses défenseurs*, pages 41 et 212.

de ses apparitions, et à des dates singulièrement suggestives, — mises
en un saisissant relief par Mgr Schœpfer dans sa Lettre pastorale sur le
Te Deum de la Victoire, — qu'Elle a définitivement réduit à néant les
sataniques ambitions de nos ennemis et conduit les armées alliées au plus
éclatant des triomphes.

Toutefois, comme pour nous donner à l'avance un gage certain de ce
succès final et décisif, Notre-Dame de Lourdes n'a pas dédaigné de guérir
entre autres, — pour l'éternelle confusion de ses insulteurs germaniques,
— l'un de ces soldats français « dont les os avaient été brisés par eux ».
Notons, en outre, que cette guérison prodigieuse s'est opérée à la suite
de lotions faites avec l'eau de la Grotte de Massabieille. Or certains
Allemands, pour laisser entendre que la Vierge Immaculée nous avait
abandonnés, en disaient la source tarie depuis le début de la guerre.

Le récit de cette guérison a été écrit par la religieuse de Nevers qui,
à l'*Asile Notre-Dame de Lourdes* (Hôpital complémentaire n° 32), a soigné
l'heureux bénéficiaire de la miséricordieuse intervention de la céleste
Dame de Bernadette. A la suite des *Annales de Notre-Dame de Lourdes*
(livraison de juin-juillet 1919), nous nous faisons, à notre tour, un devoir
de le reproduire, en même temps qu'une note de M. le Dr Paulouch, l'un
des majors de l'Hôpital 32 où ce soldat était en traitement :

C'était — écrit Sœur Mathilde — dans les premiers mois de la
guerre. Parmi les grands blessés arrivés à l'hôpital de l'*Asile de
Notre-Dame de Lourdes*, pour y être hospitalisés, se trouvait un
soldat nommé Colin, originaire des Ardennes, dont l'âme était
aussi malade que le corps.

Or le corps l'était beaucoup. Car, à la suite d'une fracture de
la partie supérieure de l'humérus, il avait eu plusieurs hémorragies
secondaires, qui l'avaient gravement affaibli.

Sur ces entrefaites, se déclara la *gangrène gazeuse*. Le médecin
essaya sans succès l'incision au thermo-cautère. Le malade était
perdu. La Sœur lui demanda s'il ne voulait pas recevoir les derniers Sacrements. « Non ! » répondit-il d'un ton qui n'admettait
pas de réplique. Sans se décourager, ses infirmières se mettent en
prière, et demandent à Notre-Dame de Lourdes de vouloir bien
guérir, à défaut de son corps, l'âme de ce malheureux. On l'inter-
roge de nouveau le lendemain, et voilà que Colin, ô surprise !
accepte les secours de la religion et fait même déchirer un écrit
de sa main, par lequel il demandait à être enterré civilement.

Cependant son état empirait de jour en jour. Il était *abandonné
du médecin*. Une nouvelle hémorragie s'était produite. Le sang,

après avoir inondé son lit, avait traversé le matelas et coulait jusqu'à terre, tout décomposé. On n'osait refaire son pansement ni le changer, de peur de hâter sa mort. Afin d'éviter la contagion aux autres malades, et pour désinfecter la salle, où cette odeur de gangrène rendait l'air irrespirable, on le transporte à la morgue. Une bière était là, toute prête à recevoir le cadavre, aussitôt le dernier soupir rendu; et l'on attendait d'un instant à l'autre le fatal dénouement, pour le transfert immédiat au cimetière.

Cependant, la Sœur, pleine de confiance, lui fait commencer une *neuvaine à Notre-Dame de Lourdes*, et l'on prie les pauvres Clarisses de vouloir bien s'y unir. Le pansement est défait, sans hémorragie : il était rempli de vers et exhalait une odeur si infecte que l'infirmier qui aidait la Sœur dut mettre dans son nez des tampons d'ouate. On imbibe les *compresses d'eau de la Grotte, qu'on donne également en boisson* au malade.

Le lendemain, la Sœur, à sa profonde surprise, constate une amélioration dans l'état de la plaie, ainsi que dans l'état général du malade. Elle en parle au major, qui répond, d'un air incrédule : « Bah ! » Le surlendemain, le mieux est plus sensible. De nouveau, elle en avertit le médecin, qui, cette fois, répond : « Je vais le voir. » Il examine et, plus tard, à son retour, constate l'amélioration. Tout danger avait disparu. En même temps que la neuvaine se poursuit, le mieux s'accentue, la fracture se consolide et, quelques jours plus tard, le malade est transporté à l'hôpital de l'Assomption, pour l'extraction de l'éclat d'obus qui avait failli occasionner sa mort.

Une fois guéri, il fut réformé, car il lui restait, dans le bras, de la faiblesse et un peu d'impotence fonctionnelle.

Il alla se placer, à Paris, dans une maison de commerce, où on l'accepta presque par charité. Mais, petit à petit, l'état de son bras s'améliora, si bien qu'il put bientôt assurer très bien son service.

Plus tard, la famille de son patron étant venue en pèlerinage à Lourdes, a porté à la Sœur qui l'avait soigné un mot de lui, écrit de sa main malade, et dans lequel il lui exprimait sa vive reconnaissance et sa foi à Notre-Dame de Lourdes.

*
* *

A ce récit de la guérison du soldat Colin, fait par la religieuse qui l'a soigné, nous sommes heureux de pouvoir ajouter le certificat suivant du Dr Paulouch, qui le confirme entièrement :

Ma Sœur,

Vous me demandez de certifier authentique ce que vous avez écrit sur Colin et sa guérison extraordinaire. Je ne puis, en effet, que certifier exact le récit fidèle des faits que vous racontez et que tous ceux qui en ont été témoins doivent encore avoir présents à la mémoire.

Colin, *en proie à la gangrène gazeuse*, exhalant une odeur nauséabonde, insupportable, objet de répulsion pour tous ses camarades de salle et un danger pour eux, est déposé à la petite salle des morts (faute d'isolement meilleur), et on attend sa fin, qui doit être prochaine.

Et là, avec votre dévouement et celui d'un infirmier dont je me souviendrai également toujours — *sans autre soin médical que des compresses d'eau de la Grotte sur ses chairs en putréfaction,* — nous avons assisté au détergement d'une plaie hideuse, à la reviviscence de tissus qu'on croyait morts à jamais, et Colin, abattu, intoxiqué, sous le coup d'une infection généralisée qui ne pardonne pas (*à ce moment, nous n'avions ni sérum ni médicaments contre cette terrible gangrène gazeuse*), Colin se reprend à vivre et *guérit rapidement en quelques jours.*

Beaucoup ont pu le voir comme moi; *nous eûmes tous la surprise d'une guérison extraordinaire, je ne suis pas éloigné de dire qu'elle fut surnaturelle.*

Veuillez agréer, Sœur Mathilde, avec mes respectueux hommages, l'assurance de mon meilleur souvenir.

Dr F. PAULOUCH.

** **

Cette guérison, nous l'avons dit, nous parut un gage certain de notre victoire finale, car nous nous rappelions les paroles suivantes, prononcées à Lourdes, au mois de septembre 1899, par S. G. Mgr Smith, évêque de Dunkeld, à l'occasion des adieux du premier pèlerinage national écossais : « Tant que la Vierge de Lourdes fera sentir sa présence en ces lieux, elle sera le salut de la France. Autrefois, c'était la présence de l'Arche qui assurait le salut du peuple de Dieu. Marie est l'Arche de la Nouvelle Alliance : tant qu'elle sera au milieu de la France, nous aurons le droit de penser que Dieu est toujours *avec et pour la France.* »

La Vierge Immaculée, Notre-Dame de Lourdes, nous l'a prouvé une fois de plus : *Salus tua ego sum!*

J. E.

IV

LETTRE DES CARDINAUX, ARCHEVÊQUES ET ÉVÊQUES DE FRANCE ANNONÇANT AUX FIDÈLES LE VŒU D'UN PÈLERINAGE NATIONAL A LOURDES APRÈS LA CONCLUSION DE LA PAIX.

15 septembre 1916.

NOS TRÈS CHERS FRÈRES,

Nous sommes entrés dans la troisième année de guerre. Grâce au sang-froid, à l'énergie, à l'habileté de nos chefs, grâce au courage et à l'endurance de nos soldats, grâce à la générosité avec laquelle la nation a su s'imposer tous les sacrifices exigés par les circonstances, grâce au puissant concours de nos alliés, la certitude de la victoire finale s'affirme de plus en plus en notre faveur.

Toute notre gratitude, toute notre admiration vont, avec toutes nos sympathies et tous nos vœux, à nos armées, qui ont si noblement soutenu l'honneur de la France, en la sauvant de la plus formidable invasion qu'elle ait jamais subie.

Cependant, la lutte dure encore : le sang de France coule tous les jours sur quelque point du territoire; le nombre des mutilés, des prisonniers, des veuves, des orphelins, des familles en deuil, va sans cesse croissant; de nombreuses populations, émigrées de leurs foyers, sont dispersées à travers le pays, d'autres gémissent sous le joug de l'occupation; naguère encore, nous apprenions, avec autant d'indignation que de douleur, que nos ennemis, foulant aux pieds, une fois de plus, les lois de la morale et de la civilisation, avaient brutalement arraché à leurs familles des milliers de femmes et de jeunes filles, pour les déporter au loin, et les soumettre, comme autrefois les esclaves, à une sorte de travaux forcés; ajoutez que le commerce, l'industrie, l'agriculture, manquant de bras, la vie nationale est profondément troublée.

Vivement préoccupés des intérêts de la Patrie, Nos Très Chers Frères, compatissant à vos souffrances et à vos angoisses, émus des sacrifices qu'impose la prolongation de la lutte à nos chers soldats, surtout à tant de pères de famille, si longtemps retenus loin de leurs foyers, désireux de hâter l'heure de la victoire définitive, qui mettra un terme à l'effusion du sang et nous assurera une paix glorieuse et durable, vos Évêques ont eu la pensée de faire violence au Ciel, par un acte solennel, en rapport avec l'importance du bienfait désiré.

Dieu n'aime pas la guerre, Nos Très Chers Frères, il est *le Dieu de la paix*, et son Église range la guerre, avec la peste et la famine, au nombre des trois fléaux dont elle prie le Seigneur de préserver son peuple.

Dieu n'est pas l'auteur de la guerre, ce n'est point lui qui l'a déchaînée : ce sont les hommes, et l'Histoire dira le nom de ceux qui l'ont voulue et l'ont déclarée.

Mais Dieu, qui n'aime pas la guerre, la permet cependant, comme une conséquence de la liberté qu'il a donnée aux hommes, et, quand ils l'ont déchaînée par leur libre volonté, il la fait servir à ses desseins de justice ou de miséricorde. S'il prend le nom de *Dieu des Armées*, ce n'est pas qu'il se plaise à l'œuvre de mort qu'elles accomplissent, mais il veut leur rappeler, d'une part, que c'est de lui qu'elles tiennent le droit de verser le sang, et qu'elles ne doivent en user que pour de justes causes; de l'autre, que c'est lui qui a le pouvoir d'infliger la défaite ou d'accorder la victoire, selon les vues, toujours justes, de sa sagesse.

Arbitre souverain des peuples et des événements, il est la force contre laquelle nulle autre force ne saurait prévaloir; il est l'Allié dont l'appui l'emporte sur toutes les autres alliances. Il se réserve, dans toutes les choses humaines, quelque endroit caché par où il intervient à son heure, un ressort secret qu'il meut quand il lui plaît, et par lequel il donne le branle à tout, et change, parfois en un instant, la fortune des armées et la face des États. Bien insensé serait le peuple qui prétendrait se passer de lui !

Aussi, dès que le fléau de la guerre actuelle fut déchaîné, avons-nous vu tous les peuples intéressés dans le conflit se précipiter au pied des autels, pour implorer l'assistance de Celui de qui relèvent tous les empires et qui tient dans sa main les destinées des nations.

Quand un peuple, en effet, se trouve sous le coup de quelque grande épreuve, aux heures critiques surtout où son indépendance nationale et l'intégrité de son territoire dépendent du sort des armes, il éprouve le besoin de se tourner vers Dieu, qui, seul, peut le préserver du mal qu'il redoute ou lui assurer le bien qu'il désire.

Souvent, dans les circonstances plus graves, pour toucher plus sûrement le cœur du Tout-Puissant, il accompagne sa prière d'un vœu, par lequel il s'engage envers lui à une chose qu'il sait lui être agréable. Et ces vœux, Dieu les accepte, parce qu'ils sont un acte de foi en Lui et en sa Providence, un acte de confiance en sa justice et en sa bonté, un acte d'humilité, par lequel l'homme reconnaît le besoin qu'il a de lui, un pacte d'alliance, par lequel nous l'appelons à notre aide.

L'Histoire abonde en exemples de ce fait, parmi les païens comme parmi le peuple de Dieu, sous le nouveau Testament comme dans l'ancien. A l'origine de notre Histoire, c'est par la promesse d'embrasser la Foi du Dieu de Clotilde que Clovis obtint la victoire sur les ancêtres des mêmes ennemis avec lesquels nous sommes en guerre aujourd'hui. En 1871, la France, adoptant le vœu de pieux Chrétiens, promit d'ériger dans la capitale un sanctuaire au Sacré-Cœur de Jésus, et la Basilique de Montmartre est l'exécution du vœu national, que le Parlement a ratifié par le vote d'une loi autorisant la construction de cet édifice, reconnu d'utilité publique.

Pressés par de nombreuses demandes, qui, bien que variées dans leur forme ou leur objet spécial, ont toutes le même but : provoquer une manifestation de foi nationale, pour obtenir le secours du Ciel en faveur de nos armes, et hâter la victoire définitive et le retour de la paix, Nous avons pris la résolution de faire la promesse solennelle d'un pèlerinage national au Sanctuaire de Lourdes.

La dévotion de la France à la Très Sainte Vierge est aussi ancienne que notre Histoire. Notre sol est couvert de sanctuaires, érigés en son honneur par la piété de nos pères. Répondant à leur confiance, Marie s'est montrée de tout temps la protectrice de notre pays. Elle en est devenue la patronne, par l'acte solennel d'un de ses souverains, dont le peuple a ratifié le vœu, en l'accomplissant fidèlement, chaque année, depuis près de trois cents ans.

La France n'a point rétracté sa consécration, Marie ne nous a point retiré son patronage.

Avec quelle maternelle sollicitude n'a-t-elle pas rempli son rôle protecteur? Pour ne parler que de notre temps et de faits qui, sans s'imposer à la foi des fidèles, se recommandent cependant à leur confiance — ayant été dûment constatés par l'autorité légitime — est-il au monde une nation qui ait été favorisée, dans le même siècle, d'autant de visites de la Sainte Vierge que la France au siècle dernier? En 1830, c'est l'apparition de Marie à une humble Fille de la Charité, sous les traits que la Médaille miraculeuse a fait connaître dans le monde entier. En 1836, une voix du Ciel invite le Pasteur d'une des paroisses les moins religieuses de la capitale à consacrer son peuple au Cœur Immaculé de Marie. Cette consécration transforme la paroisse et fait de son église, jusque-là inconnue, l'illustre Sanctuaire de Notre-Dame des Victoires. En 1846, Marie apparaît sur la montagne de la Salette, pour rappeler les Chrétiens à leurs devoirs religieux. En janvier 1871, alors que la Patrie agonise, épuisée de sang, à la suite d'une série de revers inouïs, elle vient à Pontmain, messagère de la paix, annoncer la fin prochaine de la guerre.

Mais de toutes ces apparitions, la plus insigne est celle, dix-huit fois répétée, de la Vierge Immaculée aux Roches Massabieille, à Lourdes, où elle a ouvert une source de grâces, qui n'a cessé d'opérer des prodiges, depuis plus d'un demi-siècle, et qui a fait de ce coin de nos Pyrénées une terre de miracles et de bénédiction.

N'est-il pas tout naturel, Nos Très Chers Frères, que, aux heures graves de notre vie nationale, nous nous tournions vers la céleste Patronne qui a donné à notre pays tant de gages de sa maternelle bienveillance, et que nous allions l'implorer au lieu béni de notre terre de France où elle se montre si constamment secourable à toutes nos misères?

Afin donc de hâter l'heure de la victoire décisive et la conclusion d'une paix telle que la justice de notre cause et un légitime amour de notre Patrie nous font un devoir de la souhaiter, les Cardinaux, Archevêques et Évêques français — chacun au nom de son diocèse, et tous ensemble au nom de la France — ont résolu de faire solennellement le vœu de conduire, ou de faire conduire, en leur nom, après la conclusion de la paix, dans une période de temps qui sera ultérieurement déterminée, un pèlerinage de leurs diocèses respectifs à Lourdes, aux pieds de la Vierge Immaculée; et, par l'unanimité de leur adhésion et de leur intention, ils entendent conférer — autant qu'il est en eux — à ce vœu et aux pèlerinages qui en réaliseront l'accomplissement, le caractère d'un acte national.

Que le Dieu Tout-Puissant, par l'intercession de Marie, l'auguste Reine de la paix, daigne agréer notre promesse; qu'il soutienne le courage de nos vaillants soldats, et le récompense par la victoire! Qu'il mette promptement un terme à l'effusion du sang, et rende les époux à leurs épouses, les pères à leurs enfants, les fils à leurs vieux parents; qu'il fasse à jamais disparaître de la terre ces théories barbares, qui, en plaçant la force au-dessus du droit, permettent d'abuser de la force pour humilier les petits et écraser les faibles, et qu'il inspire aux peuples et à ceux qui les gouvernent la fidélité aux principes qui sont la sauvegarde de la sécurité et de la paix des nations! Qu'il mette, enfin, au cœur de tous les enfants de la France le respect des droits de Dieu et de toutes les libertés légitimes, des sentiments de concorde et de justice, afin que, renonçant à nos dissensions antérieures, nous consacrions tous nos soins à guérir nos blessures, toutes nos énergies à réparer nos ruines, pour reconquérir à notre pays sa force et sa prospérité des meilleurs jours!

Mais, Nos Très Chers Frères, si nous voulons que la Très Sainte Vierge puisse intercéder efficacement pour nous auprès de Dieu, le moyen le plus sûr de l'obtenir n'est-il pas, avant tout, de regretter les torts que nous nous sommes donnés envers lui et de promettre de les réparer?

Dieu veut nous sauver. Notre cause est juste; nous combattons pour notre indépendance nationale et pour l'intégrité de notre territoire; nous combattons pour la défense des principes en dehors desquels il n'y a pas de civilisation digne de ce nom.

Dieu veut nous sauver. Nous en avons la preuve dans la résistance de l'héroïque Belgique, dans les alliances qu'il nous a ménagées, dans l'assistance visible qu'il nous a prêtée, en nos luttes de la Marne, de l'Yser et de Verdun.

Mais, depuis la bataille qui brisa le flot de l'invasion, si nous avons pu arrêter l'ennemi, nous n'avons point encore réussi à le repousser. Dieu n'attendrait-il pas, pour compléter son bienfait, que nous nous en rendions dignes, en réparant nos fautes envers lui? Ce sera notre honneur de les reconnaître, d'en demander pardon et de les réparer. En nous frappant la poitrine, avouons que nous avons tous et beaucoup péché; et cet humble aveu nous méritera la miséricorde divine, que sollicitent pour nous tant d'ardentes et persévérantes prières, tant d'infatigables dévouements, tant d'héroïques sacrifices et, dans le passé, tant de services rendus.

Prière et vœu.

O Marie, Vierge Immaculée, auguste Mère de Dieu et Reine de la Paix, la France vous a été solennellement consacrée par un de ses Souverains, et le Peuple a ratifié son vœu avec une filiale dévotion, en l'accomplissant fidèlement, chaque année, depuis près de trois siècles.

Elle passe, à l'heure actuelle, par une cruelle et longue épreuve. Sa frontière a été violée, son territoire envahi, le sang de ses enfants a coulé à torrents; beaucoup de ses soldats subissent sur la terre étrangère une douloureuse captivité, le nombre des veuves et des orphelins va chaque jour se multipliant; plusieurs de nos provinces gémissent sous le joug d'une occupation humiliante et dure; toutes nos familles sont dans le deuil ou dans l'angoisse.

Bien des fois, au cours des derniers temps, vous nous avez donné, en honorant de vos visites la terre de France, des marques de maternelle bonté, qui encouragent notre espérance.

La France a répondu à vos gracieuses visites, en venant, en foules nombreuses, apporter à votre Sanctuaire privilégié l'hommage de sa foi et de son amour, de son repentir et de ses amendes honorables, de ses supplications et de sa confiance. Elle y a fait à Jésus-Christ, dans son Eucharistie, la veille encore de la rupture de la paix, les triomphes les plus magnifiques.

Souvenez-vous donc, ô Marie, des pieuses multitudes, qui, de chacun de nos Diocèses, sont venues, en Pèlerinage de pénitence, s'agenouiller à vos pieds!

Souvenez-vous des ovations que les foules ont faites à votre divin Fils, de leurs actes de foi, de leurs supplications, de leurs acclamations à la divine Hostie!

Prêtez l'oreille aux touchantes prières que nos soldats, dans les tranchées, les épouses, les mères, les petits enfants, les vieux parents, à leurs foyers ou dans nos églises, font sans cesse monter vers le trône de votre miséricorde!

Présentez au Seigneur les sanglants holocaustes que tant de milliers de héros ont pieusement et généreusement offerts pour la Patrie!

Non, vous n'abandonnerez pas votre Royaume; non, vous ne laisserez pas périr le peuple qui vous a tant priée; non, la confiance que nous avons mise en vous ne sera pas déçue!

Nous avons péché, il est vrai. Mais nous reconnaissons nos torts, nous les regrettons, nous en demandons pardon; nous sommes sincèrement résolus à les réparer.

La France veut rester votre Royaume; elle veut demeurer fidèle au Christ. Soyez toujours notre Reine, et que Jésus soit toujours notre Roi : *Dominare nostri, tu et Filius tuus !* Qu'il règne sur nos âmes, qu'il règne sur nos familles, qu'il règne sur la France!

Déjà, vous nous avez donné un gage de votre bienveillante protection, en arrêtant, par une première victoire, au jour de la Fête de votre bienheureuse Nativité, le flot envahisseur, auquel rien, jusque-là, n'avait pu résister.

Reconnaissants de cet insigne bienfait, et assurés que votre miséricordieuse intercession nous en obtiendra le couronnement, Nous, Cardinaux, Archevêques et Évêques français — chacun au nom de Notre Diocèse, et tous solidairement, au nom de la France entière — Nous faisons solennellement le vœu de conduire Nos Diocèses en Pèlerinage à vos Sanctuaires de Lourdes, pour rendre grâces à Dieu de la victoire et du bienfait d'une paix durable.

Daignez, ô Marie, agréer notre promesse et exaucer notre prière; la France reconnaissante se fera gloire d'être, à un titre nouveau, votre Royaume et le Royaume de votre Fils! — Ainsi soit-il!

<table>
<tr><td>✝ Louis-Joseph, cardinal Luçon, archevêque de Reims.</td><td>✝ Léon-Adolphe, cardinal Amette, archevêque de Paris.</td></tr>
<tr><td>✝ Paulin, cardinal Andrieu, archevêque de Bordeaux.</td><td>✝ Anatole, cardinal de Cabrières, évêque de Montpellier.</td></tr>
</table>

☩ Barthélemy-Clément, archevêque de Carthage.

☩ Eudoxe-Irénée, archevêque d'Albi.

☩ Jean-Augustin, archevêque de Toulouse.

☩ François, archevêque d'Aix.

☩ Auguste, archevêque de Rennes.

☩ Ernest, archevêque d'Auch.

☩ Michel-André, archevêque d'Avignon.

☩ Louis-Ernest, archevêque de Rouen.

☩ François-Léon, archevêque de Besançon.

☩ Jean-Victor-Émile, archevêque de Sens.

☩ Charles-François, archevêque d'Antioche, évêque de Nancy.

☩ Albert, archevêque de Tours.

☩ Dominique, archevêque de Chambéry.

☩ Jérome-Martin, archevêque de Bourges.

† Joseph-Michel-Frédéric, évêque de Viviers.

† Pierre-Marie, évêque de Clermont.

† Alphonse-Gabriel, évêque de Saint-Dié.

† Stanislas, évêque d'Orléans.

† Claude, évêque de Séez.

† Félix, évêque de Nîmes.

† Henri, évêque de Nice.

† François-Alexandre, évêque de Saint-Claude.

† Joseph, évêque d'Angers.

† Joseph, évêque de Coutances.

† Jules, évêque de Perpignan.

† François-Xavier, évêque de Tarbes et de Lourdes.

† Marie-Charles, évêque d'Aire.

† Henri-Louis, évêque de Chartres.

† Pierre-Lucien, évêque d'Annecy.

† Paul, évêque de Carcassonne.

† Charles, évêque de Rodez.

† Adrien, évêque de Maurienne.

† Charles-Paul, évêque d'Agen.

† Charles, évêque de Versailles.

† François-Marie, évêque de Bayonne.

† Félix, évêque de Fréjus.

† Alcime, évêque de Vannes.

† Eugène, évêque de Laval.

† Jacques, évêque de Mende.

† Louis-Jean, évêque d'Évreux.

† Thomas, évêque de Bayeux.

† Paul, évêque de Saint-Flour.

† Jules-Laurent, évêque de Saint-Brieuc.

† Émile, évêque d'Arras.

† Jean Auguste, évêque de La Rochelle.

† Pierre-Louis, évêque de Soissons.

† Thomas-François, évêque du Puy.

† Henri-Marie, évêque d'Angoulême.

† Pierre, évêque de Montauban.

† Laurent, évêque de Troyes.

† Alfred-Jules, évêque de Blois.

† Jean-Baptiste, évêque de Tarentaise.

† Adolphe, évêque de Quimper.

† Joseph-Antoine, évêque de Marseille.

† Emmanuel, évêque de Meaux.

† Adolphe, évêque de Belley.

† Pierre, évêque de Nevers.

† Olivier-Marie, évêque de Langres.

† Jean-Baptiste, évêque de Moulins.

† Louis, évêque de Poitiers.

† Louis-Joseph, évêque de Grenoble.

† Pierre-Célestin, évêque de Cahors.

† Joseph, évêque de Tulle.

† Emmanuel, évêque de Valence.

† Raymond, *évêque du Mans.*

† Joseph-Marie, *évêque de Châlons.*

† Eugène, *évêque de Gérasa, Coadjuteur de Nancy.*

† Hector-Raphael, *évêque de Limoges.*

† Jean-Marie, *évêque d'Hadrumète, Auxiliaire de Lyon.*

† Eugène-Louis-Marie, *évêque de Nantes.*

† Charles, *évêque de Verdun.*

† Ernest, *évêque d'Arsinoé, Auxiliaire de Reims.*

† Gabriel, *évêque de Gap.*

† Désiré-Hyacinthe, *évêque d'Autun.*

† Léon-Adolphe, *évêque de Digne.*

† Maurice, *évêque de Périgueux.*

† André, *évêque d'Amiens.*

† Eugène, *évêque de Beauvais.*

† Christophe Louis, *évêque d'Oran.*

† Maurice, *évêque de Dijon.*

† Gustave-Lazare, *évêque de Luçon.*

† Augustin, *évêque d'Ajaccio.*

† Honoré, *évêque de Pergame, Auxiliaire de Montpellier.*

† Jean, *évêque élu de Germe, Auxiliaire de Toulouse.*

† Pierre, *évêque élu de Pamiers.*

V

L'ACTE DE NAISSANCE DU MARÉCHAL FOCH

Voici l'acte de naissance du maréchal Foch, d'après les registres de l'Hôtel de Ville de Tarbes :

« Foch, Ferdinand, n° 327. — L'an mil-huit-cent-cinquante-un, le quatre octobre, à dix heures du matin, en l'Hôtel de la Mairie de la ville de Tarbes, par devant nous, Jean Bordes, maire de ladite ville et officier public de l'état civil, a comparu Bertrand-Jules-Napoléon Foch, secrétaire général de la préfecture des Hautes-Pyrénées, âgé de quarante-sept ans, domicilié à Tarbes, lequel nous a présenté un enfant du sexe masculin, né le deux octobre courant, à dix heures du soir, dans la maison Blancmann, en cette ville, rue Saint-Louis, n° 43, de lui comparant et de Marie-Sophie-Jacqueline Dupré, son épouse, rentière, âgée de trente-neuf ans, auquel enfant il a déclaré donner le prénom de Ferdinand ; lesdites présentation et déclaration faites en présence de François Carrel, tanneur, âgé de trente-deux ans, et Jean Prouanne, aussi tanneur, âgé de quarante-trois ans, domiciliés à Tarbes, qui ont signé avec nous et le comparant, de ce requis, après lecture faite du présent acte de naissance.

J. PROUANNE.   FRANÇOIS CARREL.
FOCH.   J. BORDES.

VI

L'ACTE DE BAPTÊME DU MARÉCHAL FOCH

*Extrait du registre des baptêmes de la paroisse
de la cathédrale de Tarbes.*

L'an mil-huit-cent-cinquante-un, et le seize du mois d'octobre, a été baptisé, par nous chanoine délégué soussigné, Ferdinand-Jean-Marie, fils légitime de Bertrand-Jules-Napoléon Foch, secrétaire général de la préfecture de Tarbes, et de dame Marie-Sophie-Jacqueline Dupré, habitants de cette ville.

Il a eu pour parrain Dominique Normande, habitant de Lourdes, et pour marraine Pauline Normande, sa fille, qui ont signé avec nous.

Signé : Pauline NORMANDE — NORMANDE.
Jenny FOCH — Pauline AUROUS
J. MARMOUGET Ch^{ne}.

VII

OU, AU COURS DU RÉCIT QUI SUIT, L'ON VERRA QU'AU TEMPS DE SA JEUNESSE, LE MARÉCHAL FOCH, NÉ A TARBES, PASSAIT UNE PARTIE DE SES VACANCES A LOURDES, CHEZ SON PARRAIN ET CHEZ SA MARRAINE, ET QU'IL EST PAR SUITE, NON SEULEMENT ENFANT DE TARBES, MAIS ENCORE ENFANT DE LOURDES.

Nous empruntons au *Gaulois* (numéro du mercredi Ier octobre), le compte rendu suivant de la réception solennelle du Maréchal Foch à Lourdes, le mardi 30 septembre, lendemain du jour où, en la fête de saint Michel, chef de la Milice céleste, le généralissime des armées alliées était venu incognito en pèlerinage dans les Sanctuaires de Massabieille, où il avait communié.

La visite officielle du maréchal Foch à Lourdes, aujourd'hui, est certainement l'épisode le plus impressionnant des journées de fête qui se déroulent dans le pays en l'honneur du glorieux soldat.

Le maréchal était parti de Tarbes à 9 heures, en automobile, avec la maréchale, avec sa sœur, Mlle Eugénie Foch, et le capitaine Boutal; il était accompagné du préfet, de MM. Jean Dupuy et Pédebidou, sénateurs, et de MM. Noguès et Lacave-Laplagne, députés. Toute la population de Tarbes assistait au départ et a salué le maréchal de ses acclamations.

Après un court arrêt à Ossun, pour répondre à la gracieuse invitation de M. Dupré, préfet honoraire, fils du célèbre clinicien de la Faculté de Médecine de Montpellier, le maréchal et sa suite sont arrivés à Lourdes à 10^h 25.

Là, une foule énorme, comprenant les habitants de la ville et aussi la population des villages environnants, accourue pour l'acclamer, attendait le maréchal. La ville était magnifiquement pavoisée, enguirlandée de fleurs et de feuillage, jalonnée de superbes arcs de triomphe.

Dès que le maréchal paraît sur la place Marcadal, — appelée aujourd'hui *Place Maréchal-Foch,* — c'est un tonnerre de vivats, d'applaudissements, une tempête d'indescriptible enthousiasme. Le maréchal descend de son auto, cependant que la fanfare municipale joue la *Marseillaise,* que la foule écoute tête nue, et que M. Lacaze, maire de Lourdes, s'avance et salue son hôte.

Une estrade a été dressée, superbement ornée. C'est là que reçoivent le maréchal Foch, M. Jean Dupuy, sénateur, et Mgr Schœpfer, évêque de Tarbes et de Lourdes, qu'entourent, avec le maire, le conseil municipal, les maires du canton et de nombreux fonctionnaires.

Sur l'estrade, à côté du maréchal, sont également la maréchale Foch, le préfet, Mlle Foch, les sénateurs et députés, l'abbé Fourcade, curé-doyen de Lourdes, et M. le chanoine Ozon, supérieur des chapelains de la Grotte.

Une foule énorme ne cesse d'applaudir et de pousser des vivats. Le service d'ordre est assuré par la police municipale, des gardes forestiers et la gendarmerie. De véritables grappes humaines, hissées sur des échelles, surplombent la masse de la foule enthousiaste. Des maisons enguirlandées et drapées, des terrasses envahies, partent, ininterrompus, les cris de : « Vive Foch ! Vive le maréchal ! » Le spectacle est féerique et inoubliable.

En face du maréchal, se dresse un arc de triomphe, édifié avec beaucoup d'art et composé de branches de sapin, avec cette inscription : *Honneur au maréchal Foch.* Derrière, la haute fontaine intarissable ; à gauche, *la maison de la marraine du maréchal,* — Mme Normande, décédée, sœur de Mme Dupré, mère, — *où le maréchal venait passer ses vacances. On sait, en effet, que Napoléon Foch, son père, était avoué à Lourdes, avant d'aller à la préfecture de Tarbes.* Devant l'estrade, se tiennent, magnifiques, quarante soldats anglais avec leurs officiers, dont le lieutenant-colonel Radcliffe et le révérend Dumoulin-Brown ; des poilus permissionnaires, fiers et superbes, tout rayonnants ; le clergé, des mutilés, des vétérans de 1870, des sociétés musicales, les *Cheminots* et ouvriers catholiques, avec leurs bannières.

En termes élevés et émus, le maire souhaite la bienvenue au maréchal. De son allocution, pleine du charme des souvenirs locaux, disons qu'il a rappelé, avec un merveilleux à-propos, qui fit délicieusement sourire le maréchal, *les jolies petites batailles enfantines que le jeune Foch dirigea et gagna sur cette place.*

Les souhaits de bienvenue de M. le Maire de Lourdes

au maréchal Foch.

Nos lecteurs nous sauront gré, sans nul doute, d'intercaler ici, dans le récit du *Gaulois,* le texte même des souhaits de bienvenue, si délicats et si chrétiens à la fois que M. Justin Lacaze, Maire de Lourdes, commandeur de l'Ordre pontifical de Saint-Grégoire le Grand, adressa au Maréchal Foch :

Monsieur le Maréchal,

Après la magnifique et enthousiaste réception qui vous a été faite dans votre ville natale et les discours éloquents qui vous y ont été adressés, je me trouve en ce moment, Monsieur le Maréchal, dans le plus grand embarras. Aussi j'ose compter sur toute votre indulgence et sur celle aussi de tout mon auditoire.

Vous avez bien voulu, Monsieur le Maréchal, déférer à mon invitation, en consentant à faire une courte halte dans notre ville, au cours de votre voyage dans notre belle Bigorre, et je suis heureux de voir à vos côtés la noble et digne compagne de votre vie, Mme la Maréchale Foch, qui voudra bien agréer ici l'hommage de notre gratitude et de nos sentiments de profond respect.

C'est d'un cœur ému et reconnaissant que je viens vous remercier d'avoir donné ainsi satisfaction au désir unanime et bien naturel de nos populations.

Mais *cet arrêt à Lourdes*, dans ma pensée, comme dans la vôtre sans doute, n'a pas seulement la signification d'une réponse courtoise à une banale invitation du maire d'une modeste petite ville, *il a aussi et surtout la signification d'un pèlerinage de souvenir vers des lieux qui reçurent si souvent votre visite, à l'époque de votre enfance, et auxquels vous rattachent les liens les plus intimes de votre famille maternelle et de votre origine : Grotte de Massabieille, où votre pieuse mère vous conduisait fréquemment, m'a-t-on dit, au temps de votre jeune âge, et où, sans aucun doute, elle recommandait dans ses prières l'avenir de son cher Ferdinand ; maison familiale, où vous aviez coutume de venir, soit enfant, soit adolescent, passer une partie de vos vacances chez votre parrain respecté, M. Normande, ancien et regretté adjoint au maire de Lourdes ; maison habitée plus tard par M. Barthier, qui épousa votre cousine germaine et qui fut aussi premier magistrat de notre cité ; vieille place du Marcadal, aujourd'hui place Maréchal-Foch, qui fut témoin de vos jeux, et peut-être même de vos premières batailles enfantines de petit soldat.*

C'est pourquoi, nous avons tenu à vous saluer, à votre passage *sur les lieux mêmes qui vous rappellent de si nombreux et de si intimes souvenirs du passé.*

Ce salut, empreint de la plus patriotique reconnaissance, nous vous l'apportons, tout d'abord, au nom des 260 enfants de Lourdes et de ceux des communes voisines, tombés en héros pour le salut de la Patrie, et dont notre pensée ne doit jamais se détacher; ce salut, nous vous l'apportons encore de la part de l'Assemblée communale des Vétérans des armées de terre et de mer, et de la population tout entière, mais surtout de la part de tous les glorieux

« poilus » du canton, de tous nos chers mutilés de la guerre qui, revenus dans leurs foyers, sont fiers et heureux, en ce moment, de se grouper autour du chef aimé et respecté qui, de la Mer du Nord à l'Adriatique, de l'Yser au Piave, les conduisit toujours à la victoire.

Et, en vous apportant ce salut, nous entendons rendre hommage au plus glorieux et au plus illustre des enfants des Hautes-Pyrénées.

Quel titre de gloire, en effet, pourrait surpasser celui que vous vous êtes acquis en gagnant la plus terrible, la plus gigantesque et la plus scientifique des guerres que l'Histoire ait jamais enregistrée.

Qu'étaient, en effet, les conquêtes matérielles et territoriales des plus grands capitaines des temps passés, des Alexandre, des César, des Napoléon, comparées à la conquête morale que votre victoire nous assure !

En vous, Monsieur le Maréchal, *notre cher et vénéré Compatriote,* ce n'est pas seulement le sauveur de la France que nous acclamons, c'est le sauveur de la liberté du monde.

Gloire donc à vous ! Gloire à tous ceux qui ont combattu sous vos ordres ! Gloire à la France immortelle !

Très ému par cette évocation de ces souvenirs d'enfance, — poursuit le chroniqueur du *Gaulois,* — le maréchal répondit en disant combien, en effet, lui étaient douces les heures qu'on lui rappelait et qu'il avait vécues au milieu des populations si chères à son cœur.

« Ces populations, ajouta-t-il, se sont données au service du pays; j'ai fait comme elles, pour faire honneur à ma famille. Pendant les grands événements, je songeais au pays natal; tous travaillaient; je tâchais de faire comme eux. Continuons, pour la grandeur de notre France, nous inspirant de ceux qui travaillent le mieux. »

Des acclamations enthousiastes soulignent ces paroles.

Alors se font entendre les sociétés chorales locales. L'*Écho du Gave* chante des airs montagnards en patois, qui font largement sourire le maréchal; puis la fanfare de Lourdes joue une marche triomphale, dédiée par Fraixe au maréchal. Enfin, trois jeunes filles en costume pyrénéen, formant un ensemble tricolore, complimentent le maréchal et lui offrent une magnifique gerbe de fleurs. Le maréchal s'entretient avec Mgr Schœpfer et remonte en automobile pour se rendre à Argelès.

VIII

NOMENCLATURE DES LETTRES PASTORALES, CIRCULAIRES, ORDON-
NANCES ET COMMUNIQUÉS PUBLIÉS PAR Mgr SCHŒPFER, ÉVÊQUE
DE TARBES ET DE LOURDES, DEPUIS LA DÉCLARATION DE LA
GUERRE (1).

1. *Lettre circulaire, n° 161, en date du 5 août 1914, prescrivant des prières
à l'occasion de la guerre, pour appeler les bénédictions de Dieu
sur les armées de la France.*

1 bis. *Lettre (hors cadre), adressée à M. le Général commandant la place
de Tarbes, pour lui offrir le concours de l'Évêque de Tarbes et de
Lourdes et celui de ses prêtres.*

2. Lettre à MM. les doyens, n° 162, en date du 8 août 1914, concernant
l'administration des paroisses privées de leur pasteur par suite
de la guerre.

3. Lettre circulaire, n° 163, en date du 20 août 1914, prescrivant des
prières pour le repos de l'âme de S. S. Pie X et pour l'heureux
succès du Conclave qui doit élire le nouveau Pape.

4. *Lettre circulaire, n° 164, en date du 1er septembre 1914, recommandant
au fraternel accueil des fidèles du diocèse les réfugiés belges et français victimes de la guerre.*

5. Lettre circulaire, n° 165, en date du 4 septembre 1914, prescrivant
des prières et une cérémonie d'action de grâces, à l'occasion de
l'avènement au Trône pontifical de S. S. le Pape Benoît XV.

6. Communiqué, n° 166, en date du 24 septembre 1914, relatif à la
célébration de la fête de saint Michel archange.

7. *Lettre circulaire, n° 167, en date du 4 octobre 1914, recommandant
la persévérance dans la prière pour le succès de nos armes, la confiance en Dieu et la générosité envers nos soldats, à l'approche de
l'hiver.*

---

(1) Les titres des lettres reproduites dans le présent volume sont imprimés en caractères *italiques*.

8. Lettre circulaire, n° 168, en date du 15 octobre 1914, communiquant aux fidèles du diocèse la lettre autographe reçue de S. S. le Pape Benoît XV au sujet du Congrès Eucharistique international de Lourdes.

9. Lettre circulaire, n° 169, en date du 23 octobre 1914, prescrivant la célébration d'un service solennel de *Requiem* pour les soldats français et alliés morts au service de la patrie et communiquant aux fidèles du diocèse un décret pontifical relatif à une indulgence plénière applicable seulement aux défunts, qui pourra désormais être gagnée *toties quoties*, à l'occasion de la Commémoration des fidèles trépassés.

10. Lettre circulaire, n° 170, en date du 27 novembre 1914, prescrivant une journée de prières pour la France et la consécration de notre patrie au Cœur Immaculé de Marie.

11. Lettre et Ordonnance, n° 171, en date du 8 décembre 1914, portant promulgation de la première Encyclique de S. S. Benoît XV *Ad Beatissimi Apostolorum Principis*.

12. Lettre et Ordonnance, n° 172, en date du 15 décembre 1914, prescrivant une journée de prières en union avec les nations alliées de la France.

13. Lettre circulaire, n° 173, en date du 9 janvier 1915, prescrivant d'organiser, le 11 février suivant, une Croisade de prières des enfants pour la France et pour les nations alliées.

14. Communiqué, n° 174, en date du 18 janvier 1915, annonçant l'ouverture d'une souscription en faveur des victimes de la guerre du diocèse de Tournai (Belgique), recommandées à notre charité par Son Ém. le Cardinal Mercier.

15. Lettre circulaire, n° 175, en date du 25 janvier 1915, promulguant le décret de S. S. Benoît XV qui ordonne des prières mondiales pour obtenir de la divine Miséricorde le prompt rétablissement de la paix.

16. *Lettre Pastorale, n° 176, en date du 11 février 1915, sur* NOS DEVOIRS ENVERS LA PATRIE ET ENVERS SES DÉFENSEURS *et Mandement pour le Carême de l'an de grâce 1915.*

17. Communiqué, n° 177, en date du 12 mars 1915, concernant une soi-disant « Œuvre des cierges de Lourdes ».

18. Lettre et Ordonnance, n° 178, en date du 21 avril 1915, concernant le Mois de Marie de l'année 1915 et la célébration d'une neuvaine nationale en l'honneur de la Bienheureuse Jeanne d'Arc.

·19. Communiqué, n° 179, en date du 1ᵉʳ mai 1915, relatif à une prochaine Journée française du « Secours National », les dimanche et lundi de la Pentecôte, 23-24 mai 1915.

20. Lettre circulaire, n° 180, en date du 5 mai 1915, communiquant aux fidèles du diocèse de Tarbes et de Lourdes la lettre par laquelle, au nom du Pape, l'Éminentissime Cardinal Gasparri, secrétaire d'État de Sa Sainteté, annonce à Son Ém. le Cardinal Amette, archevêque de Paris, l'envoi d'une offrande de 40.000 francs destinée par Benoît XV à l'Œuvre du « Secours National ».

21. Lettre et Ordonnance, n° 181, en date du 23 mai 1915, relative à la Consécration de la France au Sacré-Cœur de Jésus.

22. Communiqué, n° 182, en date du 11 juin 1915, réprouvant des médailles de Notre-Dame de Lourdes soi-disant « Porte-bonheur » et dont l'origine serait due à une nouvelle apparition.

23. Lettre et Ordonnance, n° 183, en date du 29 juillet 1915, concernant la célébration, en l'honneur de la Bienheureuse Vierge Marie, d'une neuvaine nationale se terminant le jour de l'Assomption.

24. Communiqué, n° 184, en date du 10 avril 1915 : De l'or pour la France !

25. Lettre et Ordonnance, n° 185, en date du 15 septembre 1915, concernant la célébration d'une neuvaine nationale en l'honneur de l'Archange saint Michel.

26. Lettre et Ordonnance, n° 186, en date du 7 octobre 1915, portant promulgation de la Constitution apostolique *Incruentum Altaris sacrificium*, qui permet à chaque prêtre de célébrer désormais trois messes au jour de la Commémoration solennelle des fidèles trépassés.

27. Communiqué, n° 187, en date du 15 novembre 1915, relatif à l'Emprunt National, qui doit être émis le 25 novembre 1915.

28. Communiqué, n° 188, en date du 8 décembre 1915, relatif à l'adjonction aux Litanies de la Très Sainte Vierge de l'invocation « Reine de la Paix, priez pour nous ».

29. Communiqué, n° 189, en date du 14 décembre 1915, relatif à la « Journée du Poilu ».

30. Communiqué, n° 190, en date du 6 janvier 1916, relatif à la nécessité d'éviter certaines précisions en annonçant du haut de la chaire la mort des soldats tombés au champ d'honneur.

31. Communiqué, n° 191, en date du 11 février 1916, portant à la connaissance des fidèles du diocèse un communiqué du Cardinal Archevêque de Bordeaux concernant « la Vierge des Pleurs ».

32. *Lettre, n° 192, en date du 11 février 1916, aux prêtres et séminaristes soldats du diocèse.*

33. *Lettre Pastorale, n° 193, en date du 11 février 1916, sur* LA RÉCITATION DU TRÈS SAINT ROSAIRE POUR LE TRIOMPHE DE LA FRANCE *et Mandement pour le Carême de l'an de grâce 1916.*

34. Lettre et Ordonnance, n° 194, en date du 22 février 1916, prescrivant un Triduum de prières pour la France et les nations alliées, en union avec tous les diocèses de France.

35. Lettre, n° 195, en date du 15 mars 1916, à MM. les curés du diocèse recommandant la pétition relative aux orphelins de la guerre.

36. Lettre, n° 196, en date du 30 mars 1916, annonçant à l'Éminentissime Cardinal de Cabrières la mise en place à la Grotte de Massabieille et l'inauguration de l'inscription bigorraise « Qué soy éra Immaculada Councepciou ».

37. Lettre, n° 197, en date du 16 avril 1916, invitant les fidèles du diocèse à une Communion générale aux intentions du Saint-Père, le dimanche 7 mai.

38. Lettre et Ordonnance, n° 198, en date du 10 mai 1916, prescrivant la célébration d'un Triduum de prières préparatoire à la fête de la Bienheureuse Jeanne d'Arc.

39. Lettre circulaire, n° 199, en date du 24 mai 1916, concernant le versement de l'or pour la France, la souscription aux « Bons de la Défense Nationale » et le prêt au Gouvernement des valeurs des pays neutres.

40. Lettre, n° 200, en date du 30 mai 1916, au clergé et aux fidèles du pays de Barèges.

41. Communiqué, n° 201, en date du 11 juin 1916, prescrivant la célébration d'un Triduum de prières, à l'occasion de la fête du Sacré-Cœur.

42. Lettre circulaire, n° 202, en date du 2 juillet 1916, concernant une Supplique des enfants de France à Notre-Dame de Lourdes et une Communion générale des enfants, demandée par S. S. le Pape Benoît XV.

43. Allocution, n° 203, prononcée à Notre-Dame de la Sède, le dimanche 9 juillet 1916, au retour de la Ville Éternelle.

44. Lettre, nᵒ 204, en date du 9 août 1916, à MM. les doyens, au sujet des retraites ecclésiastiques, et avertissement concernant les manœuvres blâmables d'un ecclésiastique recrutant des enfants pour un institut fantaisiste de sa création.

45. Lettre et Ordonnance, nᵒ 205, en date du 8 septembre 1916, concernant la célébration d'une neuvaine nationale en l'honneur de saint Michel.

46. Lettre circulaire, nᵒ 206, en date du 21 septembre 1916, renouvelant aux fidèles du diocèse l'invitation à verser leur or entre les mains de l'État.

47. Lettre, nᵒ 207, en date du 15 septembre, des Cardinaux, Archevêques et Évêques de France annonçant aux fidèles le vœu d'un Pèlerinage national à Lourdes, après la conclusion de la paix.

48. Lettre, nᵒ 208, en date du 8 octobre 1916, à M. le chanoine Beauxis, curé doyen d'Ossun, à l'occasion de la mort de M. l'abbé Rodière, vicaire d'Ossun, tombé au champ d'honneur.

49. Lettre et Ordonnance, nᵒ 209, en date du 26 octobre 1916, prescrivant la célébration d'une octave de prières en union avec tous les diocèses de France, à l'occasion de la prochaine fête de saint Martin, apôtre des Gaules.

50. Communiqué, nᵒ 210, en date du 28 octobre 1916, concernant la prochaine « Journée nationale des Orphelins de la guerre », 1ᵉʳ-2 novembre 1916.

51. Lettre circulaire, nᵒ 211, en date du 5 novembre 1916, annonçant la mort de Mᵍʳ Prosper Lafforgue, prélat de la Maison du Pape, Vicaire général du diocèse.

52. Communiqué, nᵒ 212, en date du 12 novembre 1916, portant à la connaissance des fidèles du diocèse une lettre écrite à Son Ém. le Cardinal Luçon, au nom de S. S. le Pape Benoît XV, à l'occasion du Vœu de l'Épiscopat français d'un pèlerinage national à Lourdes.

53. *Lettre Pastorale, nᵒ 213, en date du 2 février 1917, sur* LA MARCHE VERS LA VICTOIRE *et Mandement pour le Carême de l'an de grâce 1917.*

54. Lettre et Ordonnance, nᵒ 214, en date du 11 février 1917, prescrivant l'adjonction de certaines prières à celles qui se font chaque jour dans les églises du diocèse pour demander à Dieu la victoire de la France et de ses Alliés.

55. Lettre et Ordonnance, nᵒ 215, en date du 1ᵉʳ mai 1917, prescrivant la célébration d'un Triduum de prières préparatoire à la fête de la Bienheureuse Jeanne d'Arc.

56. Communiqué, nº 216, en date du 24 mai 1917, concernant l'abstinence et le jeûne de la vigile de la Pentecôte et des Quatre-Temps
de la Trinité.

57. Lettre et Ordonnance, nº 217, en date du 24 mai 1917, prescrivant
la célébration d'un Triduum de prières à l'occasion de la fête du
Sacré-Cœur de Jésus.

58. Lettre et Ordonnance, nº 218, en date du 7 juin 1917, relative au
vœu par lequel les Éminentissimes Cardinaux et les Archevêques
et Évêques de France s'engagent à faire désormais célébrer
solennellement la fête du Sacré-Cœur le vendredi après l'octave
de la Fête-Dieu.

59. Lettre, nº 219, en date du 10 juin 1917, à MM. les curés de la ville
de Tarbes, à l'issue de la procession de la Fête-Dieu.

60. Allocution, nº 220, prononcée au Service funèbre célébré, le 8 juin
1917, dans l'église de Neuilh, pour le repos de l'âme de M. l'abbé
Stanislas Majesté, vicaire de Neuilh, décoré de la Croix de guerre,
mort pour la France au champ d'honneur, le 22 mai 1917.

61. Lettre, nº 221, en date du 28 juin 1917, à MM. les directeurs de pèlerinages et aux membres de l'*Hospitalité de Notre-Dame de Lourdes*,
à l'occasion de la mort de M. le Dr Gustave Boissarie, président
du *Bureau des Constatations médicales* de Lourdes.

62. Lettre, nº 222, en date du 16 juillet 1917, à MM. les doyens, au sujet
des retraites ecclésiastiques.

63. Lettre circulaire, nº 223, en date du 1er août 1917, signalant aux
fidèles du diocèse un double moyen de rendre moins pénible la
situation faite au clergé par la prolongation de la guerre.

64. Lettre, nº 224, en date du 2 août 1917, à MM. les curés, concernant
la sonnerie des cloches.

65. Communiqué, nº 225, en date du 3 août 1917, rendant loisible, au
nom du Saint-Siège, le transfert de l'abstinence du vendredi
à l'un des deux jours où l'autorité civile interdit la vente de la
viande.

66. Communiqué, nº 226, en date du 3 août 1917, portant à la connaissance des fidèles du diocèse une lettre de Son Ém. le Cardinal
Andrieu, archevêque de Bordeaux, et une lettre de l'Éminentissime Cardinal Gasparri, secrétaire d'État de Sa Sainteté, relatives
au vœu de l'Épiscopat français concernant la célébration solennelle de la fête du Sacré-Cœur.

67. Lettre circulaire, nº 227, en date du 24 septembre 1917, concernant
la façon d'honorer dans nos églises la mémoire des soldats
tombés au champ d'honneur.

68. Communiqué, nº 228, en date du 1ᵉʳ octobre 1917, concernant une journée de prières et de réparation des « Enfants de Marie ».

69. Lettre circulaire, nº 229, en date du 21 novembre 1917, adressant aux fidèles du diocèse une nouvelle invitation à verser leur or entre les mains de l'État et à souscrire au nouvel Emprunt National.

70. Lettre, nº 230, en date du 24 novembre 1917, invitant M. le doyen, le clergé et les habitants de la Cité des Apparitions au Service funèbre célébré dans la Basilique, le mercredi 28 novembre 1917, pour le repos de l'âme du T. R. P. Emmanuel Bailly, directeur général de l'*Association de Notre-Dame de Salut* et des pèlerinages nationaux français, chanoine d'honneur de Tarbes et de Lourdes.

71. Lettre et Ordonnance, nº 231, en date du 25 décembre 1917, prescrivant un jour de prières nationales pour la France et le chant du *Te Deum*, à l'occasion de la prise de Jérusalem par les armées alliées.

72. Lettre et Ordonnance, nº 232, en date du 9 janvier 1918, prescrivant la célébration d'une neuvaine préparatoire à la fête de Notre-Dame de Lourdes, en union avec les diocèses de France et des pays alliés.

73. *Lettre Pastorale, nº 233, en date du 2 février 1918, sur* LA PAIX DANS LA JUSTICE, PAR LA VICTOIRE AVEC L'AIDE DE DIEU *et Mandement pour le Carême de l'an de grâce 1918.*

74. Lettre et Ordonnance, nº 234, en date du 2 février 1918, promulguant le décret pontifical qui autorise, à Lourdes, l'addition des mots *in apparitione Beatæ Mariæ Virginis Immaculatæ* à la Préface de la Messe de l'Apparition.

75. Lettre et Ordonnance, nº 235, en date du 2 février 1918, promulguant la Bulle apostolique *Postquam sexaginta*, qui accorde au Siège épiscopal de Tarbes et de Lourdes l'insigne privilège du Pallium.

76. Communiqué, nº 236, en date du 4 mars 1918, demandant des prières à l'occasion du prochain examen de deux guérisons réputées miraculeuses, présentées à la Sacrée Congrégation des Rites en vue de la canonisation de la Bienheureuse Jeanne d'Arc.

77. Lettre et Ordonnance, nº 237, en date du 1ᵉʳ mai 1918, prescrivant la célébration d'un Triduum de prières préparatoire à la prochaine fête de la Bienheureuse Jeanne d'Arc.

78. Lettre et Ordonnance, nº 238, en date du 3 mai 1918, prescrivant une quête destinée à secourir les œuvres catholiques françaises et la population indigène de la Terre Sainte.

79. Communiqué, n° 239, en date du 15 mai 1918, concernant le jeûne et l'abstinence des Quatre-Temps de la Trinité.

80. Lettre et Ordonnance, n° 240, en date du 26 mai 1918, concernant la célébration de la prochaine fête du Sacré-Cœur de Jésus, en union avec nos frères de Belgique et des autres nations alliées.

81. Lettre circulaire, n° 241, en date du 7 juin 1918, relative à l'entrée en vigueur du nouveau Code de droit canonique.

82. Lettre circulaire, n° 242, en date du 8 juin 1918, relative à un *Motu Proprio* de S. S. Benoît XV demandant à tous les prêtres de célébrer la Sainte Messe en union avec lui, le 29 juin 1918, pour obtenir de Dieu le bienfait de la paix dans la justice.

83. Lettre, n° 243, en date du 2 juillet 1918, à MM. les doyens, au sujet des retraites ecclésiastiques.

84. Lettre et Ordonnance, n° 244, en date du 16 juillet 1918, prescrivant la célébration d'un Triduum de prières en union avec le pèlerinage national et avec les diocèses de France et des pays alliés.

85. Lettre, n° 245, en date du 23 juillet 1918, portant à la connaissance du clergé du diocèse une lettre des Éminentissimes Cardinaux de France demandant à tous les évêques français de célébrer une journée de prières nationales, le dimanche 4 août 1918.

86. Lettre circulaire, n° 246, en date du 21 septembre 1918, invitant les fidèles du diocèse à souscrire au quatrième Emprunt National de guerre.

87. *Lettre et Ordonnance, n° 247, en date du 11 novembre 1918, prescrivant de chanter un TE DEUM en action de grâces de la victoire de la France et des Alliés et de célébrer avec un éclat tout spécial, à Notre-Dame de Lourdes et dans tout le diocèse, la prochaine fête de l'Immaculée Conception, qui sera précédée d'une octave de prières préparatoire.*

88. Allocution, n° 248, prononcée à la cathédrale de Tarbes, avant le chant du *Te Deum* d'action de grâces pour la victoire de la France et de ses Alliés (dimanche 17 novembre 1918).

89. Ordonnance, n° 249, en date du 7 janvier 1919, prescrivant la célébration d'un Triduum, les 9, 10 et 11 février 1919, à l'occasion de la fête de l'Apparition de la Vierge Immaculée et de la clôture de l'année jubilaire des Noces de diamant des Apparitions.

90. *Lettre Pastorale, n° 250, en date du 18 janvier 1919, sur* LE « TE DEUM » DE LA VICTOIRE A NOTRE-DAME DE LOURDES *et Mandement pour l'an de grâce 1919.*

91. Dispositif, n° 251, en date du 18 janvier 1919, du Mandement pour le Carême de l'an de grâce 1919.

92. Lettre circulaire, nº 252, en date du 3 février 1919, communiquant aux fidèles du diocèse la lettre autographe reçue de S. S. le Pape Benoît XV, au sujet des prochaines fêtes de clôture de l'année jubilaire des Noces de diamant des Apparitions de Lourdes.

93. Communiqué, nº 253, en date du 19 mars 1919, concernant la messe que S. S. Benoît XV célébrera, le lundi 7 avril 1919, pour les veuves de la guerre et pour leurs chers défunts.

94. Lettre et Ordonnance, nº 254, en date du 7 mai 1919, établissant un nouveau tarif des honoraires de messes, invitant les fidèles du diocèse à améliorer la situation matérielle de leurs prêtres et portant à la connaissance du clergé un décret de la Sacrée Congrégation des Sacrements relatif aux Pains d'Autel.

95. Lettre et Ordonnance, nº 255, en date du 18 mai 1919, prescrivant la célébration d'un triduum de prières, à l'occasion de la prochaine fête de la Bienheureuse Jeanne d'Arc et une quête relative aux solennités de sa canonisation.

96. Lettre, nº 256, en date du 7 mai 1919, des Cardinaux, Archevêques et Évêques de France aux Catholiques français.

97. Lettre, nº 257, en date du 30 mai 1919, invitant les fidèles du diocèse à célébrer avec une ferveur particulière la prochaine fête du Sacré-Cœur et prescrivant une quête pour secourir les diocèses de Belgique et de France dévastés par l'ennemi.

98. Lettre circulaire, nº 258, en date du 8 juin 1919, relative à la reprise prochaine des retraites pastorales.

99. *Lettre et Ordonnance, nº 259, en date du 26 juin 1919, prescrivant de chanter un* TE DEUM *en action de grâces de la signature de la paix.*

100. Lettre, nº 260, en date du 16 avril 1919, au R. P. Van den Brule, S. J., auteur de la Vie du Dr Gustave Boissarie, second président du *Bureau des Constatations médicales* de Lourdes.

101. Lettre et Ordonnance, nº 261, en date du 29 septembre 1919, prescrivant certaines prières, à l'occasion de la Consécration solennelle de l'église du Vœu National érigée à Montmartre en l'honneur du Sacré-Cœur de Jésus.

102. Communiqué, nº 262, en date du 16 octobre 1919, relatif aux messes du dimanche 2 novembre suivant.

103. Lettre, nº 263, en date du 4 novembre 1919, ordonnant des prières pour les prochaines élections.

104. Lettre et Ordonnance, nº 264, en date du 3 décembre 1919, relative à la création du *Bulletin Religieux* du diocèse.

105. Lettre et Ordonnance, n° 265, en date du 15 décembre 1919, prescrivant, en conformité avec les ordres de l'Encyclique pontificale *Paterno jamdiu animo*, une quête et des prières pour les enfants de l'Europe centrale qui souffrent de la faim.

106. *Lettre Pastorale, n° 266, en date du 2 février 1920, sur* NOS DEVOIRS ENVERS LES SOLDATS MORTS POUR LA PATRIE.

106 *bis*. Dispositif, n° 266 *bis*, en date du 2 février 1920, pour le Carême de l'an de grâce 1920.

107. Lettre circulaire, n° 267, en date du 16 février 1920, portant à la connaissance des fidèles du diocèse un appel des Éminentissimes Cardinaux français en faveur de l'Emprunt de la paix.

108. Lettre circulaire, n° 268, en date du 6 avril 1920, annonçant la mort de Mgr Adrien Lestelle, chanoine titulaire et vicaire général du diocèse, prélat de la maison du Pape.

109. Lettre et Ordonnance, n° 269, en date du 16 avril 1920, prescrivant un triduum de prières à l'occasion de la béatification de la vénérable Louise de Marillac et des canonisations de la Bienheureuse Marguerite-Marie et de la Bienheureuse Jeanne d'Arc.

110. Lettre circulaire, n° 270, en date du 31 mai 1920, rendant compte de son récent voyage à Rome, et Ordonnance concernant la célébration de la Fête du Sacré-Cœur, le vendredi 11 juin 1920.

111. Lettre circulaire, n° 271, en date du 9 octobre 1920, invitant les fidèles du diocèse à souscrire à l'Emprunt de la Reconstitution nationale.

112. Communiqué (hors cadre), en date du 3 novembre 1920, concernant la célébration des prochaines fêtes du 11 novembre (cinquantenaire de la République et deuxième anniversaire de l'armistice).

TABLE DES MATIÈRES

APPENDICE

IMPR. F.-X. LE ROUX ET Cie, STRASBOURG.